U0936106

交通执法

现场勘察与信息化技术

王文武　编著

人民交通出版社
China Communications Press

内 容 提 要

本书较全面总结了当前交通行政执法现场勘察及信息化应用成果，分别对交通行政执法、现场处理与调查、现场痕迹物证鉴定技术、现场照相与摄像、现场图的绘制、现场车辆检验、交通执法信息化应用、交通行政执法案例评析等知识内容，做了全面、系统的分析论述。论点明确、图解清晰，是具有知识性、实用性、操作性较强的交通行政执法的工具书。

本书可作为交通警察、交通行政执法部门、路政和高速公路管理人员的培训和工作用书，也可作为大专院校师生的学习教材和参考书。

图书在版编目(CIP)数据

交通执法现场勘察与信息化技术/王文武，编著. —北京：人民交通出版社，2008.5

ISBN 978-7-114-06961-1

Ⅰ. 交…　Ⅱ. 王…　Ⅲ. 交通运输管理—行政执法—现场勘察—中国　Ⅳ. D922.14

中国版本图书馆 CIP 数据核字(2008)第 005183 号

书　　名：交通执法现场勘察与信息化技术
著 作 者：王文武
责任编辑：刘永芬
出版发行：人民交通出版社
地　　址：(100011)北京市朝阳区安定门外外馆斜街 3 号
网　　址：http://www.ccpress.com.cn
销售电话：(010)85285838，85285995
总 经 销：北京中交盛世书刊有限公司
经　　销：各地新华书店
印　　刷：北京市密东印刷有限公司
开　　本：850×1168　1/32
印　　张：15.5
字　　数：381 千
版　　次：2008 年 5 月　第 1 版
印　　次：2008 年 5 月　第 1 次印刷
书　　号：ISBN 978-7-114-06961-1
印　　数：0001—3000 册
定　　价：36.00 元

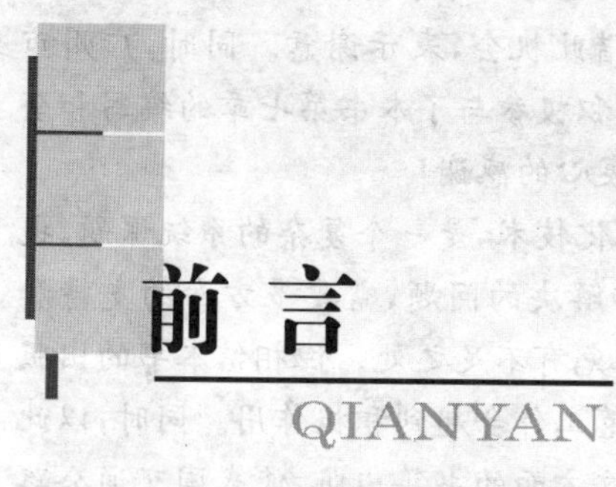

前言

QIANYAN

加强公路管理，依法保护路产路权，确保公路交通完好畅通，是交通执法管理部门的主要职责，随着交通公路事业的发展，交通执法现场勘察及信息化应用所涉及的领域和内容不断加深，对交通执法提出了专业化、系统化和标准化的要求，而交通执法信息化管理的应用影响着社会的各个领域，在交通执法中显得尤为重要，并将逐步深入到交通执法管理中。

《交通执法现场勘察与信息化技术》一书共分为八章，围绕着如何做好交通执法现场勘察及信息化应用这个主题，分别对交通行政执法、交通执法现场处理与调查、交通执法现场痕迹物证鉴定技术、交通执法现场照相与摄像、交通执法现场图的绘制、交通执法现场车辆检验、交通执法信息化应用、交通行政执法各类案例评析等知识内容，做了比较全面、系统地分析和论述，为交通公路执法工作者能够全面系统地学习、借鉴、运用这些知识提供了系统性的理论和具体使用的操作方法与程序，从而适应当前交通执法管理的需要。

在编写过程中，作者根据多年从事交通管理、路政管理的实践经验，以图文并茂的方式，就现场勘察。物证鉴定技术和路政管理成 功应用的“路政管理网络集成系统”作为案例予以介绍，说明交通信息化应用对交通管理方式变革创新的推动作用。撰写过程中，信息化管理应用方面得到交通行业专家与同行的支持协作，他们是龚晓辉、徐兵、骆欣荣等，借此机会，表示谢意。同时，广州市高速公路路政部门黄天佑同志积极参与了本书第七章的编写和全书的校核整理工作，在此表示衷心的感谢！

交通执法现场勘察及信息化技术，是一个复杂的系统课题，也是目前管理中需要逐步规范和解决的问题，需要多方面的支持和配合，限于水平和能力，书中难免有不足之处。但相信本书的出版发行，对推动交通公路执法规范工作会起到积极作用。同时，以此为起点，希望能有更多更好的这方面的书籍出版，使我国交通公路管理事业拥有一个更美好的明天。

2008.3

目录

MULU

第一章　交通行政执法法律知识 …… 1

第一节　交通行政执法概述 …… 1

第二节　交通行政执法主体 …… 6

第三节　交通行政执法人员及交通行政管理相对人 …… 10

第四节　交通行政执法依据 …… 14

第二章　交通执法现场处理与调查 …… 20

第一节　概述 …… 20

第二节　交通执法现场处置 …… 32

第三节　交通执法现场调查 …… 48

第三章　交通执法现场痕迹物证鉴定技术 …… 60

第一节　概述 …… 60

第二节　轮胎痕迹的鉴定技术 …… 71

第三节　车体痕迹的鉴定技术 …… 96

第四节　塑料物证的鉴定技术 …… 114

第五节　玻璃物证的鉴定技术 …… 125

第六节　油漆物证的鉴定技术………………………………… 133
第七节　其他物证的检验鉴定技术………………………… 149

第四章　交通执法现场照相与摄像………………………… 167
第一节　概述………………………………………………… 167
第二节　交通执法现场照相的方法和内容………………… 169
第三节　交通执法现场痕迹的拍照………………………… 179
第四节　现场照片的制作…………………………………… 183
第五节　交通执法现场摄像………………………………… 185

第五章　交通执法现场图的绘制…………………………… 189
第一节　概述………………………………………………… 189
第二节　现场定位…………………………………………… 191
第三节　现场图的绘制方法和应用………………………… 192
第四节　现场测量…………………………………………… 197
第五节　现场图的绘制……………………………………… 205

第六章　交通执法现场车辆检验…………………………… 210
第一节　概述………………………………………………… 210
第二节　行驶系的检验……………………………………… 213
第三节　转向系的检验……………………………………… 216
第四节　制动系的检验……………………………………… 217
第五节　灯光、喇叭、后视、防护部位的检验 …………… 223

第七章　交通执法信息化应用……………………………… 228
第一节　概述………………………………………………… 228
第二节　公路路政移动业务系统…………………………… 232
第三节　公路路政业务办公系统…………………………… 268

第八章　交通行政执法案例评析……………………………… 375
第一节　交通肇事案例…………………………………………… 375
第二节　运政执法案例…………………………………………… 397
第三节　路政管理案例…………………………………………… 423
第四节　规费征稽案例…………………………………………… 462
参考文献………………………………………………………………… 485

第一章 交通行政执法法律知识

第一节 交通行政执法概述

一、交通行政执法的概念

交通行政执法是指交通行政机关以及依法取得交通行政权的其他组织,依照法定职权和法定程序,执行法律、法规和规章的规定,对特定的交通行政相对人采取的影响其权利义务,以及对交通行政相对人行使权利、履行义务进行监督检查的行为。这一概念我们可以从四方面来理解:

(1)交通行政执法的主体是交通行政机关,同时还包括法律、法规授权的组织。交通行政机关委托的具备一定条件的组织也可以从事交通行政执法。

交通行政执法是交通行政机关的行为,交通行政机关是交通行政执法的主体,但在某些特殊情况下,非交通行政机关的组织也可以成为交通行政执法的主体。这是由交通行政管理的广泛性和多变性所决定的。随着社会的进步和经济的发展,新生事物不断出现,交通行政管理领域不断拓宽,如果按照交通行政机关的机构设置和定编情况,将无法满足对交通事物管理的需要,交通行政机关也难以承担在某些领域日趋繁重的任务。这种情况,主要有两种形式:一种是法律、法规授权的具有管理公共事物职能的组织可以在法定授权范围内实施交通行政管理。另一种是交通行政机关可以依据法律、法规或规章的规定,在法定权限内委托符合具有管理公共事物的事业组织实施交通行政管理。但交通行政执法主体只是交通行政机关和法律、法规授权的组织,不包括交通行政机关委托的组织,该受委托组织只能以委托机关的名义从事交通行政执法行为。

(2)交通行政执法是在法定权限和规定程序范围内行使的交通行政权。

交通行政执法只能在依《中华人民共和国地方各级人民代表大会和地方各级人民政府组织法》设立的交通行政机关的职权范围内进行,不能超越该机构的职权范围去执法。比如,高速公路路政执法人员对肇事驾驶员进行行政拘留就超越该机构的职责权限。交通行政执法还要按照规定的执法程序进行,执法程序与执行实体法同等重要,违反法定程序执法与违反实体法执法都同样是违法行为,一旦被申请行政复议或行政诉讼,该交通行政决定或交通行政处罚将会被撤销。

(3)交通行政执法受行政法律规范调整,是行使交通行政权的行为。

交通行政执法是依行政权作出的行为,执法过程所产生的社会关系,均属行政法的调整范围。这里包括:一是交通行政执法的依据是行政法,而不是其他法律规范;二是交通行政执法是行政权的行使,而不是其他国家权力的行使。

(4)交通行政执法应当是具有法律意义,产生法律效果的行为。

所谓法律意义、法律效果，是指能产生、变更或者消灭法律上的权利义务的行为。比如，公路路政执法部门向大件运输车辆颁发《超限运输许可证》，就使该运输业者获得了运输大件通行公路的合法权利。交通行政机关依法向被管理者的收费行为，体现的就是交通行政执法机关行使权力、被管理者履行义务的过程。

二、交通行政执法的特征

1. 强制性

交通行政执法与其他国家法律实施的共同特征之一，就是以国家强制力作为保障的。交通行政执法机关在法律规定的权限内，可以对交通行政相对人行使权利和履行义务的情况进行监督检查，当事人不得阻碍和拒绝这种权力的行使权。对有违法行为的当事人，可以依法实施申诫罚、财产罚等多种处罚，对逾期不执行交通行政决定和不接受交通行政处罚的，还可以要求人民法院强制执行。

2. 行政性

交通行政执法的行政性主要表现在：一是交通行政执法是行政权的行使，其活动以行政权为基础，没有行政权，行政执法就无从谈起；二是交通行政执法是行政主体的一种职务活动，是属于管交通及社会事物的行为。行政主体的民事行为（如购买办公场所、平等主体间磋商问题）则不属于交通行政执法的范畴。

3. 单方性

交通行政执法是行政主体行使国家行政权的行为，绝大多数情况下，都是单方行使行政权，无须征得对方同意（如对当事人进行处罚、强行拆除违章建筑等都可以单方进行），就可以产生有效的行政行为。但在一些特定情况下，则需征得交通行政相对人的同意，这在行政法学上称为行政合同。尽管如此，交通行政主体仍具有行政优先权，可以单方变更、撤销这种行政法律关系。交通行政执法的这种单一性，体现了交通行政执法的不对等性。

4. 广泛性

交通行政执法的广泛性，一是交通行政执法的内容广泛，不仅要执行国家的法律、法规，还要执行规章以及具体的文件。从法律规范的种类看，既有法律、行政法规、地方性法规，又有部门规章和政府规章以及其他的规范性文件；二是交通行政执法的对象广泛，凡属交通行政执法主体所管辖的范围内的人和事，都可能成为交通行政执法的对象。可以是特定常年管理的，也可以是不特定临时管理的。交通行政执法主体的执法对象既有个体也有法人和组织，不论其身份和地位，只要属于交通行政法的调整范围，交通行政主体就可以做出影响其权利和义务的行政行为；三是交通行政执法形式多样，交通行政执法需要一定的行政执法形式体现，根据需要，可以分别采取决定、命令、通告、通知、公告、批复、处分、奖励、处罚等形式来实现交通行政管理的目标。

5. 高效性

行政执法的重要特征之一，就是程序简便、具有较强的时效性，以保证交通行政执法目标的实现。这是其他执法机关大多不具有的一个重要特征。比如，在公路建筑控制区内发现违章建筑，在下发违章通知书后，就可以在规定的时间内，完成强制拆除任务，这就体现了交通行政执法的高效性。

6. 程序性

交通行政执法程序是交通实体法得到正确贯彻实施的保证，这也是交通行政执法的两重性，既要执行实体法也要执行程序法。因为交通行政执法是国家交通行政机关行使权力的过程，要保证权力行使的合法、公正，就必须依照特定的程序进行。这种程序有别于行政立法程序、行政诉讼程序，它是指交通行政执法主体执行交通行政法律规范的法律程序。包括交通行政命令程序、交通行政检查程序、交通行政处罚程序、交通行政强制执行程序等。在实际工作中，对于具体的交通行政执法程序，除要严格执行《行政处罚法》规定的程序外，还要视行为的性质、对象和特定的法律规范来决定执法的具体程序。

三、交通行政执法的原则

交通行政执法的原则，是指设定的执行交通行政执法的指导思想和基本准则。它贯穿于交通行政执法的始终，提示了交通行政执法具体制度的依据及所要实现的目标，是对交通行政执法各项制度和规范起统帅和指导作用的立法方针，是领会交通实体法和程序法立法宗旨和精神实质的出发点，是解释交通行政执法各项制度的依据，发展完善交通行政执法的基础。

1. 公开原则

公开原则就是指交通行政执法各步骤必须在公开的环境下展开，要求交通管理部门主动增加执法活动的透明度，使包括管理相对人在内的外界易于了解知晓。根据公开原则，行政执法过程要为当事人参与执法活动安排角色、营造场合、沟通渠道，提供制度化的程序保障，使得当事人能够知悉交通管理部门作出行政处罚决定的事实、理由和依据，能够陈述自己的意见，进行申辩。交通管理部门能够实际接纳当事人合理合法的意见和要求并向当事人展示行政程序的结果。按照公开原则的要求，交通行政执法设定了以下制度：(1)公开执法的法律依据；(2)公开执法身份；(3)公开个案信息。

2. 公正原则

公正原则就是要促使行政管理部门公正地行使法律赋予的自

由裁量权，一视同仁地对待管理相对人，不考虑法外情节，不追求法外目的，按照同一标准和尺度实施行政处罚，不因当事人权力大小、关系亲疏、油水多少而宽严有别，实施差别待遇，真正做到相同情况相同处理，不同情况不同处理。为实现公开裁量的目标，交通行政执法应遵守以下几项制度：(1)陈述申辩制度；(2)听证制度；(3)回避制度。

3. 效率原则

效率原则要求交通管理部门以尽可能短的时间，尽可能少的投入实施行政执法行为，并取得良好的社会效果。行政效率是现代行政管理所追求的重要目标，效率低下的行政，最终将会损害社会公共利益。但交通行政执法中的效率，应该讲求使民主与效率并行，使两者处于均衡状态，既不以牺牲公共利益为代价来追求效率，也不因唯恐侵犯公共利益而束缚行政管理部门的手脚。因此，交通行政执法吸收了回避、职能分离、合议等诉讼制度，以提高交通管理部门的行政效率。

第二节　交通行政执法主体

一、交通行政执法主体的概念、特征

所谓交通行政执法主体，是指享有国家交通行政权力，能以自己的名义从事行政执法活动，并能独立承担由此产生的法律责任的组织。

交通行政执法主体具有以下特征：一是交通行政执法主体是享有国家行政权力，实施行政活动的组织；二是交通行政执法主体是能以自己的名义实施行政管理活动的组织，这一特征将交通行政执法主体与交通行政机关内设管理机构和受交通行政机关委托执行某些交通行政管理任务的组织区别开来；三是交通行政执法

主体是能够承担其行为所产生的法律责任的组织，这一特征也使交通行政执法主体区别于交通行政委托。在交通行政委托中，被委托人的行为所产生的后果不是由其自身承担，而是由委托的交通行政机关承担。

交通行政执法主体不同于交通行政法主体。交通行政法主体是指一切能够享有交通行政法上的权利、义务内容的主体，通常是指交通行政法律关系中的双方当事人，包括交通行政主体和交通行政管理相对人。交通行政执法主体还不能等同于行政机关，因为在行政执法活动中，交通行政机关并不是唯一的行政执法主体。交通行政机关以外的社会组织，如经法律、法规授权，也会拥有一定的交通行政执法权，享有与交通行政机关一样的法律地位而成为交通行政执法主体。此外，交通行政机关的内设机构不能独立向外部行使行政职权（如机关内设的处、科），不能成为交通行政主体。交通行政机关以机关法人名义从事民事活动时，是民事主体，也不构成交通行政主体。

二、交通行政执法主体的类型

按照我国现行的法律、法规的规定，目前的交通行政执法主体主要有交通行政机关和法律法规授权的组织。

1. 交通行政机关

交通行政机关是指由国家依据有关行政组织法规设立，代表国家依法行使交通行政管理职权，负责交通行政管理事务的组织。交通行政机关作为交通行政执法主体具有以下特征：

(1)交通行政机关是国家依据有关行政组织法规设立的。目前，县以上各级人民政府都依法设置了交通行政机关。

(2)交通行政机关代表国家行使交通行政管理职能。

(3)交通行政机关开展行政执法工作必须按照法律、法规或者规章规定的职能和程序进行。

交通行政机关的最高机关为中华人民共和国交通部。在地方，则为各级交通厅（局、委、办）。根据国务院的有关规定，交通行政机关负责本行政区域的公路、水路交通运输的行政管理。交通行政机关在开展行政执法工作时，必须按照其职责范围和管理层级进行，不能越权执法。

2. 法律、法规授权的组织

在交通行政执法中，主要由地方性法规授权，如某省、自治区、直辖市或设区的市颁布的条例可明确授权某高速公路路政管理机构为交通行政执法主体。

三、交通行政被委托组织

1. 交通行政被委托组织的概念

被委托的组织是指受交通行政机关的委托，以交通行政机关的名义行使一定的交通行政职权，其法律后果由委托的交通行政机关承担的组织。就一般情况而言，由于行使行政权的特殊性，能够接受委托的组织只能是行政机关或具有管理公共事务职能的事业单位，而不能是企业和个人。目前的委托有四种：

（1）人民政府委托职能部门；

（2）上级交通主管部门委托下级交通主管部门；

（3）交通职能部门相互委托；

（4）交通行政机关委托非行政机关的组织。

2. 委托执法条件

（1）确有必要委托。

交通行政执法权是交通行政机关的法定职权，应该由交通行政机关自己行使，不能随意委托其他部门或组织行使。但是，如果交通行政机关直接从事交通行政执法工作确有困难，如受编制和经费的限制，执法区域过大，执法工作专业性和技术性较强等因素的影响，造成难以及时、有效地行使执法权力时，则可以依法通过委托合法的事业组织从事交通行政执法工作。

(2)实施委托必须有法律、法规或者规章的规定。

这是《行政处罚法》予以明确的。这一规定的目的在于规范执法委托关系的建立。在当前的行政执法实践中，还相当程度地存在着没有法律、法规或者规章的规定，行政机关将执法权委托给其他组织行使，造成执法主体混乱，滥施处罚的情况。因此，行政机关必须依据《行政处罚法》的规定，没有法律、法规或者规章依据的，不得自行委托。交通行政机关委托交通管理机构从事行政执法工作的依据是交通部 1996 年第 7 号令《交通行政处罚程序规定》，该规定第四条明确：县级以上人民政府的交通主管部门可以委托依法设置的符合行政处罚法第十九条规定的运输、航道、港口、公路、规费、通信等交通管理机构实施行政处罚。

3. 交通行政委托的基本要求

作为公权的行政权，具有不可随意转让和处置的特性，行政执法权的委托应该有严格的限制，这是与私权委托相区别的关键所在。因此，交通行政权的委托应符合下列要求：

(1)实施委托的主体必须是具有管理公共、社会事物的交通行政机关，这些公共社会事物与人民群众的利益息息相关。这些领域的基本特点就是如果没有社会成员的广泛参与，交通行政机关就难以充分履行职责。这就要求在这些方面社会成员既是交通管理对象，又是交通管理的参与者。而专业性较强的管理领域，一般不适于进行委托。

(2)被委托的交通行政执法一般是范围较小，有一定限制的执法。作为一种代理，委托执法是一种间接执法，为保护执法目标的实现，切实受制于委托机关。这种委托一般存在于经常发生交通执法行为的领域，而且这种委托不允许再行委托。

(3)委托必须以书面方式进行。委托是一种法律行为，产生相应的法律后果。委托时应填写委托书,以分清由于委托引起的权利和义务上的责任。委托书应载明:委托机关和被委托组织的名称、地址、法定代表人的姓名、具体的委托权限及适用范围、委托的期限、滥用委托权应承担的法律责任等。

(4)被委托组织只能以委托机关的名义从事交通行政执法工作。

行政执法的委托是一种代理关系,受委托的组织在法律上没有独立的法律地位,它不能以自己的名义作出行政处理决定,只能以委托机关的名义从事行政执法工作。同时,它也不能以自己的名义承担行政执法行为引起的法律责任,发生行政复议或行政诉讼,只能由委托机关担任被申请人或被告。

(5)委托的交通行政机关要对受委托的组织进行监督,防止其超越委托权限,超越职权执法。

4. 交通行政受委托组织应具备的条件

(1)是依法成立的管理公共事物的事业组织。企业不能成为被委托的对象;

(2)具有熟悉有关法律、法规、规章和业务的工作人员;

(3)对违法行为需要进行技术检查或技术鉴定的,应当有条件组织进行相应的技术检查或技术鉴定。

第三节　交通行政执法人员及交通行政管理相对人

一、交通行政执法人员的概念

交通行政执法人员,是指依法取得交通行政执法资格,领取交通行政执法证件,在法定权限内从事交通行政执法活动的工作人员。

行政执法人员有三类：

(1)交通行政机关负有行政执法职责的国家公务员；

(2)依法授权组织中负有交通行政执法职责的工作人员；

(3)交通行政机关依法委托组织中负有交通行政执法职责的工作人员。在实际工作中，有时会将交通行政执法人员与公务员混为一谈，这是不正确的。因为在交通行政机关内部，并不是所有的人员都从事对外的交通行政执法，像办公室的内勤人员、办事机构中的一些人员都不能称为交通行政执法人员。

二、交通行政执法人员的权利和义务

1. 交通行政执法人员的权利

(1)非因法定事由和非经法定程序不被免职、降职、辞退或者行政处分；

(2)获得履行职责所应有的权力；

(3)获得报酬和享受保险、福利待遇；

(4)参加政治和业务知识的培训；

(5)对国家行政机关及其领导人员的工作提出批评和建议；

(6)提出申诉和控告；

(7)辞职；

(8)宪法和法律规定的其他权利。

2. 交通行政执法人员的义务

(1)遵守宪法、法律和法规；

(2)依照法律、法规、规章和其他规范性文件行使职权；

(3)密切联系群众，倾听群众意见、接受群众监督，努力为人民服务；

(4)维护国家的安全、荣誉和利益；

(5)忠于职守,勤奋工作,尽职尽责,服从命令;

(6)保守国家秘密和工作秘密;

(7)公正廉洁,克己奉公;

(8)宪法和法律规定的其他义务。

三、交通行政相对人的概念和特征

交通行政相对人是指交通行政法律关系中与交通行政主体相对应的另一方当事人,即交通行政主体行政行为影响其权益的个人、组织。有时我们也称交通行政相对人为交通行政管理相对人或简称为相对人。其特征是:

(1)交通行政相对人是处在交通行政管理法律关系中的个人、组织。任何个人、组织如果不处在交通行政管理的法律关系中,就不具有交通行政相对人的地位,也不能赋予交通行政相对人的称谓。

(2)交通行政相对人是指交通行政管理法律关系中作为与交通行政主体相对应的另一方当事人的个人、组织。

(3)交通行政相对人在交通行政管理法律关系中,其权益是会受到交通行政主体行政行为影响的个人和组织。这种影响有时是直接的,如交通行政处罚、交通行政许可、交通行政征收等,有时则是间接的,如高速公路管理机构批准甲企业在乙企业承包经营的服务区内建房,批准行为对甲企业权益影响是直接的,对乙企业权益影响是间接的,但它们都是交通行政相对人。

四、交通行政相对人的法律地位和权利、义务

1. 交通行政相对人的法律地位

交通行政相对人的法律地位主要体现在以下三个方面:

(1)交通行政相对人是交通行政主体的管理对象,交通行政相

对人必须服从管理，履行交通行政主体为其确定的义务，遵守交通行政管理秩序，否则将受到制裁；

（2）交通行政相对人也是交通行政管理参与人。在现代社会，交通行政相对人不仅是被管理的对象，同时也要通过信访、批评建议、听证等方式积极参与交通行政管理。行政相对人参与行政管理的程度，是现代民主的重要标志；

（3）交通行政相对人可以转化为救济对象和监督主体。交通行政相对人在其合法权益受到行政主体侵害后，可以通过交通行政复议和行政诉讼申请法律救济，成为行政救济法律关系中的一方主体。同时作为交通行政相对人的个人、组织，绝大多数在国家政治关系中具有国家主人的地位。从而可以对交通行政主体的行政行为进行监督，成为交通行政法制监督的主体。

2. 交通行政相对人的权利

依照我国有关法律、法规和行政法规，交通行政相对人享有以下权利：

（1）申请权，可以向交通行政主体提出实现其法定权利的各种申请；

（2）参与权，即交通行政相对人有权依法参与行政管理；

（3）知情权，交通行政相对人有权了解行政主体的各种行政信息，除法律规定保密的外，相对人均有权查阅、复印、索取或购买；

（4）批评建议权；

（5）申诉、控告、检举权，交通行政相对人对交通行政主体及其工作人员作出的不公正的行政行为有权申诉、对交通行政主体和工作人员的违法和失职行为有权控告和检举；

（6）陈述申辩权，交通行政相对人在交通行政主体作出与自身权益有关的特别是不利的行为时，有权陈述自己的意见，提供有关证据材料，进行说明和申辩；

（7）申请行政复议、提起行政诉讼权、请求行政赔偿权，交通行政相对人对行政主体作出的行政行为不服，可以申请行政复议也可以提起行政诉讼，造成损害时，还可以要求行政赔偿；

(8)抵制违法行政权，交通行政相对人对交通行政主体的违法行政行为有权依法予以抵制，如抵制没有法律依据的摊派、收费等行为。

3. 交通行政相对人的义务

交通行政相对人在交通行政法律关系中主要应履行以下义务：

(1)服从行政管理，接受行政监督；

(2)协助行政管理；

(3)维护公共利益，行政相对人因维护公共利益使财产或人身受到损失和损害的，事后可以要求国家予以适当补偿；

(4)提供真实可靠的信息，如提供虚假信息，则可能承担相应的法律责任；

(5)遵守法定程序，像纳税、缴费、办理证照等都应遵守法律法规规定的程序、手续和时限，否则可能导致自身提出的请求不能实现，甚至要承担法律责任。

第四节　交通行政执法依据

一、交通行政执法依据的概念

交通行政执法依据是指交通行政执法活动借以成立的法律依据，它是国家和有权机关制定和认可的，由国家强制力保证实施的交通行政机关及其行政执法人员据以作出交通行政执法行为的规范。通俗地讲，是规定在交通行政执法方面可以做，必须做或者不准做及其相应的法律责任的规定。

二、交通行政执法依据的表现形式和效力

交通行政执法依据的形式，也称交通行政执法依据的渊源，其具体表现形式主要是宪法、法律、行政法规、地方性法规、自治条例、单行条例、规章、法律解释、国际条约和国际协定。

1. 宪法

宪法是国家根本大法，由国家最高权力机构即全国人民代表大会制定。宪法是制定其他一切法律规范的依据，具有最高的法律地位，其他法律、法规和规章都不得与宪法相抵触。许多法律、法规的规定就是宪法条文的具体化。宪法精神和宪法原则是交通行政执法的重要依据。许多宪法条文就是交通行政执法的基本依据。宪法包含的行政执法依据主要是：关于行政机关活动基本原则的规范，关于交通行政机关组织机构和职权的规范以及关于公民在行政法律关系中享有的权利和应尽的义务的规范等。

2. 法律

法律有广义和狭义之分。“法律面前人人平等”，这里指的是广义法律，即凡是法律规范都称为法律。狭义的法律，仅指全国人民代表大会及其常务委员会制定的法律。法律还可以分为基本法律和一般法律。前者由全国人民代表大会制定，如《行政诉讼法》、《行政处罚法》等，后者由全国人大常委会制定，如：《公路法》，法律效力低于宪法，但高于行政法规、地方性法规和规章。

3. 行政法规

行政法规是由国务院制定的。它是有关行政管理方面的专门性法律规范，行政法规是专门规范行政管理行为的，支配行政执法关系的，是行政执法依据的重要组成部分。行政法规的效力低于宪法、法律，但高于地方性法规和规章。

4. 地方性法规

地方性法规是地方人民代表大会及其常务委员会制定的。但不是所有的地方人民代表大会及其常务委员会都可以制定。根据宪法和地方组织法的规定，省、自治区和直辖市的人民代表大会及其常务委员会，省、自治区政府所在地的市人民代表大会及其常务委员会，经国务院批准的较大的市的人民代表大会及其常务委员会这三个层次有权制定。地方性法规涉及地方政治、经济、社会、文化等各个方面，其中大部分涉及地方行政机关的职权和执法方式等，是交通行政执法依据的重要形式，如:《江苏省高速公路管理条例》、《吉林省公路管理条例》等。地方性法规的效力低于宪法、法律和行政法规，不得与它们抵触，而且地方性法规只在本行政区域内有效。

5. 自治条例和单行条例

根据宪法规定，民族自治地方(包括自治区、自治州、自治县)的人民代表大会有权依照当地民族的政治、经济、文化的特点制定自治条例和单行条例，自治区的报全国人大常委会批准后生效，自治州、自治县的报省级人大常委会批准生效。自治条例和单行条例的效力相当于地方性法规的效力。在自治条例和单行条例中有相当一部分是行政执法依据，但自治条例和单行条例仅限于本地区内施行。

6. 规章

规章分为部门规章和地方政府规章两类。部门规章由国务院部、委、局制定。一般以部长、局长令形式发布实施，如:交通部《路政管理规定》。地方规章是由省、自治区、直辖市政府，省和自治区政府所在地的市政府以及经国务院批准的较大市的市政府制定的，如:《吉林省高速公路管理办法》，一般以省长、主席、市长令形式发布实施。规章是有关行政管理的专门性法律规范，它在整个行政执法依据中占较大比重,规章的效力低于宪法、法律、行政规章和地方性法规。规章均应公开发布与实施,部门规章之间、部门规章与地方政府规章之间具有同等效力,在各自的权限内施行对同一事项的规定不一致时,由国务院裁决。

7. 法律解释是指法律规范的说明和补充

法律解释有正式解释与非正式解释之分。正式解释具有法律效力,非正式解释不具有法律效力,如:学理解释、任意解释等。正式解释可分为四种:

(1)立法性解释,是有关法律规范的内容含义和需要明确适用法律依据的解释。立法性解释包括全国人民代表大会常务委员会对宪法和法律的解释,以及有立法权的人民代表大会和政府对自己制定的法律规范的解释。

(2)司法性解释,是有关审判和检察工作中具体应用法律问题的解释,包括最高人民法院和最高人民检察院的解释。

(3)行政性解释,是有关地方性法规和地方政府规章的解释,包括法条内容和具体应用的解释。分别由地方人民代表大会及其常务委员会对自己制定的地方性法规(包括自治条例和单行条例)进行解释,由地方政府及其所属的行政主管部门对本级人民代表大会及其常务委员会制定的地方性法规(包括自治条例和单行条例)的具体应用问题进行解释,以及由地方政府对自己制定的规章内容含义的解释。

8. 国际条约和国际协定

我国批准参加的国际条约和国际协定,除声明保留的条款外,也属于我国的法律规范。国际条约和国际协定中也有一部分涉及行政机关的管辖权、行政机关与公民之间的权利义务关系等,也属于行政执法的依据。WTO 规则也属国际协定,但要转为国内法来适用。

三、交通行政执法依据的适用原则

1. 有法必依原则

有法必依作为行政执法依据的适用原则，主要有三方面内容：

(1)法律、法规、规章有明确规定的事项，交通行政执法机关及其工作人员必须严格依照规定执行，不能以任何借口予以变通或改变；

(2)法律、法规、规章虽然没有明确的规定，但从相关的法律、法规和规章中，已体现了某种确定的立法精神和原则，交通行政执法机关及其工作人员也必须遵守；

(3)法律、法规、规章等表现形式不一，层次效力不同，只要其中某种形式有所规定且与高层次的法律规范不相抵触，就可以作为交通行政执法依据执行，不能借口效力层次的高低或表现形式的不同而不予以执行或不予坚决执行。

2. 实体法与程序法并重原则

实体法是实现行政目标的依据，而程序法是实体法得以正确执行的保证。在交通行政执法过程中，不仅要重视实体法的贯彻实施，同时也要严格遵守程序法，因为程序法与实体法有着相同的法律地位，违反程序法与违反实体法同样都是违法，都可以导致实体执法的无效。目前，我国尚未有一部专门的《行政程序法》，有关程序规定，除《行政处罚法》对行政处罚做了一些程序上的规定外，大多与实体法并存于同一法律规范中，还有一些散见于其他规定之中。但是，不管属于哪种情况，只要有程序性规定，而且不与上位法相抵触，交通行政执法机关在行政执法活动中就必须予以严格遵守。

3. 下位法服从上位法原则

下位法服从上位法原则，是指当不同效力的执法依据对同一问题的规定不一致时，交通行政执法机关及其执法人员应当执行效力层次较高的执法依据，而不执行效力层次较低的执法依据。

法制统一是我国社会主义法制的基本原则之一，下位法服从上位法原则是维护法制统一原则的具体要求。在立法过程中，由于立法机关受诸多因素的影响，有时会出现下位法与上位法相抵触的情况，这时就要按此原则来正确适用执法依据。

4. 后法优于先法原则

后法优于先法的原则，是指同一机关就同一问题制定的两个或两个以上的执法依据，如果前后发生抵触，应该执行后颁布实施的法律依据。在立法过程中，相关的法律、法规、规章之间有时会出现不一致的情况，如果后法在颁布的同时，废止了前法中的不同规定，这样就不会出现矛盾。如果后法中提及前法中的相关规定，而且前法又没宣布废止，就需要以后法优于前法的原则来处理这一问题。需要特别指出的是，后法优于前法是有条件的，即后法与前法是同一机关制定并颁布的，如果后法的制定机关在立法权能上低于前法的制定机关，则不能适用这一原则。在实际工作中，有的地方曾出现政府办事机构发文废止本级政府规章或废止规章中的某些内容的情况，应当说这种废止是无效的。还应指出的是，前法被废止后，原来制定的与此配套实施的法律范围也应停止执行。

第二章 交通执法现场处理与调查

第一节 概 述

一、工作的目的、任务及作用

1. 工作目的

工作目的是保护公民、法人的合法权益和国家集体财产安全以及依据国家法律、行政法规来调整人们的道路交通关系，保护遵纪守法者权益，处罚违法肇事者。从而体现法律的权威性、公正性和严肃性，保障交通安全，促进社会主义法制建设和社会主义精神文明建设。

2. 工作任务

交通事故处理工作是公安交通管理机关依据有关法律规定和方针、政策，在自己的管辖和职权范围内对交通事故现场勘察取证、情况调查、责任鉴定、调解当事人之间的损害赔偿，对负有法律责任的当事人进行处理以及事故档案管理、事故分析等专门业务工作的总称。它是道路交通管理工作的重要组成部分。

交通事故处理工作任务大致可分为受理、立案、调查、责任鉴定、调解损害赔偿、裁决处罚等。事故案件处理完毕，需按照建档要求，制作交通事故档案并归档。事故统计人员还必须将每月发生的交通事故进行统计分析，通过对交通事故的统计分析，为有关部门决策提供可靠的统计资料。

3. 作用

主要体现在以下几方面：

(1)通过交通事故的处理，维护遵纪守法者的正当权益，维护国家利益和法律的尊严。

(2)通过交通事故的处理，正确地认定事故当事者各方的责任并根据责任对当事人作相应的处理；裁决公民与公民、公民与法人、法人与法人之间，由于事故当事人危害行为而造成的损失赔偿；同时对违反交通规则的肇事责任者进行行政处罚或提请追究刑事责任。

(3)通过交通事故的处理和实地调查研究，掌握各种交通事故发生的原因、条件的第一手材料，分析其规律和特点，为提高交通管理水平、改善交通环境、改进管理措施、预防交通事故提供依据。

(4)通过交通事故的处理，为交通安全宣传提供真实事例，加强交通安全宣传教育，并以此加强交通管理，提高人们遵守交通规则，维护交通秩序的自觉性。

二、工作的基本原则

交通事故处理工作的基本原则是调查研究、实事求是、分清责任、依法论处。

1. 调查研究

交通事故处理工作必须到事故现场进行实地调查研究，必须尊重客观事实，重证据，根据客观事实认定案情和处理事故。调查搜集证据必须客观全面，凡是能证明当事人有无责任，责任轻重的各种证据，都要如实加以搜集，绝不能随意加以取舍。对各种证据材料，都必须逐一进行查对核实、确定其是否真实、完备。对于搜集到的痕迹物证，必须经过科学鉴定，判断其与案件有直接联系才能作为证据使用。对于鉴定结论、勘察检验笔录，要做到准确可靠，认真复核，并与其他证据相互联系起来分析，以判断与案件事实的内在联系。

在交通事故处理工作中不能轻信口供，但也不能不要口供。真实的口供是证据之一。它不仅可以进一步调查其他证据的可靠性，查明事故发生的原因、过程、后果等具体情节，还可以考查当事人对交通事故的认识态度。但是，交通事故的当事人为了推脱事故责任，免受或减轻处罚，往往可能讲假话甚至编造事故情节。因而，需十分慎重对待口供，必须与现场情况，其他证据相互印证，更不能仅凭口供作为事故处理的唯一依据。

2. 实事求是

实事求是是指在事故调查和处理过程中，一切从实际出发，敢于坚持真理，及时修正错误。由于道路交通事故的复杂性，对交通事故的成因，演变过程，分清责任，往往不是一开始就能完全认识清楚的，很容易产生认识上和判断上的错误，这时就一定不能固执己见。随着事故调查工作的不断深入和对事故实质进一步揭示，证明原有的观点和结论是不正确的，就应该即时修正。实事求是还包括应充分发扬民主，在事故处理工作的过程中，事故处理工作的主要负责人，要善于听取各类相关人员的意见，集思广益，防止主观片面，力争使事故处理工作公正、公平、准确。

3. 分清责任

分清责任是交通事故处理工作中的重要内容。交通事故通常都涉及两方以上的当事人，而且一般都负有事故责任。所以要对当事人予以行政处罚或追究当事人的刑事责任，首先必须分清各方当事人在事故中的责任，因为它是交通事故处理工作的前提条件。

分清责任包括两个方面的工作。一是在当事人之间分清各自应承担的交通事故责任。即通过认真、细致地收集证据并在各种证据的基础上深入分析事故成因，严格遵循交通事故责任认定规则的要求，对当事人的交通事故责任进行定性、定量的认定；二是分清当事人自身的交通事故责任与其他法律责任。

4. 依法论处

依法论处是指道路交通事故的当事人如果有违法行为，必须依据法律规定，予以法律制裁。当事人的违法行为包括行政违法行为，即交通肇事行为；民事违法行为，即交通侵权行为，刑事违法行为，即交通肇事罪。

三、工作的法律依据

交通事故处理工作必须严格依法进行。由于交通事故涉及到人员伤亡和车、物损失，是人命关天的大事，涉及到当事人的权益，所以必须依照国家颁布的有关法律、法规以及事故处理的规定进行处理，不允许任何人享有特权。

交通事故处理工作所依据的法律、法规、规章种类繁多，主要有：

1. 国际公约和国际惯例

如《维也纳外交关系公约》。

2. 宪法和法律

如《刑法》、《刑事诉讼法》、《民法通则》等的有关条款。

3. 法规与规章

如第十届全国人民代表大会常务委员会第五次会议通过的《中华人民共和国道路交通安全法》、国务院公布的《中华人民共和国道路交通安全法实施条例》和与交通事故处理有关的地方性法规与规章。

4. 法律、法规认可的标准

如《道路交通标志与标线》(GB 5768—1999),《机动车运行安全技术条件》(GB 7258—1997)等。

除此之外有解释权的公安机关对交通法规的解释,也是交通事故处理工作的法律依据。随着我国交通法制的不断健全和完善,还会不断有新的交通法规出现,这些有关交通管理的法律规定,都是交通事故处理工作的法律依据。

公安交通管理机关在处理交通事故时适用的法律,体现在以下几个方面:

(1)表现为直接凭借国家强制力保证法的实施。

(2)在道路交通参与者因违反交通法规发生损害后果的情况下适用,是事故处理机关的一种专有活动,具有公务性质。

(3)适用法律须按照正式法定程序进行。将法律规范的一般规定应用于具体的交通事故案件。

(4)表现为以一定法律文件的活动方式来实现法律规范,即要有适用结果的法律文件,如调解书、裁决书等。

在交通事故处理工作中,法的适用的基本要求是正确、合法、及时。它是衡量交通事故处理工作质量和效率的标准。所谓正确是指适用法律时事实要清楚、定责要准确;合法是指定责及处理工作的程序要符合法律规定;及时是指事故处理工作的每个环节要抓紧时间办理，提高办案效率。

四、工作内容及有关规定

1. 现场处理的规定

1）简易程序

（1）发生《中华人民共和国道路交通安全法》第七十条第二款、第三款规定的交通事故，当事人对事实及成因有争议不即行撤离现场或者当事人自行撤离现场后，经协商未达成协议的，可适用简易程序；

（2）受伤人员认为自己伤情轻微，当事人对事实及成因无争议，但是对赔偿有争议的，可按照简易程序处理。

适用简易程序的，可以由一名交通警察处理。

2）一般程序

对不适用简易程序的其他交通事故及当事人不同意使用简易程序的交通事故，应使用一般程序处理事故现场。

2. 当事人自行处理事故现场的规定

凡在本市道路上发生的仅造成车辆物品损失的交通事故，当事人对发生事故的事实无争议的，可自行处理现场。

当事人可自行处理事故现场的范围：

（1）后车与前车未保持安全距离发生的追尾事故；

（2）驶入禁行线与正常行驶的车辆发生的交通事故；

（3）驶入逆行区与正常行驶的车辆发生的交通事故；

（4）转弯车未让直行车先行发生的交通事故；

（5）支路车未让干路车先行发生的交通事故；

（6）变更车道的车辆未让本车道内正常行驶的车辆先行发生的交通事故。

交通事故由当事人自行处理现场的，应按下列程序办理：

处理现场前，当事人应记清对方的姓名、单位、车种、车号。

处理现场后，由肇事方写明事故事实，经双方签字后，交给受害方。双方交换驾驶证或有效身份证件。

当事双方应在 2 小时之内（特殊情况可延长至 3 小时），驾驶发生事故的车辆共同到当地公安交通管理机关报案，逾期不到的按不及时报案认定责任。

对于损失轻微的交通事故，当事人可以自行协商解决。

处理现场后，当事双方对事故事实有争议的，公安交通管理机关按处理现场前肇事方写明的事故事实认定责任。

发生碰撞固定物的单方交通事故时，当事驾驶员或有关人员应立即报案，并将车辆移至路边或不妨碍交通的地点，等候公安交通管理机关的处理。

对当事人按规定自行处理现场的交通事故，公安交通管理机关按事故处理简易程序办理结案手续，不再受理此事故责任的重新认定，经济赔偿只调解一次。当事双方未达成协议或不履行调解结果的，任何一方均可向人民法院提起民事诉讼。

3. 调查取证的规定

交通事故当事人应当按规定接受讯问，如实回答。证人接受询问时应当如实反映情况。

因收集证据需要扣留事故车辆及机动车行驶证的，公安机关交通管理部门应当开具行政强制措施凭证，将车辆移至指定的地点并妥善保管。但公安机关交通管理部门不得扣留事故车辆所载货物。对所载货物在核实质量、体积及货物损失后，通知机动车驾驶人或者货物所有人自行处理。

采集、提取交通事故现场的痕迹物证，按照处理交通事故的有关规定、标准进行。

公安交通管理机关可按规定检验交通事故死者尸体。

公安机关应当根据医院证明和公安部关于道路交通事故伤残

评定标准，评定伤残等级。

发生交通逃逸事故后，受害人或目击者应记清肇事逃逸车的车号、车型、颜色及逃逸方向，并立即拨打“110”报警电话，或者向附近的巡逻、值勤民警报告。公安交通管理机关负责查找肇事者、肇事车辆，调查取证。

4. 有关检验、鉴定的规定

公安机关交通管理部门对当事人生理、精神状况、人体损伤、尸体、车辆及其行驶速度、痕迹、物品以及现场的道路状况等需要进行检验、鉴定的，应当在勘察现场之日起 5 日内指派或者委托专业技术人员、具备资格的鉴定机构进行检验、鉴定。

检验、鉴定应当在 20 日内完成；需要延期的，经设区的市公安机关交通管理部门批准可以延长 10 日。检验、鉴定周期超过时限的，须报经省级人民政府公安机关交通管理部门批准。

公安机关交通管理部门应当在接到检验、鉴定结果后 2 日内将检验、鉴定结论复印件交当事人。当事人对公安机关交通管理部门的检验、鉴定结论有异议的，可以在接到检验、鉴定结论复印件后 3 日内提出重新检验、鉴定的申请。经县级公安机关交通管理部门负责人批准后，应当另行指派或者委托专业技术人员、有资格的鉴定机构进行重新检验、鉴定。

当事人对自行委托的检验、鉴定、评估结论有异议的，可以在接到检验、鉴定、评估结论后 3 日内另行委托检验、鉴定、评估，并告知公安机关交通管理部门，公安机关交通管理部门予以备案。

申请重新检验、鉴定、评估以一次为限。重新检验、鉴定、评估的时限与检验、鉴定、评估的时限相同。

5. 责任认定

交通事故责任分为全部责任、主要责任、同等责任、次要责任。根据当事人的行为对发生交通事故所起的作用以及过错的严重程度，确定当事人的责任。

(1)因一方当事人的过错导致交通事故的，承担全部责任；当事人逃逸，造成现场变动、证据灭失，公安机关交通管理部门无法查证交通事故事实的，逃逸的当事人承担全部责任；当事人故意破坏、伪造现场、毁灭证据的，承担全部责任。

(2)因两方或者两方以上当事人的过错发生交通事故的，根据其行为对事故发生的作用以及过错的严重程度，分别承担主要责任、同等责任和次要责任。

(3)各方均无导致交通事故的过错，属于交通意外事故的，各方均无责任。一方当事人故意造成交通事故的，他方无责任。

公安机关交通管理部门对经过勘验、检查现场的交通事故应当在勘察现场之日起 10 日内制作交通事故认定书。对需要进行检验、鉴定的，应当在检验、鉴定结果确定之日起 5 日内制作交通事故认定书。

6. 对交通事故当事人行政处罚的规定

(1)有下列行为之一的，由公安机关交通管理部门处 200 元以上 2 000 元以下罚款。

①未取得机动车驾驶证、机动车驾驶证被吊销或者机动车驾驶证被暂扣期间驾驶机动车的；

②将机动车交由未取得机动车驾驶证或者机动车驾驶证被吊销、暂扣的人驾驶的；

③造成交通事故后逃逸，尚不构成犯罪的；

④机动车行驶超过规定时速 50%的；

⑤强迫机动车驾驶人违反道路交通安全法律、法规和机动车安全驾驶要求驾驶机动车，造成交通事故，尚不构成犯罪的；

⑥违反交通管制的规定强行通行，不听劝阻的；

⑦故意损毁、移动、涂改交通设施，造成危害后果，尚不构成犯罪的；

⑧非法拦截、扣留机动车辆，不听劝阻，造成交通严重阻塞或者较大财产损失的。

行为人有第②、第④情形之一的，可以并处吊销机动车驾驶证；有第①、第③、第⑤项至第⑧项情形之一的，可以并处 15 日以下拘留。

(2)违反道路交通安全法律、法规的规定，发生重大交通事故，构成犯罪的，依法追究刑事责任，并由公安机关交通管理部门吊销机动车驾驶证。

造成交通事故后逃逸的，由公安机关交通管理部门吊销机动车驾驶证，且终生不得重新取得机动车驾驶证。

(3)对 6 个月内发生 2 次以上特大交通事故并负有主要责任或者全部责任的专业运输单位，由公安机关交通管理部门责令消除安全隐患，未消除安全隐患的机动车，禁止上道路行驶。

(4)当事人应当自收到罚款的行政处罚决定书之日起 15 内，到指定的银行缴纳罚款。罚款应当开具省、自治区、直辖市财政部门统一制发的罚款收据；不出具财政部门统一制发的罚款收据的，当事人有权拒绝缴纳罚款。当事人逾期不履行行政处罚决定的，作出行政处罚决定的行政机关可以采取下列措施：

①到期不缴纳罚款的，每日按罚款数额的 3%加处罚款；

②申请人民法院强制执行。

7. 扣留机动车驾驶证的规定有下列情形之一的，可以扣留机动车驾驶证

(1)饮酒、醉酒后驾驶机动车的；

(2)机动车驾驶人将机动车交由未取得机动车驾驶证或者机动车驾驶证被吊销、暂扣的人驾驶的；

(3)机动车行驶超过规定时速 50%的；

(4)驾驶拼装或者已达到报废标准的机动车的；

(5)发生重大交通事故，构成犯罪的；

(6)在一个记分周期内累积记分达到12分的。

有第(1)、第(5)项情形的，扣留机动车驾驶证至作出处罚决定之日；只对违法行为人作出罚款处罚的，作出处罚决定后，应当立即发还机动车驾驶证。有第(6)项情形的，扣留机动车驾驶证至考试合格之日。

8. 损害赔偿调解的规定

交通事故损害赔偿权利人、义务人一致请求公安机关交通管理部门调解损害赔偿的，可以在收到交通事故认定书之日起10日内向公安机关交通管理部门提出书面调解申请，公安机关交通管理部门应予调解。当事人在申请中对检验、鉴定或者交通事故认定有异议的，公安机关交通管理部门应当书面通知当事人不予调解。

公安机关交通管理部门调解交通事故损害赔偿的期限为10日。造成人员死亡的，从规定的办理丧葬事宜时间结束之日起开始；造成人员受伤的，从治疗终结之日起开始；因伤致残的，从定残之日起开始；造成财产损失的，从确定损失之日起开始。

公安机关交通管理部门应当与当事人约定调解的时间、地点，并于调解时间3日前通知当事人。口头通知的应当记入调解记录。调解参加人因故不能按期参加调解的，应当在预定调解时间1日前通知承办的交通警察，请求变更调解时间。

9. 对交通事故损害赔偿有争议的问题的规定

当事人对交通事故损害赔偿有争议，各方当事人一致请求公安机关交通管理部门调解的，应当在收到交通事故认定书之日起10日内提出书面调解申请。对交通事故致死的，调解从办理丧葬事宜结束之日起开始；对交通事故致伤的，调解从治疗终结或者定残之日起开始；对交通事故造成财产损失的，调解从确定损失之日起开始。

公安机关交通管理部门调解交通事故损害赔偿争议的期限为10日。调解达成协议的，公安机关交通管理部门应当制作调解书送交各方当事人，调解书经各方当事人共同签字后生效；调解未达成协议的，公安机关交通管理部门应当制作调解终结书送交各方当事人。

对交通事故损害赔偿的争议，当事人向人民法院提起民事诉讼的，公安机关交通管理部门不再受理调解申请。公安机关交通管理部门调解期间，当事人向人民法院提起民事诉讼的，调解终止。

10. 涉外交通事故的处理

享有外交特权和豁免权的外国人发生交通事故，交通警察认为应当给予暂扣或者吊销机动车驾驶证处罚的，可以扣留其机动车驾驶证。需要检验、鉴定车辆的，公安机关交通管理部门应当在检验、鉴定后立即发还；其不同意检验、鉴定的，记录在案，不得强行检验、鉴定。需要对享有外交特权和豁免权的外国人进行调查的，可以约谈；本人不接受调查的，记录在案。

公安机关交通管理部门应当根据所收集的证据，制作交通事故认定书送达当事人，当事人拒绝接收的，通过外交途径转交给其所在机构。

公安机关交通管理部门处理享有外交特权和豁免权的外国人发生人员死亡交通事故的，应当将其身份、证件及事故经过、损害后果等基本情况记录在案，并将有关情况迅速逐级上报至省级人民政府外事部门和国务院公安、外交部门。

涉外交通事故的调解，可以采用单方调解方式进行。交通警察可以转交当事人协议赔偿款项。

境外临时来华人员发生交通事故并承担全部责任或者主要责任的，公安机关交通管理部门应当告知交通事故损害赔偿权利人可以向人民法院提出采取诉前保全措施的请求。

第二节　交通执法现场处置

一、现场抢救

我国道路交通事故中的人员死亡率一直较高。以2006年的事故统计情况为例，2006年，全国共发生道路交通事故378781起，造成89455人死亡。其中的一个关键原因就在于我国的事故现场救护水平低，事故伤员得不到及时有效的救护。造成这种局面的原因是多方面的，其中既有现场救护手段单一、缺乏急救器械、救护技术落后以及社会职能部门协同性差、急救通道不畅等客观原因，也有交通管理部门、交通运输部门和车辆驾驶人等部门和个人对事故伤员的救护重视程序不够的主观原因。有研究表明，我国的事故死亡人员中约50％左右死于发生事故的瞬间；约30％死于事故后1～2小时；约15％死于事故后7天内。在上述死亡人员中有约30％的受伤人员是因为抢救不及时而死亡的。因此，要降低交通事故的死亡率，除了不断提高道路、车辆的安全防护性能以外，提高对事故伤员的现场救护水平也是避免事故伤员伤势加重甚至死亡、降低事故死亡率的有效措施。

在交通事故现场，除了受伤人员需要及时救护之外，有时还会出现事故车辆、车辆装载的有毒、有害物品以及因事故损坏的道路及道路设施、路边管线、建筑物、树木等发生失火、爆炸、泄漏、倒塌和坠落等险情。这些险情对事故现场及其周边的人员、车辆、建筑物等的安全具有很大威胁，容易造成比事故直接导致的人员伤亡和财物损失严重得多的损害后果。因此，在事故发生后，事故当事人、过往车辆及行人，以及赶赴现场的事故办案人员必须在确保安全的前提下，针对事故现场所出现的各种危险情况采取适当的抢救与防护措施，这样即使不能彻底消除现场危险，也能在一定程度上缓解险情，为其他专业抢险部门赶赴现场赢得时间。

1. 伤员的救护

公安机关交通管理部门的事故办案人员到达事故现场后，应当立即组织对事故现场伤员的伤势进行查验和甄别，并根据伤员的受伤程序以及事故现场附近是否有医疗、急救部门等具体情况，及时采取相应的现场救护措施。如果急救、医疗人员到达现场的，则由急救、医疗人员组织抢救现场的受伤人员，事故办案人员应当积极协助其开展现场抢救工作。事故现场对伤员的救护措施主要包括对创口的简单包扎、止血、对肢体发生骨折部位的固定、对呼吸或心跳暂时停止人员的心肺复苏以及对变形车体内的受困人员的解救等。

(1)包扎。包扎是指对人体开放性创口的包敷和捆扎保护，其目的在于使伤员的伤口止血和免受感染。对于交通事故现场离医疗、急救部门较近，伤员能够即时被送往救治的，通常不需要在现场对伤员的创口进行包扎。而对于地处偏僻，并且伤员伤口面积较大，在伤员运送过程中有大量出血和被感染可能的，则应当在事故现场对伤口作必要的包扎。包扎材料一般选用随车携带的急救包内的绷带和三角巾，另外也可使用清洁的布条。包扎时要求包扎牢固、松紧适度，不要造成肢端缺血，并要便于拆除。

(2)止血。交通事故现场常用的止血方法有四种：①加压包扎止血法。即采取对伤口直接使用绷带加压包扎，通过压迫创口端面及其附近血管来达到止血效果。这主要适合出血量相对较少的静脉、毛细血管或小动脉出血。②指压止血法。即用手指或手掌直接压迫伤口近心端的动脉干，以达到临时止血的目的。这主要适合于对较大动脉出血的止血。人体的主要动脉和典型部位的压迫止血点如图 2-1 和图 2-2 所示。③捆扎止血法。捆扎止血主要适合于通过加压包扎和指压止血法无法奏效的人体四肢大动脉出血。止血一般采用具有弹性的橡胶带，另外也可用鞋带或比较结实的布条、绳索等。使用橡胶止血时，应当将橡胶带适度拉伸并捆扎在伤员创口所在肢体的上臂或大腿的上 1/3 处，以利用橡胶带的自然收紧力来压迫血管止血。利用鞋带、布条或绳索止血时，应当将鞋带、布条或绳索在止血部位先行捆扎系牢，然后插入钢笔套或小木棍等，将系好的鞋带、布条或绳索绞紧。捆扎前应在绳索等下方衬垫衣物，以免损伤皮肤，并且捆扎的松紧应适度，使肢体远端动脉无脉搏和伤口不出血即可。如图 2-3 所示。另外，捆扎时间也不可太长，④止血钳止血。即采用止血钳直接夹合创口内的破裂血管实现止血。止血后应当视情况需要对伤口连同止血钳一起作简单包扎，以防止伤口感染。止血钳止血主要适合对人体大动脉的止血。

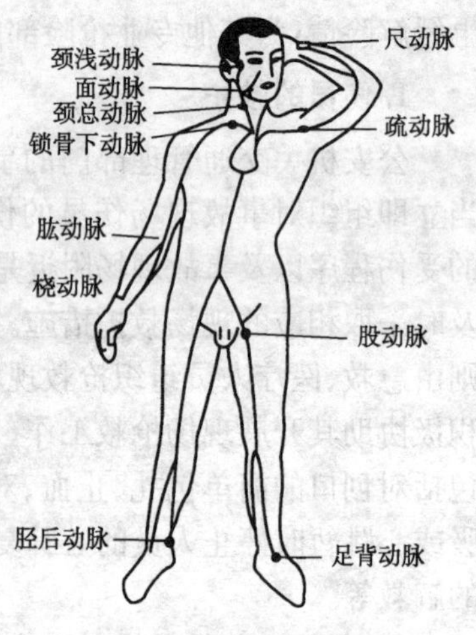

图 2-1　人体主要动脉

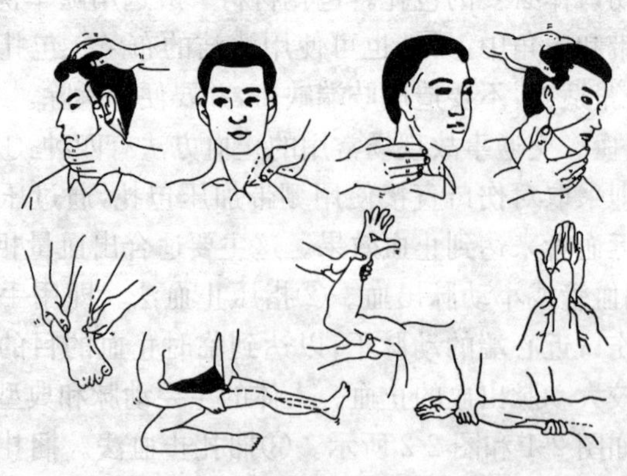
图 2-2　典型部位压迫止血点

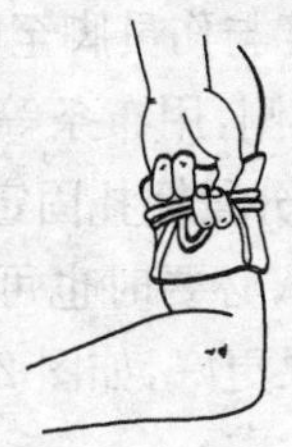
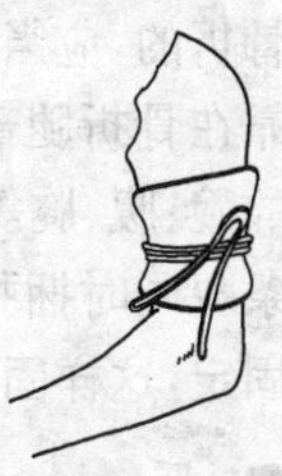

图 2-3　捆扯示意图

(3)固定。对于现场发现伤员有骨折的,应当在转运伤员前对其骨折部位作必要的固定,以防止骨折端面刺伤周围的血管、神经和重要脏器,减轻伤员的痛苦并便于搬运伤员。

对骨折现场一般可通过对伤员受伤部位的外观变形异常、局部明显肿胀、用手触摸时疼痛加剧,甚至有骨骼摩擦感觉等现象来加以判断。但是,切不可用力按压、扭动和牵拉伤员有骨折可能的受伤部位。

对上肢骨折的固定,一般采用与骨折的上臂或前臂等长的竹片、木板或树棍等硬质物顺手臂贴靠在骨折部位两旁,并将骨折部位两端的手臂与硬质物一同捆扎固定的方法。手臂捆扎固定好后,其前臂应用三角巾或腰带等物水平吊挂于伤员胸前,以减轻受伤部位的外部受力,如图 2-4 所示。

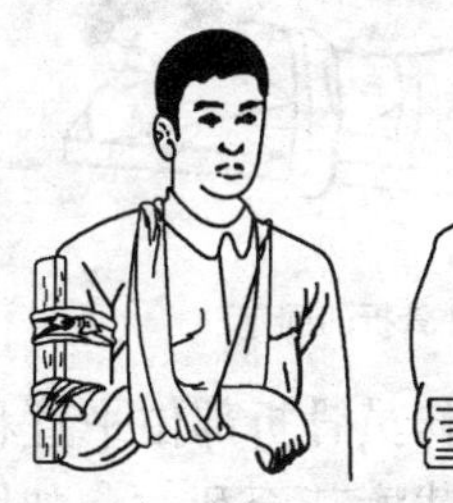

图 2-4　上肢骨折的固定

对人体下肢骨折的，应当用长度与伤员脚至腋下等长的木板、树棍等硬质物贴靠在骨折腿部的外侧，用布条等将骨折的大腿连同其小腿和人体的髋、腹、胸等部位分段捆扎固定。必要时也可连同未骨折的另一条腿同时捆扎固定，必要时也可连同未骨折的另一条腿同时捆扎固定，这样固定效果更好，如图 2-5 所示。

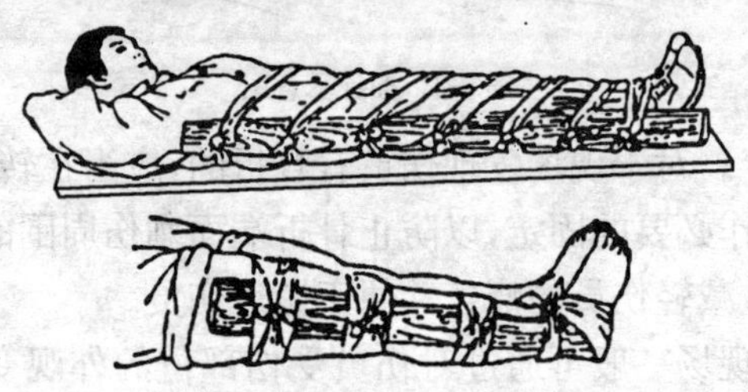

图 2-5　下肢骨折的固定

对人体腰部和背部脊柱骨折的，应由多人对伤员腿部、臂部、腰部、背部和头颈部同时用力，将伤员平移至平整的木板或硬质担架上俯卧并用布条等将伤员整体分段与木板捆扎固定好。对人体颈椎骨折的，也应采用同样方法小心将伤员平移至木板或硬质担架上仰卧，并在其颈下放置一小枕，头颈两侧采取衬垫衣物等柔软物品进行固定。如图 2-6 所示。

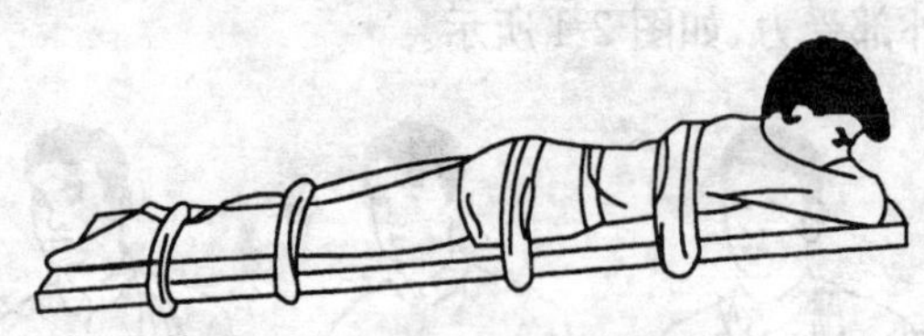

图 2-6　腰部和脊部脊柱骨折的固定

在平移伤员过程中，切记要保证伤员骨折部位平直和不受外力扭动、牵拉、否则极容易造成伤员截瘫甚至死亡。如图 2-7 所示。

(4)心肺复苏。人体在受到外力的猛烈作用后，常会出现暂时

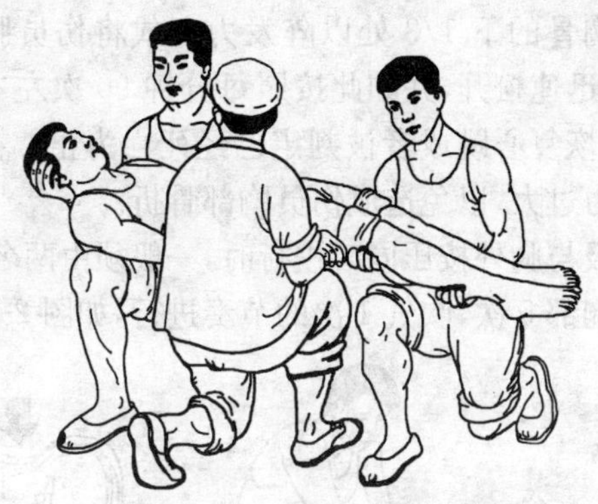

图 2-7　平移伤员示意图

性的心脏停止跳动和肺停止呼吸，如不及时救助有可能导致伤员的死亡。因此，只要事故现场有伤员的以及停止跳动或(或)肺停止呼吸，而又不能确认其已经死亡的，应当立即就进行心肺复苏。心肺复苏包括人工呼吸和胸外按压，前者主要针对伤员停止呼吸的情况，后者则主要针对伤员心脏停止跳动的情况，必要时二者可以同时进行。

实施人工呼吸时，应当首先清除伤员口中的血块、黏液等异物并让伤员仰卧，使头部后仰，以保证其呼吸道通畅。然后施救人员跪伏在伤员头部的一侧，用一只手拖住其下颌并掰开口腔，用另一只手捏住伤员的鼻孔，使其闭气。由施救人员深吸一口气后用力吹入伤员口中，直至其胸部明显隆起为止。最后施救人员松开伤员的鼻孔，让气从其肺部呼出。此时为帮助伤员呼出气体，施救者可轻压其胸部。上述过程应按照每分钟 12～16 次左右频率重复，直到伤员恢复呼吸或者被判定已经死亡为止。施救者在重新吸气时应当将头稍侧向一旁，以免吸到伤员呼出的气体。

实施胸外按压时，首先应当让伤员仰卧在平地上，然后由施救者跪立于伤员身体一侧或双腿分跨跪立于其腰部，双手呈掌形重叠放在伤员胸骨的下 1/3 处以阵发力方式将伤员胸骨按压下陷 3～4cm 左右迅速松开，并如此按照每分钟 90 次左右频率反复进行，直到伤员恢复心跳或者被判定已经死亡为止。在按压伤员胸部时不可用力过大，以免造成伤员胸部骨折。

人工呼吸与胸外按压同时进行时，一般须由两名施救者配合，按照每按压胸部 5 次，吹气 1 次的节奏进行，如图 2-8 所示。

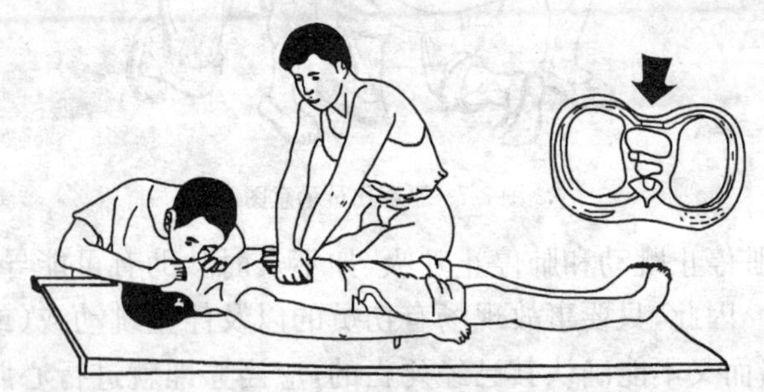

图 2-8 人工呼吸和胸外按压

现场救护措施应当科学合理和及时果断，避免因为救护措施不当或者救护不及时而造成受伤人员伤情加重乃至死亡。在对伤员进行现场救护的同时，还应当注意对事故现场及其周边尚未得到控制的其他险情采取必要的防范措施，以免事故损害后果进一步扩大。经过必要的现场急救处置之后，应当将伤员迅速送往附近有救治条件的医疗、急救部门。

交通事故造成人员受伤需要抢救治疗的，公安机关交通管理部门应当及时查看事故车辆的机动车辆保险标志并及时通知承担保险责任的保险公司向医疗、急救部门支付伤员的抢救费用。如果事故车辆没有参加机动车第三者责任保险、保险责任期限过期或者肇事后逃逸的，公安机关交通管理部门应当通知事故发生地的道路交通事故社会救助基金的管理机构先行垫付伤员的部分或者全部抢救费用。道路交通事故社会救助基金的管理机构有权就所垫付费用向交通事故责任人进行追偿。

医疗机构对交通事故中的受伤人员应当及时抢救，不得因抢救费用未及时支付而拖延救治，并如实向保险公司、道路交通事故社会救助基金的管理机构和事故当事人提供医疗单据和诊断证明。殡葬服务单位和有停尸条件医疗机构，对公安机关交通管理部门存放的交通事故死者的尸体，应当接受代存。公关机关交通管理部门应协助上述单位收回抢救治疗费用和尸体存放费用。

2. 财产的抢救

对于交通事故现场出现车辆、物品发生燃烧、爆炸，有毒、有害物品泄漏以及车辆、物品落水，车辆、物品、建筑物濒临坠落或倒塌等危险情况的，现场的交通警察应当首先针对不同危险情况采取必要的抢救和防范措施，待现场险情得以控制或消除以后再对事故现场进行勘察。

当事故车辆发生失火时，应当首先切断车辆的油路和电路，并用灭火器灭火或者用沙土、浸过水的棉被等蒙盖火苗。如果是燃油着火，切勿用水泼，因为这样反而会助长火势。为了防止油箱在高温下发生爆炸，应对油箱采取降温和隔热措施。如果附近有加油站、草垛等易燃物和高压线时，应迅速将着火的车辆、物品或可燃物移动至远离上述设施和物品后，再设法灭火。在火场内的人员不要张嘴呼吸或高声呼叫，以免火焰灼伤口腔和气管，应当用不易燃烧的衣物等护住头面部和裸露在外的皮肤后，迅速伏身逃离火场。逃离火场后应立即扑灭身上的火苗或脱掉着火的衣服，切勿带着火苗奔跑。

当事故车辆及人员落水后，应立即在其入水点和沿水流的下游方向寻找并打捞落水人员或物品。打捞上岸的货物应及时排干积水，对一些需防水的货物应清除掉已被水浸湿的外包装物。如果对环境具有污染性的物品落水，应立即打捞上岸并设法消除泄漏污染物对环境的危害性。

事故现场如有濒临倒塌和坠落的建筑物、电杆、树木、车辆和其他物体，应当在设法固定的同时迅速疏散建筑物、车辆内的人员和围观人员。对要倒塌的建筑物、电杆、树木等，可以用木棒、铁架等支撑，对无法支撑的应划定警戒范围，禁止无关人员进入。对要坠落的车辆、物品可以用起重车起吊、用绳索捆绑或者用石块塞垫的方式进行固定。对于道路、供电、通讯等设施遭受损毁的，公安机关交通管理部门应当通报有关部门及时处理。

二、现场交通疏导

道路是供社会车辆和人员通行的重要场所，任何情形下的交通阻塞都会给社会造成程度不同的经济损失，有时甚至还会危及到人的生命安全，因此，确保道路的交通畅通是公安机关交通管理部门的根本任务，这对于处理交通事故现场的交通警察来说也毫不例外。负责处理交通事故现场的交通警察应当根据现场的具体情况，有针对性地采取各种有效措施，尽可能地确保事故现场道路的交通畅通和有序。

到达交通事故现场的交通警察，应当在满足现场救护和现场勘察需要的前提下，尽可能为其他过往车辆和行为保留必要的通行条件，并由专人负责指挥过往车辆和行人按照指定的路线减速通过事故现场，确保现场交通的基本畅通。为疏导交通的需要，交通警察在不影响事故现场勘察工作的情况下，可以通过对交通事故现场的有关车辆、人体、物品、痕迹等采取适当标记或者拍照、先行勘验等措施后进行移动的方法，在事故现场道路上开辟临时通道，组织过往车辆和行人有序通过，以缓解事故路段的交通阻塞压力和疏散现场围观人员。

对于无法通行车辆和人员的交通事故现场，公安机关交通管理部门应当根据当地的路网结构情况，在事故现场来车方向的道路交叉路口处安排专人指挥或者设立临时标志引导过往车辆绕行，避免因交通事故现场造成严重的交通阻塞，确保道路交通的安全、畅通。

三、现场保护

交通事故发生后，事故当事人应当注意保护事故现场，赶到现场的交通警察也应当根据需要对事故现场采取设置警戒线、划定隔离区、疏导交通等现场保护措施。实践经验证明，保护好事故现场不仅可以使现场证据免遭破坏和灭失，为事故现场勘察取证打下基础，而且可以通过维护好现场的正常交通秩序，减少和避免现场的人员围观和交通阻塞，有助于防止发生连锁事故而造成更大的人员伤亡和财产损失。另外，保护好事故现场对于避免因围观群众攀登、践踏而使事故车辆、物品、尸体以及现场周围的田地、树木、建筑物等遭受破坏，防止现场散落财物被不法人员偷盗、哄抢以及交通事故肇事人与受害人及其亲属之间发生冲突等也有重要意义。

1. 现场证据的保护

公安机关交通管理部门对交通事故案件事实的调查通常是从勘察交通事故现场开始的，并且勘察交通事故现场也是获取交通事故证据的主要途径。然而，由于交通事故地处开放的场所，现场的各种痕迹、物品的原始状态极容易受到各种人为或者自然因素的影响而发生改变或灭失，给事故的调查取证和分析判断造成困难，严重时，甚至使交通事故因为没有取得足够的证据而难以处理，案件久拖不决，当事人的合法权益得不到及时有效的保护。

根据《交通事故处理程序规定》的要求，负责处理交通事故的交通警察到达事故现场后，应当根据对事故现场的处理需要和事故现场的现实条件划定现场保护范围，并在现场周围用锥形交通标、警示带等设置警戒线。除了现场勘察人员和现场救护、抢险等人员外，禁止其他人员进入现场警戒范围和抚摸、挪动、攀登、践踏现场内的车辆、物品、尸体和痕迹。

遇到气候变化等情况可能使现场的尸体、痕迹和物品遭到破坏时，应采取措施妥善保护。对于尸体，在夏季为了避免尸体受到日光曝晒而加速腐败，要用草席、白布等物遮盖。如遇刮风、下雨、下雪等恶劣天气时，应用塑料布等不透风雨的材料遮盖，以避免尸体上的痕迹、附着物被污染或破坏。对于其他痕迹和物品，除了遇烈日、风、雨、雪等恶劣天气需要视情况作适当遮盖以及对一些细微和易挥发、易消失的痕迹、物品应作适当标记或先行提取以外，一般不需要作专门处理。对可能因时间、地点、气象等原因，导致痕迹或者证据灭失的，应当及时测试、提取和保全。

在现场急救、排险过程中，要尽量使现场不受破坏。当确实难以避免要移动或破坏现场伤员、车辆和物品的原始状态时，应当在移动或破坏前用石灰或粉笔等沿他们在地面上的投影划轮廓线，并尽可能配合用绘图、照相、摄像、做笔录等多种方法详细记录移动或破坏前的伤员、车辆、物品和痕迹的原始位置、方向和状态，并及时提取和保全他们身上的痕迹和附着物。

交通警察到达现场后，应当检查当事人的身份证件、机动车驾驶证、工作证及机动车行驶证、保险标志，验明事故当事人的身份，并可以依法对肇事车辆、事故当事人及其随身携带的物品进行检查。交通警察应当对肇事人采取必要的控制措施，安排专人进行监护，不准其随意离开事故现场，并防止其逃逸或者毁灭、伪造证据以及与受害人及其家属发生冲突。重大和特大事故的肇事人应当及时带离现场。未经领导同意，不准其与无关人员谈论事故情况。遇有生命危险的交通肇事人，应采取急救措施，并注意及时向被救的交通肇事人调查了解案件的有关情况。

如果遇到交通事故当事人处于醉酒状态并且对其本人有危险或者对他人人身安全有威胁的，公安机关交通管理部门应当对其进行约束或者直接通知其所属单位或者家属将其领回看管。对行为举止失控的醉酒人，公安机关交通管理部门可以对其使用约束带或者警绳等进行约束，但是不得使用手铐、脚镣等警械。约束过程中应当注意监护当事人的身体情况，一旦出现异常情况或者醉酒人酒醒，应当立即解除约束，并根据需要采取必要的处置措施。

2. 现场安全的维护

事故发生后，乘车人员和现场的其他无关人员应当离开事故车辆，及时撤离到路边安全地带等候。参与抢救、清障的人员也应当尽量减少在现场路面的停留时间。车辆驾驶员和赶到现场的交通警察应当立即开启车辆的危险报警闪光灯，并根据道路及其行车速度情况，迅速在距现场来车方向 50～150m 外设置发光或者反光的危险警告标志，同时设专人负责外围警戒，提醒过往车辆注意减速或停车避让。其中，三级以下公路或城市街道的现场，白天应当在距中心现场前后 50m 外，夜间在 80m 外设置发光或反光交通锥；二级以上公路和城市主干路的现场，白天应当在距中心现场前后 80m 外，夜间在 100m 外设置移动警示标志和发光或反光交通锥，同时设专人负责外围警戒，提示过往车辆减速或停车；高速公路和设有中心隔离道路的现场，应当在白天距中心现场来车方向 100m 外，夜间 150～200m 外连续设置不少于两处的移动警示标志或发光、反光交通锥，移动警示标志或交通锥间隔不少于 15m，在道路边或中心隔离区提醒过往车辆减速。遇有雨、雾、沙尘等低能见度气象条件，现场设置移动警示标志、发光或反光交通锥，其与警戒人员的距离和密度应比正常气象条件时增加 1 倍。设有可变信息板的路段应当及时发布事故信息，提醒驾驶员减速或绕行通过现场，必要时封闭现场路段或道路。为提示后方来车及早发现现场危险并注意安全，现场勘察、指挥车辆应当依次停放在现场警戒线内来车方向距现场 30m 外的道路右侧，并开启警灯，在夜间则还应当同时开启危险报警闪光灯和示警灯。

负责处理事故现场的交通警察应当加强自身的安全防护，勘察交通事故现场时应当穿着反光背心，夜间可以佩戴发光或者反光器具，遇有载运危险物品车辆发生交通事故的，还应当根据需要穿着防护服和佩戴防护用具。因专业施救需要移动车辆或物品时，现场勘察人员应当告知其做好标记，待险情消除后再勘察现场。参加查缉交通肇事逃逸案件的人员，还应当注意防止肇事逃逸人故意驾驶车辆碰撞、刮擦查缉人员的情况发生。

四、特殊现场处置

1. 强制撤离现场

为了缩短交通事故现场的处理时间，减轻或防止交通事故现场的交通阻塞，根据《中华人民共和国道路交通安全法》第 70 条的规定，发生未造成人身伤亡的交通事故，当事人因为对事故事实及成因有争议不撤离现场的以及虽然发生造成人员受伤的交通事故，但是受伤人员自己认为伤情轻微，当事人对事实及成因无争议的，当事人都应当迅速向公安机关交通管理部门报警。赶到交通事故现场的交通警察应当记录交通事故发生的时间、地点、天气、当事人姓名、机动车驾驶证号、联系方式、机动车牌号、保险凭证号、交通事故形态、碰撞部位等，由事故各方当事人签名后，责令当事人撤离现场，恢复交通。对当事人拒不撤离现场的，交通警察应当予以强制撤离。

强制撤离交通现场时，交通警察可以参照《道路交通安全违法行为处理程序规定》第 18 条的规定，将事故车辆拖移至不妨碍交通的地点或者公安机关交通管理部门指定的地点。对于现场遗留的其他散落物，一般由事故当事人自行收存。当事人拒绝自行收存的，交通警察应当记录并防止其灭失，同时通知当事人在 6 个月内来领取，经通知或者公告后 6 个月内无人认领的，作为无主财物上交国库。如有特殊情况可酌情延期处理，但是延长期限最长不得超过 3 个月。在当事人认领之前，对容易腐烂、灭损或者不具备保管条件的其他物品，经县级以上公安机关交通管理部门负责人批准，公安机关交通管理部门可以在拍照或者录像后进行变卖，并将变卖所得交由当事人领取。

2. 有危险物品现场处置

当载运爆炸物品、易燃易爆化学物品以及毒害性、放射性、腐蚀性、传染病病原体等危险物品的车辆发生交通事故时，公安机关交通管理部门应当立即报告当地人民政府和通报有关部门及时到现场进行处理并采取封闭现场道路等交通管制措施。在距中心现场前后 1 000m 外设置警示标志和隔离设施，双向封闭道路，严禁无关人员和车辆进入。公安机关交通管理部门应当协同有关部门划定隔离区，疏散过往车辆和人员，防止事故现场发生交通堵塞和连锁性损害事故。

在有关部门的处理人员未到达事故现场之前，公安机关交通管理部门应当对现场道路采取封闭道路、断绝交通等交通管制措施，同时做好现场人员的安全防护，必要时应当穿着防护服和佩戴防护用具。切勿随意触摸、踩踏和吸入泄漏物。对流淌在地面上的泄漏物，可以采用泥土筑围的方式拦截，不要任其四处流淌。如果现场发生爆炸，应立即在土堆、汽车等障碍后方就地卧倒，用手护住头部。经有关部门确认需要在现场设立安全隔离区域的，公安机关交通管理部门应当协同其划定隔离区，在隔离区边沿设置警戒线并疏散过往的车辆和人员到安全区域。在可能的情况下，经与有关部门商议后，应当将载运危险物品的车辆移到尽量远离人群、建筑物、高压线、桥梁、河流的空旷地带。

五、交通事故现场清理

现场勘察完毕，事故办案人员应当清点现场的遗留物品并及时组织当事人和其他有关部门清理事故现场，尽快恢复现场道路的交通。

1. 对事故车辆的善后处理

现场勘察结束，除了需要作进一步检验、鉴定和提取证据的事故车辆，由公安机关交通管理部门开具行政强制措施凭证后予以扣留以外，其余事故车辆由现场处理人员当场发还给当事人。如果车辆损坏不能开动的，事故处理人员应当使用专用的救援车或清障车协助当事人将事故车辆拖移至不妨碍交通的地点或者停车场内。对于妨碍交通而又暂时无法移开的事故车辆应当开启危险报警闪光灯和根据道路行车速度在来车方向 50～150m 距离外设置危险警告标志，派专人看守，并及时联系拖车或吊车拖移。

对弃车逃逸的无主车辆，公安机关交通管理部门应当依据《中华人民共和国道路交通安全法》第 112 条的规定进行公告，经公告 3 个月后当事人仍不来接受处理的，由公安机关交通管理部门依法进行处理。

公安机关交通管理部门应当扣留在事故现场发现的无牌证、达到报废标准和未投保机动车第三者责任强制保险的车辆。其中，对于无牌证的车辆，应当通知当事人提供或者补办车辆牌证，当事人提供或者补办了牌证的，应当及时退还被扣车辆；对于达到报废标准的车辆，应当收缴车辆并强制报废；对于未投保机动车第三者责任强制保险的车辆，应当督促车辆所有人、管理人依照规定投保后再予返还。对于上述三种情况，公安机关交通管理部门还可以依据《中华人民共和国道路交通安全法》的规定，对当事人进行行政处罚。

2. 对现场遗留物的善后处理

对于事故现场的遗留物品，在现场能够确认所有人并且所有人或者所有人的亲属在事故现场的，应当在现场直接发还给所有人或者所有人的亲属。对于在现场不能确认所有人或者所有人及其亲属不在事故现场的，由事故处理人员对遗留物品进行清点，并填写《交通事故遗留物品清单》后予以收存。对暂时无法移动的较大物品，应当设立明显标志并指定一方当事人或者有关人员看守，然后及时联系转运。《交通事故遗留物品清单》应当由事故办案人员和现场的当事人、见证人签字，作为今后向遗留物所有人办理交接的依据。公安机关交通管理部门应当对收存的现场遗留物进行妥善保管，不得丢失、损毁、借用、挪用、调换和侵占，尽快通知或公告所有人在6个月内前来领取。所有人逾期不来认领的，作为无主财物上交国库。如果属于所有人受伤住院，不能及时认领等特殊情况，公安机关交通管理部门可酌情延期处理。对于所有人不明确的容易腐烂、灭损或者无法保管的物品，经县级以上公安机关负责人批准，可以在拍照或者录像后变卖，然后再依法通知或公告所有人前来领取变卖后的价款。遇交通事故的管辖发生变更的，与案件有关的现场遗留物应当随案移交。

现场遗留物清点完毕后，事故办案人员应当组织人员对现场路面进行清扫，以保证交通安全和环境卫生。

3. 对现场尸体的处置

现场勘察完毕后，公安机关交通管理部门应当将尸体送往有存放尸体条件的殡葬服务单位或者医疗机构，并对尸体进行必要的检验（在交通事故现场只对尸体衣着上的痕迹和附着物进行勘验，检验尸体不得在公众场合进行）。需要对尸体进行解剖检验的，必须事先征得其亲属的同意。尸体经检验结束以后无继续保留必要的，公安机关交通管理部门应当向死者亲属送达《尸体处理通知书》，通知死者亲属在10个工作日内办理完毕丧葬事宜。死者亲属无正当理由逾期不办理的，经县级以上公安机关负责人批准，由公安机关处理尸体，逾期存放的费用由死者亲属承担。

交通事故造成人员死亡的，由急救、医疗机构或者法医出具死亡证明。对交通事故中的未知名尸体，由法医提取人身识别检材、采集其他相关信息后，公安机关交通管理部门应当填写《未知名尸体信息登记表》,报设区的市公安机关有关部门核查死者的身份。核查出未知名尸体身份的,由公安机关交通管理部门通知其亲属或者单位前来认领死者尸体并处理交通事故。经核查无法确认死者身份的,公安机关交通管理部门应当在当地的地(市)级以上报纸上刊登认尸启事。

自认尸启事登报后10个工作日仍无人认领的,由县级以上公安机关负责人或者上一级公安机关交通管理部门负责人批准处理尸体。

实行殡葬改革的地区,交通事故死亡人员的尸体应当在当地火化。对于少数民族死者应当尊重其民族风俗习惯。境外来华人员尸体的处理,应当尊重死者亲属或所属国驻华使、领馆的意见。如果尸体在当地火化的,应当由死者亲属或者所属国驻华使、领馆提出书面申请后方可进行。尸体或骨灰需要运送出境的,由死者亲属或者其委托的代理人按我国有关规定办理手续。原则上外国人的尸体或者骨灰不得在我国境内安葬或播撒。

4. 对被损坏的道路设施及其他物体的处置

对事故现场被损坏的道路、道路设施和供电、供水、供热、通信等设施,公安机关交通管理部门应当及时通报公路、市政、电力、通信等有关部门及时处理,尽早消除险情和恢复其正常功能。一时无法修复的,应根据实际情况采取相应的临时性加固、支撑或者设置警示标志等安全措施。

第三节　交通执法现场调查

一、交通事故现场调查的概念

交通事故现场调查,是指公安机关交通管理部门在接到交通事故报警后,为了查明事故过程、原因和事故损害后果,收集事故现场有关证据，依法对事故现场进行的实地勘验检查和调查取证工作。

对交通事故现场调查的概念，应当注意从以下几个方面去把握：

(1)从交通事故现场调查的主体来看，负责交通事故调查的人员通常应当是公安机关交通管理部门的交通警察。具体而言，交通事故现场调查工作应当根据处理交通事故所适用的程序不同，相应由取得了交通事故处理资格等级证书，或者具有1年以上道路交通管理工作经历，经设区的市公安机关交通管理部门培训考试合格的交通警察担任。当然，在必要时，公安机关交通管理部门也可以指派其他专业人员或者聘请有专门知识的人员参加。

(2)从交通事故现场调查的目的来看，交通事故现场调查是获取交通事故证据的最主要途径，整个现场调查工作必须紧紧围绕着查清交通事故发生的时间、地点、过程等事故事实、事故成因、损害后果和其他相关情况并取得相应证据为中心进行。

(3)从交通事故现场调查的内容来看，交通事故现场调查包括了对交通事故现场的实地勘验、检查、测试、调查访问等调查取证活动。所调查的对象既包括车辆、道路、痕迹、物品、尸体等客观物质，又包括事故当事人和现场目击者等人员。

二、现场调查的准备

与其他调查工作一样，交通事故现场调查也要在各方面作好充分准备，以保证现场调查工作的质量。

(1)各级公安道路交通管理部门都要挑选一定数量的思想好，法律、政策、业务、技术、文化水平较高，精明强干的干警，担任事故处理人员；设立专门处理交通事故的机构，配备必要的技术人员

(包括痕迹、法医)和专用车辆、专用工具(包括交通事故勘察箱、水平仪、绘图仪器等),专用器材(包括照相机、录像机、录音机、照明灯具等);同时,建立严格的管理制度,确保车辆使用和工具器材完好有效,以保证事故处理人员能够及时到达交通事故现场,准确调查取证。

(2)事故处理人员要坚持辩证唯物主义实事求是的科学态度。在现场调查中,要求对发现痕迹、物证,坚持按照客观实际情况认真调查记录,切忌先入为主。对有争议和有疑问的痕迹、物证决不允许主观臆断,防止做出错误的结论。

(3)事故处理人员要牢记人民警察的宗旨,树立人民群众的生命和国家财产高度负责的职业感,钻研业务、熟悉管区道路、地理情况,培养吃苦耐劳的工作作风。只要接到报案,不论白天黑夜,刮风下雨,节日假日,都要及时赶赴现场,发扬不怕脏、不怕累的精神,克服一切困难完成任务。

三、现场调查的内容

根据交通事故的性质,现场调查的内容包括五个方面:

1. 时间调查

时间是人类活动最基本的坐标之一。它也是分析事故发生过程的证明之一。时间调查是用以确定事故的时间坐标以及与事故有关方面的时间关系。如有关车辆出车、中途停车或收车的时间等。

2. 空间调查

调查事故发生地点、场所,以及车辆、人体、尸体、牲畜、痕迹、散落物和道路设施等的位置及关系,用以确定事故各方相互运动的速度、路线、冲突点和部位等。

3. 生理心理调查

调查当事人的心理状态,身体与精神条件,以及生理方面对造成事故的影响因素等。

4. 环境条件调查

调查车辆、道路、道路相关设施、道路管理设施和自然条件对事故的影响等。

5. 后果调查

调查人员伤亡、车、物损失情况及原因等。

上述调查的依据，一是现场的客观存在，二是当事人和目击者的陈述，三是运用科学技术手段的理论证明。这三者之间以客观存在为主。因为当事人和目击者的陈述往往受个人修养和所处环境的局限而带有真实甚至虚假的成分。比如，事故的当事人由于一时过度紧张或恐惧而发蒙，弄不清事故的过程。或因为事故与自己有关，所陈述的情况带有避重就轻的成分。对于目击者来说，虽然身在现场，但由于事故发生过程非常短促，而且事先毫无思想准备，加之不同的观察角度的影响，多数也不可能看得十分清楚、准确。因此，他们经过回忆的证词，往往带有推测的成分，而且与其个人生活经历、反应、记忆能力、逻辑水平、表达能力等有密切联系、表达能力等密切联系，难免带有主观性和片面性。所以，由当事人和证人提供的材料，只能作为现场实际材料的印证和补充。

四、现场调查的要求

长期工作实践经验表明，交通事故现场调查，需要按以下要求进行：

1. 及时迅速

因为交通事故特定的环境是在道路上，不仅事故的各种物体、痕迹完全暴露于露天，而且所有事故都会造成一定数量的群众围观，妨碍正常的交通。重大交通事故现场更容易造成严重交通堵塞。因此，交通事故发生后，随着时间的延续，现场原貌极易受到人为的和自然的(如风、雨、阳光照射等)破坏，事故目击者或知情者也可能离去，影响现场调查质量。特别是肇事逃逸现场，及早确认肇事车辆痕迹和物证，对于查清这类事故关系十分重大。

可见及时赶赴现场，迅速开展调查，是尽可能多地获得现场证据的保证。这就要求事故处理机关建立严格的值班、值宿和工作责任制度，配备足够人员和工具。每个事故处理人员要树立对工作高度负责的职业感，一旦接到事故报案要立即赶赴现场，决不允许借故拖延出动时间，因而失去调查时机，贻误证据的收集，给事故调查工作造成困难。

有些事故可能没有明显的现场，但只要抓住调查询访的时机，就可能查明现场的基本情况。如自行车撞人事故，人们往往忽略保留现场。遇到这类事故，也应及时到现场，通过检查车辆和伤、亡者衣服的痕迹以及讯问、访问工作，尽可能多地收集查明案件的证据材料。

同时，要求每个事故调查人员应具备雷厉风行的工作作风和熟练的调查技术素质，提高调查工作效率，尽量缩短调查工作时间，尽快恢复道路交通的畅通。在现场调查中，往往会遇到当事有关方面对现场情况持有不同观点的现象。在这种情况下，现场调查人员要细心倾听他们的意见，但不要受其干扰，果断处理问题，防止调查工作出现混乱，不必要地延长调查时间。

2. 全面细致

无论是什么类型的现场，都要求把现场一切有关痕迹、全部毫无遗漏地收集记录下来。无数交通事故处理实例证明，只有全面占有证据材料，进行系统的分析研究，才能准确地弄清事故发生的真实经过，从而合理认定责任。否则，就会使认识局限在片面性和表面性上，出规定性不准甚至完全搞错的情况，将事故处理工作引向歧途。

为了保证调查的全面性，要求调查工作必须细致。所谓细致就是做到凡是与事故有关的情况、证据都要调查掌握。具体可分为调查前和调查中两方面。

(1)调查前，要做好事故报告记录。

道路交通事故报告的形式一般有两种：即口头报告和电话报告。因为报告人通常有当事人，当事人委托的人，事故发生目击者以及看到交通事故现场的人等。所以，事故报告记录应详细记载到报告时间和简单的自然情况：包括姓名、职务、工作单位、情况来源(如是直接看到的，听说的还是受人委托的)；报告内容；(时间、地点、情况、车型、号牌、事态、后果)和记录人签字等。

详细记载交通事故报告的作用在于它不仅是复核交通事故的证据，也是追究交通肇事罪立案材料来源之一。有的事故处理人员不重视对事故报告的记录，马虎从事，往往使事故处理工作陷入被动。

(2)调查中，不仅要注意那些明显的痕迹、物证情况，而且必须注意发现那些与事故有关的细枝末节。

无论是进行痕迹检验，还是进行现场询问、访问，都应深入细致。通常一个看来很平常的情况，一些很细微痕迹、物品(例如，一根毛发、一丝纤维、一条木屑、一块油垢和人员穿着、车辆特征等等)往往能够为分析事故成因，侦察破获逃逸案件，提供重要的线索和证据。对变动现场更要认真细致地调查，弄清痕迹形成的原因和各痕迹、物体相互之间的联系以及痕迹变动的情况。有时，由于现场调查时粗心大意，漏掉了一些有价值的痕迹、物证，结果无法准确地分析研究事故原因，难以确定事故责任。

3. 客观真实

要按照客观实际的本来面目，实事求是反映现场。无论是发现、提取痕迹、物证，或者对现场附近群众进行访问，都应当坚持客观的态度，切勿主观臆断，偏听偏信。对于变动或者伪造的现场，要了解变动的情况。有根据地指出反常和矛盾的所在，并作出有说服力的鉴定。

4. 依法调查

调查事故时要依靠群众做好现场保护，发动群众提供有关线索。提取痕迹、物证，检验尸体，讯问当事人，询问证人都要严格按照法律规定行事。要尊重被询问人的权利和群众的风俗习惯，爱护国家和群众的财产，不准随意动用肇事车辆、物证及其他物品。

五、现场调查的组织和纪律

鉴于交通事故现场的特殊性，现场调查工作质量好坏与现场的组织领导有直接关系。特别是重大恶性事故的现场调查工作，必须在统一领导指挥下，有组织、有秩序、有步骤地进行。只有这样，才能充分发挥工作人员的作用，提高工作效率，保证全面、细致、客观、及时地发现和提取痕迹、物证，了解事故发生的情况。

1. 现场调查的组织领导

(1)现场调查组织的规模，应根据事故现场范围和后果情况而定。根据目前各地的警力具体工作实际情况，除轻微交通事故现场，可由执勤民警进行记录或处理外，一般、重大、特大交通事故现场，都要由事故处理机关的专职人员进行调查。

一般事故现场，要有两名以下事故调查人员负责进行；

重大事故现场，要有区、县队以上交通管理部门领导负责组织、指挥；

特大交通事故现场，要由地、市县级交通管理部门领导临场指挥。特别是遇到死伤众多后果特别严重的道路交通事故时，要立即向上级领导机关报告，一般说应在当地政府领导下，汇集各有关方面组成临时指挥机构，统筹负责进行现场调查访问，维护现场秩序，抢救受伤者，疏导交通和善后处理等工作。

发生在繁华地区或交通流量大的干线上的事故现场，指挥员应迅速布置警力，严密保护现场，维护交通秩序，疏导车辆、行人，排除交通障碍，尽量不要断绝交通并保证现场调查工作的顺利进行。

(2)现场调查人员的分工。

应根据调查人员的数量和实际需要确定。重大事故一般可分为五组：①负责发现、搜集、记录痕迹、物证和尸检工作；②负责丈量现场，绘制现场图；③负责询问当事人，访问证明人，做好文字材料的制作工作；④负责现场拍照和录像；⑤负责监护好与事故有关的人员并维护现场秩序。

2. 现场调查人员的纪律

为保证整个现场调查工作的顺利进行，参加现场调查工作的干警必须严格遵守各项纪律：

(1)要严格按照现场调查工作人员的分工，各负其责，密切配合，保质保量地完成各项规定工作。

(2)对肇事车辆、公私财物注意保护。当要提取车、物上的受检材、物时，必要时应事先通知事主，尽量不改变原形态。对需要继续调查的物品和扣留的车辆，由现场指挥员指定专人登记造册，妥善保管，不得损坏。

(3)严格保守秘密。在现场调查时，一定要注意工作方式，避免发表带倾向性意见，更不能泄漏有关现场的情况或随意在群众中谈论对事故的看法。

(4)禁止在现场调查中吸烟，防止引燃易燃、易爆物品。

六、现场调查的方法和步骤

1. 实地调查的基本方法

(1)对肇事车辆和痕迹比较集中，范围不大的现场，可以以肇事车辆或以接触方位为中心，由内向外进行调查。

(2)对肇事车辆和痕迹较分散,范围大的现场,为防止远处痕迹被破坏,可以从周围向中心,即由外向内进行调查。

(3)对比较分散的重大伤亡(特别是逃逸事故)现场,可以从事故发生起点向终点分段调查或从容易被破坏的路段开始进行调查。

具体采取什么样的调查方法,应依据现场实际而定,有的也可将几种方法相互结合起来使用。

2. 调查的基本步骤

现场调查的重点是发现、搜集及提取能判明事故原因和责任的痕迹、物证。如现场上的各种擦划和制动印痕;肇事双方车、物接触部位、方位(即接触点);肇事车辆和物体上的痕迹及附着物等物证。基本上可归纳为静态调查和动态调查两方面。

1)静态调查:

静态调查是交通事故现场的初步调查,即调查事故发生后,未经变动的现场状态。调查时不改变物体和痕迹的状态与位置,而通过现场摄影、录像、测量、记录和制图等手段,如实予以记载。静态调查要达到如下五个目的:

(1)确定现场方位。

(2)确定现场中人、车、物及与事故有关的痕迹、散落物各自的方位及其相互的联系。

(3)遇到变动现场时,查明变动物原来的位置与状态,确定其与变动后位置的关系。

(4)确定事故接触点的位置,包括物与物、物与人接触时的部位和各自在道路上的方位。

(5)确定事故车辆档位、气压、装载、点火开关位置、雨天雨刷器效能、方向机自由转动量、夜间照明灯光及追尾事故中前车刹车灯性能等。

静态调查作为现场调查的第一步结束后,可根据具体情况移动车辆、尸体、物体的位置进行动态调查。但要注意在移动物体前，应在移位前做好标记，以备复查。

2)动态调查：

动态调查即对现场实物、痕迹形态进行的全面调查。因为在静态调查过程中不能改变现场的原始状况，有些痕迹、物证势必调查不全，必须移动后才能进行。

动态调查必须在不破坏痕迹、物品原有形态的前提下，进行翻转或移动(如尸体、车辆等)位置。如移动即有破坏可能时，必须采取照相或录像等手段保全和测量记录后，在见证人和当事人参加的情况下，然后运用技术手段进行检验提取。

动态调查要达到的目的是：

(1)发现和搜集在静态调查中未能发现的痕迹和物证(如人体组织、毛发，漆片、手印)等。

(2)用简单的实验方法(如痕迹形状和位置进行对比，血痕鉴别等)分析物体特征与痕迹形成的原因。

(3)根据车辆或行人运动的规律，分析现场中各种现象的产生和变化的原因。

动态调查要查清现场关键问题的一切细节，并对重要痕迹、物证进行细目或比例拍照。如果由于现场光线或技术手段不具备一时弄不清楚，应将车辆、物体、痕迹妥善地保全下来，并加以详细记录。待条件具备或聘请有关技术人员后进行登记。

静态调查和动态调查是事故现场调查两个连续的工作程序步骤，并不是要求对于现场所有的东西都必须进行两次重复的检验。而是说，只在对每个物体和痕迹进行了初步检验、拍照和记录了它的原有形态、位置及它们之间的相对位置关系后，再对那些有必要进行移动调查的物体详细、全面的检验，切不可看一点动一点，以致破坏了现场的原始状态，给全面掌握原始现场的内在联系造成困难。所以，静态调查是动态调查的准备，动态调查是静态调查的继续。

3)制作现场调查笔录：

经过现场调查除了形成各种具体的(如制图、拍照等)调查材料以外,还应制作现场调查笔录。它是其他调查材料不足部分的补充和说明,是调查工作的纪实,是认定事故责任和追究肇事人刑事责任所必需的诉讼证据材料。

(1)现场调查笔录应详细记载如下内容：

①报案时间、报案人姓名、交通事故发生的时间；

②现场调查人员姓名、职务；

③现场调查的起止时间、当时的气候和光线条件；

④现场的准确地点位置；

⑤当事人的姓名、性别、年龄、职业、住址及其陈述；

⑥现场变动的情况；

⑦发现的提取痕迹、物证的情况；

⑧现场照相或录像的内容和数量,绘制现场图的种类和数量；

⑨现场调查负责人、调查人员、笔录制作人员、当事人或见证人签名。

(2)对现场调查笔录的要求：

①记录的顺序应当与实地调查的顺序、内容相一致,使未参加现场调查的人能通过调查记录,对现场有一个基本的实际了解。

②调查记录的内容要客观、准确。尤其是重大以上事故现场笔录的内容要全面、详细、具体,能清楚地反映现场基本概况,但不能把对现场的分析或个人判断情况记入材料。

③现场路面和车、物上的痕迹、数据,要具体记载,不得含混不清。

3. 现场调查的收尾复核

经过全面实际调查后,现场负责人应召集现场调查人员进行现场复核以保证现场调查工作质量,防止出现误差和遗漏。这是现场调查工作的重要组成部分。

(1)复核的主要内容:

①听取各方面调查情况的汇报,审核现场图和有关调查材料有无漏洞,现场调查工作各组成部分之间的衔接是否有误,痕迹调查人员、摄影人员的工作是否完成,各种数据是否准确一致。

②组织全体调查人员检查现场调查工作是否全面、周密、细致,如有不足之处,确定补救措施并组织落实。

③对现场调查工作各项内容确认无误后,确定现场后续工作。

(2)现场的后继工作:

现场调查工作结束后,应迅速做好下列后继工作:

①由现场调查负责人向事故各方当事人或法人代表介绍现场调查情况,没有异议应在现场图和记录材料上签字。如当事方法人代表不在场时,应邀有关政府机关、企事业单位工作人员当场签字作证。

②经现场调查负责人确认现场无继续保留必要后,要迅速加以清理;撤除现场警戒线,保证道路畅通。

③对伤、亡人员财物应及时与肇事双方单位或家属办理交接手续,当面点清,开具财物名称、数量收据,由接物人在收据单上签字。

④尸体不需要保留时,由当事人单位协助死者单位和家属予以处理。如需要等候外地直系亲属向遗体告别或死者身份尚未查明时,由当事人单位设法将尸体妥善保存并及时查明身份。

⑤对需要扣留的物品和车辆,事故处理部门要指定专人妥善保管。

第三章 交通执法现场痕迹物证鉴定技术

第一节 概 述

痕迹学是刑事技术科学的一个分支性学科。它是以辩证唯物主义为指导，运用自然科学和技术科学相关的原理和方法，研究痕迹的形成、发现、提取和规律、特点、鉴定及其运用的专门科学。

交通事故现场的痕迹也与刑事案件现场痕迹一样有广义和狭义之分。由于当事方的行为活动所引起的交通事故现场一切物质形态的种种变化，称之为广义痕迹。如现场各种物质位置的变动、表面形态的改变、结构的破坏、物理性质的变化以及由此而产生的种种迹象的总和等。广义痕迹对调查推理有一定的意义。根据痕迹的有无、痕迹的分布状况、痕迹的形态、痕迹间的相互关系，有助于判明现象真伪，分析事故发生的原因和经过，推断事故的性质。

狭义痕迹是对痕迹形成的特定属性而言，它是痕迹学研究的对象，较早的定义是指有形客体的外表结构在另一个有形客体上留下的反映形象。因为它是造型主体外表结构在另一承受客体表面的形象，所以称为形象痕迹。狭义的痕迹必须具备一些共同的要素：即有一定的外部形象（具有一定的外部形状、大小和点线凹凸结构），这种现象能反映出与客体物自身的联系（或反映外表结构，或反映动作习惯，或反映相互关系），并能据以进行同一认定。由此可见，形象痕迹大多数能进行同一认定，具有较大的证据意义，所以是痕迹学研究的主要对象。

一、痕迹的类型

为了认识各类痕迹的规律、特点和确定鉴定原则，充分发挥痕迹在事故分析、定性工作中的作用，必须对痕迹的形成和分类进行研究。

（一）道路交通事故现场痕迹的形成

一般是由于造型体和承受体相互作用的结果。按照痕迹反映的本质和特征，交通事故痕迹可以分为结构形象痕迹和整体分离痕迹。

1. 结构形象痕迹

结构形象痕迹的形成，必须具备四个基本因素：作用力、造型主体和承受客体以及两个客体的接触方式。作用力的大小、方向、角度，对痕迹的完备程度和反映客体外表结构的准确程度，有着决定性的影响。通常的情况是：作用力越大，形成的痕迹越完整、越深；作用力越小，痕迹越浅而且不完整。作用力的方向接近垂直时（两个客体接触面的位置保持相对不变），则形成的痕迹比较完整、轮廓清晰；若作用力大于或小于90度，则痕迹特征会发生较大的变化。

2. 整体分离痕迹

整体分离痕迹是一个种特殊的痕迹。一个整体物在外力作用下，分离成若干部分，所出现的分离线和断面痕迹叫分离痕迹。它不反映作用物（作用力的施加者）的外部结构形象，只反映自身分离而出现的分离线和断面的凹凸形象特征以及原有整体物上固有的或附加的某种形象特征被分离而出现的断线的形象。这种形象反映的本质是物体的整体和部分之间的同一关系。如破碎的车灯玻璃、折断的木板等。

(二)按接触的方式和作用力的方向不同,痕迹可分为静态痕迹和动态痕迹

1. 静态痕迹

两个客体互相接触时,由于受到垂直或接近垂直的外力作用,两个接触面未发生平行滑移所形成的痕迹,即为静态痕迹。这种痕迹的特点是不改变造型主体接触面外表面结构形象,而且一般反映形象完整,轮廓清晰,不易变形,鉴定条件较好。如碾轧痕、对撞痕、踩踏痕都是典型的静态痕迹。

2. 动态痕迹

两个客体互相接触时,由于受到倾斜的作用力,导致两个接触面发生相对的平行滑动而造成的痕迹,即为动态痕迹。如刮擦痕、侧撞痕等。动态痕迹的结构是由客体运动的方向和形式来决定的。多数动态痕迹所反映的造型主体外部结构形象有了规律性的改变。造型主体接触面上的点状结构变成线状结构;而线状结构变成面状结构。随着两个客体硬度、密度、可塑性不同,造型主体与承受客体接触部位、角度不同,作用力的方向不同,痕迹的面、线结构形象也相应发生变化。

必须注意,动态痕迹和静态痕迹有时是相互联系,互为一体的。

(三)承受客体表面所起的变化,可将痕迹分为立体痕迹和平面痕迹

1. 立体痕迹

两个客体相接触时,造型主体突破承受客体表面,使其发生变

化，形成凹凸形象，即立体痕迹。形成立体痕迹的条件，是造型主体的硬度大于承受客体的硬度，承受客体有一定的可塑性，作用力超过承受客体的抗压强度。这种痕迹能同时反映造型主体几个接触面的外表结构特征，其完备程度取决于两个客体硬度的差别、承受客体可塑性的大小和颗粒结构的粗细。硬度差别越大，可塑性越强，颗粒越细，其痕迹越清晰完备。

2. 平面痕迹

平面痕迹是造型主体作用于承受客体表面，使其增加或减少某种物质微粒，而呈现出造型主体接触面的外表结构形象。形成平面痕迹的必要条件是：承受客体的硬度大于造型主体，或者虽然相反但由于造型主体作用力较小，尚不足以突破承受客体表面，造型主体或承受客体表面有一定的黏合力、吸附力，造型主体或承受客体表面分泌或附着某种物质微粒。在平面痕迹中，按承受客体表面微细物质的增减，又有加层痕迹和减层痕迹之分。如造型主体自身的分泌物、分离物、附着物遗留在承受客体上，叫加层痕迹；如承受客体表面细微物质被造型主体带走，则叫减层痕迹。

二、交通事故现场痕迹、物证的提取、保全、送检

交通事故形成的过程中，在撞、拉力的作用下，造成客体表面形成立体痕迹或平面痕迹。由于造型主体或承受客体表面形态和黏合、吸附能力，往往会出现造型主体的表面形态、分泌物、分离物遗留在承受客体应力部位（即形成加层痕迹）或承受客体表面细微物质，如木屑、表漆粉末、铁锈、泥土等粘附在造型主体上。因此，在现场调查取证中，不仅将物证的名称、数量、形状作详细地检查记录，而且还要对需要检验和保存的物证、痕迹采取正确、科学的方法提取。

对交通事故现场痕迹、物证的提取，是交通事故处理机关依法收存和固定证据资料以保持其真实性和证据力的证据保全措施之

一。目的是使证据事实不致因时过境迁或其他原因而消失或遭到破坏,从而确保证据的真实性和证据力的稳定性以便正确地应用。

(一)物证的提取

1. 提取原则

(1)提取物证要及时。及时提取物证是由交通事故现场的特点所决定的。交通事故现场的暴露性和易变性使得痕迹、物证容易遭到破坏和灭失。因此,提取交通事故物证一定要及时、迅速。

(2)确保提取的物证具有确实性。确实性是指所提取的物质、物品和痕迹一定是物证,不是单纯的物质实体。交通事故现场痕迹、物证容易遭到破坏,因此,在提取之前一定要确认这些物质、物品和痕迹是客观存在的,而且与所查案件有关。

(3)确保提取的物证具有充分性。充分性是指应尽可能全面地提取物证,不能遗漏和随意取舍。

(4)确保提取的物证具有合法性。合法性是指在整个提取物证的过程中,必须符合法律和有关规定。

(5)确保提取的物证不被损坏和污染。对提取的痕迹必须妥善保管,保持其原始形貌,不损坏其结构形态和特征;对提取的微量物证,不要损害物证检材的物理形态。在质量方面,既不准增加(如杂质污染),也不准减少(如损失等),以免改变物证检材的化学组成成分,失去其物证的作用。

(6)提取物证时注意提取空白对照样本。提取物证时,还要提取空白检材和提取嫌疑样品,用来作为空白对照样本,以排除干扰。

2. 提取物证的方法和注意事项

1)痕迹物证的提取

(1)直接提取法。对体积较小的原始物体或可拆卸和分割的原始物体上的事故痕迹物证,采用将痕迹和承痕客体全部或部分一起提取的方法称为直接提取法。这种提取方法可以保留物体痕迹的全部特征，便于分析研究事故和进行检验鉴定。在事故现场勘察工作中，对带有事故痕迹的伤亡人员的衣物、可拆卸的车辆零部件等，均应直接提取。必要时，体积较大的车轮、自行车等也可以直接提取。

(2)间接提取法。不能直接提取承痕客体的痕迹，需采用相应的技术手段进行提取，这类提取方法统称为间接提取法。如地面痕迹、机动车车体痕迹、人体痕迹、被撞固定物体痕迹的提取。间接提取法主要有以下几种：

①照相或录像法。采用照相或录像法提取痕迹物证，具有快速准确，能反映痕迹物证的真实情况和便于长期保存的特点，是固定和提取各种交通事故痕迹物证的最重要的方法和手段。在采用其他方法进行提取之前，必须首先进行照相或录像。为便于进行痕迹检验和鉴定，采用照相或录像法提取的痕迹物证必须完整和清晰，确保痕迹特征不发生变化，并尽量保持原状。

②静电吸附法。在交通事故痕迹物证勘验中，可以用静电吸附器提取光滑路面上的足迹和轮胎花纹印记痕迹。

③石膏制模法。地面上的立体痕迹，比如泥土路上的轮胎花纹印痕、足迹等，可采用石膏制模的方法提取。

④硅橡胶提取法。硅橡胶是一种有机硅化合物，白色黏稠状液体，固化后有较强的弹性和韧性，不易断裂，塑型细致，能反映出痕迹的细微特征，适用于提取深浅不同、面积大小不等的痕迹。

⑤硬塑料提取法。硬塑料又称打样膏，是牙科制模用品。主要成分是黄蜡、松香、石蜡和填充物(白垩、氧化锌)。使用时，先把硬塑料放入温水中，使其软化后取出，甩掉表面水珠，在平板上压出一个平面，将此平面覆盖在涂有甘油的痕迹上，均匀压实，冷却定型后即可取出。这种方法可以提取车辆或物体表面较大面积的痕迹。

⑥醋酸纤维素薄膜法。这种方法适用于提取金属表面细小的擦划痕迹,不适用提取表面粗糙、有毛刺及凹陷较深的痕迹。

⑦复印法。对于用金属粉末在光滑坚硬平面显现出的指纹,复印法是常用的方法。

2)固体颗粒、散落物的提取

(1)用小镊子夹取。对于不需要检测金属元素的固体物证,如纤维、纸屑、塑料、种子等可用金属镊子进行夹取,装入有塞玻璃试管或有塞玻璃瓶、塑料管或塑料袋中进行包装。对于可能需要检测金属元素的固体物证如金属颗粒、油漆片、玻璃碎片等,可用非金属镊子进行夹取。

(2)用刀或针进行挑、拨、刮取。当车辆碰撞时,将车体表面的油漆残留在其他客体上,除了可以用镊子夹取外,还可将容器在残留物下方接着,用牙签、针或其他尖锐器具进行挑、拨,使油漆片脱落。但是如果油漆物证残留量很小,则很难对检材进行直接提取,这时也可以采用刮取法。除了油漆片以外,附着在载体上的油脂、尘土、残渣、黏合剂等物证,都可以用刮取法提取。

(3)用透明胶纸粘取。对那些不易夹取,又不适于挑、拨、刮的微小固体颗粒可用胶纸进行粘取,如汽车轮胎磨损下来的橡胶颗粒、车体上的微量附着物质的提取等。一般将粘取的胶质反贴在生物显微镜用的载玻片上,再进行包装。

(4)用软毛刷提取。对于分散、面积较大的固体粉尘状物证,可用软毛刷提取,如事故现场上的尘土、残渣、木屑及各类粉尘等。值得注意的是在使用时,软毛刷上的毛纤维脱落,不要将其误认为是物证。

(5)用磁铁吸取。对于含有铁元素的金属屑与木屑、灰尘、沙土等物质处于混存的情况下,可用磁铁吸取。

(6)静电吸附法。对于散落在衣服上、光滑洁净地板上的一些固体颗粒、粉尘、散落物等微量物证,可以运用静电吸附法提取。

3)附着物的提取

(1)织物上附着物的提取。对于附着在织物上的碎屑、粉末等微量物证,可在大块玻璃板或大白纸上面进行抖动或拍打,使附着物脱落,提取后再包装;或将织物放入大的聚乙烯塑料袋中,通过拍打和抖动,使固体附着物落在塑料袋的底部,之后再进行包装。

(2)用脱脂棉球提取。对于附着在诸如金属、橡胶、玻璃、塑料、车体等表面光滑固体上的油脂、油漆等微量物质,可用脱脂棉球直接擦取或蘸上溶剂进行擦取。

(3)直接提取。粘附在小件物品或可拆卸车辆零部件上的物质,应将物品和零部件全部提取。粘附在车体或其他较大物体表面的物质可根据物质的性质进行提取。

4)提取物证应注意的事项

(1)在提取物证的同时要作出详尽的记录。

(2)在提取物证痕迹之前,要进行拍照或录像。

(3)对所发现的各种物证,原则上要全部提取。如果物证的体积过大或同类物证数量较多时,可根据事故的特点,酌情提取最能反映案件事实或者最有证明价值,并且有代表性的几个或某个部分。

(4)在物证或物证的载体上面,不准使用有颜色的物质涂画标记,以免物证被颜色物质所污染。

(5)根据现场所获物证情况,除了要提取嫌疑车辆的有关样品外,还应提取相同种类车辆的有关样品,作为对照比对之用。

(6)所使用的提取工具和包装物品,均不得对物证有任何污染。

(二)物证的保全

1. 物证的固定

交通事故物证的固定方式一般采用照相、绘制现场图和现场勘验笔录的方式进行。但是,对某些整体分离的物证在运用常规方法固定后,还应采用整合或固定位置的方法进行固定。

2. 物证的包装

(1)物证分别包装。不同部位或不同性质的物证样品要分别包装,并在外面贴上牢固的标签,注明案件名称、物证名称和编号。

(2)包装要严密、牢固,以防止散落、混杂和变形。

(3)塑料袋包装小件物品,如伤亡人员衣物、车辆零部件、较大量的漆片、塑料、玻璃碎片、橡胶条块及干枯的血迹等。

(4)试管包装物证。少量的血迹、毛发、人体组织、漆片、塑料、纤维等物证样品应放在小试管内并加盖封存。油脂物证及未干的血液、油漆物证样品,应放在试管内并加盖密封。测定乙醇用的血液样品,应放在试管内并加盖密封。

3. 物证的保管

提取事故物证的目的是通过检验鉴定为认定肇事车辆和交通事故责任提供证据。因此,对交通事故物证一定要妥善保管,才能防止物证的损坏和被污染,确保检验鉴定的准确性和真实性。

(1)事故一般物证的保管。对于交通事故现场提取的物证应由负责技术检验部门的专人保管,未设技术部门的由办案人员负责保管。物证保管应根据各种物证的特点和属性要求,分别包装和存放。每一个物证都应做好标签和记录,载明物证名称、数量、案卷序号、事故发生的时间和地点等。

(2)事故车辆的保管。公安交通管理部门因案件中检验或者鉴定的需要而暂扣的肇事车辆或者嫌疑车辆,最好放在室内保存。因为车体痕迹在室外受潮湿后易生锈,也容易遭到破坏,会影响检验和鉴定的结果。如果因条件所限,只能放在室外保存,应该用苫布或塑料薄膜覆盖事故的接触部位。防止人员触摸或因天气变化造成事故痕迹物证的破坏或灭失。

(3)挥发性物证的保管。对于提取的易挥发的物证样品,如油脂样品和检测乙醇用的血液样品等,必须放在玻璃试管内加盖密封。如不能立即送检,应放入冰箱保存。

(4)生物物证材料的保管。生物物证材料应放置于专用的物证盒或物证袋中,在低温、干燥条件下保管,有条件的生物物证材料应留备份。留存的物证材料包装后应严密封口,加盖印章或火漆印,粘贴标签,注明事故(案件)名称以及物证材料名称、数量及经何人、何处、何时采取等情况。

(5)防止送检物证污染和丢失。在保存和运送物证样品的过程中,对附着在小件物品、伤亡人员衣物或车辆零部件上的可疑物质要注意保护。

(6)衣服上的轮胎痕迹的保管。对于交通肇事逃逸案件,一定要提取受害人的衣着痕迹,将衣服整体提取后用衣服架架起,外面要用大塑料袋或纸袋罩住,并挂起来,妥善保管,以备检验使用。

(7)检验或鉴定后的物证保管。对检验或鉴定后物证的处理是:将剩余的物质样品和档案材料一并保存,以备当出现对检验或鉴定结论有异议时,进行补充或重新检验或鉴定使用。

(三)物证的送检

1. 交通事故物证送检的意义

交通事故痕迹、物证送检是物证检验和鉴定的重要组成环节,实质上是委托鉴定的过程。首先,交通事故痕迹、物证的复杂性、多样性决定了物证送检的必要性。因为有些痕迹、物证不是一般的交通事故勘察人员所能认识的,要确切地知道痕迹的特征以及形成机理,要理解有些物证的特性及包含的与案件有关的信息,为案件的侦破提供线索,缩小侦查范围,就应该聘请或委托具有专门知识的人,进行痕迹物证检验和鉴定。其次,作为案件证据使用的痕迹、物证也必须送检。因为侦查人员很难掌握物证的细微结构,即使有物证检验的知识和技能，也无权出具鉴定书，其结论意见不能作为证据使用。

2. 交通事故物证的送检方法

(1)送公安交通管理部门的技术鉴定机构。在有条件的地方，公安交通管理部门已建立了自己的交通事故技术鉴定机构，并配备了专业技术人员和检验鉴定仪器。在这些地方，事故办案人员可将待鉴定的痕迹或物证直接送往公安交通管理部门内的交通事故技术鉴定机构，由专业技术人员进行检验或鉴定。专业技术人员也可以和勘察人员一同出现场，然后由本部门的领导指派检验鉴定。

为了便于调查取证工作，及时检验和鉴定交通事故物证，公安交通管理部门应建立自己的检验鉴定机构，配备专业技术人员和相应的检验鉴定仪器设备。

(2)送公安刑事技术鉴定部门。不具备检验鉴定条件的公安交通管理部门，需要检验鉴定痕迹、物证时，可以委托当地公安刑事技术鉴定部门进行检验鉴定。这在那些道路交通不发达的地区，在交通事故数量不多，每年需要进行痕迹、物证检验和鉴定的案件很少的情况下，请当地公安机关刑事技术鉴定部门协助，对事故痕迹、物证进行检验和鉴定是较为经济、适当的选择。要注意的是事故痕迹鉴定具有较强的专业性和技术性，必须请当地公安机关的痕迹检验人员进行鉴定，社会其他单位一般难以胜任此项工作。

(3)送专家进行检验鉴定。在交通事故案件中，可能涉及到某些具有专门知识的问题，比如涉及到汽车技术性能方面的问题，而这些专门问题又是公安刑事技术部门所不能解决的，或者受到检验仪器设备的限制，在这种情况下，可以聘请有关科研单位或高等院校的专家和技术人员来检验鉴定。

(4)送上级物证鉴定中心进行检验鉴定。对于当地无法解决的重大事故和疑难事故物证痕迹鉴定，可请上级(省、中央级的)物证检验鉴定部门进行检验鉴定。

3. 交通事故物证送检的要求

(1)对送检人员的要求。交通事故物证的检验鉴定工作,需要送检人员的密切配合。因此,交通事故物证、痕迹的送检人应由办案人员承担。送检人员必须了解事故现场情况、痕迹和物证的全部情况、检材提取和样本的制备情况,了解当事人的基本情况。

(2)送检的目的和要求要具体、明确。送检单位在提出检验鉴定要求时,除了考虑事故案情需要,还必须考虑两个因素:一是我国物证检验技术发展的现状,目前能解决什么问题;二是物证检材具备解决哪些问题的条件。在此基础上再提出明确、具体的检验鉴定要求和目的。

(3)事故物证要及时送检。事故物证的物质种类较多,不同的物质具有不同的性质且易受到周围环境和介质的影响,如橡胶受热老化、变形或龟裂,金属受潮生锈或氧化后生成氧化膜,矿物油易挥发等,特别是微量物证,量少、表面积大、受环境的影响更加敏感。因此,在送检过程中,要妥善保管,及时送检。

(4)送检人员要积极配合。检验鉴定人员认为需要补充事故情况,补送痕迹、物证样品或重新提取对照样品时,送检人员应积极予以配合。必要时应会同检验鉴定人员,共同勘察提取物证样品或询问当事人。

第二节 轮胎痕迹的鉴定技术

一、轮胎的外形特征

轮胎是车轮的重要组成部分,也是道路交通事故中痕迹提取与鉴定的关键部件之一。由于轮胎与路面接触并承受车辆的重量,因而轮胎的痕迹能够反映车辆的运动轨迹,同时轮胎还有传递驱动力和制动力的作用，这就使得轮胎痕迹的变化能够真实的反映车辆运动状态的变化。

宽度和花纹是不同车辆轮胎痕迹相区别的明显标志。轮胎宽度取决于轮胎的规格和形式，相同规格和形式的轮胎充气之后其断面宽度是一定的。例如，10.00-20 的轮胎为 278±5mm、6.70-13 的轮胎为 170±4mm 等。在相同路面、负载条件下，轮胎端面宽度越大，轮胎痕迹的宽度也越大。轮胎痕迹的宽度还与轮胎的负载和充气压力有关。相同的轮胎在负载加大时其变形也越大，轮胎痕迹也比负载较小时宽。汽车制动时由于轴向载荷的作用使前轮的负载增加，因而可以从前轮的轮胎痕迹的宽度变大推断汽车的制动情况。

充气压力对轮胎痕迹的宽度也有明显影响。因为轮胎气压低于标准对轮胎变形的影响相当于轮胎超负载的作用。例如，轮胎气压为标准的 80%相当于轮胎在标准气压下超载 20%的断面宽；气压为 70%时相当于超载 40%；而气压为 55%时相当于超载 80%。可见在相同路面条件下，鉴别轮胎痕迹的宽度要考虑气压的影响。

车轮在路面上滚动，有时会在路面上留下和轮胎胎面花纹形状基本相似的轮胎痕迹。轮胎的花纹形形色色，多种多样，即使是相同型号的轮胎也有多种花纹，但大体上可分为 4 种：纵向、横向、纵横混合、方块，如图 3-1 所示。

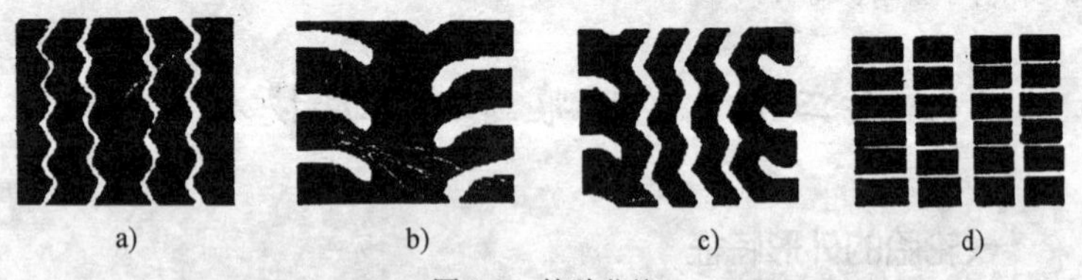

图 3-1 轮胎花纹

a)纵向花纹(纵沟式)；b)横向花纹(横沟式)；c)纵横混合花纹(纵横沟式)；d)方块花纹

(1)纵向花纹。轮胎接触地面的花纹，朝着旋转方向排列成纵向的花纹，其形状可为直线形、波浪形、链条形、锯齿形等。这种花纹横向滑动和上下跳动少，所以乘坐舒适，行驶稳定。主要应用于轿车、轻型客货两用车和小型载货汽车等。

(2)横向花纹。轮胎接触地面的花纹与旋转方向呈横向排列，花纹的种类有直线形、山形，其排列的角度有的呈直角，有的呈斜向排列。这种花纹与纵向花纹的轮胎相比驱动力较强，制动性能好，但上下跳动较大，容易横向滑移，乘坐不舒适，驾驶稳定性差。主要用于大客车、载货汽车及土建用的车辆。

(3)纵横混合花纹。轮胎接触地面的花纹呈纵向、横向混合式，胎面中央部分是纵向花纹，左右是横向花纹。这种花纹具有纵、横两种花纹的优点。轮胎的中央部分花纹呈纵向是使得驾驶稳定感，而左右呈横向可以增加制动力和驱动力。这种花纹主要应用于大客车、载货车、吉普车、土建车，有时也应用于小客车。

(4)方块花纹。轮胎接触地面的花纹呈方形、龟甲形以及相互独立的花纹。这种轮胎的驱动力大，制动性好，横向滑动少。但是这种花纹磨损较快，使用寿命短。主要应用于吉普车、越野车、建筑用车。

轮胎的尺寸因车辆的型号而不同，其花纹也因车辆的种类、用途而不同。因此，从车辆遗留在现场的轮胎痕迹的宽度和花纹形状，可以推断出车辆的大小和种类。从花纹的磨损程度还可推断出车辆的新旧，见表 3-1。

轮胎磨损 1mm 所走的千米数(平均值)　　表 3-1

车　种	磨损 1mm 所行驶的千米数		磨损较大的排列顺序	轮胎凹沟深度
	沥青、混凝土路面	非沥青、混凝土路面		
载货汽车	4 000～5 000km	2 000～3 000km	1. 砂石路或掺砂石的沥青路面	13. 6～21mm
大客车	6 000km	3 000～4 000km	2. 凹凸路 3. 混凝土路	8～10mm

续上表

车　种	磨损1mm所行驶的千米数		磨损较大的排列顺序	轮胎凹沟深度
	沥青、混凝土路面	非沥青、混凝土路面		
轿车	5 000～6 000km	4 000～5 000km	2. 凹凸路 3. 混凝土路	8～10mm
三轮车	2 000km	2 000km	4. 乡土路 5. 沥青路面	4～9mm

除此之外，根据轮胎的花纹还可以判断出轮胎是厂家生产还是翻新胎，从而可以判断装配这种轮胎的汽车新旧。翻新胎是把磨损部分重新加上一层橡胶，制作上新的花纹，重新加以利用的轮胎。这种胎的花纹是仿造制造厂的花纹，故总有不同之处。例如，花纹的细沟部分的间隔不太均匀，有宽有窄。另外前后轮的左右轮胎花纹不同的车辆也不是新车，花纹的提取可用石膏或明胶纸。

二、各种运动状态下的轮胎痕迹

路面除支撑着轮胎所传递的车辆全部质量外，同时承受着与胎面相对运动时纵向与侧向力的作用。当轮胎分子的内聚力小于轮胎与路面的附着力时，便在路面上留下轮胎的痕迹。轮胎作滚动运动时，留在路面上的是与胎面花纹、宽度相同的痕迹，即滚动痕迹；当轮胎与路面作相对滑动时，留在路面上的是深浅程度不同，与胎面宽度相同的黑色痕迹，即滑动痕迹。

轮胎拖印的形成机理，一般可以认为是轮胎与路面接触部分因滑移摩擦而剧烈发热，引起胎面橡胶进一步塑性化，使其黑色屑粒粘附于路面。同时路面结构也可能因腐蚀而破坏，上述屑粒堆积到一定程度加上路面结构的变化，就形成肉眼能观察到的痕迹。

实际上，滑动痕迹的形成机理十分复杂，其颜色的深浅，明暗程度受轮胎和路面条件以及制动器使用情况等许多因素影响。在某些条件下滑行并不一定都会留下滑动痕迹。这一点应特别注意，否则就会产生错误的结论。

滑动痕迹是事故再现的极宝贵的资料，它不仅可以反映事故前后车辆运动轨迹，行驶路线、轮胎状态和制动措施。同时根据拖印长度、形态可以分析车辆碰撞前的瞬时速度，碰撞特性和接触部位、接触点。因此，现场勘察必须十分重视轮胎痕迹的勘验。

1. 滚动痕迹

车轮在路面上作单纯滚动时留下的痕迹叫滚动痕迹。造成滚动痕迹的车轮运动应符合关系式：

$$Uw = r_0\omega \tag{3-1}$$

式中：Uw——车轮中心即轮轴的移动速度；

r_0——车轮滚动半径；

ω——车轮的转动角速度。

滚动痕迹的特点是痕迹的形状与胎面的花纹基本一致。匀速运动的车辆，其轮胎滚动痕迹是一条与轮胎宽度相当且有均匀深浅的连续压痕。当车辆速度变化很大时，在变速的瞬间，其局部痕迹花纹有加深的现象，加深的程度与车辆的加速度的大小相对应。

2. 滑动痕迹

车轮在路面上不是单纯的滚动而是其着地部分与地面有相对滑动时留下的痕迹叫滑动痕迹。根据车轮滑动的状态不同，又可分为滑转痕迹和滑移痕迹。

(1)滑转痕迹。

车轮滑转的运动状态为：

$$Vw < r_0\omega \tag{3-2}$$

即车轮在部分转动的情况下与路面滑磨。在这种情况下痕迹中不能显现出轮胎的花纹，只有粗黑的划痕。滑转痕迹的后方有时可以看见泥沙或橡胶微粒飞溅出的痕迹。软路面还可形成路面被车轮磨陷的情形。当车辆紧急加速或遇到较大行驶阻力，特别在滑溜、松软路面上可能造成驱动车轮滑转。滑转痕迹有助于分析驱动车轮的运动状态。

(2)滑移痕迹。

车轮滑移的运动状态为：

$$Vw > r_0\omega \tag{3-3}$$

即在轮轴向前运动的同时，车轮在路面上边滚边滑。滑移中如果车轮滚动的成分较多时，胎面花纹的痕迹虽变形或模糊，但仍可分辨。随着滑移成分的增多，轮胎将因与路面摩擦剧烈，使胎面橡胶分子脱落形成一条粗黑印痕。车轮滑移成分的多少，可用滑移率表示为：

$$\delta = \frac{Vw - r_0\omega}{Vw} \times 100\% \tag{3-4}$$

也就是说，车轮边滚边滑时，滑移率大于零而小于1$(0<\delta<100\%)$滑移率越大，滑动成分愈多。当滑移率等于100%时称为纯滑动。纯滑动痕迹完全见不到轮胎花纹的印迹。鉴于纯滑动痕迹发生在汽车制动时车轮被制动器完全抱死不转的拖滑情况，因此称这种痕迹为“制动拖印”。

车轮产生滑移的方向和滑移的距离，主要取决于车辆的惯性力以及轮胎与路面的附着力，按车轮痕迹的走向，现场勘察中将滑移痕迹又分为纵向滑移、横向滑移和斜向滑移痕迹。不同方向滑移时的轮迹宽度有所不同。若车轮在滑移过程中有伴随绕其垂直中线的回转运动，痕迹的宽度则出现变化，如图3-2所示。

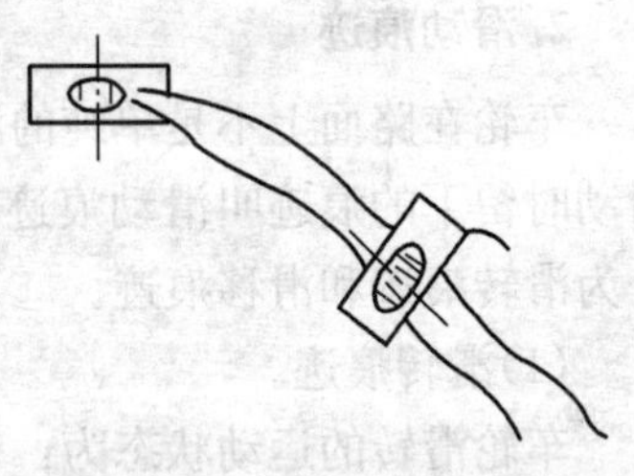

图3-2 车轮在滑移过程中的宽度变化

一般说来，滑移痕迹有如下特点：对于纵向滑移，其痕迹的宽度与胎面的宽度一致；对于横向滑移，其痕迹宽度等于轮胎与路面相对静止时接触面的宽度；对于斜向滑移，其痕迹宽度介于纵向滑移与横向滑移之间，当滑移方向和旋转平面的角度发生变化时，其宽度也会发生变化。

三、不同气压和负载下的轮胎痕迹

轮胎在不同气压和负载时，其胎面与路面的接触情况不同，如图 3-3 所示。轮胎和路面相对滑移时遗留下来的痕迹形状也不相同。

当气压很低或者轮胎超负荷时，其胎面将向内弯曲。胎面像一座拱形桥，这就使得轮胎与地面接触面的边缘部分的压力急剧增大，而其他部分的压力变小。其纵向滑移痕迹一般呈双线拖痕，或者边缘的痕迹较深，中间部分较浅。

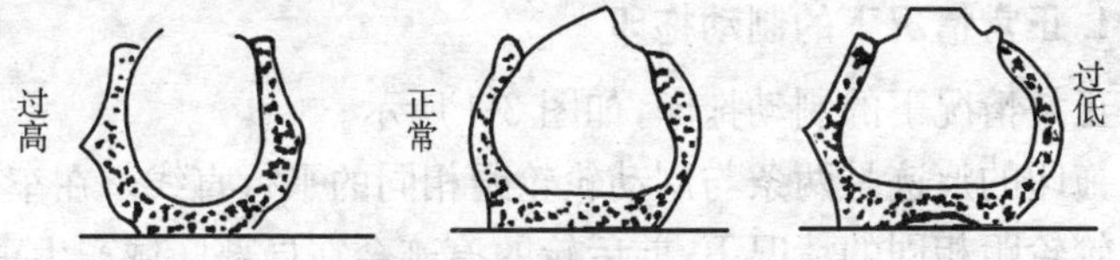

图 3-3　轮胎和路面相对滑移时遗留下来的痕迹形状

当气压很高或者轮胎轻负载，其胎面由于充气压力的作用向外弯曲，如图 3-3 所示，这时胎面和路面的接触较少，痕迹的宽度变窄。

在紧急制动时，由于前轮的负载变大，其痕迹一般呈双线拖痕，而后轮由于负载的减小而形成比正常情况窄的拖痕。

四、不同制动状态下的轮胎痕迹

制动拖印是指车轮不能自由转动时，滑行轮胎在路面上留下的黑色痕迹，它是滑移痕迹的主要形式。由于制动时轮胎的滑移率和滑移状态不同，所以痕迹也不同。当制动开始时，滑移率 f

由 0 开始增加，但是 $0<f<1$，轮胎既有滚动又有滑动，遗留在路面上的轮胎花纹形状开始仅局部变得模糊。但是随着滑移率的增加，这种现象变得越来越严重，轮胎花纹在车辆行驶的方向上被拉长，但还是可以辨认，这就是通常所说的制动轧印。当车轮被抱死后，滑移率 f 等于 1，车轮纯滑移而无滚动，使得路面上的花纹无法辨认，形成一条连续的黑色拖印。

值得注意的是，在交通事故现场，车辆在作紧急制动时并不一定会有制动拖印的出现，这与车辆的制动性能和驾驶员的操作性能直接相关，下雨天车辆的制动拖印也不明显。根据制动理论得知，制动拖印的出现并不是制动的最理想的效果，具有防抱死装置的车辆，一般说来不会出现制动拖印。因此，没有制动拖印并不能说没有采取制动措施或措施不力，这一点在处理交通事故时一定要充分考虑。

1. 正常情况下的制动拖印

正常情况下的制动拖印，如图 3-4 所示。

拖印的痕迹是两条与制动轮轮距相同的平行直线。在车辆的前后轮轮距相同的情况下，前后轮的痕迹会在局部区域产生重叠，并会加深。

在紧急制动时，制动痕迹不一定都是连续的，有时会出现如图 3-5 所示的断续现象。这是由于客观原因的作用，例如车轮轴的上下振动或制动失灵，或者由于主观原因的作用，例如驾驶员有意识的交替踩制动踏板，避免车轮抱死。

图 3-4　正常情况下的制动拖印

图 3-5　紧急制动时的制动痕迹

根据制动拖印的长度可以大致计算出车辆制动开始时的行驶速度。在逃逸案件中可以确定现场中心，推断肇事车辆的行驶方向。还可根据制动痕迹的具体情况判断肇事车辆的车况。

通常情况下,后轮的制动痕迹要比前轮的明显,也比前轮先出现。

2. 制动侧滑痕迹

制动侧滑是指制动时车辆的某一车轮或者全部的车轮都抱死而产生横向滑动的现象。产生的原因主要有:轮胎在制动纵向滑移时受到侧向外力如侧向冲撞力、侧向风力、受路面不平冲击的侧向风力的作用。另外,驾驶员操作不当,造成车辆离心力过大,也很容易造成侧滑。如:

(1)在弯道处车辆作曲线运动制动;

(2)为回避障碍绕行时制动减速;

(3)急回转方向时制动。

侧滑的痕迹如图 3-6 所示,其最大的特征是左右两轮的痕迹曲率发生突变。突变点就是侧滑的开始,且痕迹变宽。发生严重侧滑时,车辆将会绕其垂直轴心作大幅度回转,重心保持着向前移动,其回转的轮胎痕迹如同摆线。

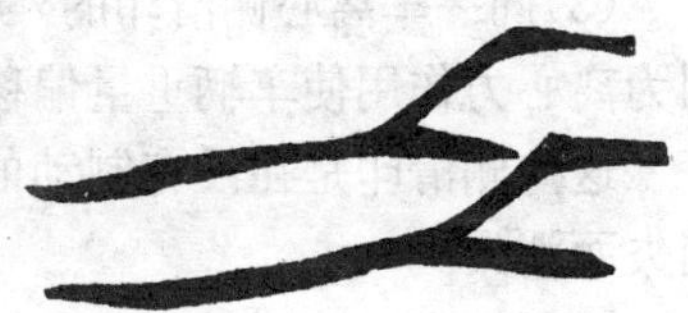

图 3-6　侧滑的痕迹

在一般路面制动时,车辆前后轴的车轮不可能同时抱死,其抱死的时间间隔和顺序对车辆的侧滑影响很大。在事故现场看到的大多是后轮侧滑痕迹。这是因为驾驶员在遇到突发事件而采取紧急制动时,大多数情况是后轮先抱死。当受到侧向力作用而发生侧滑时,侧滑本身所产生的离心力和侧滑力方向相同,从而导致侧滑加剧,车辆做大回转运动。

3. 离心侧滑印

在没有制动力的情况下,当侧向作用力大于轮胎与地面之间的横向作用力的极限值将引起侧滑。从形成原因上说，离心侧滑与制动侧滑有本质的区别。如果车辆转弯时速度超过临界值或者车辆受到侧向力的作用将会引起侧滑，这种情况产生的侧滑一般是轮胎在接触面上产生局部滑移，这样一来，遗留在路面上的轮胎痕迹及其花纹就可以辨认。这一点与制动侧滑痕迹有区别。

离心侧滑印可以由多种原因引起，其形状决定于转向角度，行驶速度，轮胎气压和路面结构。

离心侧滑印的特点是：

(1)由于滑移，车辆横向偏移，后轮离心侧滑印较前轮离心侧滑印向外移动；

(2)前轮离心侧滑印的颜色比后轮离心侧滑印深，这是因为前轮对地面的滑动角度比后轮大(后轮没有转向角)；

(3)同一车离心侧滑印的外侧痕迹比对称的内侧痕迹深，这是因为离心力作用使车辆重量偏移，加上转向角造成轮胎变形所致。

这些侧滑印是在没有制动的情况下产生，它随着转向角度的消失而消失。

必须指出，轮胎气压相同时，胎面的花纹对离心侧滑印外形的影响甚小(胎线有尖锐的凸纹者除外)。但当气压不同时，在同样的条件下转弯，气压低的轮胎形成的离心侧滑印较宽。不同气压的轮胎形成的离心侧滑印不同。如果侧滑印出现了斜的间隔、清晰的横向擦痕，这是由于轮胎气压低，使弹性轮胎侧壁及胎缘区产生折叠，引起了一个明显的突出部分，滑移时与路面摩擦而产生的。气压越低，擦痕间隔越远，并且倾斜越趋平缓。

我们可以根据路面上的制动侧滑痕迹和离心侧滑痕迹的形态来判断车辆在侧滑或者翻车前的车速以及驾驶员所采取的措施。

4. 制动跑偏痕迹

制动跑偏痕迹是指在制动过程中，车辆没有按照原来的运动方向继续作直线运动，而是不可控制的偏向一边。产生这一现象的主要原因有：制动时左右两侧车轮的制动力不相同，车辆偏向先抱死或制动力大的一侧。

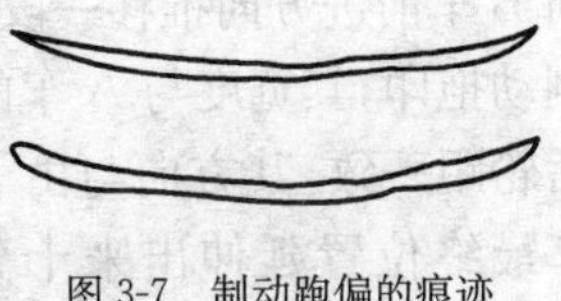

图 3-7　制动跑偏的痕迹

制动跑偏的痕迹如图 3-7 所示。其主要特征有：

(1)车轮两侧的痕迹不等长，外侧短，内侧长，外侧有时无明显痕迹；

(2)痕迹一般为一条比较光滑的弧线，没有曲率发生突变的区域；

(3)通常情况下前后两轮痕迹不重叠，后轮的痕迹向内侧偏离；

(4)弧线曲率随着跑偏的程度不同而变化，两者成正比关系。

5. 加速拖印痕迹

轮胎加速拖印痕迹的另一种普遍形式是由车辆急加速运动而产生的。加速时发动机功率增加，但车辆的牵引力由于受轮胎与地面间的摩擦力的限制，使轮胎的圆周速度大于轴心纵向速度、轮胎产生局部滑转，在路面留下加速拖印。

加速拖印在外观上与制动拖印相似，只是由于轮胎滑转时与路面间存在相对滑动，使较多的橡胶颗粒转移到路面或路面结构受到较重的破坏而产生较深的痕迹。

加速拖印只在驱动轮产生，有的左右两侧痕迹深度不一致，这通常是差速器产生差速率的情况形成。

路面上经常留有各种轮胎痕迹，有时与事故现场偶合在一起，如果在勘察中不仔细观察加以区别，就会给事故分析增加困难。如图 3-8 所示事故现场，B 车直行，A 车从支线出来，两车相撞后向B车前进方向推移一段距离，在A车出来的路口处有两条弓状制动拖印，其宽度与A车的后轮距一致，其方向与由A车最终位置延伸出来十分相似，如果认为是A车的制动拖印是很自然的。但是如果进一步分析，我们可以肯定该拖印与事故没有关系。因为从两车的破损情况断定，该事故是属于侧面正碰，撞击的力量都通过两车的重心，A车在冲撞后被推移，所以两条制动拖印在未碰撞前其距离应与后轮距一致，碰撞时产生突变。然而这两条制动拖印距离是由窄变宽，为了产生这样的制动拖印，A车应在碰撞时先向右回转，而后再向左回转，才能形成现场终止位置，这样反向回转根据现场分析是不可能。因此，对现场上的痕迹要从车辆运动力学的观点分析痕迹的形成条件加以鉴别。

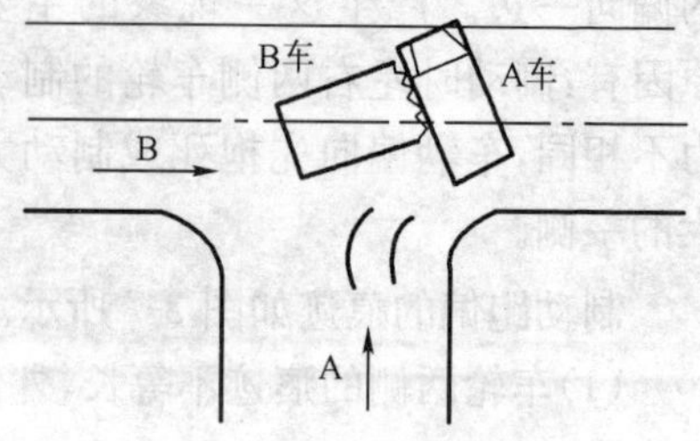

图3-8　事故现场示意图

6. 车轮印

车辆在行驶过程中留在路面上的反映轮胎胎面的痕迹叫做车轮印。根据痕迹的实际形态可分为立体态车轮印和平面态车轮印。立体态车轮印是遗留在软化的沥青、砂土、泥土等软质路面上反映轮胎花纹立体形象的痕迹。平面车轮印的出现是因为轮胎上粘附有泥土、砂土、沥青等有色物质，因而在车辆行驶过程中遗留在干净、硬质的路面上而反映轮胎凸起花纹形态的痕迹。

车轮印的主要作用有：根据车轮印肇事车辆在肇事过程中的行驶轨迹和状态，可以分析事故发生原因、确定事故的性质，划分事故的责任。对于逃逸事故，可以根据车轮印判断、查找、认定肇事车辆。

五、轮胎痕迹的测量

1. 轮胎制动痕迹长度的测量

制动拖印的长度是推算肇事车碰撞速度最常用的参数，但是制动拖印的开始点和终止点通常是不清晰的，实际在出现明显拖印以前轮胎已抱死，如图 3-9 所示。

图 3-9 制动拖印

确认痕迹的始、终点：确定痕迹的始点似乎并不困难，但事实上也并不简单，特别是对制动拖印始点的确认，在现场调查中十分重要。首先，因为它可以帮助测算从车辆驾驶员发现危险情况，经过合理反应时间(我国通常适用 0.75s 左右)到采取措施的极限感觉点这一段时间，有助于确定和分析研究事故发生的原因和经过。其次，根据制动痕迹产生的原理可以知道，真正的现场制动痕迹始点绝对不是显而易见的拖压印开始处，而是在拖压印出现前的一段距离的路面上。因此，在测量时，应该在离开拖压印一段距离的一个低角度上，与压印站成一条线借助阳光或灯光的斜角度来观察压印的起点，最好有一名助手用粉笔在拖印的始点画下标记。另一种方法是利用刮痕标记，因为滑动的车轮经常将小石块剥掉并留下新的痕迹，有时当小石块和砂粒被夹在轮胎和道路之间时，也可在路面上形成刮痕，这些小刮痕正是滑行的确切标记。

轮胎痕迹终点在通常情况下都可以清楚地认定，因为拖印的尾部与轮轴垂直处就是痕迹的终点，如果汽车离开现场，可根据灰泥和轮胎磨屑聚积物加以确认。

2. 断续轮胎制动痕迹的测量

对现场路面出现的断续痕迹，应针对具体情况测量。由于车轮受不平的路面冲击或者制动毂不圆引起的痕迹断续，通常距离极短。这些断续的间隙是出于车辆相对于地面产生跳动引起的，车轮每次跳跃前后制动作用都很大，这样就基本可以补偿车轮离地时消失的摩擦力。因此，尽管必须对每段痕迹的长度和位置加以注意，但断续的距离和痕迹要作为一个整体来测量。

由于驾驶员有意识地交替踏、抬制动踏板引起的痕迹断续间隙，通常比较长些。因为驾驶员的反应时间不能像车轮跳跃产生极短的时间间隙。在这种情况下，应分别测量每段痕迹，在计算中只应用实际滑行的长度。

另外，现场常常会遇到轮胎痕迹从一种路面延伸到另一种路面上，如从水泥或沥青路面滑到土路或冻雪路面上。在测量这种痕迹时，要分别测量出每一种路面上的痕迹长度，同时要清楚地说明从痕迹始点到路面变化点，从路面变化点到痕迹终点的各自测量情况，以便分段进行速度推算。

3. 直行痕迹的测量

所谓直行痕迹，就是轮胎按照车辆前进的方向呈直线滑出的痕迹。在实际事故现场中，真正笔直的痕迹并不多见。根据实际经验，可以把那些汽车的两个后轮的痕迹没有滑出前轮痕迹的范围的情况视为直线痕迹，即至少有一个后轮保持在前轮的轮距中。

在测量中应当对每个车轮留下的最长痕迹都进行测量，在计算车速时，只要所有车轮都有制动痕迹反映，就应该按最长的痕迹计算车速。因为在最长痕迹范围内的整个滑行距离中，所有车轮都已施加了制动。尽管一个车轮在另一个车轮已开始滑动的时候，还不一定开始滑动，但它的减速作用已经产生，甚至比滑动的车轮作用还大。

4. 多方向制动痕迹的测量

这种痕迹的特点是痕迹的面积特别大，两个后轮的痕迹超出前轮痕迹。这种痕迹说明肇事车辆处于大面积滑行或滑转状态。

测量这种痕迹，应当对车辆各轮留下的弯曲痕迹全部作为测量长度并确定平均长度，在计算中应用该平均长度。

应用平均长度的理由是：有时车辆的一端可能已经完全停止，而其另一端还绕这一端滑转，结果使得轮胎痕迹的滑移度不一致。这种方法只适用于车轮前后轮之间的重量分布大致相等的车辆（如轿车、轻型车等，不包括铰接车辆或带有双排后轮的载货汽车）。

轮胎痕迹很容易受到风、雪、雨、围观群众、过往车辆的破坏。遗留在死者衣物上的轮胎痕迹也会因尸体的处理和移动而破坏。被车轮辗轧而形成的皮下出血形成的轮胎痕迹，在现场勘察时难以发现。因此，在提取轮胎痕迹时必须注意以下几点：

潜在的轮胎痕迹在一般情况下是不可见的，很容易被忽略。在这种情况下要利用斜光、紫外线等进行观察。

在根据轮胎痕迹清查车辆种类、车辆型号的过程中，首先要了解轮胎的花纹、宽度。但是，仅仅依靠这些数据是不够的，在缩小清查范围的过程中，轮距是必不可少的，所以一定要准确地测量轮胎痕迹的轮距。沿直线前进的汽车轮胎痕迹的轮距测量，应垂直于轮胎痕迹并从痕迹的中点测量。仅仅从一处测量轮距是不够的，应该测量3～5处，分别测量最短、最长、中等各种长度，与“汽车规格表”作对照，找出相应的汽车。前轮的轮胎痕迹在汽车直线前进时，通常被后轮痕迹所覆盖，所以测量前轮的轮距是很困难的。

测量汽车轮胎痕迹的轮距，必须在与弧线的切线对应的直角方向进行测量。

此外，印在黑色、深蓝色以外的有色衣服及多色花纹衣服上的模糊的轮胎痕迹，可用红外照相显现。

六、轮胎痕迹鉴定在处理交通事故中的应用

1. 根据现场遗留的轮胎痕迹鉴定肇事车辆

根据车轮印的形态可以推断是自行车、手推车还是汽车、畜力车还是摩托车。

自行车轮印弯度大、车印窄。两条印痕时有绞绕。手推车两条轮印始终平行，宽度大于自行车。汽车轮印平行，印痕宽大，直行时前后轮印重叠，后轮压前轮，转弯时形成四条以上印痕。

根据车轮印数量可推断车轮数量。后三轮机动车有三条车轮印，其中两条平行；侧三轮摩托车直行时两条平行轮印和一条围绕一侧轮印交叉出现的轮印，转弯时可形成三条印，其中两条相距近，且不平行。四轮以上汽车要在转弯处寻找车轮印数来确定车轮数量。如四轮四轴汽车转弯时形成四条车轮印。从弯内开始，第一条是内侧后轮印，第二条是内侧前轮印，第三条是外侧后轮印，第四条是外侧前轮印。

根据车轮印宽度可推定车辆种类。

(1)自行车轮印宽 2.5～3.5cm；

(2)手推车轮印宽 4.5～5.5cm；

(3)摩托车轮印宽 8～10cm；

(4)汽车大型轮胎印宽 25cm 左右；中型轮胎印宽 15～20cm，小型轮胎印宽 10～12cm。

2. 汽车的轮胎痕迹的鉴定和利用

各种不同类型的汽车，由于用途、载质量的不同，汽车的轮距、轴距、安装的轮胎数目和规格以及胎面花纹也不尽相同。因此若在肇事现场发现作案车辆的轮胎痕迹，就可以推断出轮胎的规格、花纹和磨损情况，从而鉴别出轮胎的新旧程度及制造厂家，进一步再查寻装配这种轮胎的汽车种类。例如，根据肇事现场左、右轮的

制动拖印，经过测量得前轮轮距为1.7m，后轮轮距为1.65m，则可以推断肇事车辆有可能是解放CA1091型载货汽车；又如经测量得前轮轮距为1.589m，后轮轮距为1.65m，则可以推断肇事车辆可能是跃进牌NJ1046型载货汽车。

轮胎胎面的痕迹宽度是鉴别车辆型号的另一主要线索，各种型号的汽车所使用的轮胎规格也不尽相同。例如，解放CA1091型和东风EQ1090型载货汽车，都装配的是9.00-20型轮胎，前面的数字代表轮胎的断面宽度，B=22.86cm(9in)；后面的数字代表车轮轮辋的直径。遗留在肇事现场的轮胎痕迹，不是轮胎的断面宽度，而是胎面的宽度A，对于9.00-20型的轮胎，断面宽度B为22.86cm(9in)而胎面宽度A为18cm。

正常情况下，轮胎的断面宽度大约为胎面宽度的1.27倍。例如，在现场测得前轮的痕迹宽度为18cm(相当于胎面宽度)，则轮胎的断面宽度为：

$$B=(A\times 1.27)/2.54=A\times 0.5=18\times 0.5=9(\text{in})$$

$$(1\text{in}=2.54\text{cm})$$

由此可以估计轮胎的规格为9.00-20。

当汽车在紧急制动时，前轮的痕迹宽度近似等于胎面的宽度，这样就能很容易推断出轮胎的规格。

另外，还可以根据轮胎的外径判断轮胎的规格。首先在车轮痕迹中寻找一个稳定的细部特征，如裂口、破损等，从这个特征出发沿车轮痕迹方向向前或向后寻找到特征重复出现的位置，测量这一段长度，所得的数据就是车轮的周长，除以圆周率即为车轮的外径。但是要注意车轮如果出现滑移的现象，则数据不可靠。然后与各种汽车的轮胎外径、轮径的理论数据相对照，从而确定车辆的种类。

根据车轮痕迹还可判断车辆行驶方向。车辆在快速行驶时，因空气的压力差作用，常使路面的尘土形成扇形痕迹，扇形底端是车行方向。车辆经过潮湿、污秽地段时，车轮上粘上一些泥土、污物，在驶入洁净、干燥的路面时，形成颜色由深入浅痕迹，浅色一端为车行方向。汽车驶过水洼，使水向前喷溅，其喷溅的扇形展开面指向前进的方向。车辆经过松软泥土地面时，形成立体痕迹，痕迹上圆弧形擦痕凸面方向为车辆行驶方向。

此外，在现场路面上经常遗有各种轮胎痕迹，有时与事故现场偶合在一起。如果在现场勘察中不仔细观察加以区别，盲目采取，就会给事故分析增加困难。因此，现场上的痕迹要以车辆运动力学的观点，分析痕迹的形成条件加以鉴别。

例如B车东行、A车北行在路口相撞。在南路口两样同窄变宽的制动印，其方向与A车最终位置延伸出来十分相似，认为是A车的制动印是很自然的。但如果进一步分析，则可肯定此制动印与该事故没有关系。因为从两车接触状况可以判断该事故是属于侧面碰撞，撞击力量通过两车重心，A车在碰撞车在碰撞后被移动，所以制动印在未碰撞前的距离应与后轮距一致，在碰撞时发生突变。然而汽车在沥青、混凝土路面上行驶时，轮胎滚动所产生的气流，使路面尘土受到前进反方的牵拉，而形成弧状或垂柳的枝条状，如图3-10所示。

汽车转弯时，由于离心力的作用，尤其速度快时更明显，这时在路面上将形成一些平行的斜线花纹，斜线向着前进方向的外侧。如图3-11所示。若能辨认前后轮的痕迹，就能判断出行驶方向。高速转弯时由于侧滑的作用，后轮在外，前轮在内；低速时是后轮痕迹在内，前轮痕迹在外，如图3-12所示。

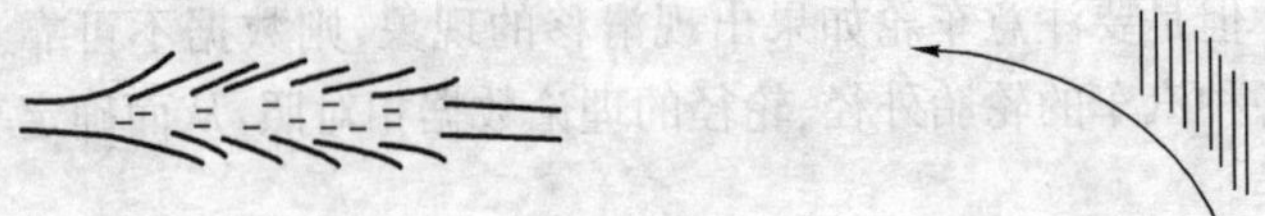

图3-10　成弧状或垂柳的枝条状的轮胎制动印图　图3-11　汽车转弯时的轮胎痕迹

看泥土侧壁纹的倾斜。轮胎陷入泥土时，侧壁纹成摆线的一部分，轮胎切入泥土部分的摆线向前进方向凸起。

通过轮胎花纹的浓淡判断汽车的运动方向。横向花纹的轮胎是靠胎面的突出部分与路面的强大摩擦使车轮前进的，在硬性路面上花纹淡的一边是车辆的前进方向。

看龟裂。轮胎在柔软路面上留下的立体花纹，凹陷深而有龟裂的一侧是前进方向，如图 3-13 所示。

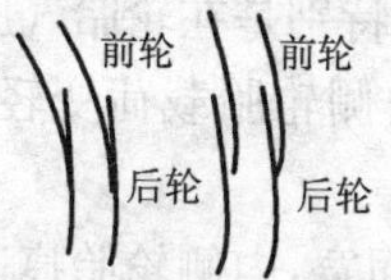

图 3-12 汽车转弯时的轮胎痕迹

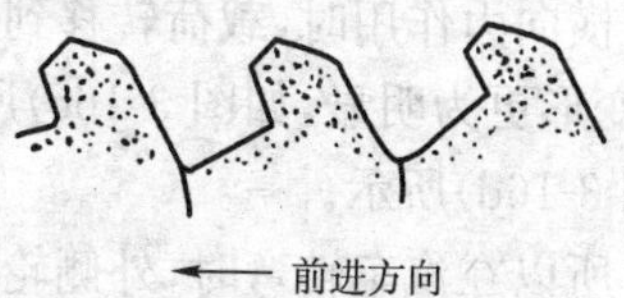

图 3-13 根据龟裂来判断汽车前进方向

看停车痕迹。如果汽车在路面上急停车，其制动痕迹重的一侧为前进方向，且有时有不少土堆集在痕迹前方。

3. 通过痕迹判断肇事过程

事故现场轮胎痕迹，不仅为寻找肇事车辆提供了极为重要的线索，而且也是分析肇事过程的客观事实记录。

(1)轮胎回转滑移的痕迹特点，

轮胎与地面的接触形状，近似为椭圆形，因而纵向滑移的痕迹比横向滑移窄，如图 3-14 所示。

图 3-14 轮胎与地面的接触形状

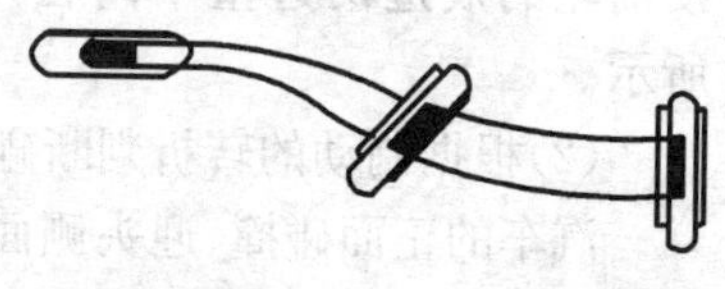
图 3-15 遗留在肇事现场的轮胎

当遗留在肇事现场的轮胎印有宽窄变化时，则说明肇事车有回转运动，如图 3-15 所示。

气压过低或轮胎超载时，胎面向底弯曲，即产生所谓的桥式效应，大部分荷重加在胎面的两侧，形成两条粗而重的痕迹，如图 3-16a)所示。

气压过高或轮胎载荷较小时，胎面向外弯曲，只有中间部分轮沟着地，痕迹变窄，从而沟槽数减少，如图 3-16b)所示。当汽车转弯受横向力作用时，载荷转移到外侧轮胎，特别是在轮胎气压不足时，变形更为明显，如图 3-16c)所示。而内侧轮胎载荷变轻，变形如图 3-16d)所示。

所以在汽车转弯时，外侧轮胎痕迹重而宽，内侧轮胎痕迹轻而窄，如图 3-17 所示。

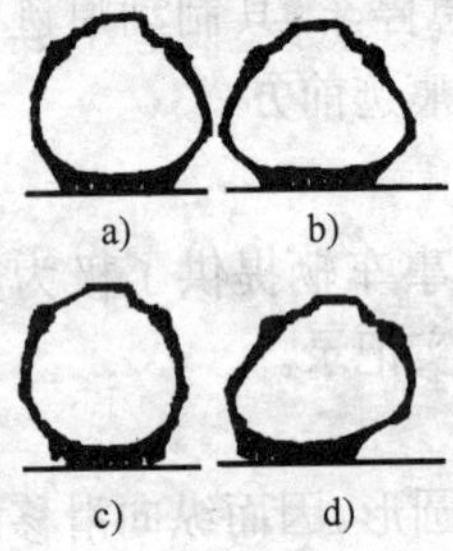

图 3-16　轮胎气压与变形

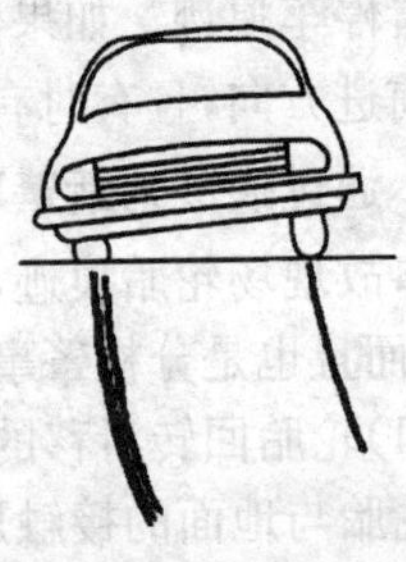

图 3-17　汽车转弯时内外轮胎痕迹

另外，在汽车紧急制动时，汽车的荷重由后轮向前轮转移，使前轮的痕迹两边重中间轻，后轮痕迹变的窄而轻，如图 3-18 所示。

(2)根据制动的转折判断碰撞点：

汽车的正面碰撞、迎头侧面碰撞和斜碰撞多数要采取紧急制动措施，这与追尾碰撞中的被撞车不同。碰撞后车辆均要改变原来的行驶方向而出现横向滑移，而在路面上留下明显的痕迹转折，根据这一特点，就可以清楚的确定碰撞点，如图 3-19 所示。

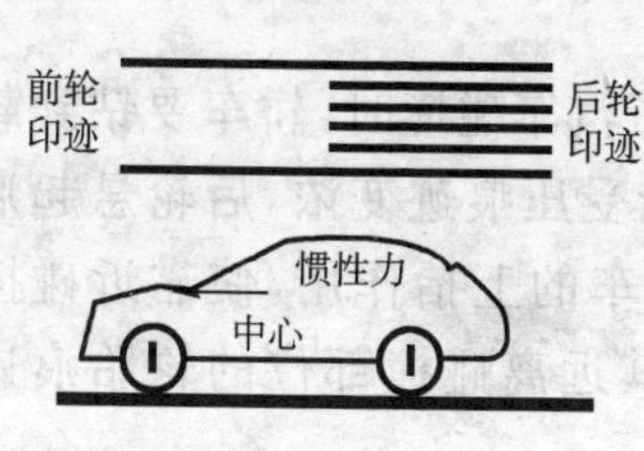

图3-18　汽车紧急制动时前后轮胎痕迹

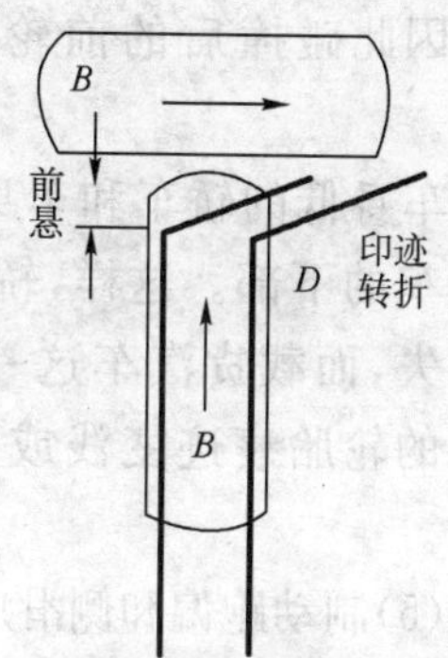

图 3-19　痕迹转折

显然，碰撞点应在前轮痕迹转折点 D 之前的前悬距处。转折后的痕迹，由于有横向滑移，故较转折前略为宽一些。此外，碰撞车辆受到极大的冲击力，挡风玻璃碎片等抛到碰撞点前方。

(3)前后轮痕迹重叠的特点：

在施加制动后，若汽车直线运动，则前后轮的痕迹发生重叠。由于汽车在紧急制动时荷重将从后轮向前轮转移，这样前轮的痕迹变得窄而轻，如图 3-20 所示。

由图 3-20 可知，前后轮痕迹重叠，且无法分辨哪是前轮，哪是后轮遗留下的痕迹时，拖印的长度实际应等于痕迹的全长减去轴距。

(4)根据两个车轮的痕迹形状判断碰撞姿势：

同类车碰撞时，车辆受到向上的回转力作用，使车体的后部都抬起，前部压向路面，如图 3-21 所示。

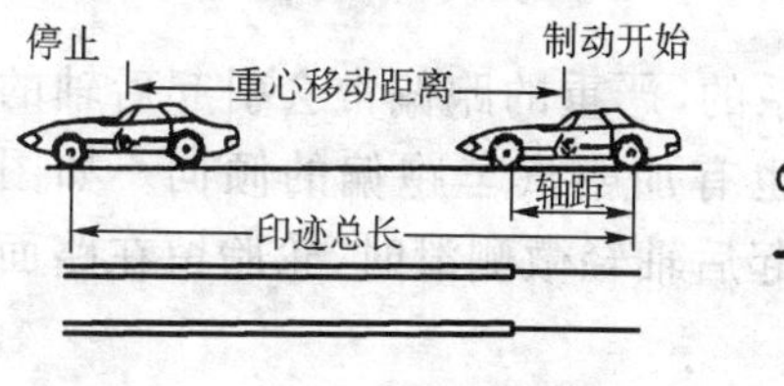

图 3-20　前后轮痕迹重叠的特点

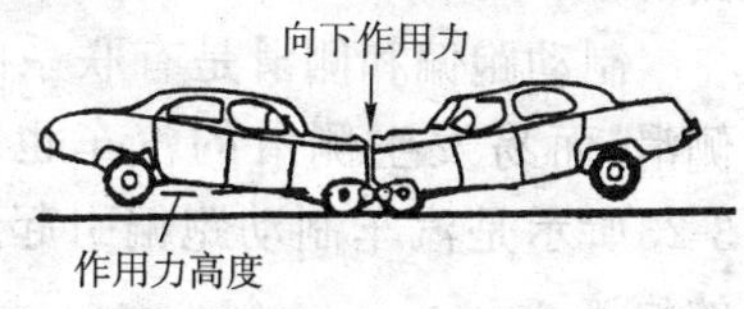

图 3-21　同类车碰撞时作用力示意图

因此碰撞后的前轮痕迹变浓而中、后轮痕迹变浅，甚至全无。

车身低的轿车和车身高的载货汽车碰撞时，轿车要钻到载货汽车的下部。这样，轿车的前轮受压痕迹变浓，后轮悬起痕迹消失，而载货汽车这一方，受轿车的上抬作用，使靠近碰撞部位的轮胎痕迹变浅或消失，而其远离碰撞部位的轮胎痕迹变浓。

(5)制动跑偏和侧滑痕迹：

有的汽车肇事并非由于驾驶员采取制动措施不及时，而是由汽车本身的侧滑或制动跑偏，使其失去控制，从而冲入对方车辆行驶的车道，冲入人行道或慢行道而发生碰撞事故。有的甚至冲出路基乃至边沟，或撞击路缘石等而造成翻车事故。

所谓制动跑偏是指制动时，原来期望汽车先做减速运动直至停止，但汽车却自动地向左或向右跑偏。这种现象多数是由于车辆的技术状况不正常，制动力不均而造成的。制动跑偏时，轮胎遗留在路面的痕迹，如图 3-22 所示。

其特点是各个车轮的痕迹均是一条比较圆滑的弧线，没有曲率发生突变的区段。

汽车侧滑是制动时，其某一轴的车轮抱死而发生横向滑移的现象。这时汽车常发生急剧的回转运动，这时制动系统状况正常的汽车，在较高的车速或滑溜的路面上，也可能发生后轴侧滑。

制动跑偏和侧滑是有联系的，严重的跑偏常会引起后轴的侧滑，而易发生侧滑的汽车也有加剧汽车跑偏的倾向。如图3-23所示是汽车制动跑偏引起后轴轻微侧滑时，轮胎留在路面的痕迹。

图 3-22　制动跑偏轮胎痕迹

图 3-23　侧滑轮胎痕迹

从图中可以明显的看出，前轮痕迹仍属于制动跑偏，而后轮的痕迹曲率却发生了突变，成为两段弧线连接而成的痕迹，突变点即为后轴侧滑的开始点。

(6)车辆旋转运动的痕迹：

如果汽车行驶速度很高，路面溜滑，在紧急制动时后轴轮胎先抱死，会出现重心按直线平移的大回转运动，留下如图 3-24 所示的痕迹。

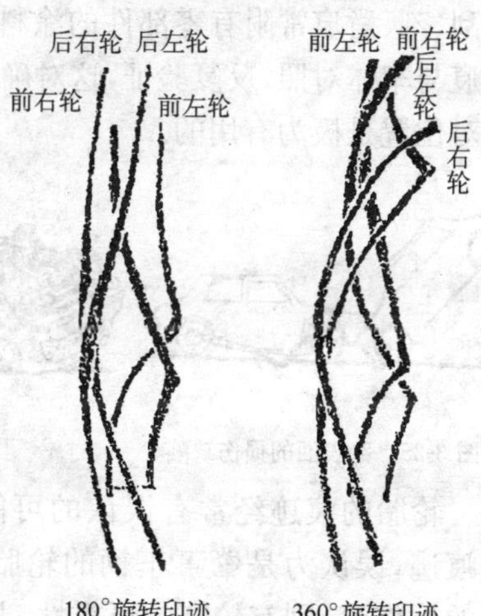

图 3-24　车辆旋转运动的印记

(7)路表面的损伤缺陷

道路表面的损伤缺陷是指那些由于事故车轮胎以外的，其他损坏零件所造成的痕迹。这些痕迹有刮、刻、凿痕三种。这些痕迹是说明汽车碰撞及碰撞后车辆运动的重要依据，如消音器、脚踏板、车架的某些部件，发动机、差速器外壳、悬架、拉杆、轮胎破损后的轮辋等均有可能与路面擦碰。

冲撞缺陷：车辆相撞造成的痕迹通常长度较短，多数是由于车辆在碰撞时，巨大的冲击力使损坏的零件撞入地面而形成的深凿痕。如图 3-25 所示，是汽车正面碰撞时，前传动轴万向节被撞断及前保险杠在地上留下的凿痕。

如果凿痕与车辆损坏相符，就可准确的确定车辆相撞的准确位置。

碰撞后的凿、刻、刮痕：碰撞后车辆运动过程中，损坏的零部件，车身的边角或车辆装饰物等与路面刮、刻而形成的。短、平、宽的刮痕可能是车身与路面大面积接触而造成的；细而长的多是损坏零部件刮、刻所致。如图 3-26 所示，车辆相撞后，被撞掉车轮后的车辆悬架装置和车身等在地面滑移留下的刮、刻痕。留在路面的刮、刻、凿痕常附有零部件的涂料和摩擦粉末，要认真的把路面伤痕与车体对照，反复验证，这对确定车辆的运动路线和碰撞时的相对位置是极为有用的。

图 3-25　路表面的损伤缺陷　　　　图 3-26　碰撞后的凿、刻、刮痕

轮胎的痕迹经常有误认的可能性，即把其他车辆留在路面上痕迹，误认为是肇事车辆的轮胎痕迹。而事故车（坠落）零部件的擦伤痕，则有较高的可靠性，并且这种擦伤痕保留的时间也较长。

4. 根据轮胎制动痕迹及侧滑印计算肇事车速度

速度是形成各种交通现象的必要条件。分析交通事故发生原因，速度是关键性的因素。因汽车超速行驶造成交通事故。如何根据现场遗留的车轮痕迹、人体被撞击的距离等现场资料，来推断肇事车碰撞前的瞬时速度，是分析交通事故原因和事故处理工作中经常遇到并必须解决的实际问题。由于交通事故发生过程十分短暂，而变化又十分复杂，仅以现场的资料来计算准确的速度值是很困难的，甚至是不可能的。但是，如应用汽车动力学理论，用分析和实验的方法推算出近似的速度，一般可满足分析再现的需要。

以制动拖印长度推算与计算肇事车速度：

汽车驾驶员在驾驶过程中遇到突然的不测时，在大多数情况下要采取紧急制动措施，而在事故现场遗留下制动拖印。拖印距离是制动过程中的持续制动时间内车轮所驶过的距离，所以拖印距离有叫做持续制动距离。持续制动距离是和车辆行驶速度的平方成正比的，即车速为原来的 2 倍，持续制动距离为原来的 4 倍。

汽车制动时，汽车的绝大部分动能将消耗于轮胎对地面的摩擦作功，轮胎在地面上要遗留下痕迹。根据能量守恒定律，汽车制动时的摩擦阻力所做的功（$F \times S_3$）恒等于汽车制动减速过程中所消耗的动能（$1/2mv_0^2$），即：

$$1/2mv_0^2 = F \times S_3 \tag{3-5}$$

式中：m——汽车质量，kg；

v——汽车出现拖印时的初速度，m/s；

F——汽车制动时的摩擦阻力，$F=m\mathrm{g}(f \pm i)$；其中 f 为道路的附着系数；I 为坡度系数（%），上坡为正，下坡为负；$g=9.81\mathrm{m/s^2}$（重力加速度）；

S_3——汽车制动时拖印距离（即持续制动距离），m。

将 $F=m\mathrm{g}(f \pm i)$ 代入上式得：

$$S_3 = v_0^2/[2\mathrm{g}(f \pm i)](\mathrm{m}) \tag{3-6}$$

由此，通过现场勘测制动拖印，如果制动所做的功是作用在全部车轮上(所有车轮制动都有效)，附着重量被充分利用时，就可测算出肇事车辆出现拖印时的初速度。

即：
$$v_0=[2g(f\pm i)S_3]^{1/2}(\mathrm{m/s}) \quad (3\text{-}7)$$

若制动不是作用在全部车轮上，则各种制动方式时，肇事车辆出现拖印时的初速度推算公式，列入表 3-2：

各种制动方式拖印时的初速度计算公式　　表 3-2

制动方式	初速度(m/s)		
	水平道路	上坡	下坡
制动作用在全部车轮上	$v_0=\sqrt{2gfS_3}$	$v_0=\sqrt{2g(f+i)S_3}$	$v_0=\sqrt{2g(f+i)S_3}$
只有前轮制动	$v_0=\sqrt{2S_3\left(\frac{fgd}{b-fh}\right)}$	$v_0=\sqrt{2S_3\left[\frac{(f+i)gd}{b-(f+i)h}\right]}$	$v_0=\sqrt{2S_3\left[\frac{(f-i)gd}{b-(f-i)h}\right]}$
只有后轮制动	$v_0=\sqrt{2S_3\left(\frac{fgx}{b+fh}\right)}$	$v_0=\sqrt{2S_3\left[\frac{(f+i)gx}{b+(f+i)h}\right]}$	$v_0=\sqrt{2S_3\left[\frac{(f-i)gd}{b+(f-i)h}\right]}$
只有一个前轮和一个后轮制动	$v_0=\sqrt{gfS_3}$	$v_0=\sqrt{g(f+i)S_3}$	$v_0=\sqrt{g(f+i)S_3}$

注：S_3——制动拖印长度，m；f——为道路附着系数；v_0——初速度，m/s；i=坡度(%)；h——重心高度，m；b——轴距的长度，m；g——重力加速度；d——从后轮中心线起至重心的水平距离，m。

第三节　车体痕迹的鉴定技术

车体破损形态是事故现场的重要痕迹之一，是车辆在事故中与其他车辆、物体、人体碰撞而形成并遗留在车体的印痕。它可以帮助交通事故调查者发现已经消失在时间和空间里的交通现象。在事故再现中与轮胎痕迹一样起着证据作用。破损形态与事故中的碰撞形态关系十分密切，碰撞速度越大破损程度也越严重，通过实践可对这些问题进行鉴别和解释。

真实可靠的破损形态可以帮助推断事故过程车辆碰撞的方位，测定造成破损力的方向，可以判别碰撞前行驶路线，碰撞后的运动轨迹和停止位置。根据车体破损形态，可提供车辆消耗在损伤过程中的能量。如果可能获得损伤的断面图（变形量）并知道刚度，就有可能估算出车辆与静止物体的碰撞速度或两车碰撞的相对速度。车体破损往往伴随着附着物，如漆膜、黏土等或有玻璃屑等散落在路面，是分析碰撞时冲突位置的宝贵资料。

最常见的车体痕迹有：刮擦痕迹、撞击痕迹、撞折痕迹、分离痕迹、刺沟痕迹等。

车体痕迹是交通事故鉴定检验工作的重要组成部分。从车体痕迹的形成、研究内容及其体系来看，具有如下特点：

(1)多变性：车体痕迹在事故中的形成机理十分复杂。有的是第一次碰撞形成的，有的是第二次和第三次碰撞形成的，还有的是第一次和第二次碰撞共同形成的等等。这一点要求鉴定人员刻苦钻研痕迹理论，掌握痕迹的形成机理和变化的因素，提高检验水平。

(2)广泛性：车体痕迹在交通事故现场出现的频率很高。几乎所有的碰撞事故都有车体痕迹的出现。这为我们对车体痕迹的检验提供了有利条件。

(3)主体性：车体痕迹一般都为主体痕迹。具有一定的长度、宽度和高度，有清晰可见和不易被破坏的特点。这要求我们在检验鉴定时要对痕迹的表面、底部和侧面进行全面的检验。不仅要横向观察，还要顺向观察，要检查痕迹的轮廓形态，还要检查痕迹中不同部位上的形状反映和特征表现。

(4)遗留物和附着物多:检查车体痕迹时,经常会在痕迹中或痕迹的周围发现遗留物和附着物。它一般来自于另一车辆或受害者身上、衣服上遗留下来的残留物质,在尸体或人体的损伤部位也会遗留下痕迹客体分离出的附着物。对其进行物理和化学分析,有利于痕迹物证的全面利用。

从总体上说,对车体痕迹的检验,可以确定肇事车辆的肇事过程,为正确确定事故责任和事故处理提供依据。

一、车体痕迹的形成机理

任何物质的分子都是按一定规律、一定密度排列起来的。当固态客体受到外力的作用时,分子的正常排列受到压缩力和拉伸力的作用,分子间将产生恢复原来排列的相互作用力,这种力叫做内力。当外力不大时,内力可以抵抗外力的作用,恢复客体的正常状态而产生弹性变形。当外力大到足以突破客体的组织结构时,客体将产生塑性变形。塑性变形就是形成车体痕迹的主要原因。

1. 痕迹的形成因素

车体痕迹形成的因素有:肇事车辆、破坏的客体、作用力。

(1)作用力:

车体痕迹中所指的作用力是通过事故车辆的行使碰撞客体所反映出来的。主要有拉伸力、压缩力和扭转力。力的三要素是力的大小、力的方向、力的作用点。

力的大小对痕迹形成的范围、深浅程度有关。在其他条件相同的情况下,作用力越大、接触面越广,则痕迹越深,特征反映越多;作用力,只有车体的突起部位与被破坏的客体接触,则痕迹越浅,特征越少。

若作用力的方向垂直于被破坏的客体表面,则出现纵向痕迹;作用力的方向与被破坏的客体表面近似平行时,则出现横向痕迹。

作用力的方向发生变化，痕迹的形态也会发生变化。

力的作用点是指车体与被破坏的客体互相接触时的部位，力的作用点发生变化，必然引起痕迹及其特征的变化。

(2)肇事客体：

车辆就是交通事故的肇事客体。由于车辆的品牌、型号各不相同，因而所形成的痕迹也不相同。即使是品牌、型号相同的车辆，由于生产过程和使用情况不同，所形成的痕迹也不可能完全相同。这就是我们检验车体痕迹的基础，是认定成痕车辆或物体的依据。

(3)被破坏客体：

在交通事故中，被破坏的客体一般是车辆和人体。车辆是由金属、塑料和木材等不同材料构成，各自有不同的结构和性质，对形成痕迹的数量、质量有一定的影响。这些性质主要有：弹性、塑性、硬度、脆性等。

值得注意的是，物质结构也会在痕迹特征有所反映。物质的密度、颗粒大小不同，反映工具痕迹特征也不相同。相同条件下结构紧密、颗粒细小的物体，能明显反映出工具上较细的特征。

2. 车辆与客体的接触关系

这种关系包括接触过程和接触关系两方面。

(1)接触过程：

在痕迹的形成过程中，接触过程可分为三个阶段。第一个阶段是车辆与承受客体刚刚接触的阶段，也是痕迹起点部位。这时主要是车辆的某些突起点或边角首先接触客体。第二个阶段是车辆的某部位在客体上进行的中途阶段，突起部位和下凹部位均可以接触客体。第三个阶段是车辆某部位在客体上停止运动的瞬间，是痕迹终点的部位。

(2)接触状态：

力的作用点决定了造型客体与承受客体的接触状态。接触状态大致可分为印压接触和刻划接触。

从接触点的情况来看，印压接触形成痕迹时客体之间的接触点不发生变化，而刻划接触形成痕迹时客体之间的接触点发生连续的变化；从痕迹的外形来看，发生刻划接触时，由于车辆与客体的相对运动而产生线条状痕迹，印压痕迹一般产生凹陷痕迹，同时也会产生分离和撞折痕迹。

3. 车体痕迹的性质与结构

由于不同车体痕迹的形成机理不同，因而其特征的性质与结构也不同。

线条状痕迹的性质是以凹凸线条的起伏形态反映造型客体(例如车辆的某些部位)的特征。造型客体的特征与痕迹中所反映特征，凹凸的方向正好相反。

线条状痕迹的结构可分为 3 个部分：

痕起端——开始形成痕迹的位置；

痕止端——痕迹的终止位置；

痕迹面——痕起端与痕止端之间的部分。

只有正确的判断线条痕迹的起点和终点才能确定痕迹的起端、终端和痕迹面。起点一般光滑且无颗粒残渣堆积物，往往比较整齐，由浅入深呈斜坡状，痕迹被擦起的毛刺尖端始于起点。终点若有停顿，一般留有物体表面擦掉的颗粒残渣堆积物，并出现明显的停顿或按压现象；若无停顿的现象，则终点没有堆积的残渣，有时由深至浅，由宽变窄，逐步缩小成锥状形态。

由于车辆客体表面有一层漆，所以在碰撞时容易使漆层脱落，机械、附件断裂等，从而形成整体分离痕迹。

车辆在碰撞中，随着撞击力的增大，车体的某些部位容易形成撞折痕迹。

以上所述的痕迹有时单独出现，有时混合出现。因此，鉴定过程中要具体问题具体分析。

4. 常见的痕迹形成机理

分析研究各种痕迹的形成机理和确定特征，对痕迹的鉴定工作十分重要。痕迹的特征是检验结论的重要依据，能否正确认识与利用，是检验成败的关键。这些特征中有种类特征（也叫一般特征），它反映造型客体的种类，是种属方面的特征。特定特征（也叫细节特征），它反映某一个或某一些的造型特点，是独有的特征。

(1)刮擦痕迹：

刮擦痕迹是肇事车辆与承受客体碰撞过程中，接触部位沿着被破坏客体的表面擦划，在承受客体的表面形成的凹凸线条状痕迹。

刮擦痕迹形成的机理是：车辆的某部位在力的作用下挤压或划破客体，从而在客体表面形成凹凸线条状痕迹。主要表现为：一是客体被挤压而凹陷形成，二是造型客体在痕迹的形成过程中由于本身的硬度不够，而在自身表面被剥离而留下的痕迹。它的主要特点是：多伴随撞击、刺钩痕迹出现。

影响刮擦痕迹的因素有：

一是造型客体和承受客体的物理性质。承受客体的表面光滑，物质结构细密，而造型客体接触部位表面粗糙，凹凸不平，缺损明显，则容易形成清晰完整的刮擦痕迹；反之则不清晰。若造型客体的硬度大于承受客体，则容易压入客体，形成的痕迹深，线条多而粗。若二者的硬度相近时，形成的痕迹浅，线条少而细。若造型客体的硬度低于承受客体时，则容易在造型客体的表面形成痕迹。

二是作用力的大小和方向。作用力的大小和接触方向不同，形成的痕迹也不同。

刮擦类痕迹的变化较大，所以一般情况下以线痕的基本轮廓和形态作为种类特征。个别特征是单一凸线条和凹线条的具体形态。

(2)撞击痕迹：

撞击痕迹是肇事车辆某部位与承受客体碰撞时在受撞表面发生永久变形而形成的凹陷状痕迹。它的形成是车辆的某部位与承受客体在相隔一定距离的情况下，由于力的作用而在接触的瞬时产生巨大的冲量，使物体的表面发生变形而产生的痕迹。一般一次撞击只能产生一处痕迹。

在交通事故中，车辆碰撞自行车或行人形成痕迹的部位一般位于车辆头部的正面，且损伤较轻，有时仅擦掉车身表面的尘土，形成片状痕迹。

碰撞痕迹鉴别时，应比对造型客体和承受客体痕迹的形状和位置。

(3)分离痕迹：

车辆上的易碎零部件受到撞击时会破碎而撒落在事故现场，在车体上也会遗留一部分残骸。可以将现场散落的部分拼装后与残留在车体上的残骸进行同一认定，这时侦破交通肇事逃逸案件认定肇事车的物证之一。

制动系、行驶系和转向系部件的断裂与事故有着密切的关系。首先必须认真的鉴定是因为断裂引发事故，还是先发生事故，因事故而造成断裂。在一般情况下，由于断裂而造成事故，零部件往往有陈旧性裂纹，属于疲劳断裂。疲劳断裂的断口有一部分是光滑的水纹状截面，有一部分是粗糙的麻面。交通事故发生时产生很大的冲击力，使零部件发生脆性断裂，并伴随着其他严重的车体破损。脆性断裂的截面全都是粗糙的麻面。对制动管路断裂的鉴别，也是根据断口是陈旧性断口还是新鲜断口，来鉴别断裂是发生在事故之前还是在发生事故之后并分析断裂的原因。

二、车体痕迹的提取

勘察车体痕迹时，应测量车体上各种痕迹的长度、宽度、凹陷的程度、痕迹上下边缘距离地面的高度和痕迹左右两端与车体相关一侧的距离。对于较小的痕迹可以测量其中心距离地面的高度和与车体相关一侧的距离。自行车车身上痕迹还应注意测量零部件的歪斜、弯曲、变形、断裂等尺寸。

测量时，应注意记录痕迹的部位、形态、面积和相关尺寸。测量记录实例如下："经勘察汽车前风窗玻璃大面积破碎，在玻璃处沾有血迹和毛发，经鉴定系人血和人的毛发。前保险杠的中间部位距地面垂直高度 0.538m 处有被撞凹陷一处，系被圆滑的硬质物体撞击所致，凹陷长 5cm，深度为 0.8cm。经检验：28 型永久牌男式自行车，左侧脚蹬轴头有撞擦痕迹；大梁中部 11cm 长的弧度变形，系非硬质物体撞击形成，距地面的垂直距离为 80cm；车座 180°转向；自行车后货架左侧支架有 6cm 的撞击痕迹。"

车体痕迹的提取主要有 3 种方法：

1. 照相

采用照相法提取车体痕迹，既能够快速、准确的反映车体痕迹的真实情况，也便于长期保存，是固定和提取各种车体痕迹的最重要的手段的方法。在采取其他方式进行提取之前，必须首先进行照相。为了便于进行痕迹鉴定，拍摄的车体痕迹必须完整而清晰，特征不发生变化。拍摄车体痕迹时，应当在被拍摄物体的一侧同一平面放置比例尺，用来记录痕迹的尺寸。

2. 绘制现场图

根据勘察的要求，可以绘制现场图，记录车体的痕迹位置、形状和尺寸。采用绘制现场图的方法提取车体痕迹，快速、正确、形象，是提取车体痕迹的重要方法。

3. 制作勘察笔录

勘察和提取痕迹应该做好勘察笔录，记录痕迹的位置、形状、尺寸和勘察过程等。提取车体痕迹时,应注意附着在痕迹周围的漆块、木屑、毛发、血迹、纤维组织、皮肉等微量物证。

三、车体痕迹的鉴定

1. 整体分离痕迹的鉴定

整体分离痕迹又称整体痕迹。是指一个完整的物体由于某种作用力的作用而分离成若干部分时所形成的痕迹。

整体分离痕迹检验,在道路交通事故中具有重要作用。特别是对逃逸事故,通过整体分离痕迹的检验可以直接认定肇事车辆。

(1)整体分离痕迹的形成:

事故中整体分离痕迹是肇事车辆碰撞、刮擦客体时形成的,如油漆片、金属片等。按其性质成分可分为:金属、油漆、木质、玻璃、纺织物、塑料、橡胶等。按其物质的各部分组成可分为同质整体物质(即是同一种质料的整体)与异质整体物质(即是由两种以上质料的分体组合成的整体)。

(2)分离痕迹的特征:

整体分离痕迹的特征是整体被分离成若干部分时,在分离物上能反映分离物与整体关系的特点。包括整体物本身固有特征,分离时形成的特征和被分离物的附加特征。整体物固有特征是指整体物本身固有的或在生产、制造过程中形成的特征。它反映整体物内部之间的联系,如:整体物的物理属性,成分形态、色泽、表面结构等。分离时形成的特征主要有分离线特征和分离面特征,是检验中的重要特征。被分离物的附加特征,是指整体物在使用过程中形成的特征。如:物体表面涂抹的油漆、颜料、染料,使用过程中形成的缺损、污斑、修补形成的修补方法、形态、大小等。

(3)整体分离痕迹的检验方法:

整体分离痕迹的检验是根据分离体的固有特征、附加特征和分离特征是否相同来确定分离体是否为同一整体所分离的过程。检验方法是：

首先在对分离物进行逐一观察分析的基础上，确定被分离物是否具备构成同一整体的基本条件。然后在确定被分离物有条件构成同一整体后，进行观察比对分离物上的特征。根据特征综合评断作出是否同一整体的鉴定结论。

第二步是寻找分离物的一般特征，从分离线、分离面、分离物的质地、成分、结构、颜色等方法去寻找。

第三步是比对特征。比对特征的方法主要有：

特征对照法。将分离物的一般特征与个别特征直接进行比对检验。

特征接合法。将分离的各部分拼凑在一起，从分离特征的凹凸上进行比对，但对一些易变形的分离物，事先要进行必要的整理。

特征重叠法。是将两个分离物制成负片后进行特征重合对比。

比对特征时应从一般特征到个别特征，反复比对。

第四步是综合评断作出鉴定结论。

综合评断的内容有：

①分离线是否相符；

②被分离物体断面凸凹纹路是否相符；

③在没有分离线的情况下，可根据物体本身表面和断面上固有的特征是否相符；

④分离物附加特征与表面细节特征是否相符；

⑤被分离部分外围边缘及周围关系是否相符。

在一般特征不相符时，不要轻易下否定结论，应考虑是否有异质物的可能。

一些断面凹凸形状变化较大时，应认真观察，综合评断，不应轻易下结论。

整体分离痕迹检验过程中，有时也应采用其他一些检验方法（物理和化学的）来确定物质成分、性能等，有助于整体分离检验。

经检验被分离物体是同一整体时，应出具《整体分离痕迹鉴定书》。

2. 撞击和刮擦痕迹的鉴定

撞击、刮擦痕迹的鉴定是通过对事故现场痕迹和嫌疑客体的观察比较、分析后作出现场痕迹是否为嫌疑客体所遗留的结论。

鉴定的程序是：

(1)鉴定前的准备。

主要是弄清楚事故发生的情况，事故现场痕迹遗留部位、提取、托管、送检方法、痕迹相互之间的关系，距离地面的高度、方向等。同时还要弄清嫌疑客体的来源及有关情况，鉴定的目的和要求等。在弄清有关部门情况后应把样本客体及痕迹编号，以免混淆。

(2)分别检验。

分别检验是对现场痕迹和样本客体逐个进行观察，以发现和确定各自反映出来的形态、特征和结构等。为比对检验创造条件。

分别检验时应先检验现场痕迹，然后再检验造型客体。

检验现场痕迹的任务是：

确定痕迹的种类。首先要确定现场的痕迹是撞击（凹陷状）痕迹还是刮擦（线条状）痕迹，还是两者混合而成的。如果是混合型的，则应判断以谁为主或谁先形成。

根据痕迹的种类分析形成过程。在确定痕迹种类的基础上，根据痕迹的特点、大小、形态、深浅以及作用力的方向、角度，形成痕迹的接触过程，变化情况来综合分析痕迹的形成过程及主要因素之间的关系。

分析形成痕迹的客体条件及接触部位。观察痕迹形态的基础上，综合现场条件分析造成痕迹的客体可能是哪一类车，在车辆的哪个方向或哪个部位。

根据承痕的性质和结构分析痕迹特征的影响。痕迹特征在数量和质量上是否有变化，取决于造型客体和承痕客体的物理属性和表面结构以及作用力大小、方向和角度等条件。因此，在检验时要具体分析两类客体对特征是否有影响及其变化情况。为选择可靠的特征和综合判断提供依据。

选择稳定、可靠、高质量的痕迹作为寻找细节特征和比对检验的基础痕迹。

寻找确定特征。痕迹特征要从痕起端、痕止端、痕面、痕壁、痕迹部位去寻找发现。

充分利用附着物、遗留物特征。在交通事故现场痕迹周围或内部经常有附着物或遗留物，充分利用它，有利于确定造痕部位和认定检验。

检验造痕客体的主要任务是：

第一要确定造痕客体是否符合形成现场痕迹的条件。主要从造痕客体的总体结构、形状、硬度、大小、宽窄、长短、粗细以及成分、色泽等方面来分析确定造痕客体是否具备造痕条件。

第二是要确定造痕的留痕部位。通过观察造痕客体表面是否存在变形或擦伤，是否有承痕客体的附着物等来确定造痕部位。

第三是要寻找比对特征。在确定可能造痕的部位后，注意观察其形态特征，也就是比较凹凸点、缺损、线条、丘坑等特征。

(3)制作实验样本:

用造痕客体与承痕客体可能的接触部位,在适当的材料上,模拟现场痕迹形成的条件进行实验而制作的样本叫实验样本。这里所指的现场条件是作用力的大小、方向、角度、距离、位置等。

制作实验样本的目的是:

①是把造痕客体上的特征变为与现场痕迹凹凸形态一致的特征。

②是要检验证实造痕条件是否符合现场条件。

③是要验证造痕客体留痕部位、确定特征的数量和质量区别特征的真伪,为检验提供条件。

在制作实验样本时要注意选取与现场承痕客体相同或相近似的材料。例如在物质结构、硬度、干湿度、可塑性等要与承痕客体相似。实验的主要条件也要与现场痕迹形成的条件一致。

(4)比对检验:

比对检验是指将现场痕迹特征两者之间进行逐一的比较鉴别。

比较检验的任务:

①是确定分别检验中发现的特征,同时继续发现新特征。

②是通过全面比对所有特征,确定特征的符合点与差异点。

③是分析确定特征的可靠程度。

比对检验的方法。一般采用的比对方法有特征对照法、特征接合法、特征重叠法。特征对照法是以现场痕迹特征对照样本痕迹特征,观察两者间特征的形态、位置、大小、方向、角度、间隔及相互间的关系等是否一致。

特征接合法主要是用于检验线条状痕迹,是借助立体或比较显微镜、痕迹照片进行特征接合比对,观察两者线条的粗细、流向、凸凹、形态、分布等特征是否顺畅一致。

特征重叠法,主要是用于比较完整、轮廓清晰,没有明显变形的痕迹。检验现场痕迹与样本痕迹两者边缘特征及其他特征是否一致。

对比检验的内容。主要是比对现场痕迹与样本痕迹相应部位的特征形态，边棱直线、曲线、弧线的长短与角度，凸凹结构形状、缺损、卷边的大小、锐利程度、丘坑的形状，大小，线条的宽窄、深浅，条线间隔、分布等各痕迹间的相互关系。

线形痕迹的对比重点是完整、清晰、突出特征的出现情况。

凹陷痕迹比对重点是压止端和痕底。在压止端中特别要注意比对挤压力比较集中的前压止端上面出现的特征。

综合评断得出结论。在分别检验，比对检验的基础上找出现场痕迹与样本痕迹之间的内在必然联系性，综合分析研究，从而做出正确的结论。

鉴定的结论有认定同一和否定同一两种。凹陷痕迹的认定应符合以下标准：造痕客体遗痕部位具备形成现场痕迹的条件是痕迹与样本的形状、大小、凸凹度应吻合一致。质量好的特征位置、形态、相互关系、方向、角度、数量等要一致。差异点应得到科学解释。凹陷痕迹否定结论应具备：痕迹形状、大小、凸凹度不吻合；缺少质量好的特征；少数特征的符合具有偶然性。

线条状痕迹认定同一的标准是：造痕客体具备形成现场痕迹的条件；稳定可靠的凸凹线特征吻合；刮擦痕迹横断面的凹凸趋势一致；少数特征的差异得到科学解释。线条痕迹否定结论的标准：稳定的凸凹线特征不吻合线痕横断面的凹凸趋势不一致；少数线痕的接合是偶然的。

四、车体碰撞痕迹鉴定在处理交通事故中的应用

在交通事故中，由于车辆碰撞会留下各种痕迹，根据这些痕迹可以判断车辆接触地点和行驶方向。

1. 通过碰撞接触点来分析事故

在事故现场接触点的判断具有重要的作用，可以据此推断车辆的行驶路线并进而分析事故当事各方的责任。

接触点是指车与车、车与物、车与人碰撞时相对于路面而言的某个点，该处会有明显痕迹，双方车辆碰撞时，在路面会遗有轮胎挫印。可从一方或双方轮胎挫痕起点判定接触点。

在碰撞时车辆脱落的机件、坚硬物，在着地后往往遗留挫划的印痕。机动车碰撞自行车，当自行车摔倒后，会有车把、脚蹬轴或轮轴的挫划痕，因此，接触点必定是在挫划印始点前一段距离。

车辆在碰撞行人，在路面遗留的鞋底划痕的特点是从重到轻，一般能反映车辆行驶的方向。重挫印一端可判断为车辆驶来的方向，并定为接触点。

2. 通过碰撞机理和车体损伤程度来分析事故

车辆与车辆的碰撞事故，必然造成车体不同程度的破损，通过对这种碰撞机理的分析，可以推断事故的成因和演变过程。

当汽车与固定物（如电杆、树木、砖墙）碰撞时，刚性大的物体所能吸收的冲击动能比刚性小的物体少。因此，如果两台相同的汽车去碰撞刚度不同的物体，在碰撞后损坏情况相同，则两种情况的碰撞速度必然是不相同的，刚性小的物体相碰时的速度显然高。

当车辆与车辆碰撞时，速度变化越大，碰撞力也越大，损坏越严重。两辆质量相同的汽车碰撞后，破损严重的其碰撞速度亦大。

当甲、乙两车碰撞，若乙车总质量越小在碰撞中所承受的撞击力越大。反之，对甲车来说，乙车越轻，甲车所承受的撞击力也就越小。大车与小车以相同的速度正面碰撞，其结果小车的破损情况比大车严重。

当汽车在侧面正交碰撞或斜角相撞时，由于碰撞力的方向通过或不通过被撞车的重心，则被撞车做回转运动，在相同的碰撞速度下，这时冲击强度较小，损坏较少。

通过上述分析我们可以知道车辆碰撞引起的破损情况与车辆的总质量、行驶速度以及碰撞的部位与角度有很大的关系。反过来，我们可以从破损的程度和形状定性的分析车辆碰撞速度和角度。

3. 运用车辆碰撞痕迹进行事故分析时应注意的事项

根据事故分析的要求，在勘察车辆碰撞痕迹时，必须注意：

首先要区分第一次碰撞和第二次碰撞痕迹。所谓第一次碰撞，是指车与车的碰撞；第二次碰撞，是指在第一次碰撞后由于减速或滑移引起的第三者的碰撞，如成员与车体的碰撞、车体与固定物的碰撞等。

在交通事故中，并不是所有的破损痕迹对事故分析都有足够的意义。如翻车引起的车体的多次破损，这只能说明事故的演变与后果，并不能说明事故的原因。因此，在现场勘察中对车体破损痕迹，必须根据其所在部位及形状与其相碰的车辆或现场固定物上的痕迹，进行细致校对，区分出对事故分析有用的第一次碰撞痕迹。

第二必须仔细勘察痕迹的着力点和走向，注意痕迹的受力角度，据此判断双方的相对运动方向和交叉角度。这对分析事故的成因和责任的认定有极其重要的意义。

第三要仔细检查损坏处有无附着的异物，如漆片、纤维、人体组织、血迹等。还应判断这些痕迹的新旧及异常现象。例如，车辆各种灯泡破损后，应详细观察灯丝的颜色，因为在灯亮时，灯丝处于炽热状态，被撞后立即氧化变成黑色；灯泡不亮时，灯丝不会变黑，这样就可以判断碰撞时灯是亮着还是处于关闭状态。

对于转向传力机构、转向节、转向桥第一片悬挂钢板和 U 形螺栓等折断，应注意其原因，有可能因材料不合要求或材料疲劳使用中折断，引起失控造成事故，也可能由于事故的冲击力超过材料抗冲击载荷的能力而造成折断，这要认真加以鉴别。设计材料性能方面，则必须将断件送有关部门检验鉴定做出结论。

在交通事故中较常见的有转向轮爆裂造成方向失控及制动软管爆裂造成无制动等。勘察时必须从爆裂处的状态鉴别事故前破裂,还是事故后人为地破裂。一般讲,人为地破裂往往在裂口留下锐器切割的痕迹。

对于路面的槽沟痕迹的位置、深浅、方向、长短等情况是判断事故接触点、力的作用方向以及接触后运动状态的证据。勘察时,应注意槽沟上所附着的异物及状态,以判别与事故是否相关。如槽沟上附着一层尘土,根据尘土的程度,可以推测沟槽形成的时间,用以比较与事故发生时间是否相符。

4. 新的测试技术

由于科学技术的发展,在交通事故痕迹鉴定方面除了目前常用的光学显微镜、痕迹对比显微镜、气相色谱仪以外,还可以使用扫描电子显微镜。

扫描电子显微镜技术使痕迹鉴定人员能在比光学显微镜高得多的倍数下检验样品,而且没有通常的电子显微镜在样品制备上的那种困难。还可以用电子束和样品之间的相互作用来取得样品表面的有机和无机的成分的信息。

扫描电子显微镜是在剑桥大学工程系奥特利教授的指导下于1984年开始发展,于是产生了剑桥仪器公司的"立体扫描"电镜。它在技术上采用了传统的透射电镜采用的电子束,但也有一些根本性的差别。

在电子显微镜内,是由电子束穿过样品聚焦在照相底片上或荧光屏上成像的。图像实际上是样品的影像。为了有充分的电子穿过,样品必须在超微切片机上切得很薄。技术上能给出的分辨为几埃。大多数仪器放大倍数的下限大约是1 000倍,聚焦景深明显的受样品厚度的限制。

在扫描电镜中,热钨丝发生的电子束,由高电位的阳极(高达30kV)使其加速向下,并且用3个电磁体使其聚焦到样品表面。样品是固定在一个金属支座上的。一次电子束使样品表层元素产生电子发射。二次电子由闪烁器测得。到达闪烁探测器的电子数目取决于：

(1)样品的形貌，因为这可以决定一次电子和检测器能否达到样品的某个区域；

(2)样品的元素特性，因为这可以影响二次电子的能量。由于这两个因素的影响，最重要的是形貌因素，使得信号有不同的变化。

样品图像的变化倍数，用减小一次电子扫描线圈的供电功率同时保持阴极射线管扫描线圈的供电功率不变来达到。这就使投射到样品上的光栅区保持不变，放大倍数可以从10X到100 000X的最大倍数，分辨率大约可以达到100埃。扫描电镜的主要特点是聚焦景深大，在同样的放大倍数下大约比光学系统大300倍，而所得到图像几乎是立体的；真正的立体照片可以从两个不同的角度对给定的区域拍照，并在立体镜下观察所拍的照片来获得。这些照片可以用来计算一个样品的外貌尺寸。

运用扫描电镜可以检验各种纤维、头发、木材和油漆。扫描电镜已经用来获取油漆薄膜有微粒大小分布的信息。不同批号的油漆，微粒大小分布有所不同。同时运用X射线进行分析，可以获得油漆薄膜内无机成分的资料。

扫描电镜检验金属断裂表面是非常有价值的。例如对于铜制动液管的疲劳断裂，疲劳痕迹用光学显微镜不能观察到，而用扫描电镜就很容易认定。

扫描电镜由于聚焦景深大，对细小的擦痕进行比较是很理想的。尤其X射线装置对检验油漆价值极大。例如一辆载货汽车在公路上撞了一辆带篷布的载货汽车，然后开车逃逸。而后在带篷载货汽车上采到了油漆的样品，在光学显微镜下检验表明相似，而用X射线分析表明带篷载货汽车上油漆外来部分的元素成分和载货汽车上油漆成分相同，主要成分是钙、硅、硫、和铁，而且都含有少量的铝、钛、锰、铜和锌。样品放入扫描电镜中大约15min就得出这个结果，而样品本身没有任何改变。

第四节 塑料物证的鉴定技术

一、塑料物证概述

塑料物质在车辆外部的分布主要是:机动车前照灯坐垫,转向灯、制动灯灯罩,反光号牌面膜,冬季防寒用保温套表面涂层以及自行车把套、尾灯标志等。

机动车与非机动车上所使用的塑料制品及构件,其硬度或柔韧度各不相同。机动车的转向灯及制动灯灯罩比较坚硬易碎。前照灯坐垫和自行车把套次之,而最柔软的则是防寒保温套的表面涂层。硬度大的塑料零部件,在撞击下容易破碎、散落,硬度较小的则会发生破裂形变,只在强力冲撞下才会碎裂散落。然而,无论其硬度大小,在擦刮和磨蹭中都会留下划痕与擦痕,特别是在强力擦蹭时,产生局部高温使塑料表层熔化并被拉成拔丝状或薄膜状粘附在擦蹭双方表面上。

自于车辆使用的塑料零部件在性能、成分构成方面的不同以及在发生交通事故时作用力或受力的方向、大小的不同,塑料发生的变化也是不同的:如机动车的转向灯灯罩和支撑架、非机动车的尾灯等塑料制零部件,受到撞击后便成碎片而散落在事故现场;如车辆的前后反光膜制牌照和自行车、摩托车的把套等塑料制品受到机动车的碰撞或刮擦以后,被刮擦下来的塑料物质往往粘附在机动车的碰撞部位或刮擦痕迹处。

二、塑料物证的提取

1. 塑料物证的提取方法

散落在交通事故现场地面上的塑料碎片,是一类重要的物证,可以用不锈钢镊子夹取,若塑料碎片的体积较大或数量较多,应用干净的透明塑料袋盛放，并用不干胶标签注明提取地点和从汽车何处掉落的；若塑料片的体积很小，数量也少，应在提取后放入检材收集瓶中或用硫酸纸制作的小盛物袋中；切记不要用硬质光纸包装检材，因为在打开硬质光纸时，微量检材会在打开纸的弹力影响下崩掉，而导致检材的散失。

收集塑料碎片散落物时应收集全，如出现多片大块的塑料碎片，应试图进行拼装组合，即要进行塑料碎片散落物之间的拼合，尤其要进行与原来塑料掉落后剩余部分材料的拼合。如能做到塑料碎片的基本吻合，这就是一个极重要的物证，起到痕迹物证作用。

在检验塑料物证化学成分时，应将碎片与从原来塑料掉落部位提取毫克级检材，一起送检即可。

粘附在痕迹部位的非本身构成的物质，是一类很重要的物证，如汽车刮擦自行车后，自行车的塑料把套会被刮下一部分，依附在汽车刮擦部位，一定要小心提取和保存。

提取的方法是，在手柄放大镜观察下，用手术刀轻轻刮取附着物，然后放入盛物器具中（最好是具塞的玻璃小瓶，应当场注明附着物提取的位置）；如果提取的附着物极少，甚至连肉眼也难以观察到时，可以使用酒精纱布（一小块）沾擦有附着物处（注意：不准来回多次反复擦），用劲可大一些，然后把擦过的酒精纱布放入专用的有塞玻璃收集瓶中；如果附着物的量较多或具有一定硬度，可直接用不锈钢镊子提取，再放入有塞玻璃收集瓶中。

2. 塑料物证的净化和分离方法

1）微量塑料物证的净化方法。

毫克级（甚至是微克级）的塑料和合成树脂物证在进行检验之前应去除污染，通用方法是将物证置于瓷制或玻璃制点滴板的圆形池中，加入蒸馏水数滴，浸没物证又不会溢出圆形池边为止。

浸泡 1h 后，在立体显微镜的观察下，用显微探针拨动物证，使灰尘等污染物与物证分离，若物证上有油脂类物质污染，应用酒精等有机溶剂代替蒸馏水进行清洗，然后用探针分离出物证，置于红外灯下烤干，备用。

对于一般的交通事故微量塑料物证，均不必进行特殊的分离，而是净化处理后即可检验。

2)塑料物证的分离方法。

只有塑料物证的组成比较复杂或者要求对物证的各有机成分和无机成分进行全分析时，才需要对物证进行各组成之间的分离和纯化。

在着手进行物证的分离之前，应首先测定一下物证的红外光谱，弄清楚物证材料的主要成分或主要成分的类型，这样利于选择分离方法。

(1)溶剂萃取法。

它是根据聚合物和添加剂在溶剂中溶解度的不同而达到分离目的。

一般是利用索氏萃取器(又称脂肪抽出器)。用乙醚萃取出物证中的非聚合型增塑剂后，再用甲醇萃取聚合型增塑剂。

不同的添加剂使用不同的溶剂萃取：

乙醚萃取：抗氧剂、增塑剂、稳定剂。

甲醇/四氯化碳：聚合型增塑剂。

水：纤维素衍生物、聚乙烯醇、溶于水的抗氧剂。

苯：蜡。

甲醇：乳化剂、抗静电剂、胺类抗氧剂。

氯仿：紫外吸收剂、酚类抗氧剂。

丙酮：稳定剂、抗氧剂、橡胶中矿物油、脂肪酸。

应尽量地避免使用过高的萃取温度，在操作时尽量将物证剪成碎粒。

(2)溶解沉淀法。

它常用于聚合物与添加剂之间的分离。通常采用两种方法：

第一是将聚合物的溶液在搅拌下慢慢加入到沉淀剂中(沉淀剂量为溶液量的10倍以上)。

第二是将沉淀剂在搅拌下慢慢加入到聚合物溶液中，直到沉淀开始形成，在水浴加热或红外灯烘烤下，大部分溶剂除去后，大量的聚合物会被沉淀出来。

上述两种方法，均要求溶剂与沉淀剂是互溶的。

(3)减压蒸馏法。

它是根据聚合物和添加剂之间沸点的差异而达到分离目的，尤其是对于热稳定性较差或沸点稍高的添加剂分离常使用减压蒸馏法。

减压蒸馏的条件因添加剂不同而异，经常控制的减压蒸馏在200℃、1m汞柱下进行。

(4)凝胶色谱法。

它是根据可溶性聚合物通过多分子L凝胶柱，由于其分子大小不同，那些分子大的不能通过凝胶孔中而首先通过凝胶柱排出，那些稍小的分子由于可以进入凝胶孔中较大一些的部分孔中并重新扩散出来，因而它在凝胶柱中的保留时间也较长，那些小的分子可以方便地进入所有的凝胶孔中，因而它在凝胶柱中的保留时间最长，所以凝胶色谱法主要应用于测定聚合物的分子量分布。

三、塑料物证的鉴定

1. 塑料物证的保管与送检

当塑料类附着物数量极少，难以直接提取下来时，只要沾有附着物的载体本身的体积不大或者易于将载体取下来，那么最好是将载体连同附着物一起妥善保存，注意切勿使附着物遗失或被进一步污染，然后直接往技术检验部门送检。

以前出版发行的一些物证检验教材在介绍塑料及擦划痕迹的

提取方法时写道:“如颗粒较大或擦划痕迹细微,可用胶纸提取后粘在玻璃片上。”实践证明:用胶纸提取物证的方法虽然提取简便,却给检验带来很大的麻烦,甚至严重影响鉴定的准确性,这是因为胶纸本身就是由塑料薄膜或纸质基体和带黏性的合成树脂构成的,在粘取塑料物证时黏性合成树脂也自然地会粘附在塑料物证微粒上,从而不易清除而污染了检材,在用红外光谱法、裂解气相色谱法、荧光检验等方法检验塑料物证时,胶纸上的黏性树脂因附着在物证上,清除不净而直接影响检验结果,而且,其干扰程度是相当严重的。所以,在提取有机类物证时,坚决禁止使用胶带纸提取物证。

2. 塑料物证的外观检验

1)物证外形的拼合检验。

在塑料物证的提取方法一节中,重点要求勘察人员在提取事故现场的塑料碎片时,一定要全面、细致地收齐散落的检材,然后仔细观察塑料物证的边缘形态和颜色特征,并试一试能否将这些塑料碎片拼在一起,最后与原车辆的破碎塑料零部件的痕迹处进行拼合比对,具有非常重要的物证价值。例如,1989 年 7 月,在北京市平谷县境内平蓟公路的某路段发生一起交通事故。勘察人员在事故现场找到数块橙黄色透明状碎片,并收齐了全部散落的大小橙黄色碎片;后来,找到嫌疑肇事汽车,发现该车左前转向灯灯罩破碎,经对破碎灯罩和现场橙黄色碎片进行外观比对检验,两者的颜色、花纹外观都完全相同,而且它们可以完全拼合形成一个完整灯罩。后来送检,经红外光谱检验,现场橙黄色碎片与嫌疑肇事汽车左前转向灯灯罩残片的有机成分完全相同。均为聚甲基丙烯酸甲苯(俗称有机玻璃),这就充分说明:该起交通事故中塑料物证的外形拼合,起到了痕迹鉴定的同一认定作用。

2)塑料物证的颜色比对检验。

与油漆物证比对检验一样,在外观检验时要首先认真检查塑料物证与比对检材在颜色上是否相同，一般来说两者的色调一致才能进行化学成分的检验。但是，也往往会出现一些特殊情况，例如，有些带有颜色的塑料制造的零部件经受过强力刮擦之后，会由于刮擦时局部产生高温使塑料制品变软，刮擦后呈胶状或薄膜状粘附在肇事车辆的有关部位，其颜色大大变浅，甚至成无色透明状态。最常遇到的塑料物证是出现在汽车与自行车的车把相刮擦时，自行车把套被刮下来的部分就呈现薄膜的不规则条状粘附在肇事汽车的刮擦处痕迹表面，用手柄放大镜或立体显微镜观察膜状附着物，其颜色与原自行车黑色把套有很大差异，膜状附着物多为浅灰色，部分为无色透明状，分析其有机成分，则完全相同。

3)汽车反光膜牌照的外观检验。

近年来，我国交通管理部门为了确保驾驶员在夜间或雾天行车的安全，逐步把车辆的牌照和道路标志牌的涂层由油漆改为反光膜，因此在现阶段更换牌照尚未全部完成时，汽车牌照中多数是牌面和字迹均为反光膜或者均为油漆的，也出现牌面材料是反光膜而字迹是油漆的情况，在交通事故中发生牌照受刮擦时，牌照涂层物质会附着在有关客体的表面，在进行附着物与原牌照物质的外观比对检验时，首先要观察两者涂层的颜色应相同，进而观察两者的外观形态是否也相同，即首先要确定刮擦附着物与牌照涂层是同属油漆，还是同为反光膜，用立体显微镜就能区分出来。反光膜的表层是带有鲜艳颜色(黄、绿、黑、红、白等)光洁均匀的膜状物质，第二层整齐地嵌着许多无色透明的微细玻璃珠，再下层是白色黏稠状物质，它确保反光材料能牢牢地固定在金属底板上，而油漆的表层较粗糙，涂层下无玻璃珠和白色黏结材料，油漆同一涂层表里一致，颜色也相同，油漆各层次间较分明，所以很容易区分牌照的材料。

在进行牌照与附着物的外观检验之后，虽然初步确定同属反光膜，由于构成反光膜主要成分的有机树脂也是多种多样。因此，必须进一步确定他们的化学成分是否相同。

3. 塑料物证的鉴定方法

1)塑料物证的形态鉴别方法。

(1)聚乙烯制品：

聚乙烯(PE)膜呈石蜡色，质软而且可以拉伸；低密度聚乙烯(LDPE)制品易裂，成型品在弯曲时容易折断；中密度聚乙烯(MDPE)和高密度聚乙烯(HDPE)的制品坚硬而且刚强。PE制品最简单的分辨方法是投入水中后会浮在水面(注意：聚丙烯和乙烯—醋酸乙烯共聚物也会浮)；对于着色和透明性好的PE制品，可以用指甲在其表明划出伤痕。

(2)聚丙烯(PP)制品：

它可以浮在水面上，但其成品硬，不易被指甲刮出伤痕。聚丙烯制品的机械强度良好，在弯曲时不易被折断。

(3)聚氯乙烯(PVC)制品和氯乙烯—醋酸乙烯共聚物(VC—VAC)制品：

它可以是软膜、封皮、套筒、电线外套和硬质管、硬板等，它们受温度的影响很大，冬夏的硬度明显不同，一般只加热到50℃就会变软可弯曲，质软制品受热后会垂下。

(4)聚苯乙烯(PS)制品：

它是无色透明的树脂，俗称“响胶”——用指甲弹打有金属声音，其基质脆，弯曲时易折断。

(5)ABS树脂：

它为乳白色或米黄色，有硬材和软材，它的韧性好，就是施加强力和弯曲也不会破裂，但有时为降低产品价格，会加入大量苯乙烯，其制品的强度也大为降低，并且易裂。

(6)丙烯腈——苯乙烯共聚物(AS)制品：

它为浅色或蓝色的透明硬质塑料，有较高的强度，不脆，用手指弯曲也感觉质硬。

(7)乙烯——醋酸乙烯共聚物(EVA)制品:

它有弹性,能浮于水面,透明性好,拉伸时成永久性变形,如将它制成海绵状制品也有橡胶感。

(8)聚甲基丙烯酸甲酯(PMMA)制品:

它俗称"有机玻璃",无色透明,折射率高,是外观最美的塑料。用手指弹打时有钝重的声音。当加到120℃时,可以自由弯曲。

(9)聚酰胺(PA):

它俗称"尼龙",它多为茶褐色,可以做工程塑料,轻轻锤打时不会折断,当加热到255℃以上时,会很快熔融成胶状。

(10)硝酸纤维素(CN)制品:

它易于加工,强度较好,其最大特点是易燃,点火时会激烈燃烧。

(11)聚乙烯醇缩醛:

它又称维尼纶,它是乳白色不透明的树脂材料,强度高,将厚1mm的板材弯曲时,如弯曲钢铁弹簧一般。

(12)聚碳酸酯(PC)制品:

它是接近无色或微褐色的透明材料,机械强度高,质较硬,弯曲时的抵抗力大。

(13)聚苯醚(PPO)制品:

它是乳白色或微褐色的不透明材料,有很强的韧性和弹性。

(14)聚四氟乙烯(PTFE)制品:

它是蜡状颜色,近乳白色,其透明度较低,静摩擦系数低,两块材料对合时甚滑。

2)塑料物证的燃烧法鉴别。

(1)燃烧法确定塑料的大类。

将试样切成3～5mm的宽度,把它远离火焰加热,若试样变软并可用镊子夹弯时,表示它是热塑性塑料,若不软化,就是热固性塑料。

强热条件下，熔化时为热塑性塑料，不熔化时为热固性塑料。

将试样绑在铜线前端，强加热后，如试样冒绿色火焰，表明试样中含氯等卤素元素；如冒出黄色火焰，表示试样中含钠元素。

(2)燃烧法确定塑料和合成树脂的品种。

聚苯乙烯：燃烧时冒黑烟，拉熔化的前端会伸长，冒出特有的苯乙烯气味。

聚氯乙烯：不易燃烧，离火即灭，火焰呈黄色，下端为绿色，冒白烟并放出氯的刺激性气味，燃烧时塑料变软。

聚丙烯：易燃烧，离火后可以继续燃烧，火焰上端呈黄色，下端为蓝色，少量黑烟并放出石油气味(有点像芳香族化合物的气味)，熔融拉伸性极好，燃烧时熔融滴落。

聚乙烯：易燃烧，离火后可以继续燃烧，火焰上端呈黄色，下端为蓝色，燃烧时熔融滴落，放出石蜡气味。

聚偏氯乙烯：很难燃烧，火焰上端黄色，下端为绿色，离火即灭，燃烧时软化，类似于蔗糖，当它碳化时会膨胀，冒白烟，放出氯的刺激性气味。

聚醋酸乙烯：容易燃烧，火焰呈暗黄色，离火后可以继续燃烧，冒黑烟，燃烧时软化，放出醋酸气味。

聚乙烯醇：可燃，燃烧速度如烧纸，火焰呈蜡烛状，冒烟，燃烧后成黑色渣，放出难闻的“甜味”。

聚乙烯醇缩醛：可燃，离火后继续燃烧，火焰尖端呈黄色，下端为蓝色，冒黑烟，熔融滴落，放出特殊的福尔马林气味。

浇注成型酚醛塑料：难燃烧，离火即灭，火焰呈黄色，塑料燃烧时裂开并成深色，放出甲醛气味。

以纤维和纸为基材的酚醛塑料：能徐徐燃烧，离火即灭，火焰呈黄色，放出纸及酚的气味。

三聚氰胺甲醛：难燃烧，离火即灭，火焰呈淡黄色，燃烧时膨胀、裂开并白化，放出福尔马林的气味。

ABS塑料:燃烧缓慢,火焰呈黄色,冒黑烟,燃烧时无滴落。

丙烯酸塑料:可燃,燃烧时具有自熄的特征,火焰呈黄色,尾部为蓝色,燃烧时软化。

聚碳酸酯:易燃,离火后慢慢熄灭,火焰呈黄色,冒黑烟,燃烧后塑料熔融、起泡,发出特殊的花果臭气味。

AS塑料:燃烧缓慢,火焰呈黄色,冒黑烟,燃烧时无滴落。

聚甲醛:容易燃烧,离火后继续燃烧,火焰上端呈黄色,下端为蓝色,熔融滴落,放出强烈的甲醛气味、腥臭味。

聚矾塑料:难燃烧,离火即灭,火焰呈黄褐色,冒烟,燃烧时熔融并带有橡胶焦味。

聚苯醚:难燃烧,离火即灭,冒浓黑烟,燃烧时熔融,放出花果臭气味。

氯化聚醚:难燃烧,离火即灭,火焰飞浅,火焰上端呈黄色,底部为蓝色,冒浓黑烟,燃烧时熔融但不胀大,放出特殊的气味。

涤纶树脂:易燃,离火后继续燃烧,火焰呈黄色,边缘为蓝色,燃烧时会爆裂成碎片。

不饱和聚酯:容易燃烧,离火后继续燃烧,火焰呈黄色,冒黑烟,塑料膨胀后开裂变脆,放出苯乙烯气味。

聚酰胺:能徐徐燃烧,离火即灭,火焰尖端呈黄色,熔融滴落,放出羊毛燃焦气味。

聚醛塑料:容易燃烧,离火后继续燃烧,火焰呈黄色,冒黑烟,放出苯乙烯气味。

有机玻璃:容易燃烧,离火后继续燃烧,火焰呈浅蓝色,顶端为白色,放出强烈的花果香味。

(3)塑料物证的溶解法鉴别。

溶解法鉴别聚乙烯和聚丙烯:

聚乙烯在常温下不溶于各溶剂,加热时可溶于丙酮、苯、甲苯等溶剂。

聚丙烯连同溶剂一起加热也不溶。

溶解法鉴别 ABS 树脂和 AS 树脂：

ABS 树脂不溶于酒精（乙醇），可溶于丙酮、苯和甲苯，溶液变白浊。

AS 树脂安定，不被上述溶剂所溶解。

溶解法鉴别各种纤维素：

二醋酸纤维素可溶于丙酮、三氯乙烯。

乙基纤维素可溶于乙醇、丙酮和三氯乙烯。

三醋酸纤维素不溶于上述溶剂。

溶解法鉴别聚氯乙烯和聚偏氯乙烯：

聚氯乙烯可溶于四氢趺喃。

聚偏氯乙烯不被四氢趺喃所溶解。

(4)塑料物证的元素定性检验。

钠（或钾）熔法定性检验元素：

将 0.05g 干燥的塑料或树脂样品放入软玻璃小试管内，加进一小粒钠（或钾）金属，加热几分钟直至呈暗红色，冷却后小心地加入 1ml 乙醇，以消耗掉多余的钠（或钾），再慢慢加热试管蒸去乙醇，然后强火加热直至呈暗红色，趁热将试管扔入盛有半杯水的小烧杯中，搅匀，过滤，将滤液分成几份，分别进行下列元素检验：

硫的检验：取 1ml 滤液，用醋酸酸化，并加入几滴醋酸铅溶液，如出现黑色沉淀，则表明有硫元素。

卤素（Cl，Br，I）的检验：取 1ml 滤液与稀硝酸共沸，加入硝酸银溶液，如出现白色沉淀并可溶于氢氧化铵时，表明有氯元素存在，如出现黄色沉淀，表明有溴或碘元素存在。

氟元素的检验：取 1ml 滤液，用醋酸酸化，煮沸，冷却后加入 2 滴饱和的氯化钙溶液，如生成胶状沉淀物质悬浮于溶液中，表明有氟元素存在。

氮元素的检验：取 1ml 滤液，加入 2 滴新鲜的饱和硫酸亚铁溶液，煮沸 1min，如有硫存在，应滤掉硫化铁沉淀，冷却过滤的滤液，再加人一滴 5%的硫酸铁溶液，并用稀盐酸酸化，直至氢氧化铁恰好溶解，如有氮元素存在，会有蓝色展开，过一会儿就变成普鲁士蓝沉淀。

磷元素的检验：取 1ml 滤液，用浓硝酸酸化，加入几滴铝酸铵溶液，煮沸，如果形成黄色沉淀，则表明有磷元素存在。

四、塑料物证鉴定在处理交通事故中的应用

1. 确定事故嫌疑车的责任

通过现场塑料物证与嫌疑车上塑料物证的比对检验，其化学成分一致的结论，为确定肇事者承担事故责任，提供了准确的物证依据。

2. 排除嫌疑车的事故责任

通过对交通事故现场的塑料物证与嫌疑车相应部位塑料物证的比对检验，其化学成分不一致的结论，便可排除该车的肇事嫌疑，为正确处理事故提供了科学鉴定。

第五节　玻璃物证的鉴定技术

一、玻璃物证概述

1. 玻璃物证的分类

玻璃，通常是指无机玻璃，又称单质玻璃，它是由无机氧化物原料经高温熔化后，在一定条件下快速冷却制得的非晶态固体。

玻璃的化学组成比较复杂，大多数是以二氧化硅为主要成分的硅酸盐玻璃，有以氧化铝、氧化硼、氧化铅和氧化钠等为主要成分的其他类氧化物玻璃，也有以硫化物和氧化物为主的非氧化物

玻璃以及合金形式的金属玻璃。

玻璃可以分为普通玻璃和特种玻璃两大类。普通玻璃是以石英砂、长石、碳酸钠、碳酸钙为主要原料,经熔融、提拉等工序而制成的,它是以二氧化硅、氧化钙和氧化钠所组成的钠钙玻璃;若在烧制普通玻璃时加入金属氧化物当着色剂(如氧化钴、氧化镍等)就可以制得有色玻璃;若在配料中加入特种元素就可以制得含有铬、锗、钒、锑等氧化物的特种玻璃,如在配料中加入铅或钡等重元素可以制得作电视荧光屏用玻璃。此外还有以硼酸盐、磷酸盐和氰化物为主的玻璃。

玻璃按用途分类可以分为平板玻璃(如窗户玻璃等)和容器玻璃。

2. 汽车玻璃的种类

(1)汽车前灯的种类和构造。

汽车灯有前照灯、雾灯、尾灯、转向灯等,都配有玻璃罩,其反射镜也常用玻璃制作。这里主要介绍前灯的构造。

汽车配用的前灯是由玻璃罩、反光镜及发光部分组成。种类有开启式、半封闭式、完全封闭式 3 种。其形状、大小、灯罩玻璃的花纹等因车灯制造厂家不同而有所区别。

开启式:又称前部交换式、分解式、组装式。这种车灯由灯罩玻璃、反光罩及灯泡等部分组成。上述部分是装配到一起的,所以它们也可以拆卸下来。

这种形式的前灯即使灯罩玻璃被撞坏,对灯的点亮与熄灭也没有什么影响,所以只要灯泡没有破裂,灯丝没有断,仍然可以亮灯行驶。

这种形式的前灯灯罩玻璃的特点是接口部分呈平面状。

半封闭式:又称后部更换式。它的灯罩玻璃、反光罩是由连接件连接在一起的,灯泡也连接在上面。因此,当灯罩玻璃破损时,对灯泡的工作状态没有什么影响,只需要更换一下破损的灯罩玻璃就行了。但是,如果是灯泡的丝断了的话,就必须把灯泡和反光罩一起更换。

这种形式的前灯灯罩玻璃的特点是在其与反光罩连接处有一凸出部分。这种前灯一般配用在一部分载货汽车、轻型四轮车、小型摩托车上。

全封闭式:又称真空式。这种前灯的特点是灯罩玻璃与反光罩是整体结构。也就是说这种前灯本身是一种灯泡式的结构,内部抽成真空,并封入氩气。

与前两种车灯相比,这种前灯的照度大。但在遭受损坏时,整个前灯即报废。

开启式或半封闭式车灯的反光罩是由金属制成的,而全封闭式车灯的反光罩是由玻璃制成的,玻璃表面蒸镀了一层铝膜,形成了反光罩。在发生交通事故时,灯罩玻璃破裂,反光罩也必然损坏,因此会有反光罩碎片遗留。这种形式的车灯一般用于乘用车和大部分载货汽车上。

灯罩玻璃的形状、大小、弯曲度、表面铸造的花纹、厂家商标、符号等根据车灯厂家、用途的不同而异。因此,对现场遗留的灯罩玻璃的形状、大小、符号、商标等进行研究,可能推出车灯的型式、形状、大小、制造厂家,进而了解到配用这种车灯出售的汽车种类、名称、车型等,为破获逃逸车辆提供重要线索。

根据曲面曲线,半径、圆心、弦之间的几何关系,可以用作图或计算的方法求出灯罩玻璃破坏之前的形状与大小。

在侦察中,发现嫌疑车上如果留有破损的前灯碎片,可与现场遗留的玻璃碎片的颜色、厚度、材质、断裂面等进行同一认定。经过比对如果确属同一物品,这些物证即可认定该车为肇事车。

(2)风窗及车窗玻璃的种类与构造。

为了扩充驾驶员的视野和确保驾驶室人员的人身安全,汽车窗户玻璃大多数均采用高强度的无机玻璃制造。汽车风窗及车窗玻璃的厚度、大小、形状、颜色、材质等因汽车种类和车名的不同而各有差异。

钢化玻璃:以往在汽车上用的钢化玻璃板,绝大部分为 5mm 厚,最近在大部分车上使用 3mm 厚的钢化玻璃。钢化玻璃是将普通玻璃加热之后急骤冷却,使玻璃的结晶密化而形成的。其目的是提高强度及安全性。

钢化玻璃的破坏是从内部开始的,在应力点迅速发展成龟裂,从龟裂的分歧处和新断面中再引起新的龟裂,如此反复,使玻璃碎成小片。碎片不仅小而且不会形成尖锐的角,从而动能也小,对人的危害也就小。

夹层玻璃:夹层玻璃是将两张玻璃板用有机物作夹层黏结而成的,玻璃板用一般材质,夹层用聚乙烯醇缩丁醛树脂,其厚度为 0.2~0.4mm。这种玻璃在破碎时,玻璃碎片不飞散,所以人不会被飞起的玻璃片刺伤。

局部钢化玻璃:局部钢化玻璃有两种形式,一种是在钢化区域内碎片均一而且比较粗,一种是能确保视野的大片状,而其周围则分布着细片状的网格状区域。这种局部钢化玻璃的特点是破损时可保证驾驶员的驾驶视线。

电热线玻璃:为了解决车窗玻璃的防雾及防止结冰,将电热线印制或安置在夹层玻璃中而制成的特种玻璃。

(3)汽车的后视镜。

汽车的后视镜通常是由反射镜、后视镜罩(常由塑料或橡胶等高分子材料制成)和金属支架所构成。后视镜是汽车刮擦事故易接触的部位,我们可以根据后视镜尺寸、形状、所用玻璃的材料性质以及里面的涂饰材料等状态来区分车种,比对检验现场后视镜掉落的玻璃碎片与后视镜中残留的反射镜玻璃是否一致,具有重要的意义。后视镜罩也是一类重要的道路交通事故物证。

二、玻璃物证的提取

1. 玻璃物证的确定

(1)判断是否为汽车玻璃。由于道路交通事故现场多发生在道路路面上,在路面上也可能分布原来遗留的玻璃碎片,它们既有一般用途玻璃的残片,也有汽车碎片的遗留物。因此,在勘察事故现场时,要注意完整收集所有的地面玻璃残片或微粒。若数量较多,有可能是此次事故所遗留,若数量较少,更要仔细观察其形态和颜色,确定是否为汽车常用玻璃。

(2)判断是否为此次交通事故所留的汽车玻璃。一般来说,由此次交通事故造成的汽车玻璃制零部件损坏,会在事故现场遗留下较多的玻璃碎片。首先应将这些玻璃碎片全部收集保存,等找到肇事嫌疑车以后,应仔细观察该嫌疑汽车可能形成事故现场玻璃碎片的部位,若该部位的玻璃已碰碎,即提取残存玻璃碎片与现场玻璃进行比对检验。事实上,多数驾驶员在得悉汽车玻璃破碎后,会及时将破车灯或碎窗玻璃换成新的,此时勘察人员应仔细地在更换过的玻璃制零部件处寻找,往往在此处能找到原来残存的玻璃微粒,此时应小心地提取下来,一起送检。

只要注意观察现场玻璃碎片的新旧程度和污染状态,是不难区分出是否为此次交通事故所留的玻璃物证。

2. 玻璃物证的提取方法

(1)为了防止金属对元素分析的影响,提取玻璃物证时,不使用金属镊子,可以用木质、竹质、塑料质的镊子提取,用干净的塑料袋盛放。

(2)肉眼能观察到的玻璃微粒,用检材收取勺提取,用干净的塑料袋盛放。

(3)当玻璃微粒比较分散时,可以使用软毛刷轻刷地面,将微粒收拢后，装入塑料袋中保存。凡是已购买 JKX-AT 型交通事故现场微量物证提取箱的单位，可以使用箱中配备的静电取迹器。

3. 提取玻璃物证的注意事项

当交通事故现场的玻璃碎片较多时，应将所有的玻璃全部收集起来，尤其要注意玻璃碎片会散落在较长一段路面上，更应仔细收集全，用塑料袋包装好，便于进行玻璃碎片重新拼对，如果玻璃断面能机械吻合，其作用是很大的。

由于玻璃物证的种类很多，如大小车灯玻璃，风窗玻璃，前后视镜以及色彩各异的玻璃制零部件，因此要分别提取，分别盛放在不同的塑料袋中保存。

当玻璃碎片或微粒附着在被害人的衣服上、人体表面时，更应注意仔细勘察，将所有附着在被害人处的玻璃物证全部提取下来，及时注明提取部位的名称，这是一类非常重要的物证。

当玻璃碎片上有指纹、血迹、油斑、油漆、纤维等附着时，要妥善保管好该玻璃碎片，不能破坏该附着物的原始状态。待有关技术人员进行处理（拍照、检验、附着物提取）后，再进行玻璃成分的检验。

三、玻璃物证的鉴定

1. 玻璃物证的外观检验

（1）玻璃物证的形态观察。

首先要对现场提取的玻璃物证进行形态观察，必要时使用体视显微镜和测厚度设备。观察玻璃的表观形态，是何种汽车玻璃所遗留的，玻璃的厚度是多少，玻璃的弯曲率如何。同时对嫌疑肇事汽车上提取的比对用玻璃检材进行同样的观察和测厚比较，确定外观检验是否一致。

（2）玻璃断面的机械吻合。

由于玻璃是非晶体物质，多数为质硬而脆，打碎后的玻璃其断面不易变形。若将现场的玻璃碎片全部收集齐，是能将其断面一一拼合。若嫌疑肇事汽车上破损玻璃尚未更换新的，应全部取下，与现场提取的玻璃碎片一起进行断面的机械吻合。若能吻合或有相当的部分断面能吻合，就能成为直接认定的鉴定依据。

2. 玻璃物证的物理检验

(1)玻璃物证折射率的测定。

玻璃具有独特的光学性质，光线通过两种介质时方向会改变，折射率就是表示光线改变方向的能力，它是描述玻璃光学性质的重要参数。

$$折射率=v_{o}/v \tag{3-8}$$

式中：v_{o}——光线在真空中的传播速度；

v——光线在该介质中的传播速度。

玻璃的折射率值一般在1.2～1.6之间。

折射率的测定方法：

我们可以将玻璃检材分别浸没在一系列折射率值不同的标准硅油下，置于显微镜下；在可以加热的载物台上，通过改变其温度，使硅油的折射率随温度的增加而减小，直至硅油和玻璃检材的折射率相同时，它们的光学介面消失，从而能测出该玻璃的折射率范围。

玻璃比对检材折射率的测定方法：

把玻璃检材浸入液体中，当两者折射率不同时，在显微镜下观察，玻璃上方会出现与颗粒轮廓相似的光环(称之为贝克线)，移动样品台使显微镜物镜和检材之间的距离增加，如果玻璃的折射率大于浸液的折射率，贝克线会向玻璃的中心方向移动，光环收缩；如果液体的折射率大，贝克线会向液体中部移动，光环扩大。当两者的折射率相同时，用单色光照明，贝克线将消失，用白光照明，上下移动样品台，将出现彩色的贝克线。

(2)玻璃物证的比重测定。

玻璃物证量较大时比重的测定方法:

用金属细丝或细线将比较的玻璃碎片捆绑好,称重后,再将它悬垂在水中测定其重量,按式(3-9)计算玻璃碎片的比重。

$$d=G_1/G_1—G_2; \tag{3-9}$$

式中:G_1——玻璃碎片重量;

C_2——玻璃碎片在水中测定的重量。

玻璃物证量较小时比重的测定:

把标准比重的小玻璃片同玻璃物证一同放入碘化亚汞、碘化钾溶液中浮游,可以计算出标准的小玻璃片和玻璃物证的比重值。

四、玻璃物证鉴定在处理交通事故中的应用

1. 为侦破交通肇事逃逸案提供线索

由于不同种类的车辆使用的玻璃制造的零部件是有差别的,尤其是使用的风窗玻璃以及灯、镜子的玻璃材料规格不同,例如高级小轿车的风窗玻璃多用夹层复合玻璃制造,它与普通小轿车有很大差别,与其他车辆使用的风窗玻璃完全不同。因此,不同的车辆使用的玻璃零部件有差异,相同的车辆(如大型载货汽车)所使用的玻璃零部件也会因生产厂家不同而不同,所以我们可以通过检验遗留在事故现场的玻璃碎片或玻璃微粒,确定嫌疑肇事车辆的种类。当我们检验各种型号车辆玻璃零部件多了,甚至能给出具体一点的车辆信息,就为追寻嫌疑肇事车辆缩小了侦破范围,提供了线索。

2. 确定嫌疑肇事车辆的事故责任

通过对现场提取的玻璃物证与从嫌疑肇事车辆上提取的比对玻璃检材进行检验,两者化学成分相同的结论,可以作为确定嫌疑肇事车辆承担事故责任的物证依据之一。

第六节　油漆物证的鉴定技术

一、油漆物证概述

1. 油漆物证的化学成分

油漆是无机化合物和有机化合物经机械混合后的一种物质。油漆的主要成分包括 3 个部分：

载色剂。颜料可悬浮在其中，并可供颜料、树脂和其他物质干燥。一般有丙烯树脂、氨基醇酸树脂、聚酯树脂、环氧树脂、三聚氰胺树脂、硝化纤维素、乙酸盐、羧基纤维素等。

颜料。颜料有无机颜料和有机颜料之分。在载色剂中扩散之后，即表现出各种特性，如颜色、遮盖力等。

溶剂。溶剂的作用是调稀油漆，使油漆在使用中能自由流动。溶剂一旦挥发，油漆即干燥可用。

油漆一经固化成膜后，化学成分发生变化，分子间形成了网状结构。在使用中因日照、雨水等因素的影响，油漆还会老化与降解，颜色也会改变。

汽车的油漆喷涂一般过程是：首先为了防止车体生锈，在车体上涂以防锈涂料，即底漆；待底漆干燥后再加厚、打平，进行第二次喷涂，干燥后再涂以面漆以增加光泽。面漆的喷涂次数与车辆的档次有关，一般为 3～5 次。廉价的载货汽车与轿车有的只喷涂 2 次，而高级轿车有的喷涂 6 次以上。

2. 油漆物证的分布

(1)油漆物证的分布规律。

油漆碎片和漆状附着物是交通肇事案件中最常见的一类物证，车辆(包括大小客车、载货汽车、拖拉机、摩托车、自行车等)、船舶等交通运输工具发生接触，如车与车、船与船之间相撞或刮擦之后，碰撞和被刮擦部位的漆层（表层面漆或多层涂膜）会发生脱落或相互间的油漆物质转移；机动车辆若是与骑自行车人或行人相碰撞、刮擦，有时在受害人的衣服上或自行车某部位也可能会留下肇事机动车辆的油漆擦痕。有时用肉眼难以辨别擦痕物质的颜色和形态，往往需要借助于放大镜，甚至是用立体显微镜来进行观察。

长期从事交通事故现场勘察的同志们都会认识到，由于车辆涂敷油漆的涂层老化程度及事故本身作用力方向及大小的不同，汽车的油漆涂层发生脱落和转移的情况是千差万别的，有的车辆表面漆层会脱落，有的车辆发生多层油漆甚至是底部的腻子层也同时脱落。一般来说，多数车辆的油漆脱落，是呈细小的颗粒状和小片，只有那些旧车，因表层漆严重老化，因附着力较差，经碰撞或强力刮擦后，会呈较大的片状散落。在事故现场，如果在事故现场收集到的漆片，漆层较厚，在放大镜或显微镜下观察，其漆片涂层的薄厚不均匀，可以判断此漆片是从修补喷涂过的油漆的车辆上掉下来的；如果现场收集到的漆片厚度比较均匀，可判断此漆片是从厂家喷涂油漆的原车辆上脱落的。

(2)油漆物证的分布特征。

当车辆与车辆（或较坚硬物体）平行接触时，车辆的油漆涂层会呈分离式脱落，由表层至里层（底层）脱落，分别粘附在另一方车辆（或坚硬物体）的表面，少量的油漆小片或颗粒会遗落在现场。

由于车辆各部分防锈的要求不同，涂敷油漆的厚度也不同，除了修补车外，原装车的底盘、车裙等部位靠下，易受水蚀，这些部位的底漆涂得较厚，而车门的底漆很薄，因此通过观察分布在地面的漆片散落物也可以判断漆片是何处掉落的。

当车辆油漆是以漆状附着物形式存在时，漆状附着物的载体高度应与原漆涂层的高度相吻合。

二、油漆物证的提取

1. 提取油漆物证的常用工具和方法

(1)提取油漆物证的常用工具。

公安部第二研究所研制开发的 JKY-AT 型交通事故现场微量物证提取箱已备有多种适于提取油漆物证的专用工具。而多数尚未购上述物证提取箱的单位，请准备好下列常用的物证提取工具：

照明和观察物证的用具——手柄放大镜、手电筒、现场勘察灯等。

物证提取工具——不锈钢制镊子、固定在刀柄上的手术刀片、磁质点滴板、小型柔软毛刷、小型搪瓷盘(230mm×160mm×50mm)、剪刀、检材取勺。

收集和盛放物证用具——有塞玻璃小瓶或有塞透明塑料小瓶(如盛放彩色胶卷的塑料瓶)、硫酸纸做成的小盛物袋、不干胶标签。

(2)提取油漆物证的一般方法。

在提取微量油漆之前，应用酒精棉球和干净的纱布将常用的物证提取器具——镊子、手术刀、剪刀、检材取勺等清洗烘干或擦拭干净备用。

交通事故现场发现较完整的油漆碎片，可以利用干净的不锈钢镊子轻轻地将碎片夹取，放入检材收集瓶或硫酸纸制盛物袋中；对于微小的油漆颗粒，应使用检材取勺或用手术刀刮取后，收入检材收集瓶中，一定要谨防微小油漆检材的遗失；当观察到在刮擦痕迹部位有微量的油漆附着物时，最好是在做完现场痕迹鉴定和拍照后，小心地将痕迹部位的微量油漆附着物连同载体一起妥善保存好(能妥善固定更好)，直接到物证鉴定部门送检，由鉴定部门的技术人员进行微量油漆附着物的提取。

在提取嫌疑肇事车辆的比对检验用的油漆检材时，提取油漆的部位必须是能够形成刮擦痕迹处，而且比对检材的外观颜色、层数要与漆状附着物的颜色种类相一致，然后才自该处提取 2～3 小块完整层数的油漆做比对检验用。

(3)事故痕迹处油漆的提取方法。

如果在嫌疑肇事车上找到新形成的刮擦痕迹，经过仔细的勘察和分析后认为该刮擦痕迹是此次交通事故造成的，从物证提取角度来看，首先要观察该痕迹处是否增加了新的物质并判断该物质来自何处，要千方百计提取到该物质与新物质检验比对分析。若未观察到新物质的增加，就要调查是否减少了物质并判断减少的物质到了何处，也要千方百计将该处遗留的物质提取下来，与该痕迹处物质对比分析。在提取痕迹处原物质时，最好不要直接从该处刮取油漆漆层，因为这样做不仅破坏了本身痕迹物证的价值，而且会出现提取到的油漆层并不完整，给检验分析造成麻烦，甚至出现错误结论。

2. 提取油漆物证的注意事项

(1)要全面、仔细地勘察事故现场。

勘察事故现场寻找油漆物证的重点是确定导致交通事故产生的接触点，因为油漆物证就分布在接触点附近。

当肇事车与其他汽车接触以后，汽车上涂敷的油漆会以碎片形式散落在交通事故的现场，一定要仔细地提取。当肇事车辆与自行车或行人相撞以后，要细致地勘察被撞的自行车或行人身上有没有被刮擦所形成的痕迹，用放大镜观察痕迹处有没有漆状附着物，如果在痕迹处有颗粒状漆片或覆盖面较大的漆状附着物，就应认真保管好物证，最好是将物证连同载体一同送检，由物证检验技术人员进行油漆附着物的提取。如果载体太大或太重，无法分开后送检，就必须仔细、认真地在事故现场把漆状附着物尽可能多地提取下来。方法是：最好能在附着物载体下方放置好搪瓷盘，确保提取附着物时，即使附着物掉落也只是掉在搪瓷盘上，不会散失附着物。用提取物证的工具手术刀将漆状附着物从底处提取下来。

(2)要准确地提取到比对检验用的油漆检材。

在事故现场提取到油漆物证以后，必须在冷静分析的基础上，确定油漆物证是由于肇事嫌疑车辆本身掉落的还是另一方汽车受刮擦后掉下来的，然后在相应车辆的事故接触点附近提取下比对检验用的油漆检材。

在交通肇事逃逸案中，找到嫌疑肇事车以后，先不要急于在该车上提取比对检验用的油漆检材，而是应认真地、全面地检验该车的各个部位，重点观察该车的油漆涂层是否有划痕、擦痕或剥落现象。找到痕迹部位后，应对痕迹的形状、离地面的距离等进行测量、记录和拍照，同时应对照检查对方车辆或受害行人身上接触点位置、距地面高度、接触方向是否能吻合。如果双方在接触位置、高度、方向上并不能吻合，那么提取嫌疑车辆上痕迹部位油漆做比对用检材就没有任何意义。

如果接触的双方在刮擦方向上能吻合，相对距地面高度也一致，痕迹的位置也正确，就必须注意油漆与漆状附着物的颜色是否一致。首先观察漆状附着物的颜色与嫌疑肇事车辆涂敷的面漆的颜色是否基本相同。如果漆状附着物有多种颜色，那么就必须用手术刀刮下嫌疑肇事车辆相应部位的完整涂层，观察涂层中各层油漆的颜色，看它们是否与漆状附着物多种颜色分别相同。对于那些在发生交通事故以后，为逃避事故责任，毁掉原漆，重新喷涂油漆的肇事车辆，找到它们以后，应刮去事故方向处重新喷漆的漆层，往往在难以除尽原油漆层部位，如钢板连接处，尤其是交界缝中均会留有原漆，只要仔细除去新喷漆，找到与漆状附着物颜色相同的油漆层，便可提取到比对检验用的油漆检材。

(3)要注意非事故油漆与事故油漆物证的区别。

非事故油漆是严禁提取当作油漆物证的。非事故油漆的形成有两种，多数是由于液体油漆飞溅后干涸形成的，其漆膜完好，表面光滑、有光泽，有较强的表面附着力，一般是不易脱落的。另一种是在未构成交通事故的情况下从别的物体的油漆被粘附形成的。总而言之，非事故油漆一般是不会出现在这次交通事故的痕迹部位。漆状附着物的颜色与肇事车辆油漆也会有差异，只要仔细观察，勘察人员是不会把非事故油 漆当作油漆物证提取送检的。

(4)要尽量完整地提取油漆物证。

由于汽车涂层是多层的，而修补车的涂层更多，所以，用手术刀刮取嫌疑肇事车上的油漆用作比对检验用检材时，要从汽车油漆涂层的基底部切下，提取到完整的油漆各涂层，有 2～3 片即可，每片不要太大。

(5)要注意防止油漆物证的污染和混淆。

在使用手术刀和不锈钢镊子等工具提取油漆物证时，必须保证提取工具和盛放物证用具的干净，防止油漆物证进一步被污染。当用一种工具提取到一种油漆物证后，立即用酒精棉球或纱布将工具擦拭干净后再用，将提取到的检材放入盛物用具中后，要注明清楚，防止油漆物证的混淆。

(6)要注意避免工具本身对油漆物证的进一步污染。

例如，经常有人为了省事，使用胶带直接粘取微量的油漆和漆状附着物，或者把油漆物证放在硬纸上，再贴上胶带纸作固定用，直接送检。上述做法会给分析油漆物证的主要成膜物质成分造成极大的困难。因为，胶带纸的基体是塑料薄膜或纸，而粘合剂却会直接粘附在油漆物证上，很难以除去粘合剂，粘合剂和油漆一样都是有合成树脂或天然树脂构成的，所以存在粘合剂会严重影响油漆物证的红外光谱分析和裂解气相色谱的测定结果。需要指出的是，用发射光谱法和扫描电子显微镜/X射线能量谱仪法测定油漆物证时，由于这些仪器只测定无机元素及其含量而不分析有机成分，所以可把油漆微粒用胶带固定在碳台上，而不会影响元素的分析结果。

3. 油漆物证的分离

应用红外光谱法分析多层油漆的检材，需借助立体显微镜，用手术刀片仔细地将多层油漆片分层剥离开，要确保油漆剥离层中无其他漆膜层的附着，然后分别选取每层漆片进行红外光谱测定。

粘附在受害人衣服上的油漆附着物的分离比较困难。一般是将附着有漆膜的衣服部分剪下来，置于较大的白纸上，然后手搓揉衣服和抖动衣服碎片，使漆膜掉到白纸上，在立体显微镜观察下，选取油漆颗粒进行红外光谱分析。如果受害人衣服蹭上的油漆较多，也可以借助立体显微镜观察，用手术刀片直接从衣服上将漆状附着物提取下来，进行检验。

粘附在金属物体表面的漆状附着物，一般是用手术刀片提取，需借助放大镜或立体显微镜，仔细观察漆状附着物，将不同颜色的漆状附物分别提取下来分析。为保证漆状附着物的净化，可以在提取前用不锈钢镊子夹取酒精棉球轻轻擦拭漆状附着物表面。

有时为了分别鉴定油漆的主要成膜物质和填料，尚需在鉴定前对油漆物证作进一步的分离。即采用溶剂萃取法将主要成膜物质——高分子或低分子聚合物与油漆中的填充物分离。其分离方法如下：在玛瑙研钵中，将油漆样品研碎，放入试管中，加入相应的有机溶剂浸泡 10h 左右，先用倾泻法，分出试管上部的清液，然后挥发掉溶剂，便得到微量的油漆试样，用于红外光谱测试。欲测油漆样品中的无机填料的单一红外光谱，只需将油漆样品置于不锈钢制小铲中，在酒精灯上燃烧灰化即可。

4. 油漆物证的保管方法

(1)保管油漆物证的用具。

常用于盛放微量油漆碎片的容器:有盖的干净玻璃小瓶、有盖的塑料小瓶、透明的塑料制彩色胶卷盒等。

(2)常用于包装微量油漆碎片的纸袋:用描图纸做成的硫酸纸制纸袋、光洁的白色纸袋、未使用过的信封或物证提取袋等。

(3)保管漆状附着物的用具。通常条件下由于漆状附着物的数量极少,往往是连同载体一起保管和送检,如果载体体积并不是很大,可以将载体连同附着物一起装入透明的塑料袋中,例如受害人衣服及衣服上的漆状附着物用塑料袋包好即可。千万不要随便用一张旧报纸包裹,以避免附着物的遗失和进一步受到污染。对于较大型的载体,可以用木箱固定保存。

保管油漆物证的注意事项:

(1)包装盛放油漆物证时应注意保持检材提取后的状态。尤其是保存粘附在载体上的漆状附着物不应再次被刮擦,仅防漆状附着物的遗失。

(2)每份油漆检材必须在包装或瓶装之后,立即在包装袋(或瓶)上注明检材的编号及提取物证的名称,特别应注明采集部位的名称。对于比对检验用的检材要注明原提取车辆的名称和采集检材的部位。如:河北 01——××××东风大型载货汽车前保险杠表层黑漆。

(3)漆状附着物被刮取下来送检,应将漆状附着物盛放在干净、透明的硫酸纸袋中,袋口一定要密封好,同时应提取一份载体其他部位的物质(离附着物很近的载体部位)装在另一个硫酸纸袋中,便于检验分析漆状附着物时扣除附着载体本底物质的干扰。

5. 油漆物证的送检

为了做好油漆物证的检验工作,要求送检人员对该起交通事故比较了解,尤其是油漆检材的提取部位非常清楚。因此送检人员最好是现场助查人员,至少也应该在送检前了解清楚事故情况(案发时间、地点、车辆类型,牌号,撞击方位,交通事故痕迹位置、提取油漆的位置,提取嫌疑肇事车比对用油漆的情况,嫌疑车类型和牌照号码等)。检验油漆的技术人员希望从送检人员那里了解交通事故和油漆检材提取情况,这对于做好油漆检验工作,非常必要。

对于那些不易提取下来的擦痕处的漆状附着物,最好是连同载体一起送检。有时载体太大或过重,无法直接送检时,如能只拆下有擦痕的车辆零部件送检更好。例如,载货汽车撞刮自行车后挡泥板或车把的案件时常发生,往往在挡泥板或车把上留有擦痕或漆状附着物,此时不必把整辆自行车送检,只需拆下车把或后挡泥板,保存好它们上面的漆状附着物送检即可。

送检人员要携带单位正式介绍信和油漆检材一起送检,认真填写委托鉴定登记表,重点写清楚简要案情——案发时间、地点、肇事车辆情况(车型、牌照、车辆单位、驾驶员姓名)和受害人、车情况,同时写明送检物证材料情况和送检要求(成分分析或比对检验),应加强送检人员与检验物证的技术人员之间的联系。送检时,送检人员主动地把住宿地点的电话号码以及工作单位电话号码留给检验部门,检验物证的技术人员也须把自己单位的电话号码告诉送检人员,既便于检验物证的技术人员进一步了解案件和物证的情况,也便于送检人员及时了解检验物证的进展情况和检验结果。检验结束后,检验物证的技术人员应及时出具刑事科学技术鉴定书或检验报告,送检人员应认真清点检材、领走检材和鉴定书,在委托鉴定登记表中"鉴定书和检材处理情况"一栏,签写本人姓名和领取的日期。必须防止送检人员在得知检验结果后,将检材和鉴定书弃之不顾的事情发生。为了进一步提高和改进油漆物证的办案水平,在该起交通肇事案件全部结束之后,送检单位应主动填写《鉴定意见回执》,加盖公章后,寄回检验物证的部门,便于检验部门的负责同志掌握办案进度,了解检验鉴定结果在办案中的作用,总结办案经验。

不准非公安部门的人员送检。交通肇事方或受害方的任何人员均不能随送检人员到物证检验单位来，以避免人为因素造成对刑事科学技术鉴定结论的影响。

三、油漆物证的鉴定

1. 油漆物证的外观检验

1)油漆物证外观检验的内容。

对油漆物证进行化学成分检验之前，必须对其外观进行认真的观察和检验。

(1)确定是否为事故油漆。

重点观察交通事故现场提取的油漆碎片及漆状附着物的外观形态，是否符合事故油漆的特征。

(2)确定油漆物证与比对用油漆检材的外观形态是否相同。

若有多个比对用油漆检材，需通过外观检验来决定哪些比对用检材可以进行化学成分的检验。

(3)观察油漆碎片与比对用油漆片表面的漆层龟裂花纹，确定两者外观状态是否一致。

(4)观察油漆检材的污染情况，以便拟定清除杂质的方法。

2)油漆物证外观检验的方法

(1)肉眼观察法。

核定油漆检材之后，在光线明亮处观察检材的外观，比较油漆物证与比对用油漆检材的漆层数和每层油漆的色调与光泽异同，尤其应注意观察面漆、底漆的颜色与光泽是否一致。仔细观察连同载体一同送检的油漆擦痕或微量的漆状附着物，要确定它们在载体上大概所在的部位，以便用立体显微镜进行细致的比对观察。

(2)立体显微镜观察法。

将油漆物证和比对用油漆检材分别置于立体显微镜的载物台上，并用聚光灯或台灯为检材照明，将显微镜调焦，放大检材十几倍至几十倍后进行观察。若油漆物证属于多层油漆，应着重观察油漆物证和比对检材各相应的油漆层次、厚度、各层颜色、光泽等。若油漆物证是漆状附着物，更要仔细观察附着物的形态和分布，尤其是不同油漆颜色的交错分布情况。对于使用微量取样器的红外光谱法检验和扫描电镜/能谱仪法检验而言，立体显微镜是选取检测用油漆颗粒的必不可少的工具。

(3)紫外灯观察法。

在紫外灯下，观察油漆物证的荧光颜色和荧光强度，与比对用油漆检材相比较，是否相同，一般来说，不同的油漆所观察到的荧光强度和荧光颜色是不同的。

(4)油漆各层颜色观察法。

除了清漆等无色透明的油漆之外，色漆是使用广泛的油漆，汽车、轮船、摩托车等交通运输工具多为多层涂装，每层油漆的颜色并不相同。因此，需借助于立体显微镜确定每层漆的颜色，通常使用漆膜颜色标准色卡作为比对颜色的工具，要明确注明油漆物证属于那一种颜色，例如，不能笼统地说是绿色，应确定它究竟类属那一种绿色——绿色分为：豆绿色、湖绿色、苹果绿色、宝绿色、鲜绿色、中绿色、深绿色、橄榄绿色、褐绿色、仿绿色等。

要重点对比观察清楚油漆物证与比对用检材在油漆每层颜色上是否相同。当漆状附着物中有几种颜色（如绿色、白色、铁红色）的油漆颗粒时，应观察比对用油漆检材中是否也有同样的几种颜色（绿色层、白色层和铁红色层），若有的话，要分别提取相应各色层漆或颗粒进行化学成分测定。

由于各种油漆表层颜色涂膜随时间长短不同会出现不同程度的褪色现象，因此在利用立体显微镜观察油漆颜色时，只需初步观察认为油漆物证与比对用油漆检材的褪色程度基本一致时即可，必要时，可用显微分光光度计进行两种面漆的颜色比对测定。

2. 油漆物证的颜色检验

1)颜色标准。

天然光(自然日光)是由可见光和不可见光(如:红外光和紫外光是人的肉眼看不见的光线)组成的,如果我们把天然光通过一块玻璃三棱镜,就会被分解为红、橙、黄、绿、青、蓝、紫7种颜色的可见光。当天然光照射到一个物体的表面,一些光会被物体所吸收,而另一些光被物体反射或折射。人的肉眼观看油漆表面产生有颜色的感觉,就是因为油漆把落在它表面的光线有选择地吸收了一部分,而把另外一部分光线反射出来的结果。如果一种油漆表面有选择性地吸收了绿光而反射出红光,这种油漆就显红色,如果另一种油漆是有选择性地吸收了蓝光而反射出黄光,人的肉眼看这种油漆呈黄色。总之,人们通过千百年来对颜色的观察和总结,认识到,红、黄、蓝这3种颜色是最基本的。其本身不能再分解的颜色,称为基色,如果把它们相互调配,就能产生各种颜色,例如,黄色与蓝色相加成绿色,黄色与红色相加为橙色,红色与蓝色相加成紫色,将红色、黄色、蓝色三色等量相加就成了黑色。

国家制定出油漆颜色的统一标准:国家标准GB 3181—82规定了色漆漆膜的51个颜色标准样本(或色卡)及使用方法,它适用于油漆工人配制和选择色漆的颜色时使用,对于广大交通干警和油漆物证检验技术人员也是用肉眼鉴别油漆颜色的依据。

2)油漆物证颜色检验的意义。

汽车的车身和零部件,及摩托车、拖拉机、自行车等交通工具涂敷油漆之后,不仅可以防腐蚀、延长车辆的使用寿命,还具有装饰美化的作用。在道路交通事故中经常发生汽车撞击自行车后逃逸的案件,在勘察受害人所骑自行车时往往能发现在自行车被刮擦部位有带颜色的漆状附着物,甚至能在受害人衣服上找到刮擦痕迹上的带色漆状附着物。现场勘察人员根据得到的各种线索判断并找到嫌疑肇事汽车。一方面,在嫌疑肇事汽车的有关部件寻找碰撞痕迹,另一方面是根据现场漆状附着物的颜色和刮擦方向、高度,在嫌疑肇事汽车相应部位提取与漆状附着物相同颜色的漆片送检。检验油漆物证的技术人员首先要观察两种油漆检材的颜色是否完全相同,由于每个人对颜色的辨认能力有很大差异,用肉眼精确认定检材属于那一种颜色,往往会因人而异,因此搞准确油漆物证的颜色,尤其确定比对用油漆检讨的颜色是否与现场提取的油漆物证颜色一致,具有非常重要的意义。

3)油漆物证颜色的一般检验方法。

检验油漆的颜色,通常采用目视比色法,其操作方法是:采用自然日光照射,但应避免采用直接太阳光,最好是漫射日光,其照度应是均匀的,将欲测定颜色的漆片与标准色卡放在自然日光下(日光入射角约为 45°)进行肉眼比对观察。最好使漆片和标准色卡重叠一定的面积,观察视线与色卡、漆片表面接近垂直,距离约 500mm 为宜。先找与漆片颜色大体相近的标准色卡,然后适当更换标准色卡中的色板,分别与待测漆片的颜色相比较,直至两者等色时为止,立即记录下该色板的颜色名称(如:天酞蓝)或色板的颜色代号(如:PB09);再用上述相同方法和步骤对另一个油漆检材进行比色法测定,确定它的颜色名称或颜色代号。当待测油漆与比对用漆片的颜色名称(代号)完全相同,就说明两者的颜色是一致的。需要注意的是:测试颜色的人员不能是色盲或色弱的人;在测试颜色时,如遇自然光较弱,必须采用照明光源时,要求测定油漆颜色的光照条件应完全相同,当待测颜色的油漆数量太少(如微克级),需改用带照明的立体显微镜观察,其测试条件也要保证完全相同。总之,尽管以相同的标准色卡作参照物进行油漆颜色的目视比色法测定,往往不同人对颜色的感觉强弱不同,在相同测试条件和样品不变时也可能对样品颜色作出不同的判断,说明:目视比色法主观性较强,分析结果的误差也比较大。但是,通常是由同一个人对比对油漆和油漆物证进行颜色比较,目视比色法具有方法简单、易行的特点,仍被广泛采用。

4)油漆物证颜色的显微分光光度法测定。

(1)显微分光光度法对油漆物证的要求。

显微分光光度法不仅可以测定常量的带颜色物质,也可以测定微量的带颜色物质。在交通肇事案中,经常出现附着在擦痕处的漆状颗粒,最好是将这些微量的漆状附着物连同载体一同送检,由检验技术人员提取和处理载体上的微量物质,这样可以避免由于送检人员的错误而造成的附着物散失或污染。要求提取时尽可能地保持检材的原有状态:如表面的平整、光滑度。当提取比对用油漆检材与漆状附着物的颜色观察认定没有太大把握时,应进行多点提取,分别收集、送检。

(2)显微分光光度法测定油漆的颜色。

油漆样品是刑事技术检验(包括交通事故物证检验)中的常见物证,油漆颜色的比对检验,过去多采用目视比色法。上述方法主观性较强,结果判定易出现偏差;目视比色法缺少必要的数据和图谱,因而作为一个科学鉴定的方法也不严格;当油漆物证的数量极少时,应用目视比色法就很困难;实践已充分证明:利用显微分光光度计对油漆的颜色进行比对检验,是一种准确的鉴定方法。

原理简述:油漆的颜色是由照明光源、油漆自身的可见光反射特性(一般用它的反射率光谱来表示)以及观察者的眼睛中的色彩识别器三方面所决定的。因此,同一个人在不同的照明条件下或不同的人在相同的照明条件下,都有可能对同一个样品的颜色作出不同的认知判定,从而造成颜色判断上的混乱与偏差。此外,从色度学分析,即使是可见光反射特性不同的油漆样品,也有可能使人的眼睛产生相同的颜色感应认知,称之为“同色异谱”现象。明显地,在这种情况下,如采用目视比色法,就会得出错误的颜色判定结果,尤其是在法庭科学鉴定中,要求判定物证的颜色相同,必须是“同色同谱”，这是目视比色法所无法做到的。

显微分光光度计采用统一的、标准化的照明光源对油漆样品进行照明，用显微物镜收集来自油漆样品的反射光，而后，用光栅单色仪对收集到的光进行分光，并用光电倍增管将光信号转换成电信号，再经过数模转换器，最终将其转换为数字信号输入计算机，经计算机处理后，就可以得到油漆样品的颜色数据：色度值以及它的可见光反射率光谱。据此，就可以对两个油漆样品的颜色进行比对检验，确定它们之间颜色色差大小和可见光反射率光谱的异同。

3. 油漆物证鉴定的注意事项

绝大部分油漆物证检验结论属于油漆品种的认定与否定。

油漆品种认定结论的应用：

油漆物证鉴定结论是其他证据的补充和验证，其正确与否，还直接与物证提取的部位有关。当现场痕迹证据、作案时间、地点的调查结论都准确时，可以根据油漆物证认定品种的结论，用于责任认定。

油漆品种否定结论的应用：

油漆物证比对检验的结论是油漆品种不同，一般来说，证明两者成分不同，可以用于排除嫌疑车的责任。

如果是由于提取比对检验用油漆物证的位置错误，而导致油漆品种的否定结论，则应当重新勘察取证，进行检验。

在一些特定条件下油漆物证检验结论属于油漆物证的同一认定。

在事故现场或依附于客体表面有多层的油漆碎片，同时提取到嫌疑车相应部位的完整的多层漆片进行比对检验。若油漆层数为5层或5层以上，而且，两种油漆检材的外观相同（层数相同，每相应层的颜色相同），每层漆与相应漆有机成分和无机成分也相同，就可以证明该油漆碎片就是从该嫌疑车上掉下来的。若漆层数目、颜色和化学成分不同，就可以证明，该嫌疑车不是作案车辆。

在事故现场或依附于客体表面找到较大一片油漆面漆，同时提取嫌疑车相应部位的面漆也较大的一片完整油漆层进行比对检验。我们不仅认真检验两者的化学成分，还要用扫描电子显微镜仔细观察两种油漆物证的表面形态，分析其化学成分也一致，也可以证明该油漆碎片就是该嫌疑车上的一部分。当然能进行油漆碎片与嫌疑车掉漆层的痕迹花纹拼对也是很重要的，也很能说明问题，但是，很少有这样的条件存在。

四、油漆物证鉴定在处理交通事故中的应用

在各种交通工具（汽车、拖拉机、摩托车、自行车）的车体和零部件表面上都涂敷上多层油漆，尤其是各种类型的汽车（大小型载货汽车、轿车、客车、工程车等），其外表面有90％是涂漆面，而且不同种类、型号、牌号的汽车涂漆层数、漆层颜色与化学组成往往存在较大差异。在交通事故中，各种交通工具涂敷的油漆最容易被刮擦脱落，这是一类组常见的交通事故物证。事实已经充分证明：检验遗留在交通事故现场的油漆碎片或遗留在其他客体上的漆状附着物是否与嫌疑肇事车辆的事故责任具有非常重要的意义。

肯定嫌疑车的事故责任：

通过对交通事故现场油漆物证与嫌疑车辆相应部位油漆的比对检验，其化学成分相同的结论为确定嫌疑肇事者承担事故责任，提供了物证依据。

排除嫌疑车的事故责任：

通过对交通事故现场的油漆检材与嫌疑车相应部位的油漆的比对检验，其化学成分不一致的结论便可排除该车的肇事嫌疑，这就为正确处理该交通事故，提供了科学鉴定。

缩小侦察范围，为查找逃逸车提供侦破方向。

第七节　其他物证的检验鉴定技术

一、砂土物证的鉴定技术

1. 砂土的物证性质

砂土的颜色、成分、粒度，因砂土的种类，所含矿物质、有机质、腐败物的种类以及上述成分的比例的不同而不同。地区不同，砂土的颜色和成分也不相同。

砂土的颜色：检验砂土的颜色时，要将砂土干燥，然后用肉眼观察，或置于显微镜下比对。使用筛选法进行砂土颜色比对，能够迅速确定砂土的结构和颜色。当两种砂土颜色不一样时，就可认定这两种砂土是不同的，无需再进行检验。

砂土颗粒大小：来源相同的砂土特别是土壤的颗粒，其大小是相同的，不同来源的砂土的颗粒大小是不同的。土壤或砂土颗粒的大小范围是不难确定的，用一套不同筛眼的筛子进行筛选即可。

砂土的密度：砂土由不同密度的颗粒构成。一般说来，相同来源的砂土，每种成分的密度比值，即密度变化率（密度梯度）是相同的。而来源不同的砂土，则密度变化率不同。用装有不同密度的液体混合物试管，根据从试管顶端至底部密度逐渐增大的规律，可确定密度的比值。当把试样投入密度梯度管时，不同密度的砂土颗粒便沉淀在同它的颗粒大小相同且液体密度相等处，并在其周围形成代表是砂土的结构。

2. 砂土物证的鉴定

从矿物学角度看，各地砂土的矿物成分各不相同。化学成分是用来确定两种砂土试样是否可能来源相同的基础。显微镜技术、X光射线衍射、红外吸收等都被用来确定土壤和砂土的矿物成分。

痕量元素成分是鉴别不同砂土的有效指标，用中子活化、原子吸收或X射线荧光分析法都能够用来同一认定许多痕量元素及它们的浓度。

特别要注意的是，由于各处气候、植被及土地使用功能的不同，土壤内所含的诸如植物碎屑、腐殖质、花粉、种子以及涂料碎片、玻璃微粒、塑料残片、纸张、织物纤维等工业制品夹杂物有、无及构成比例存在很大的区别。根据砂土所具的上述特征，在交通事故调查和鉴定中，这种现场物证不但可以解决种属认定问题，而且还能解决同一认定问题。

3. 砂土物证鉴定在处理交通事故中的应用

在交通事故现场往往会遗留车辆挡泥板、车体下部及其他部位附着的砂土或车上装载的砂土。这些砂土往往是因为发生事故时振动脱落的。根据这些砂土可以推断出接触点、碰撞方向。如果肇事车逃逸，还可以通过对砂土的检验来确定嫌疑车是否肇事车。

二、纤维物证的鉴定技术

1. 纤维物证的种类

纤维物证包括天然纤维（动物纤维、植物纤维和矿物纤维）和化学纤维（合成纤维、天然聚合物纤维）。通常遇到的纤维物证是化学纤维和部分动植物纤维，如衣物纤维、毛发纤维等。

2. 纤维物证的形态和分布

1)纤维物证的形态。

在交通事故现场，纤维物证是一类不易发现的事故物证，由于纤维物证出现的数量很少，甚至是一小段（几厘米、几毫米长）纤维或数根毛发，在勘察事故时必须认真观察（有时要借助于放大镜）仔细寻找，才能发现和提取到纤维物证。

由于纤维本身细长，比较坚实、有弹性和刚性，容易受刮擦力作用，表面变毛糙（尤其化学纤维的织物），也会受力后断为数段而掉落。通过偏光显微镜和立体显微镜观察纤维的形态和成分构成，区分纤维的种类。利用红外光谱法和热分析法是区分纤维种类的仪器分析方法。

2)纤维物证的分布。

由于纤维本身刚柔兼备，一般条件下难以掉落，只有在受到强力作用下，才能在交通事故现场找到纤维物证。

当肇事车辆与人的头部或牲畜接触时，毛发会掉落一些，分布在事故现场。

肇事车辆与人着装部位相刮擦，会造成衣服的损坏，也可能会有少量衣服纤维依附在肇事车辆的接触点上。

肇事车辆的坚硬部位或尖锐点与纤维物质接触时，会摩擦和切断纤维，其分布面会较大。

3. 纤维物证的特点

1)纤维的依附性。

机动车辆刮擦人的着装（衣裤、鞋、帽、袜等），往往会将受害人所穿装饰织物撕裂、磨损，造成一部分织物的纤维依附与肇事车辆表面上或掉落在事故现场。

2)区别事故纤维与非事故纤维。

事故纤维一般出现在被撞痕迹相应部位和现场，纤维部分会受到刮擦，尤其是在纤维的外表或断面处会出现受力后造成的形态变化，它与正常掉落的毛发或纤维有所区别。在现场找到纤维物证后，一定要观察受害人着装是否被损害，同时要注意比较一下纤维物证与原纤维在颜色、形态上的异同。

4. 纤维物证的提取

由于在交通事故现场，毛发和纤维掉落或附着的数量较少，加上毛发和纤维本身又很细，因此勘察事故现场时一定要仔细，要用手柄放大镜观察事故接触部位，必要时开启现场勘察灯，帮助寻找纤维物证。在提取附着纤维之前，最好是用彩色相机拍下纤维的原始依附状态，然后用干净的不锈钢镊子提取下来，夹放在两片载玻片的中央，载玻片两边用胶带纸固定好。在提取纤维物证的同时，要提取比对检验用的纤维检材。需要注意的是：应认真地通过放大镜或立体用显微镜观察两者的颜色和外观形态一致或基本一致，才能提取比对用纤维检材。

凡是已购买 JKX—AT 型交通事故现场物证提取箱的单位，可以使用提取箱中的静电取迹器提取现场的微量纤维物证，收集好后，再在显微镜下提取出纤维。

5. 纤维物证的包装和送检

1)纤维物证的包装。

由于纤维物证一般量少又细，极易散失，一定要妥善保存。量较多时，用有塞子的玻璃瓶(无色透明的)盛放；单根或几根纤维(或毛)可以用两片载玻片夹住，载玻片用胶带固定。

不宜使用塑料袋、塑料薄膜包装，因为这些塑料包装物在包装过程中易产生静电，造成纤维物证的散失。

不宜使用硬纸或纸片包装，因为纸在打开包装时，易造成纤维弹出或掉落。

纤维物证提取包装后，应立即加贴标签，注明检材提取部位的名称，切勿混淆检材。

2)纤维物证的送检。

附着在嫌疑车辆上的纤维应小心取下来妥善包装好后送检，最好不要将附着纤维连同载体一起送检，因为这样易造成附着纤维的遗失。

需要受害人的衣服等织物做比对检验时，只需在刮破处提取 3～5 根纤维，或者用剪刀剪下一小块织物送检即可，不必将整件衣服送检。

6. 纤维物证的鉴定

1)纤维物证的外观检验。

(1)纤维物证的分离和净化。

道路交通事故纤维物证的鉴定,一般应先进行无损检验,观察纤维的表面特征和形态特点,为此必须将纤维物证加以净化以及分离杂质。如果是混纺纤维,还需进行纤维的分离。

(2)纤维物证的净化方法。

一般是用水洗去除附着在纤维表面的灰尘和其他污染物。方法是:将纤维置于干净的载玻片上,加上一滴水。用微探针推动纤维转动,使灰尘与纤维分开后,将纤维轻轻夹出来放在另一片干净的载玻片上,加上一滴石油醚,以除去粘附在纤维表面的油污等有机杂质。最后,将洗净的纤维置于红外灯下烤干(注意:切片使纤维外观变形)。

对于混纺类纤维织物,必须采用立体显微镜仔细观察纤维的颜色和外观表面形状特点,把外观颜色相同或相似的纤维分开来,再按纤维表观形态将纤维加以分离。

2)纤维物证的形态检验。

通过眼睛观察和手模纤维的感觉来初步检验纤维的品种。

毛纤维:一般呈圆柱状,表面有花纹或鳞片。

丝纤维:表面光滑,往往有粗结。

棉纤维:呈椭圆形,表面有较细的横条纹。

麻纤维:表面有明显的粗糙的横向花纹。

粘胶纤维:圆形,在纵向有沟槽。

合成纤维:圆形,表面一般较光滑。

3)纤维物证的显微镜检验。

纤维的显微镜检验是鉴定纤维种属的无损检验方法,通过对纤维的显微镜观察可以迅速地区分出纤维的种类,尤其是进行纤维物证的比对检验,该方法更加有效,其检验结果可以为纤维的其他检验方法提供参考依据。

(1)普通显微镜检验。

应用生物显微镜,尤其是立体显微镜(又称体视镜)观察纤维的纵向和横向特征,是检验纤维种属的一个简便、有效的无损检验方法。

显微镜观测用纤维标本片的制备方法:

第一种:纤维纵面标本片的制备方法。

将分离净化后的纤维置于一片干净的载玻片上,往纤维上加上1滴甘油(又称丙三醇),然后小心地盖上另一片载玻片即可。

第二种:纤维横断面标本片的制备方法。

用火棉胶溶液涂在纤维的表面,干燥后用锋利的刀片把纤维按横断面切取。然后用不锈钢镊子将切片轻轻地夹到载玻片上,断面朝上,加上1滴甘油,再盖上另一片载玻片。

(2)常见纤维物证的表面及横断面的显微特征。

通常用显微镜观察纤维的放大倍数为100~400倍。用普通显微镜观察方法鉴别纤维物证的种类主要根据纤维的两个特点:一是纤维的纵向形态特征,如有无条纹、斑点、皱纹、腔痕、扭曲等现象;二是纤维的横断面形态特征,如圆形、叶形、哑铃形等。

4)偏光显微镜检验。

多数纤维是生化物质或高分子物质,它们的纤维取向度往往因种属不同而不同,许多合成纤维也会因材料结构不同。它们的结晶度有很大差异,因此纤维的光学性能存在差别,如双折射率有差别,因此可以通过偏光显微镜观察干涉图像的特征来鉴别纤维的种类。

将纤维放在载玻片上,加上一滴甘油,再盖上另一片载玻片,样品标本就制备好了。在检验时,把纤维标本放在偏光显微镜台上,把起偏器和检偏器调到正交位置,转动偏光显微镜载物台上的纤维标本,使纤维方向在1、3象限范围内,即可清晰地观察到纤维的彩色条纹,由于不同纤维的结构不同,引起的干涉条纹也不同。如果先将各种已知的纤维都一一测定偏光干涉图并用作参照标准,以后未知纤维也测定它们的偏光干涉图,并与标准的偏光干涉图比对,便可得出未知纤维的种属结论。

由于纤维做成商品(如服装等)之后,常常是将纤维着色,织物的颜色会干扰纤维正常的偏光干涉条纹。也就是说,虽为同种纤维,但是由于纤维着色不同。而观察到的纤维偏光干涉条纹图不同。而且有色纤维常常是与无色纤维的偏光干涉条纹图不同,尤其是两种结构不同,但其双折射率比较接近的纤维,在都着色之后,纤维的干涉条纹图就更难区分。

7. 纤维物证的鉴定在处理交通事故中的应用

1)确定嫌疑肇事车辆的事故责任。

通过对交通事故现场提取的纤维物证与比对检验用纤维物证的比对检验,纤维种属一致的检验结论可以作为确定嫌疑肇事车辆承担事故责任的重要物证依据。

2)排除嫌疑肇事车辆的事故责任。

通过交通事故现场提取的纤维的物证与嫌疑肇事比对检验用纤维进行检验,否定的结论可以作为排除嫌疑肇事车辆责任的物证。

三、油斑物证鉴定技术

1. 油斑物证的特征

油斑物证多数是油污斑痕,交通事故中的油斑物证中常常混进许多杂质,而且油本身经常渗进有关客体中(如渗入木纤维和衣服纤维之中)。由于油斑物证具有不同程度的挥发性,其质量和组成都会起变化。例如:汽油长时间暴露在空气中,其低沸点的组分大部分会挥发掉(尤其是低碳数的烃类成分会全部挥发掉),使组成煤油的成分相对增加。若将煤油长时间暴露在空气中以后,煤油中的低沸点组分也会大部分挥发掉,而使组成柴油的成分相对增加。因此,将油斑物证提取下来以后,若不密封保存,也会造成油斑物证中挥发性物质的散失,影响油斑物证检测的结果。另一方面,多数油斑物证属于溶剂性物质,当油斑附着在客体上,会使客体中某些成分被油斑萃取出来,使油斑的组成更加复杂,例如,矿物油附着在塑料上,会使塑料中的增塑剂被浸出,甚至溶解某些树脂成分。因此,在检测油斑时,还要考虑上述情况的影响。

2. 油斑物证的提取

1)衣服上油斑的提取方法。

将衣服上的油斑部分,沿斑痕边缘剪下来,迅速放进有塞玻璃容器中(注意:塞子不能是橡胶制的),同时应注明检材取自何处。

若衣服残片上的油斑物质是油脂,即往盛放油斑衣片玻璃容器中加入乙醚,一定要浸没过衣服,轻轻摇振后,静置 0.5h,过滤,再用新鲜乙醚冲洗布片 3 次,将所有的滤液和冲洗液合并,放在通风柜中,令乙醚自然挥发干,剩下的液态物质留在玻璃容器中,塞好盖保存以备检测之用。

若衣服残片上的油斑物质是矿物油,即改用石油醚或正己烷作溶剂,提取方法及步骤同上。

2)地面上油斑的提取方法。

当油脂或矿物油洒落在水泥或沥青路面上,用不锈钢镊子夹住脱脂棉球或纱布条沾取油斑,然后迅速放进带有磨口塞的玻璃容器中,直接送检。需要注意的是,不准用手直接拿棉球(或纱布)去擦,为了防止手上的汗渍和油渍带入棉球(或纱布),影响检验结果。

当油脂或矿物油洒落在地面的砂石或泥土中,用手术刀或不锈钢小匙等刮取被油类浸渍过的砂石或泥土,一起迅速放进带磨口塞的玻璃容器中，直接送检。

3)客体上油斑的提取方法。

客体比较坚硬而且是不吸油类物质，如金属表面、涂敷过油漆的汽车表面等，应使用镊子夹住棉球或纱布条擦拭油迹后，装进带磨口塞的玻璃容器中，直接送检。

客体比较柔软，不能吸取油类物质，如木质材料等，应使用手术刀将吸收油类的木质层一起取下，装进广口有磨口塞的玻璃容器中，直接送检。

4)被污染过的油斑物证的提取方法。

被污染过的油斑物证在提取时，不必进行油斑中杂质的分离，直接按上述不同油斑形态选用合适的提取手段，装入有塞的玻璃容器中送检。如果油斑中混有其他颜色，要判断一下，该颜色是不是由于载体的颜色溶入油斑中引起的，如果不是载体颜色污染的，其颜色与比对检材的颜色完全不同，就不必提取此油斑送检。

3. 油斑物证的分离和净化

1)较大油斑物证的分离方法。

水浸分液方法：

将检材放入适当大小的玻璃器皿中，用水浸泡，将容器稍微加热，待水表层出现油珠后，用倾泻法或分液漏斗，将油脂层分出来。

有机溶剂萃取法：

将检材放入适当大小的玻璃容器中(如脂肪抽出器中)，加入有机溶剂(乙醚、氯仿、石油醚、正己烷、苯等)，摇荡，反复提取后将有机溶剂合并，将有机溶剂挥发，油脂就可留下来。

热熔法：

在有油斑的检材上下方各衬一张滤纸，最上面盖上一块绒布，把熨斗烧热，紧压在绒布上，油斑受热后会熔化，可被上下层的滤纸吸收，然后再把油脂从滤纸中分离出来。

2)微量油斑物证的分离方法。

溶剂提取法：

将斑痕物质放进 5ml 试管中，加入少量石油醚或正己烷，振摇 2min，用微型玻璃漏斗过滤，洗涤 3 次，将滤纸合并，使溶剂挥发，得到油脂。

3)矿物油中动植物油的净化。

采用硅胶 G 制成的层析板，用石油醚作展开剂进行薄层色谱分离，矿物油的 Rf 值一般为 1，在紫外灯下根据 Rf 位置划出矿物油斑点位置，刮取矿物油部分的硅胶，用石油醚萃取，后离心分离，取出石油醚的溶液部分，使石油醚挥发，便得到矿物油。

4. 油斑物证的荧光法检验

1)荧光检查法区别矿物油物证。

将已分离净化的油斑物证和比对矿物油样品放在蒸发皿中，用波长为 254nm 的紫外灯照射，各种油斑即显示出不同的荧光，若两者的荧光颜色不同，即可作出否定的结论，这是一种快速的筛选可疑油斑样品的方法。

2)矿物油的荧光特征。

(1)显示白色荧光的矿物油：

①10 号变压器油；②20 号变压器油；③10 号机械油；④30 号机械油。

(2)显示蓝白色荧光的矿物油：

①10 号汽油机油；②15 号汽油机油；③13 号压缩机油；④40 号机械油；⑤30 号机械油；⑥11 号汽缸油；⑦23 号轴承油。

(3)显示月白、黄心荧光的矿物油：

①11 号柴油机油；②20 号机械油；③19 号压缩机油。

(4)显示蓝紫色荧光的矿物油：

①5 号机械油；②20 号机械油；③22 号透平油；④30 号透平油。

(5)显示紫红色荧光的矿物油：

①13 号冷冻机油;②45 号变压器油。

(6)显示其他颜色荧光的矿物油:

①紫色荧光——缝纫机油;②褐色荧光绿色荧光——7 号机械油;③淡绿色荧光——7 号机械油。

5. 油斑物证鉴定在处理交通事故中的应用

油斑物证是道路交通事故中经常会遇到的物证之一。发生交通肇事案件后,油斑物证是以油污形态、油迹等依附在受害人的衣服上或身体部位以及被油性物质接触的物体表面。有时也发生因汽车油箱漏油,在现场地面以及汽车表面也沾染油迹,甚至将油溅到另一车辆的表面。在检验油斑类物证时,要求先检验确定检材是否为油脂类物质,再进一步确定出它是属于什么油脂类。最重要的检验内容是给出送检的油斑物证与比对检材是否相同。在侦破交通肇事逃逸案中具有非常重要的意义。

1)确定嫌疑肇事车辆的事故责任。

通过比对现场提取的油斑物证与从嫌疑肇事车辆上提取的比对油斑检材进行检验,成分相同的结论,可以作为确定嫌疑肇事车的事故责任的物证依据之一。

2)排除嫌疑肇事车辆的事故责任。

通过对现场提取的油斑物证与从嫌疑肇事车辆上提取的比对检材进行比对检验,若两者的成分不同,即为排除嫌疑车辆的事故责任提供了重要的物证依据之一。

四、沥青物证鉴定技术

1. 沥青物证的种类

1)天然沥青(又称地沥青)。

它是一种在自然界存在的以烃类混合物为主要成分的黑色物质,其形态多为固体。最硬的天然沥青软化点可达 130℃以上,最软的天然沥青软化点为 50～60℃，主要成分是沥青质和树脂，也含有一些矿物质和硫，主要用于表面涂层和公路建设。

2)人造沥青(又称石油沥青)。

它是由精馏石油为原油后获得的残渣，其组成与天然沥青相似，主要由脂肪族、脂环族和芳香族碳氢化合物以及含氧、含硫的物质所组成，能溶于二硫化碳、四氯化碳等溶剂中。

3)煤焦油沥青。

它是由煤焦油进行精馏后剩下的黑色残渣俗名柏油。易溶于苯，在二硫化碳中有中等溶解性。主要成分为芳烃物质，可用于铺筑路面、制造涂料、电极、油毛毡等。

4)木焦油沥青(又称木沥青)。

它是由木焦油蒸馏后的残余物，它含有苯、稠环芳烃以及更多的酚类物质，有时还含有游离酸、硫和固体石蜡，可用于木材防腐剂。

5)褐煤沥青。

它是由褐煤焦油进行精馏后得到的残渣，其脂肪族成分也含有一些稠环芳烃，尤其含有较多的酚类物质。

2. 沥青物证的提取

由于许多路面是利用沥青混凝土铺成的，我国北方多用石油沥青铺路，而我国南方因气温较高，铺路时采用熔点相对较高的煤焦沥青(俗名柏油)。因此，在道路交通事故中的沥青物证主要是来自路面。炎热的夏天，许多路面的沥青物质受热后变黏，极易被接触物质所粘附，如汽车轮胎的表面。当汽车紧急制动后，汽车轮胎胎面胶粒形成并被路面沥青粘住而遗留在路面上，这是提取轮胎胎面胶的极好机会，也是提取沥青物证的时机。方法是用手术刀慢慢刮取路面的表层沥青物质，混有轮胎未和砂石粒也没有关系，同时提取比对检验的物质——相应的轮胎胎面胶和非路面的沥青物质。然后，分别装入玻璃容器中，送检。

3. 裂解色谱法检验沥青物证

1)裂解色谱检验沥青的实验条件。

石油沥青裂解温度:650℃,裂解时间:5s。

煤焦油沥青裂解温度:900℃,裂解时间:10s。

裂解器:CDS-120 型热丝式裂解器。

2)气相色谱条件。

色谱仪:HP5880A 型气相色谱仪。

色谱柱:HP-1 型毛细管柱(相当于 SE30)。

ϕ0.53mm×10m×2.65μm。

检测器:氢火焰检测器(FID)。

气体流量:

载气(高纯氮):5ml/min(毫升/分)。

氢气:40ml/min。

空气:400ml/min。

分析石油沥青的温度条件。

汽化室温度:180℃。

检测器温度:150℃。

柱温:30℃(3min)→130℃(8min)。加热速度为 10℃/s。

分析煤焦油沥青的温度条件。

汽化室温度:210℃。

检测器温度:180℃。

柱温:50℃(2min)→150℃(10min)。加热速度为 10℃/s。

进样量:0.001~0.1mg。

4. 沥青物证的鉴定在处理交通事故中的应用

我们在提取路面上的轮胎胶微粒时,往往会附着上地面上的沥青,而且轮胎胶微粒与沥青难以彻底分离。我们在分析轮胎胶微粒的定量化学组成时,采用裂解气相色谱法。由于轮胎用橡胶和沥青的裂解气相色谱峰的分布不同,基本上不会相干扰,因此粘有沥青的轮胎胶粒可以不经过分离直接进行裂解气相色谱分析。在进行比对检验时,也按同样的裂解和气相色谱条件去分析即可。为了准确起见,也应从交通事故现场提取路面沥青检材,按上述同样裂解和色谱条件进行分析,就可以确定沥青成分的影响,也就是说粘有沥青的轮胎胶粒与轮胎比对检验用检材(加上路面上沥青一起)是否相同。若检验结论一致,就证明轮胎胶粒与比对轮胎胎面胶检材的定量化学成分组成相同。

五、橡胶和轮胎物证鉴定技术

1. 橡胶和轮胎物证的提取

1)橡胶物证的提取方法。

较大块的橡胶检材可以使用不锈钢镊子直接从事故现场提取后收进检材收集瓶中。使用废弃的彩色胶卷包装的透明塑料盒作为收集容器,是一种方便适用的方法。

提取橡胶检材量较少,甚至用肉眼也难以观察清楚的黑色橡胶蹭痕时,应先将黑色蹭痕连同载体一起拍照下来。然后用一小块沾水纱布或沾水棉球沾擦痕迹物质,一起放入检材收集瓶中,立刻注明检材提取的位置,同时应将比对用橡胶物证提取几毫克后,一起送检。

2)轮胎物证的提取方法。

交通事故现场轮胎物证的提取方法:

在交通事故现场收集轮胎物证是一件相当困难的工作。首先要经过细致的调查和分析判断,确定现场遗留的轮胎胶微粒是不是这一次交通事故引起而遗留下来的。进一步要确定现场遗留的轮胎胶微粒是从哪个轮胎上掉下来的(是前轮轮胎还是后轮轮胎?是左轮轮胎还是右轮轮胎?如果车辆是带拖挂车的,还要确定是主车还是挂车的前后、左右哪个轮胎)。这对于确定提取各自的比对检验用轮胎检材是最关键的，如果检材提取位置发生错误，会带来严重的后果。

在交通事故现场发现较大块（1mg 重以上）的轮胎胶颗粒，可以用不锈钢镊子直接一颗颗夹取，分别按不同轮胎掉落位置放入相应的检材收集瓶中。各瓶用不干胶纸注明此物证相应与车辆那个部位的轮胎所遗留的（如：主车前轮左胎遗留物。无挂车时，注：前轮左胎遗留物）。

在交通事故现场只发现轮胎制动痕迹时，可以使用一块纱布和一团棉球沾上水后擦拭制动痕迹，并用放大镜仔细观察擦拭物质是否带有黑色颗粒状体，如果有黑色微粒，说明已提取到轮胎物证。将湿纱布或湿棉球连用黑色物质放入相应的检材收集瓶中，也要注明此物证相应于车辆哪个部位轮胎所遗留的。

若交通事故现场发现的轮胎颗粒很细小，而且分布的面积又较大，这时已购买 JKX—AT 型交通事故物证提取箱的单位，可以取出静电取迹器和检材收集瓶。要注意按相应与车辆那个部位的轮胎所遗留的轮胎胶粒，分别吸取。放进一个检材收集瓶中，清洗干净静电取迹器后，再吸取另一处轮胎胶粒，并且要及时注明检材提取位置。

在轮胎制动痕迹处提取轮胎物证时要特别注意：轮胎制动后，胎面胶粒并不是粘附在制动痕迹上。由于汽车在紧急行驶中制动时产生强大的运动惯性力，会形成一股强劲的轮下风，这股气流会将同时掉落的轮胎胎面微粒往前方吹移 20cm 左右，甚至吹离开制动黑色痕迹，呈扇面状排布。这些胶粒与地面附着不牢，极易在下一些车辆通过时吹散开。当经过多辆车行驶后，路面上的轮胎胶粒也就分布乱了，难以区分是那辆车的轮胎掉落的，更不能区分是前轮还是后轮轮胎掉落的了，这也是许多交警队同志很难提取到轮胎物证的原因。

在交通事故现场，具备提取轮胎物证时，应提取轮胎胶颗粒集中处的颗粒，有 4～5 颗提取下来即可。

嫌疑肇事车辆比对检验用轮胎物证的提取方法：

在勘察交通事故现场时，确定了提取到的轮胎胶粒是嫌疑肇事车哪个部位轮胎胶的遗留物，此时应提取其相应部位轮胎的胎面胶，有几处轮胎胶遗留物，就从相对应的轮胎上提取几出比对胎面胶。

提取比对检验用轮胎物证的方法非常简便，只需用手术刀，直接从相对应的嫌疑肇事车辆部位轮胎与地面接触的外胎胎面处薄薄地割取一小片(质量约 30～50mg)，放入各自的检材收集瓶中，并注明所提取轮胎方位和轮胎牌号。如：前轮左胎胶，风神牌 7.00—20。

2. 橡胶和轮胎的特性试验

1)天然橡胶与合成聚异戊二烯橡胶的鉴别。

将预先经体积比为 1∶1 的丙酮—三氯甲烷混合液抽提过的样品 0.1g，剪成细粒，放在坩埚盖上，加入少量四氯化碳，静置片刻使之溶解或溶胀，加入数滴溴水，再加 2g 苯酚盖住样品，然后将坩埚盖放在 100℃水浴上加热 5min 以加速其反应并逐去四氯化碳。若出现蓝色或蓝紫色，证明有天然橡胶或聚异戊二烯橡胶的存在。若样品中有大量铁盐，会产生深褐色，应在坩埚中加少量水，可除去干扰。如果样品中含天然橡胶，紫色产物不溶于水而被分离出。

2)丁苯橡胶的鉴别。

将 1～2 个样品剪细，置于带回流冷凝器的磨口三角瓶中，加入 20ml 浓硝酸，煮沸 1h，加入 100ml 水，然后将溶液全部倒在分液漏斗中，用 90ml 乙醚分 3 次抽提，合并抽提液，用 15ml 水洗涤两次，溶液弃去；乙醚抽出液再用 5%的氢氧化钠溶液抽提 3 次，每次用 15ml，最后用 20ml 水洗涤一次；弃去乙醚液，将碱液和水洗液合并，以浓盐酸中和之并多加 20ml，将溶液放在水浴上加热，加入 5g 锌粒以还原对硝基苯甲酸；锌粒完全溶解后，以 20%氢氧化钠溶液中和之，并加过量的氢氧化钠直至生成的氢氧化锌沉淀溶解，将反应液移入分液漏斗中，用乙醚提取二次，弃去乙醚层；碱性溶液以浓盐酸酸化，并冷却至室温，加入 2ml，浓度为 0.5%的亚硝酸钠溶液，将重氮化了的溶液倒入 B——萘酸的饱和碱溶液（浓度为 5%的 NaOH）中，如果溶液呈现红色，并且加入浓度为 20%的 NaOH 后颜色加深，则证明含有苯乙烯，鉴别出样品是丁苯橡胶。

3)含氯橡胶的鉴别。

含氯橡胶的特征鉴别法：

含氯橡胶由于氯的存在具有自熄性，在进行一般的燃烧试验时，样品离开火焰就会熄灭。将样品与铜丝一起燃烧时，氯与铜丝会生成氯化铜，呈现绿色火焰，这是鉴定含氯橡胶的特征试验。

氯丁橡胶与氯磺化聚乙烯橡胶的区分：

将硫化胶样品进行热解，气体以甲醇—丙酮（3：1）溶液吸收于冰浴中，吸收液中加入浓度为 4%的醋酸汞甲醇溶液，氯丁胶吸收液呈草绿色，并有大量灰绿色沉淀；氯磺化聚乙烯胶吸收液近似无色，只有少量白色沉淀。

氯丁橡胶与氯化天然胶的区分：

将少量样品与 2g 硫代硫酸钠混合后放入微量试管中，试管置于预先加热至 80～100℃甘油浴中，逐步升温至 150℃，使硫代硫酸钠脱去结晶水，然后把一小片经浓度为 3%的过氧化氢湿润过的刚果红试纸盖上试管口，油浴温度继续升至 170～180℃，如果样品是氯化天然橡胶，则试纸变蓝。

4)丁钠橡胶的鉴别。

称取 2～3g 样品，置于坩埚中，在电炉上小火炭化，然后移入 500～600℃高温炉内灼烧 1h，冷却后，加 2ml 碳酸铵饱和溶液浸渍全部灰分，将坩埚放在 150～200℃烘箱中加热 30min，冷却后移入烧杯中，加热至沸腾，冷却后过滤。

取上述滤液 2～3ml 置于试管中，加入 2～3ml 浓盐酸，用一端带有环状白金丝的玻璃棒沾取试液，然后在酒精灯上灼烧，若火焰呈黄色，便证明样品是丁钠橡胶。

5）聚氨酯橡胶的签别。

将样品进行热解，取二滴热分解气体凝结而成的油珠，置于试管中，加入 1ml 异丙醇，使油珠溶解，再加入 1ml 溴甲苯酚绿溶液，摇匀后静置 5min，若有绿色或蓝绿色沉淀产生，则证实样品是聚氨酯橡胶，天然胶、丁苯胶、乙丙胶、丁基胶、顺丁胶和氯磺化聚乙烯胶虽也呈现蓝绿色，但无沉淀产生，其他胶颜色不同，也不生成沉淀。

3. 橡胶和轮胎物证的鉴定

随着现代科学技术的发展，可以测定轮胎定量化学成分组成。大量测试数据分析，证明用裂解气相色谱方法完全可以确定轮胎的胎面胶中橡胶各成分情况和定量组成。也就是说，我们可以对交通事故现场遗留的轮胎微细颗粒和从嫌疑肇事车相应轮胎上的胎面胶检材是否相同的科学鉴定结论。

4. 橡胶和轮胎物证鉴定在处理交通事故中的应用

各种汽车、拖拉机、摩托车和自行车的许多零部件是由橡胶制造的，例如轮胎的内外胎主要是橡胶成分。轮胎是交通车辆的重要组成部分，也是与道路接触的主要部件，如果在交通肇事逃逸案现场发现逃逸车辆遗留的轮胎痕迹，我们可以根据测量出的轮距、轮胎痕迹宽度以及轮胎花纹等痕迹物证来推断逃逸车辆的种类、型号和肇事车辆的前进方向，为追踪逃逸车辆提供线索；另一方面，随着现代科学技术的发展，我们已经通过研究和大量测试数据表明：可以从事故现场遗留的轮胎胎面胶微细颗粒（主要是从制动后的黑色轮胎痕迹中提取到），用现代分析仪器手段完全可以确定胎面胶的橡胶成分和定量组成，等找到嫌疑肇事车辆后，从该车辆相应部位轮胎上提取出胎面胶，一同进行分析仪器的比对检验，就可以准确地给出嫌疑车辆轮胎是否与事故现场轮胎微粒相同的科学鉴定结论。

第四章 交通执法现场照相与摄像

第一节　概　　述

交通执法现场照相与摄像，是普通照相与摄像技术在交通事故案件调查中的具体应用，是获取现场证据的重要手段，它在性质上和技术上都与普通照相与摄像不同。它不是艺术和美观，而是要求客观、真实、清晰，一目了然，更好地为事故处理工作服务。

照相与摄像是记录和显现物像最客观、最迅速、最准确的方法。它具有两个显著的特点：一是把通常目力所能见到的物像的真实状况记录和固定下来，二是能通过技术手段（如红外、紫外照相）把通常目力所难以观察清晰的物像（包括物质细微结构）和被掩盖了的事实显示出来。

交通执法现场照相与摄像的任务，是把发生交通事故的地点与有关的场所情况完整地拍摄下来，为研究交通事故现场情况、事故的原因、事故的责任和查获逃逸案件提供有力的证据。这主要是由于在现场调查中，有些情况用文字笔录和绘图方法难以表达，只有用照相与摄像的方法，才能把事故现场情况、痕迹、物证准确地反映出来，并与笔录、绘图相互印证，相互补充。

一、交通执法现场照相与摄像的具体任务

(1)完整地、客观地反映现场环境及状况。通过现场照相与摄像使人们清楚地看出事故发生在什么地方，什么具体情况。

(2)形象地表达事故现场中具体事物的形态以及它们之间的相互关系。如车辆型号，停车位置，刹车距离，视距条件，尸体位置与车辆的关系，各种痕迹、物证的大小、特征。

(3)迅速记录现场痕迹、证据。为了防止现场痕迹、物证受到自然和人为等原因破坏，照相与摄像可以迅速摄取那些不易保存的容易消失的事故痕迹、物证，既不拖延时间，又能忠实地记录现场状况。

(4)对一些较大物体上的痕迹无法提取保存、用照相与摄像的方法可以达到取证的目的。

二、交通执法现场照相与摄像的要求

(1)交通事故的现场环境特殊，一般没有固定的时间、地点和正常的光线条件，拍摄的对象复杂，形体大小不一，明暗条件不同。要迅速及时、客观、准确地进行事故现场照相与摄像并获得质量好，符合证据要求的现场照片和影像，就要求有一些相应的器材，也要求每个现场照相与摄像人员熟练地掌握各种条件下的照相与摄像条件。

(2)交通事故现场照相与摄像既是一种记录手段，就只有客观、准确地反映被摄物的本来面貌，才能起到应有的作用；只有用科学的方法如实地显示被摄物质的形状和细节特征(有时也需要表现颜色)，才能为技术鉴定和研究、分析事故提供可靠的资料。

因此,交通事故现场照相与摄像必须做到中心突出,目的明确,影像清晰,真实感强。要达到这一目的在取景构图、运用光线和选用感光材料上都要按相应的要求进行。要严格遵守比例照相和辨认照相的规则;不得采用任何艺术加工手段。

(3)交通事故现场照相与摄像要严格执行政策,按照法律程序进行,拍摄的照片和影像要符合证据要求。为此,在现场调查时所拍摄的照片和影像,必须反映与案件的联系,表明痕迹物品的来源及其在事故过程中的意义。拍摄的对象和方法要记入笔录,笔录和照片与影像的内容应当一致,相互印证,相互补充。

第二节 交通执法现场照相的方法和内容

交通执法现场照相是通过拍摄的一组照片,来反映整个现场和有关场所的情况,包括现场遗留的物体、痕迹、物证和它们之间的联系和特征。因此,现场照相要求全面、系统、连贯,主次分明。使没有到达现场的人,通过现场照片也能对现场有比较清楚的了解。

由于各种交通肇事地点、车辆、被撞击物体和肇事经过的不同,现场状况千变万化,可以讲没有完全相同的现场。照相人员到达现场后也要像其他调查工作一样,首先要了解、观察现场情况。如事故发生或发现的地点,现场周围环境以及变动情况,事故发生的初步调查情况。做到心中有数,确定拍摄计划,然后按照拍摄的顺序、内容和方法,对调查确定的现场环境、车辆、物体、痕迹进行拍摄。

现场照相的步骤,应按现场调查的程序进行。一般情况是由外向内逐步深入拍照,即先拍现场方位,再拍现场概貌,然后拍现场重点部位,最后再拍现场细目。这些步骤是按一般情况而言的，在具体拍摄时，这些步骤往往交叉使用。为使现场不遭受人为的或自然的因素的影响和破坏，原则上应是先拍原始，后拍变动；先拍路面，后拍车身；先拍容易，后拍难；先拍易被破坏、易消失的，后拍不易破坏、不易消失的。总之，要根据现场情况，灵活运用。

每一张现场照片都要注意拍摄角度，使之具有客观真实的表现能力，能独立说明某个问题。同时，照片之间又是互相联系、互相补充印证的。

一、现场照相的分类

1. 现场方位照相

拍摄范围包括交通事故现场和周围环境，要求能反映出事故现场的位置和周围环境的关系。具体地讲就是要反映出现场和周围的地形、地貌、地物，将现场内外的车辆、人畜、建筑、树木、标志、道路、电杆、坡沟以及它们之间的关系位置都拍摄下来。是现场照相中拍摄范围最大的一类照相。因此，一般都要选择较高、较远的角度来拍摄，也可利用现场附近的大型车辆顶部等较高位置。

在夜间可用新闻照相灯照明，也可用闪光灯从几个不同角度多次闪光的方法来解决。如现场过大，则可先拍摄重点部位和痕迹、物证等细目后，封闭现场白天再照方位。如不能封闭的，应先恢复现场再拍照。

2. 现场概览照相

照相范围要求包括整个现场，要求反映出现场的全貌和所发生的事故情况与伤亡损失的概况。概览照相与方位照相的区别，在于它原则要求只拍摄现场范围以内的事物，拍摄范围较方位照相小。

现场概览照相方法有三种。

(1)相向法：

以拍摄对象为中心，从相对的两个方向往中心进行拍摄以反映现场重点部位和周围环境的关系。反映主要物体与遗留的有关痕迹、物证的关系。事故现场尸体、车辆两边都有与事故有关的痕迹时，就可以用相向照相的方法来拍摄。有时虽然另一侧无痕迹，也要拍照，用以说明没有痕迹的事实。相向法如图 4-1 所示。

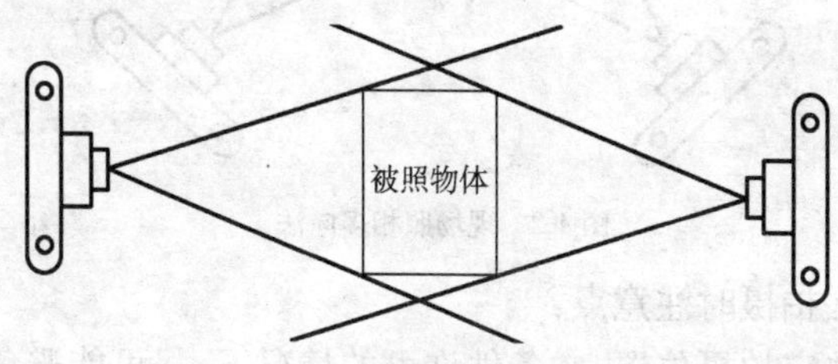

图 4-1　现场照相相向法

相向照相拍摄时要注意：

①不一定绝对相向，可稍微偏斜。但两张相向相摄的距离大体要相等。

②要选好相向位置，在条件允许的情况下，尽可能避免正逆光拍摄。

③在拍摄以尸体为中心的照片时，尽量不要从头到脚的方向拍摄，避免拍出变形严重的照片。

④要尽量采用较高的拍摄位置，俯视拍摄。

(2)多向法：

以被拍对象为中心，从 3 个或 3 个以上不同方向往中心进行拍照，能比较全面地反映现场四周环境以及现场重点部位和有关痕迹、物证的相互关系。如图 4-2 所示：

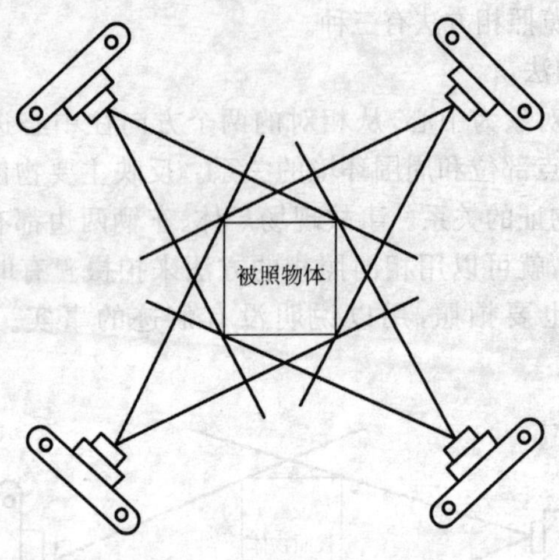

图 4-2　现场照相多向法

多向法拍摄时注意点：

①要选定拍摄位置，在条件许可的情况下，尽可能避免正逆光照相。

②拍摄时距离要基本相等，使现场重点部位前后左右的情况能基本反映出来。

③绝对不能站在现场中心处，向四周拍摄。

(3)分段连续法：

在现场方位或概览照相由于现场大，即便使用广角镜头，也无法获得整个现场环境照片。或虽可选择高远位置，但成像太小，影响效果时，有必要采用分段连续照相方法来反映现场全貌。

分段连续拍照有两种方法：

其一，平行连续拍照法：

将相机沿着被拍对象平面横向直线由一端向另一端运动、分段拍照，然后拼接成一张照片。这种方法适用于拍摄狭长的现场。如图 4-3 所示，但应注意：

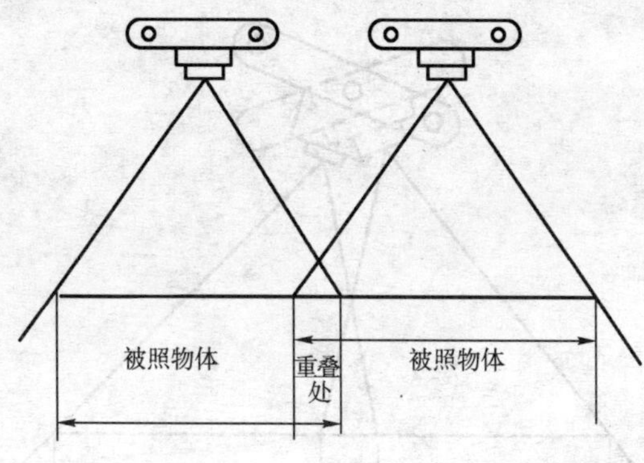

图 4-3　平行连续拍照法

①相机的光轴要垂直于被拍对象，与被拍对象的距离要基本一致。在两张照片的连续处要重叠一些，以便拼接。拼接处最好避开重点痕迹与物证，而选取与事故无直接关系的树木、电杆、房角等。

②拍摄位置要选择好，勿使镜头前有障碍物或地面高低不平。拍摄时要注意选择同一曝光时间，注意光照角度。

③正负处理条件一致。

④拍照要用小光圈或使用超焦距原理，使前后成像清晰。

其二，回转连续拍照法：

是将相机固定在一个位置上，只转动相机的角度不改变拍照位置，使拍照范围横向延长。其注意事项与平行连续拍摄法相同。但这种方法容易使被照物像变形，只能用来拍摄大的现场方位、概览相。痕迹、证物等最好不用这种方法。如图 4-4 所示：

3. 现场中心拍照

中心拍照，主要是反映现场上重要物体的特征以及与它有关的痕迹、物体之间的关系。主要是拍摄车辆、尸体。接触点、接触部位、刹车印、血迹等及其反映相互之间的关系。也就是反映现场的

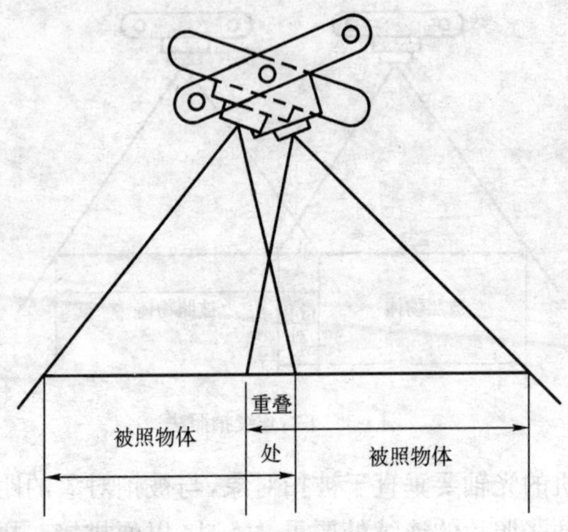

图 4-4　回转连续拍照法

中心部分，现场概览照相虽然也能反映中心，但其主要是反映环境。

中心拍照一般在较近的距离进行，要注意选取位置，拍摄事故车辆要注意角度。

两车相撞的现场，中心拍照除要把两车在一定距离内照清楚外，还要突出相撞部位以及在现场照片上反映出责任车辆的停车位置与责任的关系。因此，在拍摄车辆与道路的关系时，要正确反映它们之间的距离关系和角度，以防变形。拍照血迹的接触部位、接触点时，照相机（光轴）与目标要呈直角。

4. 现场细目拍照

细目拍照，是拍摄现场发现的各种痕迹、物证，反映它们的大小形状、特征等，一般不联系他物。细目拍照与现场概览和中心拍照有明显区别，它细致反映刹车痕、挫轧痕、擦刮痕、撞击痕、指纹、血迹及遗留在现场的各种物证的本来面貌，要求照片具有主体感、真实感和质感。

二、光线和滤光器的运用

1. 各种光线的运用

任何照相都需要光，交通事故现场照相同样离不开光。照相上所需要的光源可分为两种，一种是天然光线，主要是太阳光。另一种是人造光源，如钨丝灯、闪光灯、新闻灯等。由于交通事故现场没有固定的光源环境和条件，所以我们必须学会掌握各种光源的特性、强度和光照度，把被摄物的特点充分表现出来，从而使照片具有清晰、真实感。

在现场拍摄过程中，自然光是最常运用的，但在交通事故现场中它不能按照人的意志改变强度和照射角度。而人造光的各种性能和强度，人是能够操纵控制的，因此，在一定条件下运用人造光比自然光便利。

现场拍照无论是利用自然光还是人造光，都要采取各种手段使被摄的物体、痕迹的正面(有时也有部分侧面)凹凸、阴阳各部分有区别、有层次，明显、清晰地在照片上真实地反映出来。为此，一方面要注意拍照位置，选择用光的角度；另一方面要恰当的配用光源。

拍照时具体用光角度有三种：

①正面光。

光线与相机拍照方向相同，所以也叫顺光拍照。这种拍照被摄物表面光线充足缺少立体感，往往不多采用。

②侧光。

光线从相机的左侧或右侧照射物体，使物体形成受光面和背光面，在照片上表现出物体的明暗反差和立体感，这是现场拍照中较多采用的。但在正面阳光照射特别强烈时，最好能在背面加些辅助光，避免反差过强。

③逆光。

即光线从相机对面或斜对面照射而来，在此光线条件下拍照即为逆光或侧逆光。在作逆光拍照时，要想办法防止光线直照相机的镜头，使底片“吃光”，在照片上形成“光晕”，影响被摄物体的清晰度。

在现场照相中根据光线强弱，合理使用相机快门速度和调节光圈，正确进行曝光，是获得理想现场照片的关键。

一年中各月份中日光照度有两个月情况基本相同。见表4-1。

一年中日照度有两个月相同 表4-1

月份	1	2	3	4	5	6
	12	11	10	9	8	7

在一天中从早晨到傍晚，日光的明亮度有很大差别，一般曝光以日出后3小时和日落前3小时为标准。如夏季早9时至下午3时光线强度差不多，而日出后半小时至上午9时和下午3时到日落前半小时，这两个阶段因太阳升落程度不同，光照度的强弱变化很大。大约日出和日落前半小时，约为中午日光强度的1/10；日出后和日照前1小时，约为中午光强度的1/4或1/5；日出后和日出前2小时，约为中午日光强度的1/2。

根据现场天气情况和光照方向、角度，假设相机光圈不变的情况下，调节曝光时间可参照以下方法：

晴天：

①正面光拍照时，因物体上阳光充足，应加快曝光时间。

②侧光拍照时，因物体上一部分有阳光，另一部分是阴影，相机拍摄方向一般与光线射向成90°，曝光时应顾及到阴影部分，曝光时间是正面曝光时间的一倍左右。

如正面光拍照选用快门1/125秒，侧光时则用快门1/60秒。

③逆光拍照时，因物体上大部分或全部都是阴影，曝光时应根据阴影部分的亮度，增加曝光时间，一般应是侧光拍照的曝光时间的一倍左右。如侧面光选用快门1/60秒，逆光时则用快门

1/30 秒。

阴天：

①薄云遮日，地面物体尚有淡影光的强度减弱，曝光时间一般是晴天拍照的一倍左右。

②灰云遮天，物体无影，但光线尚不晦暗，曝光时间一般是薄云天拍照的一倍左右。

③满布阴云。景物显得晦暗，曝光时间一般是灰云天拍照的一倍左右。

④重阴欲雨，曝光时间一般是阴云天气拍照的一倍左右。

总之，在阴天照相应考虑当时光线强度而定曝光时间，就是和晴天比较阳光强度减弱几倍，曝光时间应增加几倍。

现场常用的几种配光方法：

①现场物体因光线强度、光线方向、角度不同以及其他物体影响，出现光照不匀或痕迹凹凸部分不明显时，可相应地利用辅助光，如反光板或闪光灯，也可以部分地遮挡过强光线。

②夜间或利用闪光灯在室内照相时，如在医院太平间进行验尸，一般应有主光和辅助光相配合。主光放在相机左或右上角，高位近物处，辅助光照射方向要根据被摄物的光线情况与镜头方向形成一定斜角，并距被摄物远些，目的是增加立休感效果。如只用一只闪光灯，可在灯前加散光器，使光照均匀柔和，减弱阴影。

③对夜间环境狭长的现场，可用脚架固定相机，使用快门，用新闻灯或闪光灯游动分段多次曝光。

2. 滤光器的使用

滤光器在习惯上称之为滤色镜，是照相镜头的主要附件之一。在交通事故现场照相中常需使用。

滤色镜在照相中有四个作用：

①校色作用。

②调节天空影像。

③调节反差:在黑白照相中调节反差,就是加用滤色镜,改变各种颜色表现为消失时影调的明亮程度以达到突出某一颜色、压暗另一颜色的效果。

④调节空气透视,由空气透视引起的影像特点是:近处景物反差大,逾远反差愈小;一般亮度的物体,愈远愈明亮;这是由于空气分子、微尘的散射、漫射形成的。

在黑白照相中对散射光形成的透视加黄橙滤色镜或 UV 镜,可以增强远景清晰度,保证现场照片的质量。

滤色镜在交通事故照相中广泛的用途,能使现场照片清晰,主体突出,增加效果。其用途如表 4-2 所示。

滤色镜的用途 表 4-2

滤色镜种类	用途
黄色	1.适宜拍照明朗阳光下的现场环境。 2.能避免强烈的反射光,拍照雪地上的轮胎印痕迹,拍照反光很强的油漆印。 3.拍照黄色物体上蓝黑痕迹,可加重痕迹颜色,使底色变浅,沾有黄色尘土的轮胎上的新鲜撞、擦痕。 4.渗漏在有黄色尘土粘着的机件上的油痕。 5.一般柏油路上新鲜的轮胎轧印痕。拍照蓝绿底色上的白色和黄色物痕,使黄、白物痕变浅。尸体创伤加黄色滤色镜有提高反差,增强清晰度的作用。
红色	1.拍照白色物体上的蓝、绿色痕迹。 2.消除白色物体上的红色痕迹。
绿色	1.拍摄绿色物体上的红色物痕,如绿色汽车上的红色血迹,草地上的血迹,能加深红色物体在照片中的色调,突出红色物痕。 2.白色、奶白色、淡黄色物体上的红色物痕。 3.尸体上的淡红、青紫色的出血点、红肿、溢血等痕迹。
蓝色	拍照蓝色物体上的红色物痕,如蓝色衣服上的血迹、轮胎上的血迹等。

第三节 交通执法现场痕迹的拍照

一、各种痕迹的拍照

1. 碰撞痕迹

这种痕迹一般在外形上表现为凹陷、隆起。变形、断裂、穿孔、破碎等特征。断裂和变形、穿孔等比较容易表现，一般只需选择合适角度拍摄即可反映出来。而凹陷痕迹，特别是较浅小的凹陷痕迹则较难拍摄。拍照这种痕迹，关键在于用光。一般都用侧光，以利用阴影来显示痕迹特征。凹陷越深，入射光线角度越大；凹陷越浅，入射光线角度就越小。同时也要注意光线强度的影响。如凹陷痕迹尽量要使光线和角度较适中，强光直射往往会使阴影浅而模糊，表达不出凹陷的特征。由于现场拍摄多为自然光，角度不一定合乎需要，可多选择几个角度或用反光板、闪光灯补光。

2. 刮擦痕迹

刮擦痕迹，亦称平面痕迹。一般不伴随物体变形，有的是加层痕迹，有的是减层痕迹。如漆片、橡胶等物质附着在物体上的痕迹以及人体表皮、脂肪、血液等痕迹。拍照这种痕迹光照要均匀，对反差微弱的痕迹，一般应用弱光或反射光进行拍照。对于细小痕迹应用接圈或放大镜拍照。还可以用滤色镜来突出某种物体的色调，加强照片的反差。

3. 碾轧痕迹

碾轧痕迹在外形上一般表现为凹凸变化、变形、破碎等特征。如轮胎碾轧松软潮湿泥土路，路面会形成凹凸变化的轮胎花纹印。机动车碾压自行车时，会造成变形，断裂等痕迹。在拍摄时要注意反映出陈旧性裂痕与新裂痕的区别，这种情况最好能在现场拍照。

如不便拍照，可拆卸后拍照，以便进一步分析。

4. 渗漏痕迹

事故发生后由于车辆水箱、油路及管道破裂，油、水渗漏形成痕迹。若渗漏在受尘土粘污的物体上，则渗漏痕迹比较明显，容易拍照。如渗漏在光洁的黑、绿、蓝色物体上则不易拍照。这就需要正确配光，利用油和机件表面对光的反射能力不一的特点，选择适当角度予以拍摄。

5. 血迹

血迹是重要的痕迹，必须拍好。为拍好血迹大小、形状特征，要看血迹落在什么颜色的物体上面，确定是否加用滤色镜及加用何种滤色镜。

6. 鞋底挫擦印

鞋底挫擦印，一般较难拍摄。可用辅助光与痕迹平面成20°～30°角照射，这时在另一侧大致相同的角度，可见清晰的痕迹。这是利用光对承受物面与尘土这两种物质的不同反射率之间的最大差异，从而使痕迹得到清晰的反映。

二、尸体与伤痕的拍照

在交通事故现场常常有人的损伤与死亡，必须如实详细、完整地拍摄尸体的各种伤痕，并尽量采用彩色照相，较好地反映伤痕的情况。

1. 尸体全身和面貌照相

拍摄尸体全身像的目的，是反映死者的全貌以及所穿服装，记录死者的原始状况以及服装上的血迹、水迹、油污、破损等情况。

拍摄尸体全身像最好从尸体正上方往下拍，但因条件所限，往往只能从尸体左右两侧上方拍摄。拍摄时如利用自然光最好不要用直射角度，以免出现浓厚的阴影。可用反光板补光。如在室内拍摄，要注意配光角度和光照强度，保证照片丰富的层次。拍摄时注意点：

(1)拍摄面部时，头部不要太仰，使面部保持水平。以鼻尖为中心，相机垂直于面部拍摄。

(2)光线不宜过侧，一般用正光，头部背景淡一些，最好加柔光器拍摄。

2. 伤痕拍摄

伤痕是判明致伤方法、致伤物体以及判断致死原因的重要依据。拍好伤痕照片，清晰地反映伤痕特征，有助于法医鉴定，并为处理事故、进行刑事诉讼活动提供合乎法律要求的证据。

拍摄伤痕照片的要求：

(1)以伤痕为中心，反映伤痕所在部位，要连同伤痕附近的明显部位，如耳朵、面部、胸部等部位一起摄入镜头。

(2)伤痕要得到完整清晰的反映。如伤痕位置、方向、长度(加标尺)；伤口形状、分布等。

(3)反映伤痕的细微特征和损伤程度。如伤口刨角是铣角还是钝角，创缘整齐与否等等。

(4)反映伤痕中间及其周围有无异物。如油漆、油污、铁锈等。

常见的伤痕拍照方法：

①破裂伤痕。

道路交通事故尸体上破裂伤痕是经常出现的。这些伤痕由于受伤的部位和接触车物部位不同，会造成不同的形态。拍摄时要抓住这些伤痕的所在部位、形状和特征，清晰、完整地反映出来。

首先，要反映出伤痕所处部位和数量。先将伤口暴露，以伤口为中心进行全貌照相。要在照片上看得出伤痕所处的部位。如伤在头部颈部比较明显，如在身上就要在拍摄时取景范围大一些。全身有许多伤痕，应反映出具体部位。其次要表现伤痕的局部形态。将照相机垂直于创伤平面，在伤口边放上标尺，用较柔和光拍摄。如伤痕在头部，应将头发剪掉，使伤痕暴露。对伤口内部的组织间遗留的碎骨片等物，可先将伤口内的血水擦掉，然后在拍摄时加用红滤色镜来减淡内部组织色泽。

②骨折。

交通事故的骨折，常表现为头骨、肋骨、四肢骨、骨盆等。根据受力的轻重，有线状、孔状、开放性、凹陷性、粉碎性、横断性等骨折。

拍摄骨折时要根据其破损程度来考虑光线的运用。对于骨裂痕很深，凹陷性大的骨折，比较容易反映；而对一些裂痕较小、较浅的骨折，平光很难反映，可用单侧垂直于伤痕的平面，采用较近距离的拍摄。对身体四肢闭合性骨折，可以用非正常弯曲的方法，表现骨折的存在。

③血肿。

血肿是由于人体受外力作用，皮下组织血管破裂，血液淤积，使皮肤有一定程度的隆起伤形，颜色一般是红色或青紫色。拍血肿伤要注意相机角度，尽量不用仰角，以免使血肿形态改变，影响真实性。为加大照片反差，可加用蓝、绿滤色镜。

④皮下出血。

由于皮下组织毛细血管破裂而出血，在皮肤上出现不同程度的淡红色或紫褐色，随着时间的增长又逐渐变成青褐色，其表面常常反映出致伤物的接触面情况。拍照皮出血通常是用加滤色镜来加强色斑与肤色的区别，一般常用绿和蓝色滤色镜。当然如果皮下出血很明显，可不必加用滤色镜。如伤痕很浅，看不太清楚，拍摄比较困难，可用化学试剂处理一下，使血斑明显一些再拍照。

⑤表皮剥脱。

表皮剥脱，一般常见的以线条状、小块状的缺损较多，偶有片状剥脱。拍摄时要反映其部位、大小、方向、位置。

表皮剥脱和挫伤，其色泽为淡红色，线条特征细小的较多，最好用近摄光圈和绿滤色镜及较柔和的自然光，来增加效果。有时有些表皮剥落和擦伤具有立体状态，但色泽没有区别，可用阴影照相方法来表达伤痕的形态。

另外，还可以采用红外线和紫外线照相，来显现记录某些特殊痕迹和伤痕。这方面有专著论述，本节就不作专门叙述了。

第四节 现场照片的制作

现场照片的制作，是整个现场照相工作过程中的最后一道工序。它包括照片洗印、裁切编排、粘贴，标明文字说明等，是一项细致的技术性工作。

一、现场照片制作应注意的问题

(1)根据已掌握的情况和现场调查记录以及事故处理的要求，先将现场拍得的底片全面检查和编排，去掉与事故关系不大或拍摄失败的底片。确定印、放尺寸(通常为 3×4 寸)和画面剪裁内容、方法和数量。

(2)现场照片一律用大光纸，特别是痕迹照片，绝对不能使用各种皱纹纸，否则会影响特征的反映。

(3)照片的编排顺序，其方法有：

①按照现场照相的内容和步骤进行排列。从现场周围环境、方位到现场中心、重点部位;从有关物体、车辆、尸体到个别痕迹、物证。

②按照现场调查的顺序排列。

③按现场上反映出来的发生过程排列。

现场照片的编排，应依据具体案情来确定。无论采用那种方法，都必须能表达现场的状况和特点，反映出事故的本质以及车辆、物体、尸体等相互之间的关系。

照片粘贴要平整、牢固和清洁，贴后进行标记，粘结剂要选用对照片不起化学反应的，如树胶等。

现场照片除了要编排好以外，还要辅以标记和文字说明。如时间、地点、方向、距离相互之间的联系等等。标记可采用箭头“T”或直线等索引。文字说明内容必须准确、通顺、简练、如实地反映客观情况。文字中还应包括拍照方向。

二、现场照片制作常出现的问题

(1)曝光不足。

曝光不足是底片过薄,印成照片后仅在有阳光部分显出影纹,阴影部分则色黑无层次。原因是快门速度过快,或光圈缩得太小,以致感光片受光太少,感光银盐起的变化不大。补救办法:可作加厚处理,或放大照片时用硬性相纸。

(2)曝光过度。

曝光过度是底片太厚,印成照片后阳光部分都成白色,阴暗部分有影纹但也缺乏层次。原因是快门速度太慢或光圈开得太大,以致感光片银盐受的光量太多。补救办法:可做减薄处理,或放大时用软性相纸。

(3)底片反差强弱的原因。

反差是底片上最透明部分与最黑暗部分密度深浅的差别,往往决定照片的质量。反差强,指底片密度浅处特别淡薄,厚处特别黑,照片黑白色调的差数比原物高。原因是当明朗阳光照射时,阴阳两部分特别明显,拍照时没有注意调节物体的色差。

反差弱,是指底片密度浅的部分与深的部分相差无几。在照片的色调上呈灰和深灰,不如原物深浅颜色分的鲜明。原因一方面是由于曝光不足产生的;另一方面,曝光过度也会减弱正常物体色差。

(4)痕迹物品照相标尺的制作。

选择一透光度极好,尺寸刻度(红、黑颜色)标准清晰的直尺,在暗房将相纸裁成与标尺长宽相等的条状,将相纸药面压上直尺,通过曝光箱进行准确的曝光,经过显影、定影和干燥工序,可得到黑底白刻度的标尺。

第五节　交通执法现场摄像

交通执法现场摄像技术是利用电视摄像设备、器材以及理论方法获取交通事故现场有关图像信息，从而达到对交通事故现场记录的目的。根据《交通事故处理程序规定》第 27 条规定："勘察交通事故现场，应按照有关法规和标准的规定，拍摄现场照片，绘制现场图，采集、提取痕迹、物证，制作现场勘察笔录。一次死亡三人以上的交通事故应当进行现场摄像。"

一、交通执法现场摄像的内容与方法

1. 现场方位摄像

现场方位摄像是指反映交通事故现场周围的环境，并表现它所处的方向、位置及与其他事物联系的摄像。

(1)现场方位摄像的内容。

现场方位摄像要把发生交通事故的路段具体地点、现场的环境条件等信息摄录下来，其中包括地点、地形、地貌，具体地址方位，是农村还是城市范围内道路，是坡路还是平路，是直路还是弯道。通过摄像表现出现场及其周围的环境、天气情况等方面的信息。

(2)现场方位摄像的方法。

现场方位摄像由于需要反映的面积范围较广，需要反映的信息较多，所以要把摄像机机位选得远一些、高一些，以俯视方式进行远景拍摄，有些情况下还需要选择空中拍摄。能反映现场具体地址的，要把明显标志物(如公路里程碑、现场旁建筑物门牌等)用近景或特写镜头拍摄下来，以确定其与固定交通事故现场的具体位置。拍摄现场周围环境用摇镜头比较合适，然后用推拉镜头将现场具体地址与周围环境的位置关系表现出来。为明确现场方位，在后期制作中可以在画面中加上标示现场具体地点的闪烁箭头或加上现场方位图。

2. 现场概览摄像

现场概览摄像是指以整个交通事故现场作为拍摄对象，反映现场全貌、现场中各元素及各元素相互位置关系等的一种摄像。

(1)现场概览摄像的内容。

现场概览摄像要把整个现场状况拍摄下来，包括现场的整个范围和现场的全貌状况，要反映现场中有关车辆、痕迹、物品等的位置和形态等特征，反映各事物的相互位置关系。通过现场概览摄像使观看者对现场的范围、现场的全貌、现场的整个状况、现场的特点等有一个比较完整的概念。

(2)现场概览摄像的方法。

现场概览摄像要用摇镜头或移镜头把整个现场范围和现场概况拍摄下来，再用推拉镜头反映物品和环境，痕迹、物证与周围物品的位置关系。也可以采用跟镜头的方式随勘察人员走动，拍摄现场上不同部位的现场元素的分布情况。现场概览摄像多是选用全景镜头来进行拍摄，因为全景镜头可以较全面地反映现场元素的相互空间位置关系。

3. 现场中心摄像

现场中心摄像是反映与交通事故现场中关键部位或重点部位的事故有关情况的摄像。

(1)现场中心摄像的内容。

现场中的重点部位随交通事故的具体情况不同而不同，但重点部位总是能反映交通事故性质、类型或交通事故原因等情况的部位，其状态特征会对交通事故分析工作产生重大影响。所以交通事故现场中心摄像的内容要反映重点部位的状态特征及其与周围现场元素的相对空间位置关系。

(2)现场中心摄像的方法。

现场中心摄像不仅要反映现场重点部位自身状况，还要反映出它与周围事物的联系，所以在拍摄时要先用全景、摇镜头反映重点地段、重点部位的状况，再用中景、推拉镜头反映重点物体、主要痕迹和物证与周围现场元素的联系。拍摄摇、推拉镜头，为使被摄物不变形，要灵活选择机位拍摄。为保证重点部位摄像的质量，要认真、系统、全面地拍摄好现场的每个重点部位及其重要物品。现场摄像中常用中景镜头反映现场重点部位特征及其与周围物体的相互位置关系。

4. 现场细目摄像

现场细目摄像是把现场上发现的具有检验鉴定价值和能起证据作用的各种物证和痕迹的大小、形状等特征拍摄下来的一种摄像。

(1)现场细目摄像的内容。

现场上凡是具有检验鉴定价值或能起证据作用的一些痕迹和物证都应当成为现场细目摄像记录的内容。细目摄像主要要反映细小痕迹、物证的尺寸、形态等特征，借以分析其形成原因和事故的发生发展情况，如反映车辆制动印痕、轮胎花纹、血迹、细小散落物、现场上残留纤维、车体刮擦印痕等情况。

(2)现场细目摄像的方法。

现场细目摄像一般是在详细勘察现场阶段进行的。

摄像时，首先要把痕迹、物证的原始状况及与周围现场元素的相互位置关系拍摄下来，用全景镜头、中景镜头固定痕迹、物证所在位置，再用推、拉镜头拍摄与周围现场元素的位置关系，然后再进行移动拍摄，用近景或特写镜头反映痕迹、物证的细微特征。为后期鉴定、比对的需要，拍摄时要加比例尺，比例尺色调要与被摄物保持一致，放置要平、正，并与被摄物处于同一平面上，保证精度。细目摄像多采用近景特写镜头进行拍摄。细目摄像的任务是着重反映痕迹、物证所在的部位、形态、大小、细节、质地等特征。

二、交通执法现场摄像要求

交通事故现场摄像就整体要求而言,应遵循现场照相的基本原则和规定;就技术而言,虽与照相有共同之处,但有着自身的技术特性,因而要求注意以下几点:

(1)做好现场摄像前的准备工作。

现场摄像要求具有案情意识,在器材准备上除摄像机外,要保证电源、电缆、照明灯具、三脚架等附件处于良好状态,以保证能闻警而动、及时到位、应付自如。

(2)选好光照角度。

仅就技术要求来说,现场摄像时,主光一般采用 45°可移动的辅助光,以防止远近、明暗差别过大而影响画面效果。通常以 1∶1、1∶1.5 或 1∶2 的光比为宜。

(3)注意光源色温。

彩色摄像机设有室内、室外选择开关和红、蓝增益控制。一般室内适应 3200K 左右,室外 2500K 左右,只要正确选择开关,选准红、蓝增益控制,则可获得理想效果。

(4)保持摄像机平衡。

摄像机不论肩扛或手持,一定要保持水平垂直,防止上下、左右晃动和画面倾斜。

(5)字幕解说规范。

字幕是现场摄像片中出现的各种文字、图表、数据等,是现场摄像用于补充、说明画面内容的重要手段。文字排列以每行 10 个字为宜,变换移动速度以每秒 3～5 个字为宜,字幕制作文字要工整,有条件的可通过字幕机进行处理。解说词要求用语准确、语言流畅,以画为主,以语为辅,保持整体风格一致,解说时间不宜超过片长的 2/3。

第五章 交通执法现场图的绘制

第一节 概 述

道路交通事故的现场不能长期保留，在现场调查工作结束后，要迅速清除，恢复正常交通。但是为了交通事故分析、处理工作的需要，把事故现场和现场上各种交通元素以及有关的痕迹、散落物、地形、地物等进行丈量，并用现场制图的形式如实记录下来，即成为交通事故现场图，作为证据保存，必要时可以通过现场图恢复现场原貌。

一、现场图的作用

交通事故现场图是用投影原理，将现场上的各种交通元素、遗留痕迹、散落物体、设施、地形、地物等，按一定比例的图例和线型绘制在平面上的图形。

现场图是研究分析事故产生的原因，分析事故责任的重要依据。可以补充文字记录和现场摄影不能完全表述的事故现场和现象间的关系。它所表现的基本内容是：

(1)要能够表现事故现场的地点和方位,现场的地形、地物,交通设施等。

(2)要能表现各种交通元素以及与事故有关的遗留痕迹和散落物的位置及相互间的关系。

(3)要能大体表现各种痕迹的状态,并据以说明事故发生过程及人、车、畜的动态。

现场图是一种法律证据,不仅要绘图者看得懂,更重要的是要使没有到过现场的人也能借助图例看懂现场图所反映的内容。因此,要求现场图图面整洁,线条流畅,图例正规,字迹清楚,比例恰当接近原形,数据准确重点不丢,相互联系没有多余。

二、现场图的种类

1. 平面图

即用正投影方式绘制的现场图。

2. 立体图

即用车辆的立体图来标示碰撞、刮擦痕迹的示意图。

3. 立面图

类似于立体图,但在图上只表现车辆的一个侧面,因为车辆有6个侧面所以有6个不同侧面的立面图。

4. 剖面图

即断面图。就是将车辆或物体的某个部位,根据需要切开示意。可纵切也可横切或水平切,以表达从表面难以表现的情况。

5. 示意图

用简练的线条,勾画出物体某一部位不易用其他方法表现的形象、痕迹、物证的表面图。

上述五种现场图,其中最主要的是现场平面图,它是每起统计上报事故中都必须具有的，也是本章讲解的重点。其他各种制图可作一般性掌握，结合具体实际需要来辅助平面图使用。

根据现场实际，现场图既可以制成按比例标尺寸数据的平面测示图，也可以制成不标数据的标准比例平面图。

第二节　现场定位

时间和空间，是人类活动的基本坐标。现场定位就是在确定事故发生的时间坐标之后，把事故现场确定在一个固定的空间位置。

一、确定方位

即确定事故现场道路走向，道路走向是研究事故方向进行和自然条件，如风向、阳光照射角度等交通环境的资料。现场方位的确定，原则上是按照道路中心与指北方向线的夹角来表示。方法是用指北针确定指北的方向与道路中心线的夹角。如果肇事路段是弯道可以用进入弯道的直线与指北方向的夹角和转弯半径表示。如图 5-1 所示。

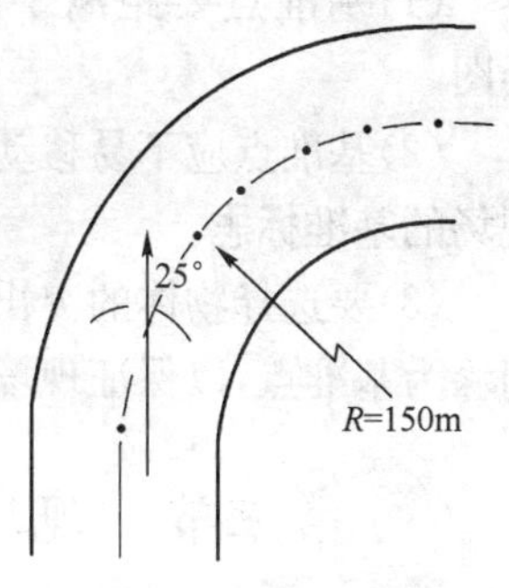

图 5-1　弯道肇事路段方位表示法

通常的现场图方向标，为了不影响记录现场有关数据，都在图的一角表示。对于弯行道路的方向标如图 5-2a)；对于直道方向标，如图 5-2b)所示。

二、选定坐标基准点

就是在事故现场临近的地方，选定一个具有永久性质的固定点，作为确定现场方位的基准点。基准点通常是选用现场原来就

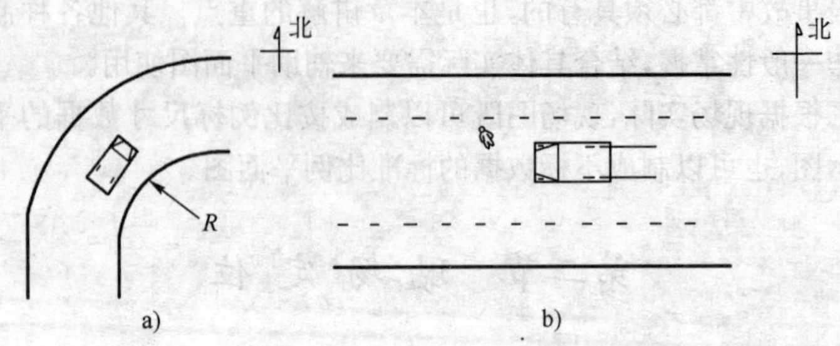

图 5-2 现场图方向标

a)弯道的通常表示法；b)直道的通常表示法

有，而且轻易不会移动的固定物体，如里程标、电线杆、消防栓、建筑物等。

选择的原则：

(1)基准点要距离肇事车辆和重要痕迹较近，便于丈量和绘图。

(2)基准点应不易移动和消失，以便在较长时期内能作为恢复现场的基准标志。

(3)要选择物体的突出的棱角，如建筑物的拐弯处，大门某侧门垛为基准点，以保证现场位置的准确性。

第三节 现场图的绘制方法和应用

绘制现场平面图的方法有多种，在具体事故现场要求因地制宜。我们重点讲述和在实际工作中经常应用的主要有三种：极坐标，直角定位法和三角测量法。这些方法，适用于一些特定的场合，而且彼此间可以替代或结合使用，以适应实际需要。特别应该注意，只要现场图能够达到既能固定现场所有交通元素并且充分体现了它们之间的关系，图面又清晰、简洁的要求即可，具体采取什么方法不必强求一致。

一、极坐标法

极坐标法，即是把基准点作为极坐标的原点，丈量坐标原点与事故现场上定位点连接起来并确定连线与指北线的夹角 θ，即可定位，如图 5-3 所示。

因为采用极坐标法制作一张精度较高的现场图，不仅需要制图人员具备一定的测绘知识，并且要应用小水平仪（由图板、测斜照准仪、三角架和其他附件组成）等仪器，所以在各地现场调查实际工作中采用得比较少。而直角定位和三角测量与极坐标法相比，具有明显的实用性和便利性，因此采用得比较普遍。

二、直角定位法

直角定位法，也可称之为基线距离法，如图 5-4 所示。

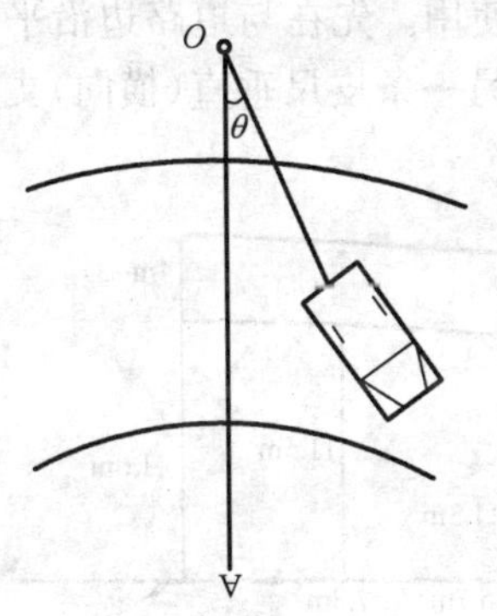

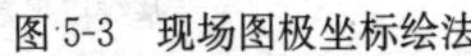
图 5-3　现场图极坐标绘法

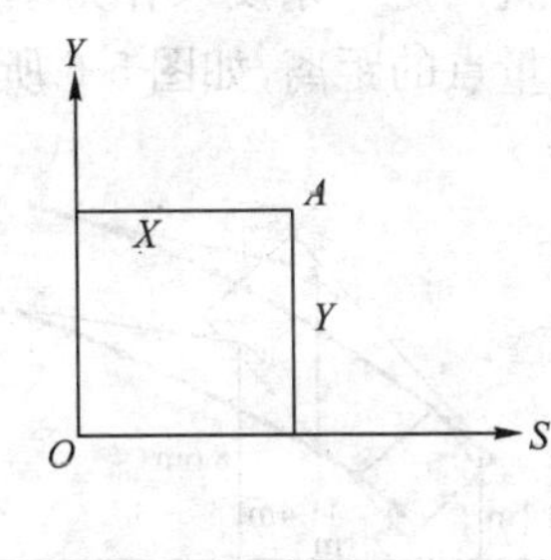

图 5-4　直角定位法绘制现场图

O 为坐标原点，引相互垂直的 Y、S 轴线，组成平面直角坐标系。坐标系内 A 点的位置，可用 A 点到 Y、S 轴的距离 X、Y 来确定。

1. 具体绘制方法

使用直角定位绘制现场平面图所依据的原理，是在现场图上面一条平行基线（能常都以路边或快慢车分道线为平行基线），所有的测量尺寸或距离都从这条基线按直角取得。其结果是，所有需要的数据，无论是固定的（如基准点）还是移动的（现场物体、痕迹等），都可以从一条单一的基线上测出来，如图 5-5 所示。

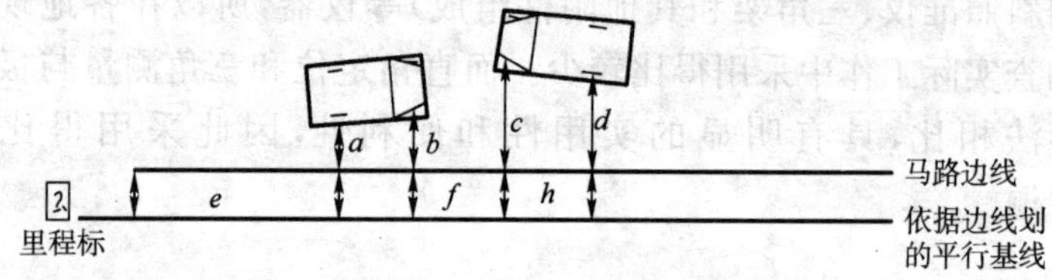

图 5-5　直角定位法绘图可直接测出所需数据

这种方法具体操作时为了准确起见，一般最好用两条皮尺。一条作基线用，另一条作具体丈量时使用。先在与道路边沿平行处拉直固定一条皮尺作为基线，再用另一条皮尺垂直（横向）丈量各测量点的距离，如图 5-6 所示。

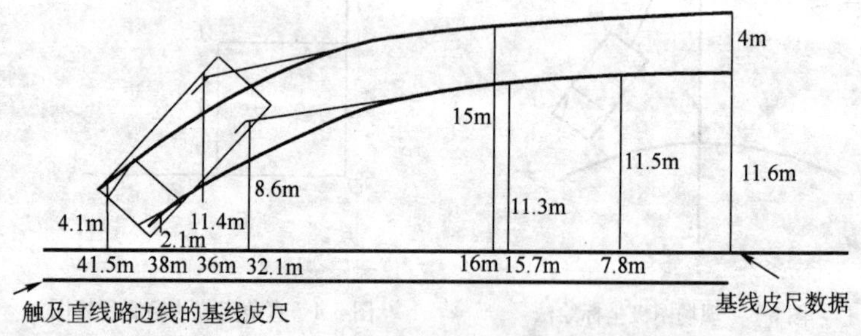

图 5-6　直角定位法绘图的要点之一

上图可以看出，现场中的各种数据能够在图中清楚地表示出来。

2. 注意事项

(1)在丈量垂直(横向)距离时,必须相对基线成直角,才能保证数据准确,准确的做法,可采用回转皮尺的办法找垂直点。如图5-7所示。

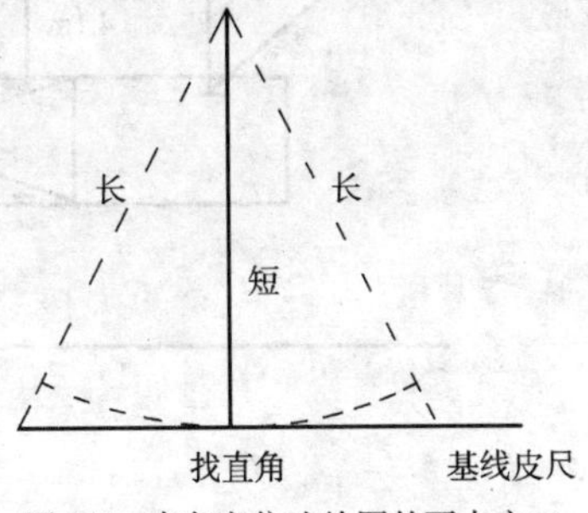

图5-7 直角定位法绘图的要点之二

(2)因为绘制平面图的过程,是将现场实地情况缩小到图纸上,按水平和直角测量测绘距离的过程,所以需要直尺和三角板,直尺代表基线,三角板代表横向和间距。

三、三角测量法

三角测量法,通常叫三角定位法。三角测量法是依据三角定位的原理,在现场丈量和制图时标出一系列的三角形。如图5-8所示。

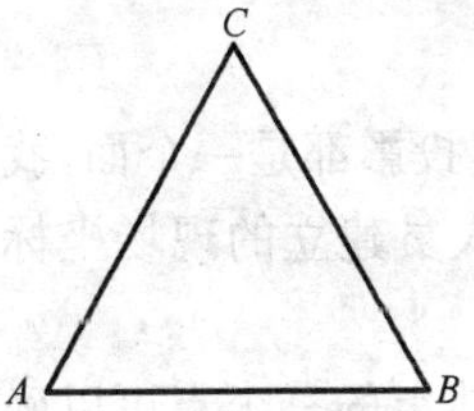

图5-8 三角测量法绘现场图

如果图中的三角形的底线是已知的,测 AC 和 BC 二线的测量必须会将 C 点的位置予以固定。用术语来说三角中的两个点应是不动的特定物和相对固定点。就是说所有的测量点都要处在三角各线的联线中,如图5-9所示。

运用这种方法,可以比较方便地将一些车辆行驶的路线轨迹或轧痕位置固定下来,并且不需选取基准线,也不需测量角度,适用于各种现场。但缺点是点与点之间的联系不易确定。所以单纯用三角测量法绘制的现场平面图,其中的物体和空间比例,必须相当精确。

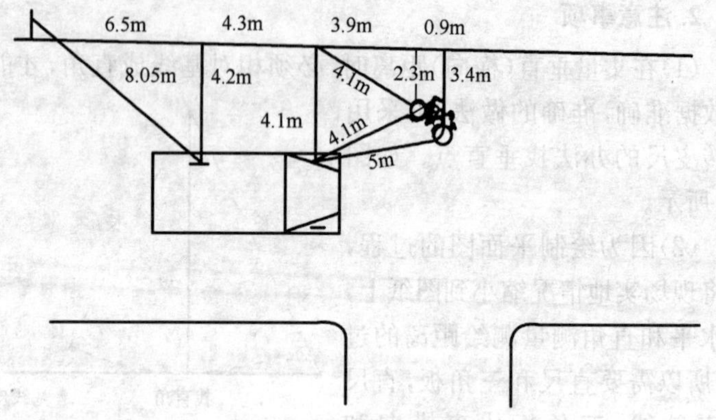

图 5-9　三角测量法绘图要点

各种现场图的制作方法，都有其优点及不足之处，因此在实际工作中，一个熟练的制图人员大都是综合运用各种方法，为现场图的测绘服务，为事故分析服务。

四、现场主要痕迹的测定

由于现场交通元素及痕迹在路面的正投影都是一个面，我们的目的是把这个面的位置固定在由调查人员建立的现场坐标系中，用图的形式加以表达。

根据上述三种方法可知，不在一条直线上的三个点可以确定一个平面。这样在实际测定时应尽量减少多余的测量点线。如车辆的正投影近似于矩形，车辆的轮距、轴距、车长、车宽、前悬、后悬等都是固定的，而又因为车辆的平面与路面是平行的，四个车轮是与路面接触的四个点，这四个点中只要任意确定两个，其余两个也可根据车辆参数确定。对于三轮车辆及多轴车辆的定位原理，也是同四轮车辆一致的。

对于路面遗留的各种痕迹和散落物，首先要确定它们的形状，然后再根据三点确定一个平面的原理去固定它们的位置。

但是，如果车辆平面与路面不是处于平行状态，而是与路有一个角度时，则需要在固定车辆着地一侧两个点的位置的同时，再测量车辆悬起一侧的一个点在路面的投影的位置及高度，或采用侧面图测量车辆平面与路面的二面角。

路面上的痕迹是圆曲形的，在测定时可以在曲线上任取三个点加以固定，一般都取曲线的起点、终点和中间的点。如果路面上的痕迹一部分是圆曲线型，则应在曲线上多取几个点加以固定。取点数多寡，取决于曲线的复杂程度。

第四节　现场测量

现场测量在现场制图中具有十分重要的地位，从实际意义上讲，它是现场图质量的前提保证。

一、测量内容

测量道路测量事故现场道路情况，应包括道路走向、交通标志、安全设施、各种路面和路肩、路口的宽度、边沟的深度，同时包括道路行车视距、道路坡度和弯度。下面重点介绍行车视距、道路坡度、高度和路口的测量方法。

1. 行车视距

行车视距，是指车辆驾驶员能够看到的前进方向道路前方的视野极限距离。它的作用是便于遇到障碍时能及时减速或制动避免碰撞。现场道路行车视距的测量，可以帮助我们分析确定肇事车辆在事故发生前，驾驶员的反应和措施情况等。行车视距一般在道路工程设计上分为停车视距和会车视距两种：

停车视距，是指在道路上足以使汽车驾驶员发现障碍时，及时采取制动措施防止事故应保证的最短安全距离；会车视距，是两辆相对行驶的汽车驾驶员能相互发现，并能制动停车而且不至相撞的最短安全距离，其长度在设计上取停车视距值的 2 倍。一般现场测量的是指双方的会车距。在路口和弯道上发生的事故一般都应测量行车现距。具体方法是在道路中心，取车辆驾驶员眼睛高度(1.2m)能看到对方道路中心向上高于 10cm 处的这种距离，如图 5-10a)、b)所示。行车视距的测量一般需三条线如图中的 a、b、c 的距离数据。

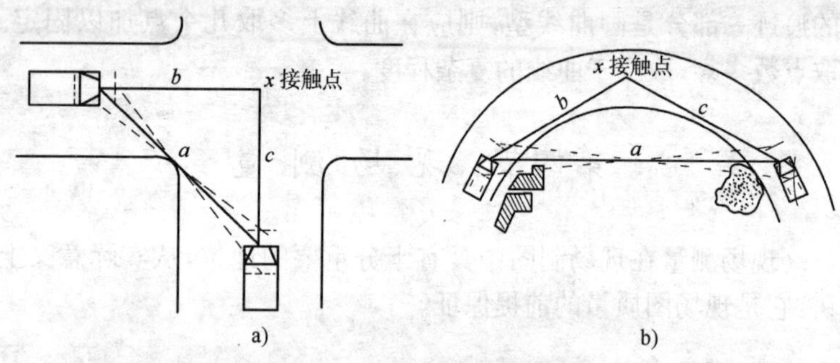

图 5-10　行车视距示意图

a)十字路口行车视距示意；b)弯路行车视距示意

我国的各级公路在平曲线纵断面上的视距，应不小于表 5-1 所列数据的规定。

我国各级公路停车视距　　表 5-1

公路等级	高速公路		一		二		三		四	
地形	平原微丘	山岭重丘	平源微丘	山岭重丘	平源微丘	山岭重丘	平源微丘	山岭重丘	平源微丘	山岭重丘
停车视距(m)	210	110	160	75	110	40	75	30	40	20

注：1. 会车视距在公路设计上是停车视距的 1 倍。

2. 此表数据摘自交通部部标《公路工程技术标准》(JTJ1-81)，本节以下各表未注明出处的，均按此。

2. 测量坡度

道路纵断面上中心线与水平线不平行的中段为路面纵坡，简称坡道。当路面纵坡超过 8%时为陡坡。

道路的坡度,无论是上坡还是下坡,对事故的形成都有直接关系,具体测量计算方法是用坡的垂直高度(Y)除以沿水平路线测量的距离(X)。按照道路每升高 1m,对其道路延长水平距离的高度测定。如把这个延长水平距离缩为 1m,可与这 1m 中最高垂直距离相比,如图 5-11 所示。

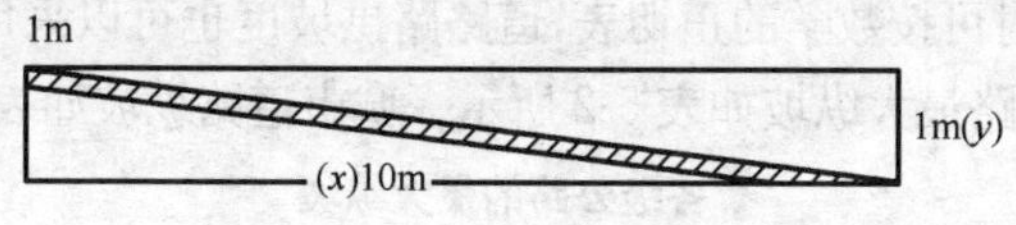

图 5-11　道路坡度

测量时使用水平仪和直量尺之类的简单工具设备就完全可以测定各种坡度。方法是:将直尺放在道路上,其一端冲着上坡,而另一端冲着下坡。将尺的下坡一端升起,直到水平仪表示处于水平位置,并测出区段垂直距离,如图 5-12 所示。

图 5-12　道路坡度的测量

用测出的水平长度来除区段升高的距离,测量的水平距离越长,结果越精确。计算坡度的方法,如果水平长度为 1m,而直尺距道路的最高垂直距离为 0.07m，则坡度为：0.07÷1=7%。

向下斜的坡(按行车前进方向，下同)应注上“－”号，向上升的坡应注上“＋”号。

如果换算 7%纵坡，即 4°(度)。

向上升的坡应注上“＋”

换算时可按数学的正切表，道路路拱坡度也可以采用同样的方法，各级公路最大纵坡如表 5-2 所示。城市道路纵坡如表 5-3 所示。

各级公路的最大纵坡 表 5-2

公路等级	高速公路		一		二		三		四	
地形	平原微丘	山岭重丘	平源微丘	山岭重丘	平源微丘	山岭重丘	平源微丘	山岭重丘	平源微丘	山岭重丘
最大纵度(%)	3	5	4	6	5	7	6	8	6	9

城市道路纵坡 表 5-3

道路等级	快速干道	主干道	次干道	区干道	地方道路
最大纵度(%)	3～4	3～4	4～6	4～6	7～8

道路中心线平面投影弯曲的路段称为弯道。车辆在弯道上行驶，会产生向弯道外侧倾斜的离心力。在车速相同的情况下，弯道平曲线半径越小，离心力越大，当离心力超过一定的限度时，就会造成翻车。

在弯道上发生的事故，为了计算既能通过弯道又不至于产生向外滑动或翻车的最高车速，所以一般要测量弯道和车轮转弯擦印的平曲半径。这个半径可以用弦线支距法求弦的定义是一条连接圆角的任意两点的直线，如图 5-13 所示。

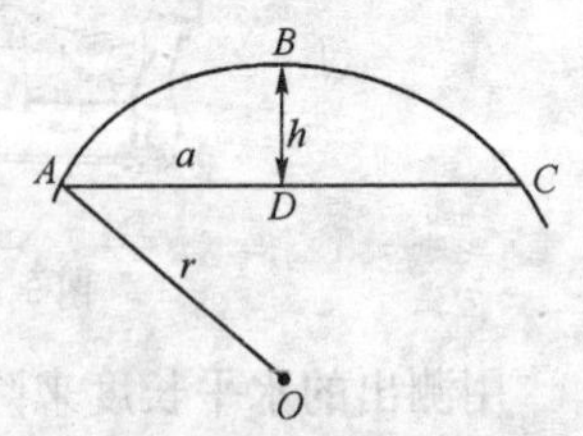

图 5-13 测量弯道的转弯半径

测量时在弯道外圆任意选择 A、

C 两点，把皮尺在 C 和 A 之间进行丈量，中间的 D 可以找到，并将 A 到 D 之间的距离作为长 a 记录下来，D 和 B 之间的距离则可以测量出来，并把这个距离作为长度 h 记录下来，随后计算这个曲线的半径如下式：

$$r=\frac{a^2+h^2}{2h} \tag{5-1}$$

［例］　已知有 30m 弦长和 7m 弦高的弯道，其平曲半径为：

$$r=\frac{15^2+7^2}{2\times7}=\frac{225+49}{14}=\frac{274}{14}=19.57(米)$$

当弯道平曲线半径小于 50m 时称为急弯。我国公路、城市道路弯曲半径，如表 5-4、表 5-5 所示。

我国公路最小半径指标　　表 5-4

公路等级	高速公路		一		二		三		四	
地形	平原微丘	山岭重丘	平源微丘	山岭重丘	平源微丘	山岭重丘	平源微丘	山岭重丘	平源微丘	山岭重丘
极限最小平曲线半径(m)	650	250	400	125	250	60	125	30	60	15

城市道路最小弯道半径参照值　　表 5-5

道路等级	快速干道	主干道	次干道	区干道	地方道路
最大弯道半径(m)	150～500	60～150	40～60	25～40	20～25

在公路上，为了抵抗车辆转弯时向外倾斜的离心力，设计上要求将弯道的外侧车道升高，使道路构成向内侧单向倾斜的坡面，工程技术上称之为超高。如不设置超高，设计要求成倍加大弯道半径。

弯道平曲线半径等于或小于200m时，应在平曲线内侧加宽路面。双车道路面的加宽值规定见表5-6。单车道路面加宽值按表5-6中数值折半。

双车道路面加宽值 表5-6

平曲线半径(m)	200	150	100	70	50	30	25	20	15
加宽值(m)	0.4	0.6	0.8	1.0	1.2	1.4	1.8	2.2	2.5

3. 切线测量路口

由于很多事故发生在路口，分析事故时又经常涉及到哪一方先进入路口，但几乎所有实际的路口由于弯角的存在，都不是制图所需要的标准形状。所以在制图时必须根据路口的客观实际，按照科学的方法进行切线测量，并表现在图纸上。特别是在没有标定停车线的路口，这种方法更具有实际应用价值。切线测量根据的原理，是不同角度的交叉平行线，可以得到不同的角。如图5-14所示，有直角，亦有钝角或锐角。

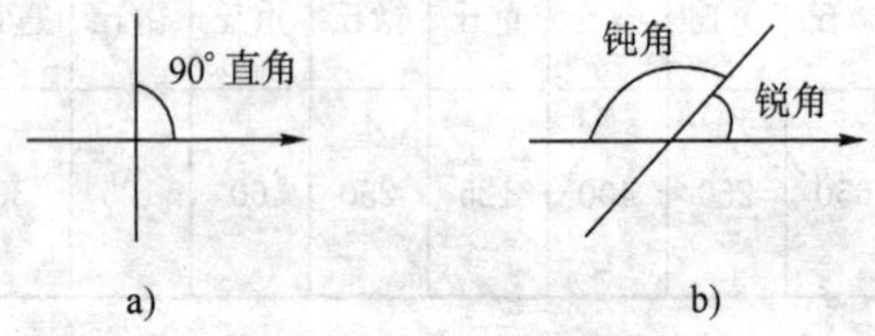

图 5-14

a)两条交叉的垂直线得到的直角；b)斜交叉的直线得到的锐角和钝角

在实际测量中，利用道路边缘的平行线，通过交叉把不规则的路口变为规则的路。

(1)十字路口的切测：

十字路口的切测，如图5-15所示，是通过虚线切测出的路口。

(2)不规则十字路口的切测：

不规则十字路口的切测方法，如图5-16所示。

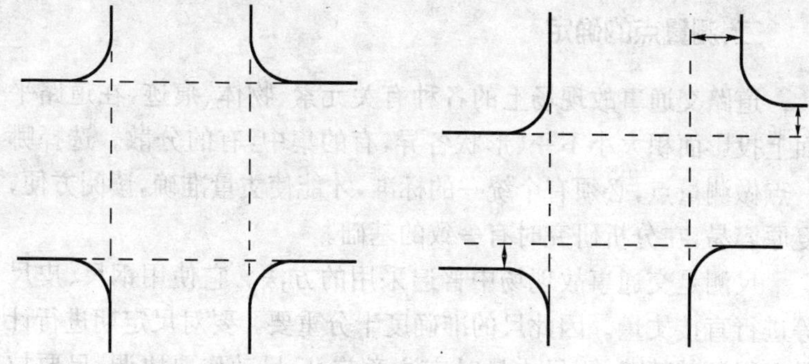

图 5-15　十字路口的切测　　　　图 5-16　不规则十字路口的切测

(3)丁字路口的切测：

丁字路口的切测方法如图 5-17 所示。

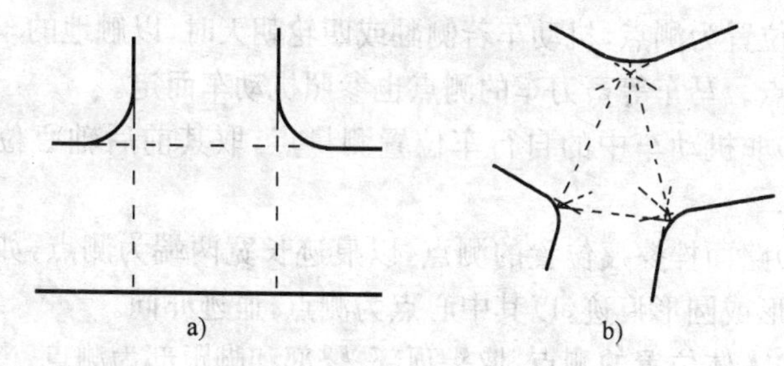

图 5-17　丁字路口的切测

4. 道路状况

道路测量的最后一步，是标明路面状况，有以下两个方面：

(1)道路面层材料(水泥、沥青、渣油、砂石等)、条件(干、湿、光滑或粗糙)以及路面损坏情况。

(2)路面障碍，包括路面堆积物、路面施工作业、摊点、车辆等等。调查路面堆积物应具体说明堆积物的长、宽、高和侵占路面的宽度，对视距的影响等。

二、测量点的确定

道路交通事故现场上的各种有关元素、物体、痕迹，在道路平面上投影面积大小不一、形状各异，有的集中，有的分散。选择哪一点做测量点，必须有个统一的标准，才能使丈量准确，读阅方便，复原容易，在分析研究时有一致的基础。

尺测是交通事故现场中普遍采用的方法。它使用钢尺、皮尺等进行直接丈量。因此尺的准确度十分重要。要对尺定期进行计量以保证其精确，用尺丈量时应注意前、后尺动作要协调，尺要拉紧拉直用力均匀。量稳后读数，读至厘米，小的痕迹要精确至毫米。记录要清楚，记好后及时回读或核对，相互校核。

(1)机动车位置的测点，分别取前后轴同侧车轮外缘的最外垂直下点位置为测点，机动车若侧翻或四轮朝天时，以触地的车身拐角为测点。马车等畜力车的测点也参照机动车而定。

(2)非机动车中的自行车位置测量点，取其前后轴心位置为测点。

(3)路面挫擦痕位置的测点，以痕迹长宽两端为测点，如为近似正方形或圆形痕迹，以其中心点为测点，血迹亦同。

(4)人体位置的测点，取头顶部、臀部和脚跟部为测点。

(5)制动拖印位置测点，无论是单胎或多胎拖印，均取拖印起止点外胎外缘处为测点。如拖印为弧状，应加测弧中一个或两个测点。

(6)散落物位置的测点，散落物是整体的，取其中心成长度两端为测点，是散在性的，取其距车辆的最近端或最远端的中心点为测点或取最近端和最远端为测点。

(7)路面障碍物位置的测点，取障碍物两端内侧或外侧的突出点为测点。

(8)路面标线测点，分道线等白色标线取中间为测点，隔离性黄实线取边缘为测点，并标明黄线宽度。

现场测量的各交通元素及痕迹、散落物的测点的选择，主要应以它们之间的关系和所要表明的问题的性质来确定，否则测点的位置就不能反映现场的实质内容和内在规律。

第五节 现场图的绘制

绘制正式现场图前一般要绘制现场草图。现场草图是根据现场调查程序，在现场边测量、边绘制、边注记，当场出图的现场示意图。它是现场调查的重要记录资料。

由于现场草图是在现场绘制的，而且时间短，速度快，成图质量必然受到一些限制，但是内容必须完整，物体的位置和形状、大小、距离数字要准确，否则无法根据草图绘制比例图。

为了表示事故有关物体的空间运动状态，有时要采用立面图、立体图等，为表示道路纵横断面几何线型的变化，也可在现场图角上加注局部纵、横剖面图。

一、现场草图绘制的重点

现场上的物体、痕迹很多，不可能在现场草图上完全表示出来，必须有所选择地表现，究竟如何取舍；要视现场情况和实际需要而定，但是下列各点是必须具备的：

(1)基准点位置，是恢复现场的定点依据，也是现场方位的根据。

(2)接触点，是事故责任分析的关键。

(3)车辆的停车位置。

(4)自行车、人等被撞后的停止位置。

(5)主要散落物位置。

(6)制动印痕。

(7)路面形态、分道情况和交通标志等情况。

二、现场草图的审核

现场草图绘制完成后，要认真审核。审核的主要内容如下：

(1)有无基准点。

(2)有无接触点，认定的是否恰当。

(3)各种测量数据是否准确，各点间的相互关系有无中断。

(4)道路总宽度与分道宽度的和是否一致。

(5)接触部位有无记录，是否吻合，如不吻合，原因是什么。

(6)图中标明的各项数据之间有无矛盾。

(7)路况、视距、障碍物等有无遗漏。最后要由事故当事方和证人在现场草图上签字或盖章。

三、现场图中常见的失误

在制作现场图的工作实践中，常常发现有下列三方面错误造成图的比例失调，而使人们对现场图的可靠性产生怀疑。

(1)距离说明在图上画得不正确，其简单平面图如图5-18所示：

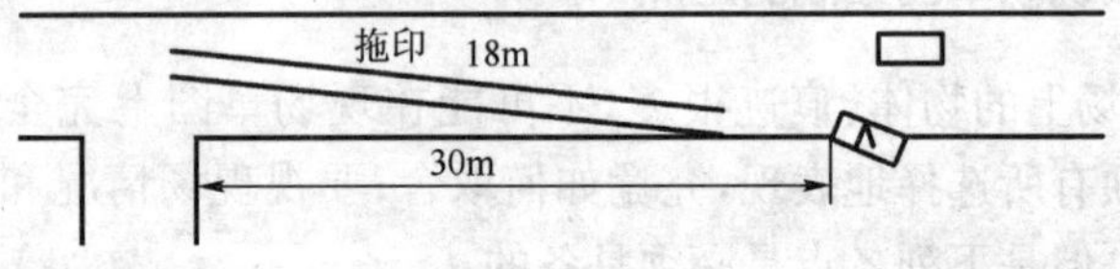

图5-18　距离表示画得不正确的简单平面图

(2)车辆尺寸说明在图上画得不正确，其简单平面图如图5-19所示：

图5-19　车辆尺寸说明有误

(3)道路宽度说明在图上画的不正确,其简单平面图如图 5-20所示:

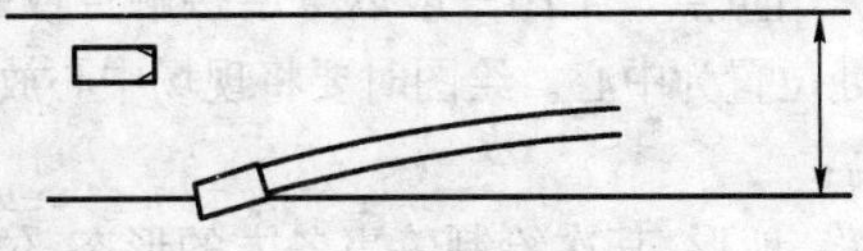

图 5-20　道路宽度表示画得不正确的简单平面图

四、制作现场比例图

正式图是针对草图而言,是将标明的尺寸,物体位置,按一定比例和绘图要求工整仔细绘制而成的。特别是在重大交通事故处理中或要追究责任者刑事责任时,只有比较正规的制图才能够作为有说服力的证据之用。

正式图的形成一般是根据现场草图复制而成,但对于技术熟练的调查人员也可以在现场一次绘制成功,因此制图的过程繁简应因人因地而言。国外有的采用将不同道路、路口预先制成图或册,使调查人员到现场后便于制作现场图。

1. 制图步骤

制图时,一般都依照下述步骤进行。

(1)定规格:

确定使用多大的图幅。目前在现场图纸的规格上尚无统一的规定,一般情况下,采用与案卷纸张相同的 16 开纸绘制,特殊复杂的现场也有采用 8 开或更大些的图纸。

(2)定比例:

根据现场的面积和图纸大小确定用何种比例。比例必须用阿拉伯数字表示,例如 1∶50,1∶100,1∶500 等。就是表示图中的 1cm 等于现场实物 50,100,500cm。

(3)定中心:

定中心包括两个方面，一是绘图纸的中心点，二是现场的中心点。确定图纸的中心是为了绘图时便于安排画面。确定现场中心，是为了绘图时突出重点。全图一般以肇事接触点或肇事终点或肇事某一方的所处位置为中心。绘图时要将现场中心放在突出部位。

(4)绘初稿：

首先绘道路、地形，其次绘制肇事各方的形态、位置、姿势及相互间的关系等，最后绘制与肇事有关的痕迹、物证和有关物体。这一过程可先用铅笔绘画。

(5)核对初稿，保证无误：

如初稿是铅笔所绘，这时即可用墨笔描图。描图可以用透明描图纸覆盖在铅笔图上，固定起来，用墨笔将图描绘出来，也可以在原图上直接用墨线描绘。描图的顺序一般是：先画曲线后画直线，这样便于连接；先上后下，先左后右，以免弄脏图面；先画细线，后画粗线，细线容易干，不影响描图进度。

(6)标注说明：

图描成后要加上定的标注和说明。内容有方向标、图例说明、比例、绘图时间等等。

2. 划法规定

(1)常用线型：

绘图常用线型及用途如表 5-7 所示。

绘图常用线型及其用途 表 5-7

线型名称	线条宽度(mm)	用途
粗实线	1	用以绘道路、桥梁界线、建筑界线、建筑物轮廓线等
中实线	1/2	用以绘制现场物体、车辆、尸体、制动印痕等
细实线	1/4	路面尺寸界线、标高线、剖面线、中心线等
点划线	1/4	路面分道线、切测线等
波浪线	1/4	用于绘长距离图的省略线、断开线等
引出线	1/4	用于加注说明

(2)常用图型:

图形是在现场图中用以代表实物的符号。便于迅速绘图的要求。现场图形按实物的种类和动态基本上可分为五类,如后面表内所示。

①交通元素图形符号:包括机动车、非机动车、人、牲畜四部分,计63个图形符号。

②道路交通安全设施图形符号:包括道路标线、型式、结构、功能、安全设施,计55个图形符号。

③土地利用、植被和地物等,计21个图形符号。

④动态痕迹,计10个图形符号。

⑤其他,计2个图形符号。

交通图形可以分为比例和非比例两类。比例图形,一般用于表示与事故有直接关系的车辆、人体等;非比例图形是那些对事故无直接影响的物体,如树木、标志和特殊种类的车、物等。

在现场图中标注测量尺寸时,应用细实线表示距离线条的数字,但注意不要与现场痕迹混淆,数字反映也要清楚。

第六章 交通执法现场车辆检验

第一节 概　述

道路交通事故的形成离不开车辆，而车辆的性能与交通事故的形成有密切的关系。因此，在事故发生后，对肇事车辆进行技术检验是必需的。检验的目的是全面了解掌握肇事车辆的结构、技术性能和使用状况以及与事故的关系，为分析事故原因、鉴定事故责任提供客观证据。同时还可以为事故统计分析，制订安全管理措施和提高车辆的安全性能设计收集资料。

对肇事车辆进行检验，目的是为道路交通事故处理工作服务。因此，检验可以分为常规检验和针对分析研究事故的需要进行特定内容的检验两种(包括对车辆某些部位的解体)。对于车辆技术性能的检验，按照法律规定，应由专门技术人员进行，但作为事故调查和事故处理人员，也必须对可能会与事故发生有直接关系的车辆各部件性能、状况和技术标准有基本的掌握。车辆检验包括对机动车和非机动车两个方面，因为对非机动车的检验比较简单，所以本章重点叙述的都是有关机动车（主要是汽车）检验的基础知识。

对于肇事机动车辆进行检验之前，首先要调查车辆载物种类、乘员情况、载物的长、宽、高、重量及捆绑固定情况等。因为车辆装载情况不同，对车辆重心变化、车辆行驶和制动特性会产生影响，甚至可能诱发事故。在讲述机动车检验知识前，先概要叙述车辆有关的名词解释。

一、名词解释

（1）大型汽车：

总质量大于 4 500kg 或总长度超过 6m 或乘员达 20 人（含）以上的汽车。

（2）小型汽车：

总质量 4 500kg（含）以下、总长度 6m 以下、乘员不足 20 人的汽车。

（3）专用汽车：

有专门设备且有专项用途的汽车，包括扫地车、仪器车、邮政车、汽车吊车等。

（4）特种车：

有紧急特殊专门用途的车辆，包括消防车、救护车、工程抢险车、警备车、交通事故勘察车等。

（5）有轨电车：

以电动机驱动，设有集电杆，行驶在轨道上的车辆。

（6）无轨电车：

以电动机驱动，设有集电杆，装有轮胎式车轮的车辆。

（7）电瓶车：

以电动机驱动，以电瓶为电源的车辆。

（8）三轮摩托车：

三个车轮，总质量在750kg以下的机动车。

(9)二轮摩托车：

发动机气缸工作容积大于或等于50cm^3，最大设计车速超过50km/h的两个车轮的机动车。

(10)轻便摩托车：

发动机气缸工作容积小于或等于50cm，供单人乘骑，最大设计车速不超过50km/h的两个车轮的机动车。

(11)大型方向盘式拖拉机：

发动机功率为20马力(含)以上的方向盘式拖拉机。

(12)小型方向盘式拖拉机：

发动机功率小于20马力的方向盘式拖拉机。

(13)手扶拖拉机：

用手把操纵转向的轮式拖拉机。

(14)轮式自行专用机械：

设计行驶速度10km/h以上，装有充气轮胎，可以在道路上自行行驶的专用机械。

(15)全挂车：

车身无动力，独立承载，依靠其他车辆牵引行台的车辆。

(16)半挂车：

车身无动力，与主车共同承载，依靠主车牵引行驶的车辆。

二、车轴的外廓尺寸限界

1. 汽车

应符合国家标准(GB 1589—79)规定，即不超过如下尺寸限制：

(1)总高4m。

(2)总宽(不包括后视镜)2.5m。

(3)总长：

①载重汽车(包括越野载重汽车)12m;

③公共汽车 12 米,铰接式公共汽车 18m;

③牵引车拖半挂车 16m;

④汽车拖带挂车 26m。

2. 无轨电车

参照公共汽车外廓尺寸执行。

3. 方向盘式拖拉机带挂车尺寸限制

(1)总长不超过 10m;

(2)总宽不超过 2m;

(3)总高不超过 3m。

第二节　行驶系的检验

行驶系的保证车辆承载和稳定行驶结构的统称。行驶系主要包括车架、前后桥、前后悬挂、轮胎等部分。对行驶系的检验,除轮胎部分外主要是检查结构是否完整,连接部位是否牢固。检查的重点内容是:

一、车架、前后桥检验

(1)车架,不得有变形、开裂、锈蚀或任意穿孔及气割痕迹,螺母、螺栓不得短缺、松动、锈蚀等。

(2)前、后桥不得有变形及裂纹。同一桥上的左、右减震弹簧力一致,簧片整齐,卡子齐全,螺栓紧固,货车前桥、客车前、后桥须装设完好有效的减震器。

(3)轮毂完好,安装松紧适度。

二、轮胎检验

对汽车轮胎的检验过去往往不被重视,但是随着各种机动车猛增，道路交通事故不断上升。人们越来越感到轮胎因素在道路交通事故的成因中占有相当的比重。因为在任何情况下，对任何车辆形态（无论是前进、转弯，还是停止）的控制，最终还是取决于车辆轮胎与路面之间的附着力。

1. 轮胎的作用

(1)减轻道路对车辆的震颤，增加稳定性。

(2)承担车辆运载（在压缩空气作用下）。

(3)承担推动车辆。

(4)承担车辆转向。

(5)承担车辆停止。

2. 轮胎的分类

汽车上多采用充气轮胎。充气轮胎分无胎式和有内胎式两种。按轮胎充气压力和额定载重量又分为高压胎、低压胎和超低压胎三种：

高压胎：充气压力 490.5～686.7kMa($5\sim7kg/cm^2$)；

低压胎：充气压力 196.2～490.5kMa($2\sim5kg/cm^2$)；

超低压胎：充气压力，196.2kMa($2kg/cm^2$)以下。

轮胎类型规格在胎壁上的表示方法：

高压胎：D×B 如 32×6、34×7 等

低压胎：B—a 如 6.50—16、9.00—20 等

超低压胎：B—a 如 6.70—15 等，凡轮辋直径低于 15 英寸的多为超低压胎。

高压胎的滚动阻力小，能承受较大负荷量，可直接节省燃料，但弹性较差，适用于大型客车、货车，现在一般使用的较少。低压胎和超低压胎的弹性与缓冲性能较好，通过障碍物时，受冲击力小，适用于小型客车、货车。

3. 轮胎的结构

按照轮胎结构,可分为三种类型;交替斜纹帘布层轮胎(斜交胎),径向帘布层轮胎(子午线轮胎)和带束斜线轮胎(带缓冲层的交叉帘布层轮胎)。带束斜纹轮胎是介于前边两种轮胎之间的一种,在我国使用很少,这里不作深入探讨。

(1)交替斜纹帘布层轮胎(斜交胎)。

它是由许多相互交叉的橡胶布层(通常用尼龙线和人造纤维线所构成)的胎体。这些帘布层结合在一起形成一个容纳空气的柔性容器,胎壁控制胎面移动的强度较大。

(2)径向帘布层轮胎(子午线轮胎)。

这种轮胎又叫子午线轮胎,最早是由法国"米西林"公司于1946 年 6 月研制成功。与斜交胎的根本区别是胎体帘线不是相交的,而是各层间互相平行的。即胎体的帘布层从轮胎的一侧与轮胎的中心线成直角、横过到轮胎的另一侧。就像地球上的子午线(某点连接南北极的经线),因此叫子午线轮胎。

4. 轮胎检验内容

根据轮胎的作用和常识,对事故车辆轮胎进行检验的主要内容是:

(1)检验轮胎胎面磨损情况。

汽车行驶时,主要是轮胎面与路面接触,自然会形成不同程度的磨损。汽车通常每行驶 1 000km,胎面平均磨损 0.2～0.4mm。如轮胎使用时间过长,轮胎磨损过甚:无花纹,胎面与路面的附着力会减少,车轮容易产生滑转或因侧滑而改变车辆行驶的方向。按照国家标准,胎面中心花纹不得小于 2mm,轮胎表面不得有硬伤、露线现象。转向轮不得装用翻新轮胎。

另外,通过检验前轴轮胎的磨损,还可以发现汽车前轮定位是否合适。主要有四种情况:

①胎面内侧有较均匀的磨损，这是由于转向车轮外倾角过小造成的。

②胎面外侧有较均匀磨损，这是由于转向车轮外倾角过大造成的。

③胎面由外面向里侧呈锯齿状磨损，是因为前束过大造成。

④胎面由里向外侧呈锯齿状磨损，是因为前束过小造成。

(2)检验事故车辆安装的轮胎断面尺寸是否一致。如有的安装挂背轮胎或者虽然轮胎内径相同但轮胎断面不同，使车辆在行驶中车轮转动不平均，影响车辆行驶的稳定性。

(3)检验事故车辆安装轮胎的结构种类是否一致。就是在同一车轴上不能装用不同结构型号，或不同花纹的轮胎。特别是前转向轮，如同轴分别安装子午线轮胎和斜交胎，因这两种轮胎附着力不同，极易导致车辆侧滑。

(4)检验轮胎爆破原因。如轮胎磨损过甚，胎面变薄，由于载重负荷大或轮胎轧在锐利物上，容易造成冲击性轮胎爆破。

第三节　转向系的检验

转向系是操纵车辆的行驶方向机械部分的总称。一般由转向器和转向传动机构两部分组成。包括方向盘、转向轴及啮合齿轮。转向传动机构，包括转向垂臂、转向直拉杆、转向吊臂、左右梯形臂和转向横拉。在车辆行驶时，驾驶员转动方向盘，通过转向轴带动互相啮合的蜗杆和齿扇使转向垂臂绕其轴摆动，再经转向直拉杆、转向节臂左右梯形臂和横拉杆，使左右转向节及左右转向轮绕主销向同一方向偏转。

车辆转向系机件的性能和安装技术标准，通常情况下，对于抵消各种倾斜角和力矩的影响，保证车辆安全平稳的行驶有重要作用。对转向系检验的重点：

(1)检验方向盘的自由转动量,不得大于30°。

(2)检验转向是否轻便灵活。要求在行驶中不得有轻飘现象,在较平的道路上能保持直线行驶,转向后能自动回正、抖动、阻滞及跑偏。

(3)检验转向机是否漏油,固定托架是否牢固,转向垂直臂、横直拉杆及球形节有无变形或松旷,弹簧垫圈开口销是否齐全有效。

(4)对摩托车应检验前叉有无变形、拼凑焊接、转向沉重、跑偏现象。左右减震器性能是否良好。

第四节 制动系的检验

汽车制动系主要由制动踏板、制动加力装置、制动传动装置(包括防抱死装置)和车轮制动器所组成。其功能是,保证汽车有最佳的停车效率。根据制动传动装置的种类,汽车制动系大体可分为三种类型,即液压式、气压式和液—气压综合式。这三种传动装置一般的应用范围是:整车重量小于5t的汽车多选用液压式;整车重量在5~8t之间的汽车多采用带加力的液压式;总量在8t以上的车则多用气压式;大吨位的载重车和高级小客车常用液—气压综合式。

对现场事故车辆制动情况,现场调查人员一般只作常规检验并如实记录,属机械性能鉴定方面的检验必须由专业技术人员进行。机动车检验标准规定:各式制动器的踏板,应有适当的自由行程;各式行车制动器,均应在第一脚能达到最大的制动效能;制动器应保证在踏板踏下(机械式制动拉杆拉出)全行程1/3~3/4时产生最大制动作用,棘轮式手制动器应在拉动拉杆第三行程的2/3以前产生最大制动作用;制动器的操纵踏板或拉杆,在产生最大制动作用后,还必须有1/4以上的储备行程;制动器产生最大制动作用时(满载)踏板力不得超过70kg,手制动器拉力不得超过30kg。

对制动系统协调时间(系指在紧急制动时,从踏着制动踏板开始到达最大制动效能的时间)的要求:液压制动不得大于0.3s;气压制动:中型汽车不得大于0.5s,大型汽车不得大于0.6s;汽车拖带挂车或牵引半挂车不得大于其最大允许值再加0.2s的时间。

检验制动性能的测试手段,路试测取制动距离可以使用“制动减速测试仪”及其他可以测取制动距离的手段。制动系统协调时间和制动释放时间的记录,在制动试验台上可以采用计时装置加以测定。路测试这个时间,可以用电秒表改制的计时装置。制动踏板力的测定,一般采用踏板力计。驻车制动器制动效能要求在20%的坡道上,空载车双方向均能将车停住。具体来说,汽车制动不合格的现象,在交通事故中主要有三种情况,一是制动失效;二是制动不良;三是制动跑偏。下面分别介绍对各式制动器制动效应的检验要点:

一、液压式制动

液压式制动系由制动踏板、连接装置、制动总泵、油管及车轮制动器等组成。其工作原理是利用特制油液(制动液)作为传递介质。将驾驶员施于踏板上的力放大后传到制动器,推动制动蹄片产生制动作用。

1. 工作过程

(1)当踏下制动踏板时,推杆推动活塞回位弹簧。当皮碗盖住回油孔时,总泵制动室内的制动液在压力作用下,通过油阀上的小孔,沿油阀内皮碗边缘流入油管,再进入前后制动分泵。分泵活塞向外张开,推动制动蹄片起制动作用。

(2)当放松制动踏板时,各分泵的制动液在制动蹄回位弹簧的作用下回流。这时油阀上的小孔被内皮碗封闭,油阀被压离坐垫,制动液就经油阀外边缘流回总泵。

2. 液压制动的检验重点

合格的制动，当踏板下全行程的 1/3～3/4 之间时产生标准制动效应并使踏板停留一分钟，踏板不得有下行现象。不合格的制动，检验中常出现以下现象。

(1)液压制动失效：

表现为连续踏下制动踏板，感觉踏板不升高，同时又感无阻力。原因有四：

①制动总泵内无油或严重缺油；

②制动总泵皮碗踏翻或损坏；

③某机械连接部位脱开；

④制动油管破裂或接头严重漏油。

(2)液压制动不良：

①踏下制动踏板时，感觉位置很低，连续踏踏板时，踏板逐渐升高，但感觉软弱而且制动效果不好，这说明制动系统内有空气。

②一脚制动不灵，连续踏下制动踏板时，踏板位置逐渐升高，并且制动效果良好。这说明踏板自由行程过大或摩擦片与制动毂间隙过大。

③若连续踏下踏板，踏板位置能升高，但连续往下踏(踏下不抬脚)有下行感，说明制动系统有漏油或制动总泵皮碗封闭不严。

④当踏下踏板，踏板位置很低，再连续踏踏板，踏板位置还不能升高，一般为总泵通过气孔或补偿孔堵塞。

⑤当踏下踏板时，踏板高度合乎要求，也不软、弱、下行，但制动效果不好，则为车轮制动器的故障。如：摩擦片硬化，摩擦片过薄、铆钉露头、有油污，制动毂失灵等。

(3)液压制动跑偏：

此现象是制动时两边车轮不同时起作用，使车辆不能沿直线方向停车。车辆向左偏斜，即为右边制动器不良，向右偏斜即为左边车轮制动不良。产生这种现象的原因可归纳为六点：

①左、右车轮摩擦片与制动毂间隙大小不一致；

②个别车轮摩擦片有油污、硬化或铆钉外露；

③各车轮摩擦片材料不一样或新旧摩擦分布不均匀；

④个别分泵内有空气，活塞运动不灵活，皮碗发胀或油管堵塞；

⑤左、右车轮制动摩擦回位弹簧拉力相差太大或左、右轮胎气压高低不一；

⑥个别制动毂失灵。

二、气压式制动

气压式制动装置的制动力，不是依靠驾驶员脚踩的力量，而是压缩空气的压力。制动时，驾驶员踩放制动踏板，操纵制动控制阀的开启和关闭，并控制制动强度，制动器的驱动力则完全由气压产生。气压式制动传动装置的组成和分布方式，与液压制动传动装置一样有简有繁，随不同车型而异，但总的工作原理是相同的。

对气压式制动的检验重点：合格的气压式制动是在发动机起动 4min（拖带挂车为 6min）之内，气压应从零升至 $4kg/cm^2$ 以上，停机 3min 气压下降不超过 $0.1kg/cm^2$，贮气筒容量应保证在停机的情况下，连续五次全制动，气压仍不小于 $4kg/cm^2$，并保证车辆行驶时一脚制动产生有效的制动效力。不合格的制动，检验中常出现以下现象：

1. 气压制动失效

此现象是在行驶中使用制动时，不能减速或停车。产生这种现象的原因有；

(1)贮气筒内无压缩空气；

(2)控制器的进气阀不能打开或排气阀不能关闭；

(3)气管堵塞，控制器膜片或制动气室膜片破裂漏气。

2. 气压制动不良

现象是在行驶中，将制动踏板踏到底后虽能减速，但停车缓慢。产生这种现象的原因有：

(1)贮气筒内空气压力不足；

(2)踏板自由行程过大；

(3)控制阀和制动气室膜片破裂或损坏；

(4)制动分泵的制动臂和调整蜗杆调整不当，使制动气室推杆行程过长(应用全行程的50%～40%)；

(5)气管破裂或接头松动漏气；

(6)制动蹄片与制动毂间隙过大或蹄片有油污。

3. 气压制动跑偏

此现象是制动时两边车轮不能同时起制动作用，甚至一边车轮停止，另一边车轮转动，造成车辆斜向停车。产生这种现象的原因：

(1)左、右车轮摩擦片与制动毂间隙大小不一致，摩擦片材质不同或接触情况不一样；

(2)个别车轮摩擦片有油污、硬化或铆钉外露；

(3)个别制动气室推杆弯曲变形、膜片破裂、气管或接头漏气；

(4)个别车轮的凸轮轴被卡住；

(5)各车轮制动蹄回位弹簧拉力相差太大；

(6)个别制动毂失灵。

三、气—液综合式制动

为了减轻驾驶员的工作强度，增大制动强度，近年来，在一些大型载重汽车和中、高级小客车，甚至轻型越野汽车上(不论是单管路式或双管路式的制动系)，越来越多地采用气—液综合式制动装置。

1. 基本组成

气—液综合式制动的基本组成，是在原有的液压制动传动装置中，增设一定型式的气压加力器。常用的气压加力器有真空加力式和压缩空气加力式两类。真空加力式根据其作用不同可分为真空加力器和真空增压器两种，此外根据加力缸不工作时前后腔室是真空或大气，又可为真空贮缸式和大气贮缸式两种。

真空加力的原理：汽油发动机在进气过程中，活塞向前移时，进气管中形成一定的负压（真空度）。此负压和大气压的差值，构成真空动力。真空度愈大，真空动力也愈大（即压力差大）。汽车在进行制动时，发动机处在怠速情况，进气管中产生的真空度最大。如果将其用来与驾驶员踩踏板的力共同作用于制动主缸，推动主缸活塞，就获得较高的输出油压，这种布置方案称为真空加力。

如果是将真空动力用来再次增高来自主缸并输往轮缸的油压，则称为真空增压器，这种方案可以用来减轻驾驶员踩踏板的力，而获得足够大的制动效果。同样如果加力器以压缩空气来代替真空动力，也可以达到同样的效果。

2. 气—液综合式制动的检验重点

(1)合格的气—液综合式制动，不仅制动踏板的自由行程符合规定，而且具有良好的制动效果。但对于带有真空增压器的汽车，要注意发动机熄火时，真空增压器不起作用，所以，这种汽车下坡时不允许发动机熄火。

(2)不合格的制动，检验中常出现以下现象：

①真空增压装置加力不足。表现为踏制动踏板时，沉重费力，制动效果不好，并感到发动机运转不正常。产生这种现象的原因：一是加力室膜漏气或回位弹簧折断；二是控制阀膜片漏气；三是控

制阀真空阀门关闭不严；四是连接发动机和加力室的真空管路漏气。

②制动液增压不良。表现为当踏下制动踏板对，感到软弱无力，全车制动不灵，甚至不起制动作用。产生这种现象的原因：一是辅助缸活塞皮碗发胀或磨损过度；二是辅助缸活塞滑动不灵活；三是辅助缸出液阀关闭不严，使增压的油漆回流；四是活塞磨损过度；五是辅助缸油道有部分堵塞。

③制动液烧损。表现为增压器总缸内经常缺少制动液，当踏下制动踏板时，发动机转速升高，而且能从排气管中嗅到制动液味，制动效能降低甚至失效。产生这种现象的原因，一是辅助缸活塞皮碗及密封圈磨损或损坏；二是控制阀柱塞皮碗漏油。此外，对机械式制动器（主要在部分拖拉机中）的检验要注意拉杆拉线等机件是否完好无损，制动性能情况如何，查明原因。同时还应对驾驶员座位、视线、仪表、挡位、连接、防护等情况作好检验记录。

第五节　灯光、喇叭、后视、防护部位的检验

在对肇事车辆进行检验中，对灯光、喇叭、后视、防护等部位也同样不可忽视。因为有相当数量的道路交通事故的发生，是由于这些所谓车辆辅助行驶部件损坏或故障而直接或间接引起的。所以，认真检验这些部位的技术状况，对于搞清某些事故的原因是十分重要的。但是，应当注意在进行灯光、喇叭、后视、防护等部位的检验时，要分析事故发生的时间、气候和形成机制等条件。比如，白天灯光不良或失效；在不准鸣喇叭的道路上车辆喇叭失效；晴天刮水器无效；无安全防护装置车辆发生迎面相撞事故等等诸如此类的情况，均不能作为事故发生的原因。下面介绍对灯光、喇叭、后视、防护等部位检验时的主要技术要求：

一、灯光

各种车辆安装的灯具，其灯泡要有保护装置，安装牢靠，不得因车辆震动而松脱、损坏，失去作用或改变光照方向。所有灯光开关安装牢固、开启、关闭自如，不得因车辆震动而自行开启或关闭，开关安装位置应便于驾驶员操纵。所有灯光除前照灯的远光外，均不得炫目，左右两边装置的灯，光色、规格须一致，安装位置对称。

1. 前照灯

(1)机动车前面左、右两边应各安装一个(或两个)前照灯(摩托车可安装一个)。

(2)安装位置：灯的上缘距地面高度不大于1.2m，外缘距车外侧应不大于400mm。

(3)在驾驶室仪表板上安装蓝色的远光指示灯。

(4)前照灯的发光强度：安装一只或两只前照灯的车辆，每只发光强度应在15 000坎德拉以上，前照灯为四灯制的车辆，每只发光强度在12 000坎德拉以上，前照灯光色为白色或黄色。

(5)前照灯要有远、近光变光装置。夜间远光灯亮时，应能照清前方100m远的道路，近光灯亮时，应能照清前方40m远的道路。近光灯必须符合防炫目要求。

(6)设计最高车速在30km/h以下的机动车前照灯，可以不设远、近变光装置。

2. 示宽灯

(1)机动车(二轮摩托车除外)前面左、右两边应各安装一只示宽灯，侧三轮摩托车可只在边斗装一只。

(2)示宽灯光源应为3～5W，显示面积不得小于15cm²，光色为白色或黄色；

(3)安装位置。上缘距地面高度应不大于1.5m；外缘距车外侧应不大于150mm。

(4)示宽灯应与尾灯同时点亮,并且在大灯点亮、熄灭时均不得熄灭。

(5)示宽灯点亮时,夜间距车前300m以外应能看清。

(6)发动机熄灭后,仍能点亮。

3. 尾灯

(1)机动车后面左、右两边应各装一只尾灯(二轮摩托车可装一只)。

(2)尾灯光源应为3～5W,显示面积不得小于15cm²,光色为红色。

(3)安装位置:上缘距地面高度应不得大于1.5m;外缘距车外侧应不大于200mm。

(4)尾灯亮时,夜间距车尾300m以外应能看清。

(5)发动机熄灭后,仍能点亮。

4. 制动灯

(1)机动车后面左、右两边应各装一只制动灯(二轮、侧三轮车可只装一只)。

(2)制动灯光源应为15～25W,亮度要比尾灯强五倍以上,显示面积不得小于后转向灯及尾灯的显示面积,光色为红色。

(3)安装位置:上缘距地面高度应不大于1.5m,外缘距车外侧应不大于400mm。

(4)制动灯亮时,白天距车尾100m以外应能看清。

(5)制动灯的启、闭应受行车制动装置的控制。

5. 转向信号灯

(1)机动车前、后面的左右两边应各装一只转向信号灯,车身总长超过9m的(包括机动车拖带挂车),两侧前方也应装设侧向转向信号灯;在驾驶室内的仪表板上还应设置相应的转向指示信号。

(2)转向灯光源应为10～15W,亮度要比示宽灯、尾灯强三倍以上,不得小于$20cm^2$。

(3)转向灯光色为黄色,以每分钟60～120次的频率点灭。

(4)安装位置:上缘距地面高度应在1.5m以下,转向灯不准安在示宽灯、尾灯的内侧。摩托车左、右转向灯,内缘距离应在300mm以上。

(5)转向灯亮时,白天在100m以外应能看清。

6.倒车灯

(1)除摩托车外,机动车后面须安装一只或两只倒车灯。

(2)倒车灯发光强度在5 000坎德拉以下,照射光线的主光轴应向下,可以照清车后15m以内的道路。倒车灯光色为白色。

(3)安装位置:上缘距地面高度应小于800mm。

(4)倒车灯只能由变速器控制,在变速器处于倒挡位置时点亮,并同时发出警报音响。

7.反射器

(1)机动车、挂车后部左、右两边应各设一只反射器(二轮摩托车可只设一只)颜色为红色。

(2)安装位置:上缘距地面应在1.5m以下,外缘与车外侧距离应小于200mm。

(3)反射器的形状:机动车用三角形以外的形状,挂车用正三角形,显示面积不得小于$50cm^2$(摩托车不小于$30cm^2$)。

(4)反射器在夜间150m以外用汽车前照灯照射时,应清晰可见。

二、喇叭

(1)机动车应设置喇叭(摩托车只准设一只)。

(2)市区内使用的必须是低噪音喇叭,音调悦耳;音量在车前

2m 距地面高 1.5m 外测量，应在 90～105dB 之间。

三、后视镜

(1)机动车左、右两侧及驾驶室内应各装一面后视镜(摩托车可只在左侧装一面)。

(2)大型平头车在前面还应装一只能看清车前部情况的下视镜。

(3)镜面中的影像不得扭曲、畸形。

(4)后视镜安装位置、角度应适宜，能使驾驶员看清车身侧后方 50m 以内的交通状况。

四、安全防护装置

大型货车、挂车(载重量 30t 以上)的前后桥及挂车间车身两侧，均应设置有效的安全防护装置。

五、前风挡

风挡玻璃必须采用透明度良好的安全玻璃，不得有炫目的波纹、气泡等缺陷，不能使用有机玻璃。风挡玻璃左、右两边要装有灵敏的自动刮水器(有驾驶室的三轮摩托可只装一个)，并要有除霜装置。

第七章 交通执法信息化应用

第一节 概　　述

近年来，随着中国经济的快速发展，国家加大了对交通信息化建设的投入力度，中国交通行业信息化建设速度明显加快，信息化应用逐步深入到交通政务、运输、信息服务的各个领域。以电子政务为龙头，交通企事业单位信息化为基础，监管、安全和公共信息服务为立足点的公路、水路交通信息化体系正逐步形成。而交通管理部门也从原有的交通执法人员现场人工取证、事后分析等手段，判断违法行为和确定处罚标准的工作方式中，逐步向现场拍照、录像取证，同时将道路、案件信息实时传送到监控中心的智能交通管理系统来解决问题。本章将就广东省交通执法管理工作中得到成功应用的“路政管理网络集成系统”作为案例向各位读者予以介绍，以说明交通信息化的应用对交通管理方式的变革与创新的推动作用，并希望能够促进交通各个领域在信息化应用方面的交流和学习。

路政管理是指县级以上人民政府交通主管部门或者其设置的公路管理机构,为维护公路管理者、经营者、使用者的合法权益,根据《公路法》及其他有关法律、法规和规章的规定,实施保护公路、公路用地及公路附属设施的行政管理。“路政管理网络集成系统”正是在路政管理职责,同时结合《中华人民共和国公路法》对路政管理工作的规定,以交通部《交通(公路水路)信息化建设指南》的标准为基础,开发的统一的公路基础信息平台(包括统一的电子地图、统一的信息平台和接口系统)。而此系统在路政管理机构的成功应用,使路政管理工作逐步走上信息化、网络化、规范化发展的轨道,带动路政管理创新,进而提升了公路的综合运营管理水平。

一、路政管理网络集成系统简介

“路政管理网络集成系统”紧密结合路政管理工作实际,充分利用现阶段网络信息技术新成果,形成了涵盖路政内外业、兼顾路政管理的实施和行业管理,并对公众提供政务公开的信息化整体解决方案,其路产分类及各类路产技术指标体系的建立参照全国公路路况普查分类标准,可方便地与养护等相关业务系统实现资源共享。系统实际应用成效显著,对提升公路路政信息化管理水平、降低管理成本、提升公路营运服务水平具有积极的推动意义,并得到行业专家的充分肯定。路政管理网络集成系统的各个系统互相联系,形成一整套解决方案,每一个系统既可以独立运行也可以与其他系统联网协同使用。

路政管理网络集成系统整体解决方案由以下三大系统组成:

(1)以路政业务实施为中心的路政所(队)的路政办公系统(C/S,桌面应用模式);

(2)以现场移动路政管理为中心的路政移动办公系统(PDA,掌上电脑应用模式);

(3)以路政行业管理为中心的省级路政管理网(B/S,网络应用模式)。

路政办公系统(C/S)部署在公路管理机构,主要满足路政业务办公自动化和路政内业管理的需要;本系统是路政管理网络集成系统的业务基石,接受路政移动办公系统的现场数据,负责具体路政业务工作的信息化办公和信息的维护更新,并自动生成向路政管理网的上传信息,和路政移动办公系统及省级路政管理网的信息交换通过数据同步组件实现。路政办公系统是针对公路管理机构的路政管理业务开发的应用系统,其涉及业务范围主要包括高速公路的路产管理、路权管理、路政案件的办理及业务档案建立,系统自动进行统计分析和路政报表输出。系统使用基于 LAN,用 C/S 技术构建,主要用户是公路路政队(大队)。系统功能主要包括高速公路的路产管理(路产分类技术指标体系的建立、路产登记、路产状况跟踪、分类统计查询)、路政执法数据库管理、路权管理(行政审批)、路政案件的查处、档案管理和日常事务管理。软件通过对典型业务流程的定义、执法文书报表的规范、路政执法数据库的管理和网上路政执法公示,为规范路政执法程序、正确使用执法文书、准确运用法律法规、推行政务公开提供技术支持。

路政移动办公系统安装在掌上电脑(PDA)里,供路政员做路政巡查及事故现场处理时随身携带使用,主要满足路政外业的需要;系统使用微软. net 技术构建。应用环境:PDA+移动上网卡+数码相机+便携式打印机。路政员使用该系统可以方便、快捷地完成现场的勘察工作,同时将数据传输至路政办公系统。该系统是路政办公系统的外业扩展,可自动与养护等相关业务系统实现资源共享,避免信息重复和浪费。系统主要包括高速公路的路产管理(路产分类技术指标体系的建立、路产登记、路产状况跟踪、分类统计查询)、路政执法数据库管理、路权管理(行政审批)、路政案件的查处和档案管理。系统操作简单快捷,规范了路政执法程序,能够现场通过车载打印机输出法律文书,同时输出的文书具有法律效力。

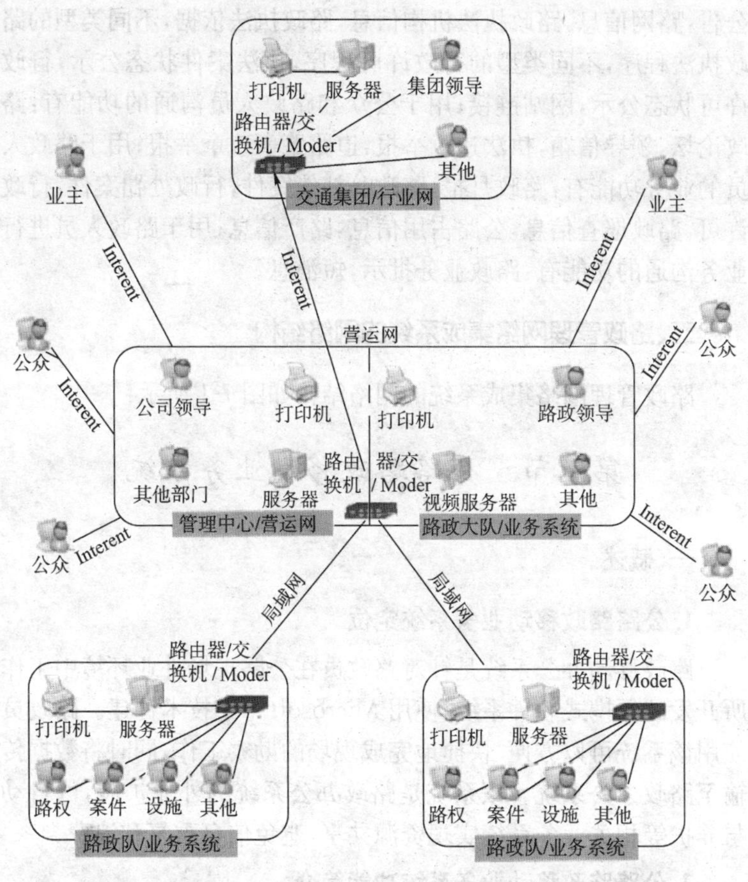

图 7-1 路政管理网络集成系统的网络结构

路政管理网(B/S)则部署在路政主管机构(交通厅、公路局、路政办),一方面满足路政行业管理、路政业务审批的需要,另一方面为行业主管领导、相关部门提供各高速公路最新的路况、路政、交通状况信息,同时还是对社会提供服务信息的软件平台。本系统提供了多种功能,面向公众的功能有:路政新闻,路政简报,路政公告，路网信息，路政执法机构信息，路政执法依据，不同类型的路政执法程序，不同类型的行政许可程序，执法案件状态公示，行政许可状态公示，网站链接；用于公众和路政人员沟通的功能有：路政论坛，领导信箱，执法违章举报，道路肇事违章举报；用于路政人员的业务功能有：路政月报，路政赔补偿案件，行政处罚案件，行政许可，路政巡查信息，公路占用信息，路产信息；用于路政人员进行业务沟通的功能有：路政业务批示，短消息。

二、路政管理网络集成系统的网络结构

路政管理网络集成系统的网络结构如图 7-1 所示：

第二节　公路路政移动业务系统

一、概述

1. 公路路政移动业务系统定位

路政移动办公系统是针对路政员在公路现场外业环境中工作所开发的便携式软件系统，使用 Microsoft. net 技术构建。路政员使用该系统可以方便、快捷地完成现场的勘察工作，同时将数据传输至路政办公系统。该系统是路政办公系统的外业扩展，可自动与养护等相关业务系统实现资源共享，避免信息重复和浪费。

2. 公路路政移动业务系统功能简介

主要包括高速公路的路产管理（路产分类技术指标体系的建立、路产登记、路产状况跟踪、分类统计查询）、路政执法数据库管理、路权管理（行政审批）、路政案件的查处和档案管理。系统操作简单快捷，规范了路政执法程序，能够现场通过车载打印机输出法律文书，同时输出的文书具有法律效力。

3. 公路路政移动业务系统功能结构（图 7-2）

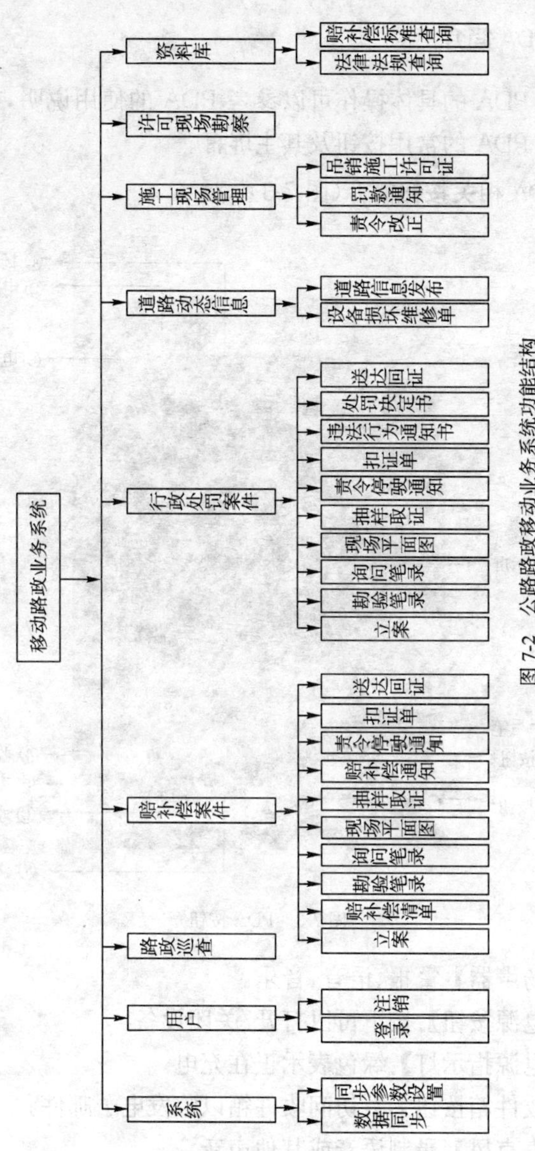

图 7-2 公路路政移动业务系统功能结构

二、PDA 简介

关于 PDA 的具体操作可以参考 PDA 的使用说明，在此简单介绍一下 PDA 的常用按钮及其主屏幕。

1. PDA 相关按钮简介(图 7-3)

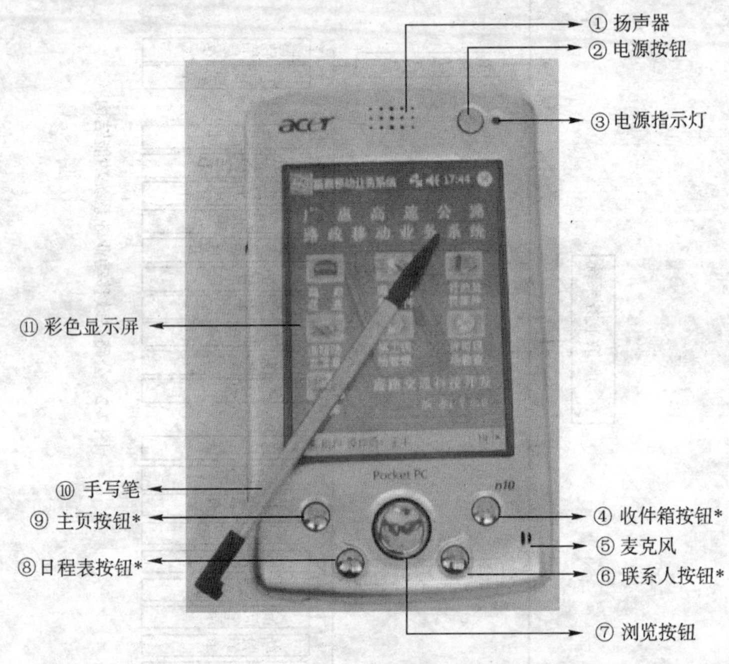

图 7-3　PDA 按钮

①【扬声器】:警报、语音、音乐。

②【电源按钮】:按下可以打开/关闭设备。

③【电源指示灯】:绿色表示正在充电。

④【收件箱按钮 *】:访问收件箱以收发电子邮件。

⑤【麦克风】:录制语音或其他声音。

⑥【联系人按钮 * 】:显示所选类别的联系人列表。

⑦【浏览按钮】:浏览列表,按下进行选择。

⑧【日程表按钮 * 】:设置提醒或查看日程表。

⑨【主页按钮 * 】:返回主页。

⑩【手写笔】:向上滑动取出;向下推动锁定。

⑪【彩色显示屏幕】:高对比彩色屏幕。

注:带“ * ”号的按钮为可以自定义,但是在启动时,将采用默认设置。

2. PDA 主屏幕介绍(图 7-4)

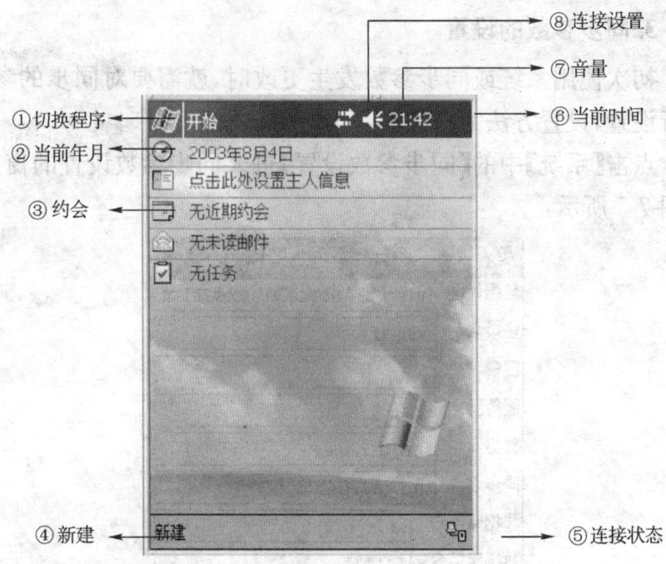

图 7-4 PDA 主屏幕

①【切换程序】:点击可以切换程序。

②【当前年月】:显示当前年月,点击可以更改日期和时间。

③【约会】:显示当前约会,点击可以设置或查看现有约会。

④【新建】:点击可以创建新项目。

⑤【连接状态】点击可以查看连接状态。

⑥【当前时间】显示 PDA 的当前时间。

⑦【音量】:点击可以改变音量或设置成静音。

⑧【连接设置】:敲击可以设置 ISP 连接或工作连接。

三、安装与配置

1. 安装 ActiveSync3.7(或更高版本)

2. 系统初始化

3. 同步参数的设置

初次使用系统或同步参数发生更改时,就需要对同步的参数进行设置,设置方法为:

点击【系统】中的【同步参数设置】进入同步参数设置的窗口,如图 7-5 所示:

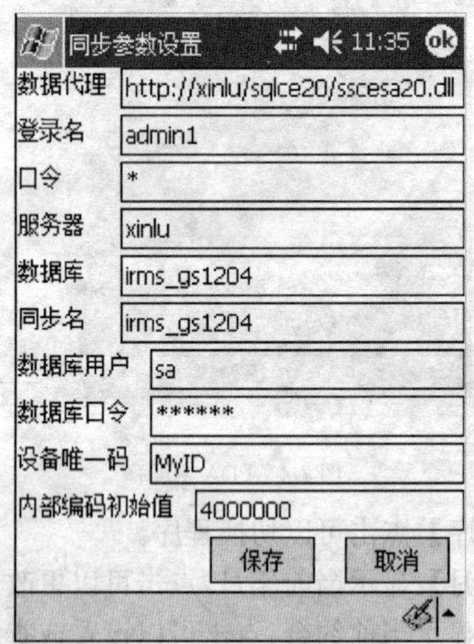

图 7-5 同步参数设置窗口

这些同步参数由开发公司进行设置。

4. 基础数据的同步

一般情况下，在每次出外巡查时，都需要先对 PDA 和路政业务系统进行一次同步，以保持两套系统数据一致性，同步方法为：

点击【系统】中的【数据同步】，系统自动会与路政业务系统进行同步，同步成功后，会弹出同步成功的提示，如图 7-6 所示：

图 7-6　同步成功提示

四、系统启动与退出

1. 启动系统

点击主屏幕的【开始】下面的【RoadMobileManage】，即可进入移动业务系统，其主界面图 7-7。

①【标题栏】：显示当前系统的标题。

②【功能按钮】：系统功能的按钮，点击可进入相关的功能窗口。

③【菜单栏】：系统的菜单栏。

④【当前操作员】：显示当前的操作员的名称。

⑤【输入法】：显示当前的输入法，点击可选择输入法。

⑥【退出按钮】：点击可退出系统。

2. 退出系统

点击系统右上角的⊗，即可退出系统。

3. 用户登录与人员选择(图 7-8)

操作说明：

在人员选择的下拉条的人员都是从路政业务系统中同步过来的，可在业务系统的【用户管理】中对人员进行维护。

✓ 功能说明：

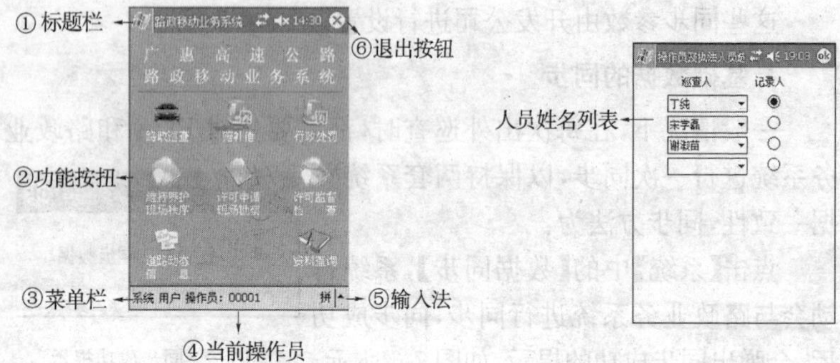

图 7-7　主界面　　　　图 7-8　登录界面

在登录时选择了人员后，会显示在相关的输入栏中，如路政巡查中的巡查人员。

✓ 操作说明：

➢ 巡查人：在人员姓名右边的下拉选择按钮 ▼ 选择记录人姓名。

➢ 记录人：在点击人员姓名左边的○，系统自动打上"●"，显示为"◉"时为选中，显示为"○"时为未选中。点击ok进入系统。

4. 常用按钮说明

按　钮	说　明
	新增按钮，点击可以新增一条记录
	保存按钮，点击可以保存当前记录
	删除按钮，点击可以删除当前记录
	刷新按钮，点击可以刷新当前页面中尚未保存的内容
	打印按钮，点击可以打印当前内容
ok	退出按钮，退出当前窗口
⏮	记录定位按钮，将记录定位到第一条记录

续上表

按　钮	说　明
◀	记录定位按钮,将记录定位到当前记录的上一条记录
▶	记录定位按钮,将记录定位到当前记录的下一条记录
⏭	记录定位按钮,将记录定位到最后一条记录
⊗	退出按钮,退出移动业务系统
✎	修改按钮,修改一条记录

五、路政巡查

1. 巡查主信息界面

点击主界面中的功能按钮【路政巡查】,进入巡查的主信息窗口(图 7-9)。

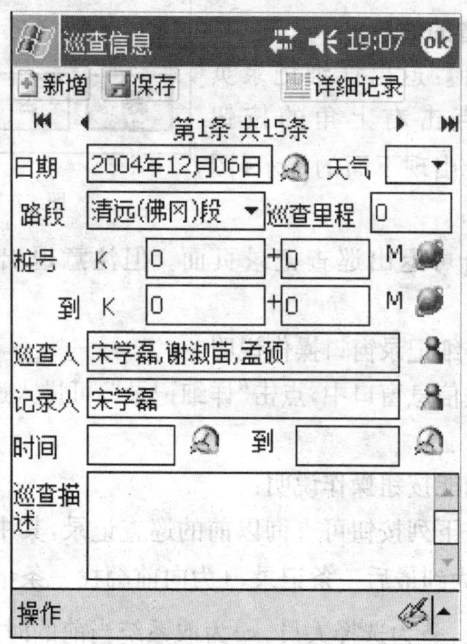

图 7-9　路政巡查主信息窗口

✓ 功能说明：

巡查信息的新增、保存。

✓ 操作说明：

①巡查主信息窗口操作说明：

在巡查主信息窗口中可以进行新增、保存的操作。

➢ 【新增】：新增巡查记录的主信息。点击新增按钮，录入相关的巡查信息。其中：巡查人和记录人是默认为登录系统时选择的用户，还可以直接在录入栏中手工修改，或通过右边的按钮重新选择录入。录完主信息后，点击【详细记录】，进入巡查详细记录界面，录入相关信息后，保存即可。

➢ 【保存】：保存巡查记录的信息。点击保存按钮，可保存新增的信息。

➢ 【退出】：退出详细记录页面。点击右上角的按钮，会出现下面的提示（图 7-10）：

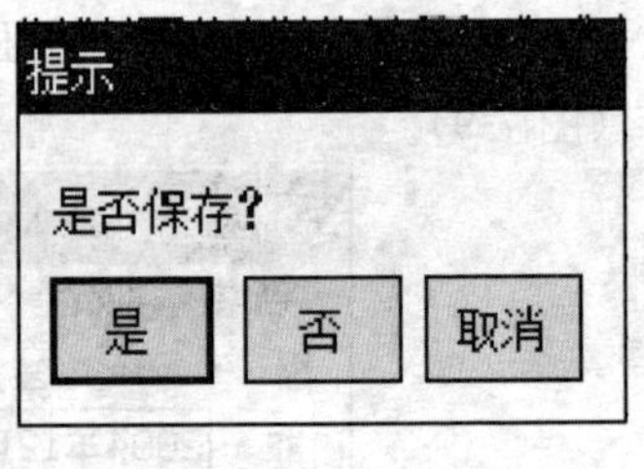

图 7-10

如果没有可退出巡查记录页面。但注意退出前要先保存记录。

②巡查详细记录窗口操作说明：

在巡查主信息窗口中，点击“详细记录”，可进入巡查详细记录窗口中。

③其他功能按钮操作说明：

通过点按下列按钮可查询以前的巡查记录，其中 ⏮ 为回到第一条记录，⏭ 为到最后一条记录，◂ 为向前翻找一条记录，▸ 为向后翻找一条记录，为选择人员，为取系统当前的时间，为详细记录按钮。

2. 巡查详细记录界面

如果当前登记的是新巡查记录，在进入详细记录时会出现下面的提示(图 7-11)：

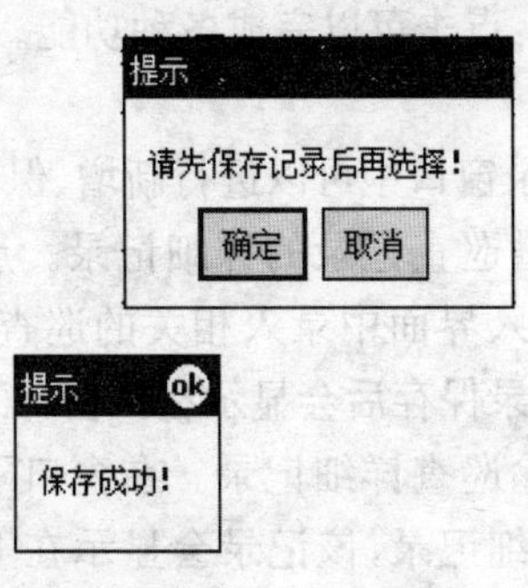

图 7-11　登记提示

点击"确定"按钮后出现，在保存了新记录后就可以进入巡查详细记录窗口中可以进行新增、保存、删除的操作(见图 7-12)。

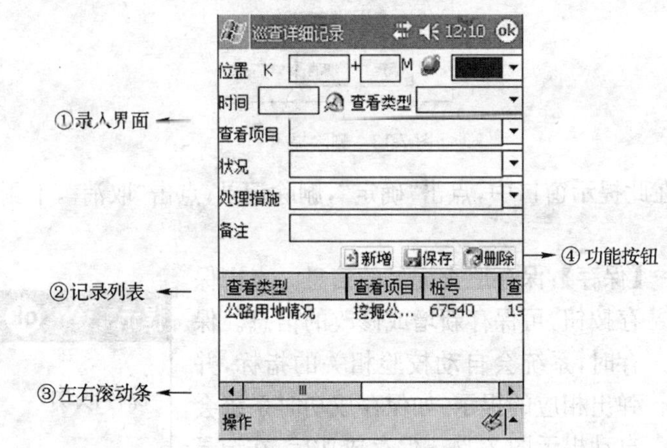

图 7-12　新记录操作

✓ 界面说明

➢【录入界面】:录入巡查的详细信息。

➢【记录列表】:显示已经录入的巡查详细信息列表。

➢【左右滚动条】:点击可以向左或向右移动记录。

➢【功能按钮】:点击可以完成各种功能。

✓ 操作说明

在巡查详细记录窗口中可以进行新增、保存、删除的操作。

➢【新增】:新增巡查记录的详细记录。点击新增按钮,在窗口上面的录入界面中录入相关的巡查详细记录。新增的巡查详细记录保存后会显示在该窗口下面的列表中。

➢【删除】:删除巡查详细记录。在窗口下面的列表中,点击需删除的详细记录,该记录会显示在上面录入界面中,点击删除按钮,弹出是否删除的提示窗口,可将该记录删除,如图 7-13 所示。

图 7-13 删除提示

在此提示窗口中,点击"确定",删除记录;点击"取消",不删除记录。

➢【保存】:保存巡查记录的信息。点击保存按钮,可保存新增或修改的信息。保存时,系统会自动校验相关的指标,并弹出相应的提示,如保存成功时系统会自动提示图 7-14。保存成功后,在记录列表中会增加一条记录。

图 7-14 保存成功提示

如录入的记录不完整或录入不规范，保存时也会弹出相应提示，图 7-15。

图 7-15　保存不成功提示

➢【退出】：退出巡查详细记录页面。点击右上角的按钮 ok，可退出巡查详细记录页面。

注意：所有操作完成后，都必须保存后再退出，否则，所做的操作不会生效。在整个系统中都是如此。关于删除和保存时的校验提示，在整个系统中都有。

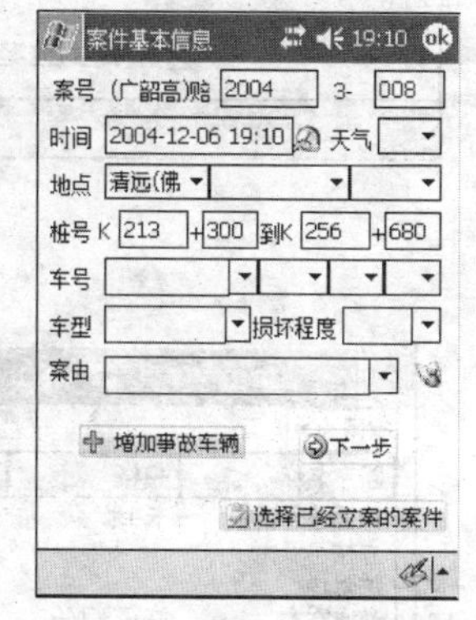

图 7-16　赔补偿案件界面

六、赔补偿案件

在系统主界面中，点击【赔补偿】，进入赔补偿案件的立案界面，即可以进行案件的巡查登记工作了(图 7-16)。

赔补偿案件中主要有以下几部分：立案、勘验笔录、询问笔录、赔补偿清单、赔补偿通知、送达回证、现场平面图、抽样取证、责令停驶通知。

1. 立案

所有案件都必须先立案，才能进行其他操作。

进入立案界面，有五页的基本信息需要录入(图 7-17)：

✓ 操作说明：

➢【下一步】：根据案件巡查的流程进入下一个工作界面，以进行案件巡查登记。

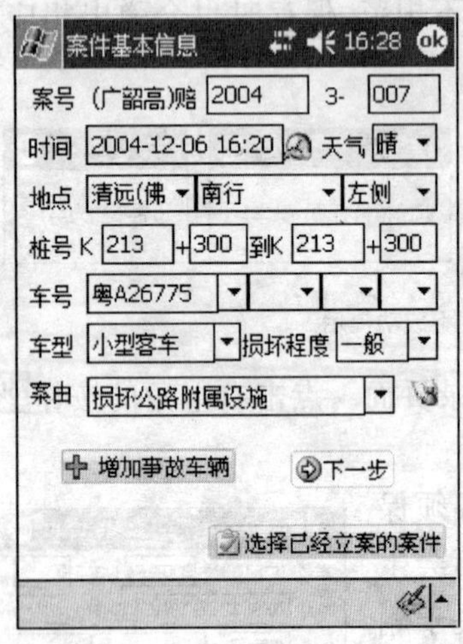

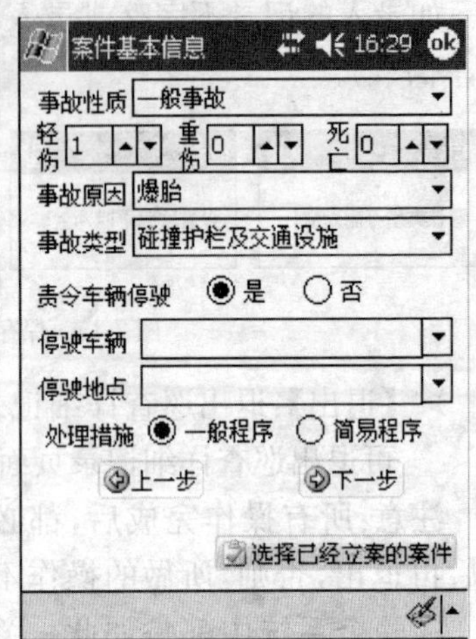

案件基本信息 16:28 ok
案号 (广韶高)赔 2004 3- 007
时间 2004-12-06 16:20 天气 晴
地点 清远(佛 南行 左侧
桩号 K 213 +300 到K 213 +300
车号 粤A26775
车型 小型客车 损坏程度 一般
案由 损坏公路附属设施
增加事故车辆 下一步
选择已经立案的案件

案件基本信息 16:29 ok
事故性质 一般事故
轻伤 1 重伤 0 死亡 0
事故原因 爆胎
事故类型 碰撞护栏及交通设施
责令车辆停驶 是 否
停驶车辆
停驶地点
处理措施 一般程序 简易程序
上一步 下一步
选择已经立案的案件

赔偿清单 16:30 ok
常用
路产名称 规格 数量
单面波形钢板 长4米 4
立柱 3
防阻块 0
普通乔木 胸径3CM(... 0
数量 0 保存
金额 0
汇总 4120
上一步 下一步
选择已经立案的案件

涉案人信息 16:32 ok
车号 粤A267 当事人
姓名 张云 性别 男 年龄 31
证件号 14794673784159
地址 广东
工作单位 广东
职务 司机 法定代表人
电话 1346754674 邮编 14567
车辆所在地 广东 车主 当事人
上一步 询问笔录
选择已经立案的案件

a)

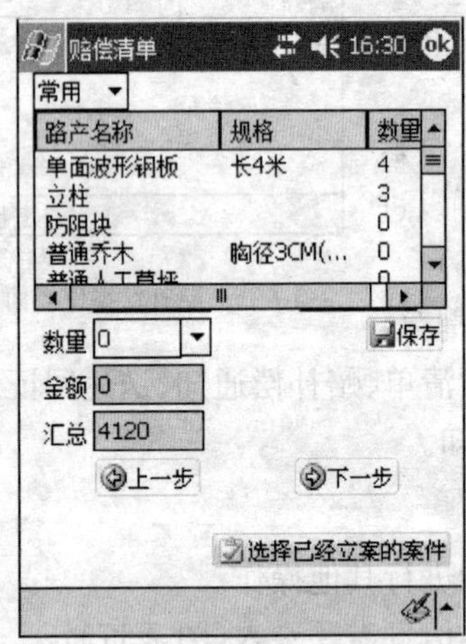

b)

c)

图 7-17

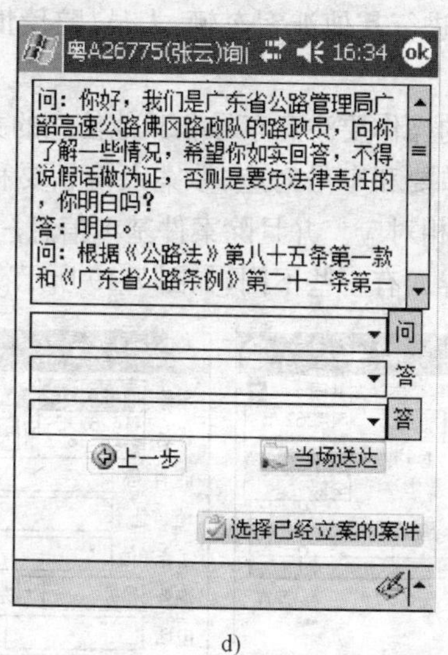

d)

图 7-17　立案信息录入界面

➢ 【上一步】：根据案件巡查的流程返回上一个工作界面，以进行案件巡查登记。

➢ 【增加事故车辆】：如果案件涉及到多方车辆和人员，可点击【增加事故车辆】，进入【涉案人信息】界面以记录其他涉案车辆、人员、赔偿情况、询问笔录等的基本信息。点击后会出现提示图 7-18。

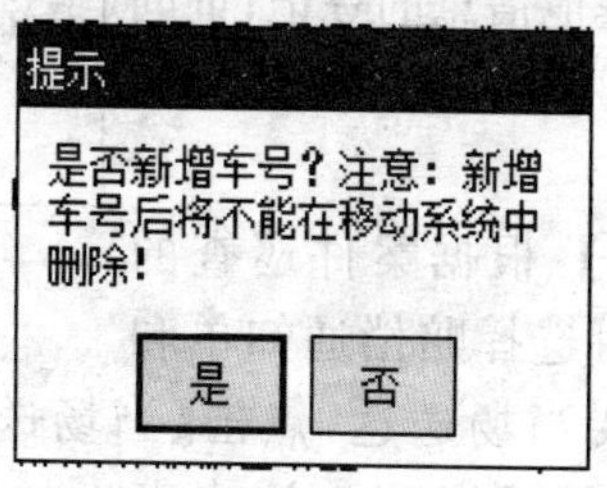

图 7-18　增加事故车辆提示

按“是”即可进行其他涉案车辆、人员、赔偿情况、询问笔录的信息登记。

注意：此后的操作要注意车号和其他信息的关系，车主要和车号对应、赔偿清单要和车号对应、涉案人信息要和车号对应、询问笔录也要和车号相对应。并且除案件基本信息登记界面和原来一致外，其他操作界面有一些不同，如图 7-19 所示。

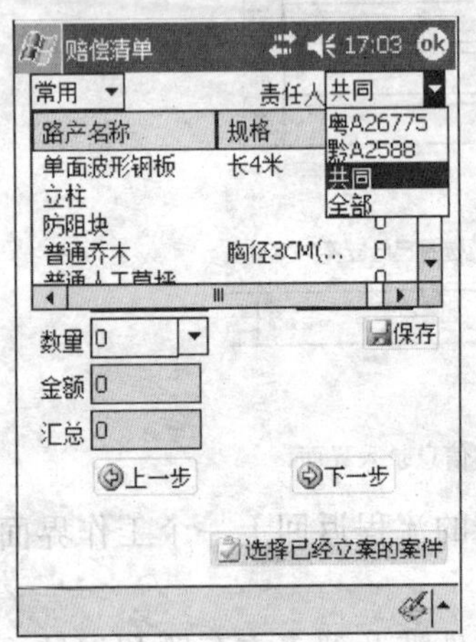

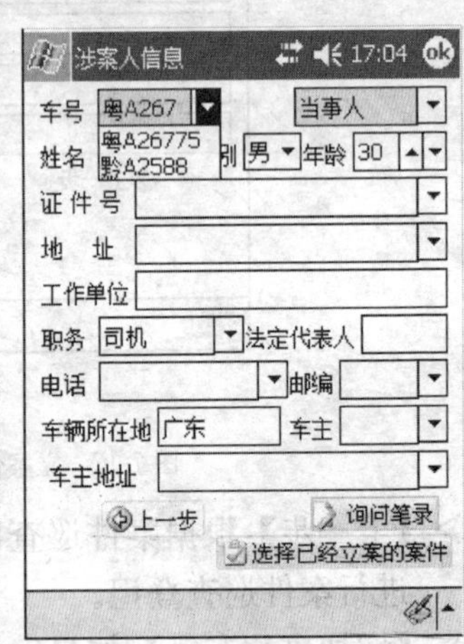

图 7-19

赔偿清单中责任人可在下拉条中根据车号选择；涉案人信息中先用下拉条选择车号，再进行其他信息的登记；询问笔录通过标题栏的车号信息可以区分（图 7-20）。

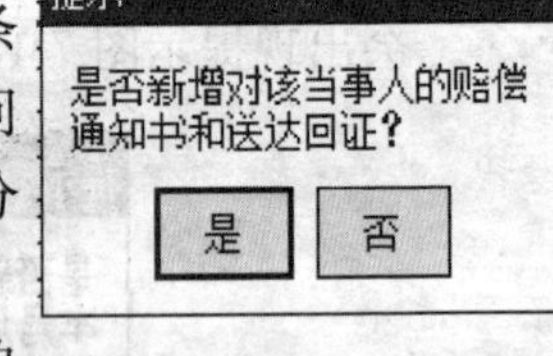

图 7-20

- 【当场送达】：根据案件巡查的具体情况可选择赔偿通知单和清单是否要当场送达，点击【当场送达】后会出现的提示，选择“是”可以产生该当事人的赔偿通知书和送达回证。

➢【选择已经立案的案件】:如果是已经立案的案件,则必须选择选择案件,才能处理其他操作。选择已经立案的案件时,在立案界面中,点击【选择已经立案的案件】,进入案件选择界面中,如图 7-21 所示。

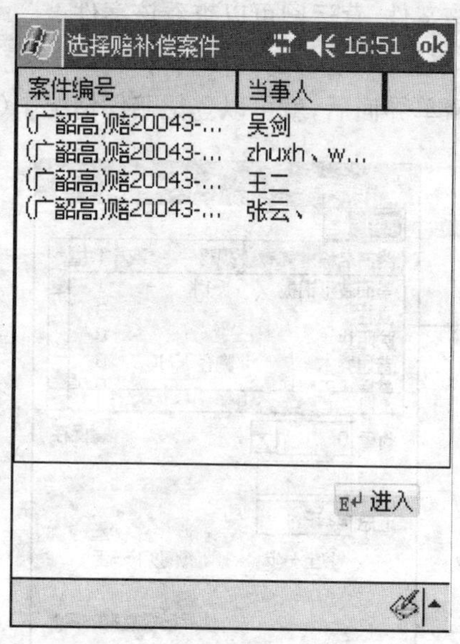

图 7-21

在此界面中,显示已经立案的案件,点击选择的案件编号,再点击【进入】,即可进入立案信息窗口。

①若需要修改立案信息时,在立案信息窗口中直接修改,修改完再点击ok在提示画面中点击【保存】,(图 7-22)可返回赔补偿案件的主界面。

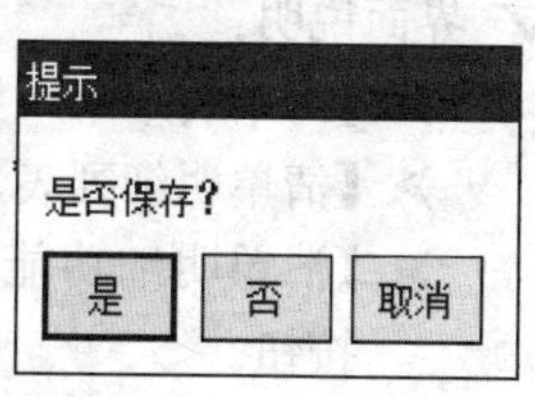

图 7-22

②若只是继续处理该案件的其他任务时,则在立案信息窗口中直接点击ok,

即可返回赔补偿案件的主界面。

注意：在移动系统中录入的案件信息，可以同步至业务系统和营运网中，同步至业务系统后，只要经过业务系统的处理（编辑或查看），在下一次同步时，该案件将在移动系统中消失。业务系统可以继续处理该案件，营运网可以查看该案件。

(1)赔偿清单：

进入赔偿清单界面后，就可以登记赔偿情况了（图 7-23）。

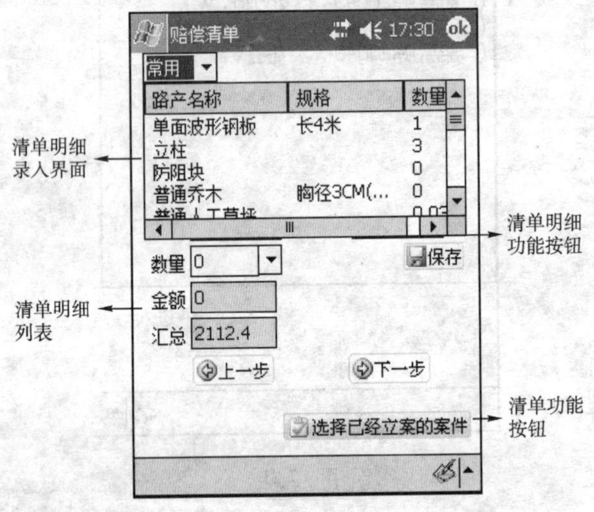

图 7-23

✓ 界面说明：

➢【清单明细录入界面】：编辑赔补偿清单明细的详细信息。

➢【清单明细列表】：显示赔补偿清单的有明细的列表。

➢【清单明细功能按钮】：针对赔补偿清单明细操作的功能按钮。

➢【清单功能按钮】：针对赔补偿清单操作的功能按钮。

✓ 操作说明：

①清单明细操作说明：

录入信息时，总价是根据公式："总价＝单价＊数量"自动计算出来的，不同路产的数量输入方式不同，如：以面积计算的要输入长度和宽度，并可自动计算出面积。

②清单操作说明：

- 【保存】：保存赔补偿清单内容。点击保存按钮，可保存新增或修改的赔补偿清单。
- 点击屏幕上端的下拉框，可以选择使用标准路产列表，以便选择那些不常用的路产进行赔偿登记。并可增加列表中没有列出的路产，如图 7-24 所示：

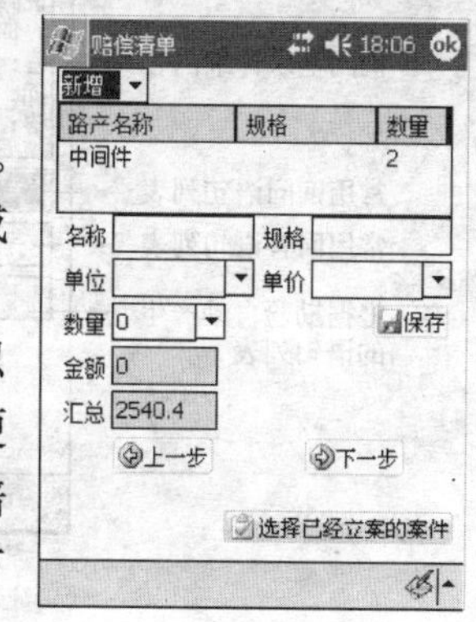

图 7-24

可手工输入路产名称、规格、单位、单价、数量等，可自动计算出金额，点击保存后会进行汇总计入总赔偿金额。

(2)询问笔录：

进入询问笔录界面后可进行询问笔录的登记工作了，在询问笔录里可以利用常用的语句进行登记，也可以用输入法进行输入，系统还会根据勘验的情况自动产生一些语句供输入以减少手动输入，这样可提高处理案件的速度，其界面(图 7-25)：

- 在本界面中点击【当场送达】就可以产生可以产生当事人的赔偿通知书和送达回证。
- 立案信息登记完毕后，点击屏幕右上方的 ok 按钮，就可以保存并退出并进入到赔补偿案件的主界面了，如图 7-26 所示。

2. 勘验笔录

在赔补偿案件主界面中，点击【勘验笔录】，进入勘验笔录界

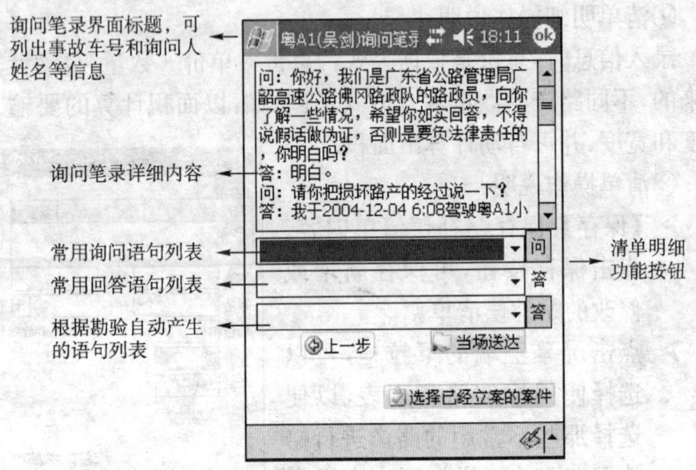

图 7-25

面,系统已根据前面的巡查记录自动生成了勘验笔录文书,并模拟显示在屏幕上,如图 7-27 所示。

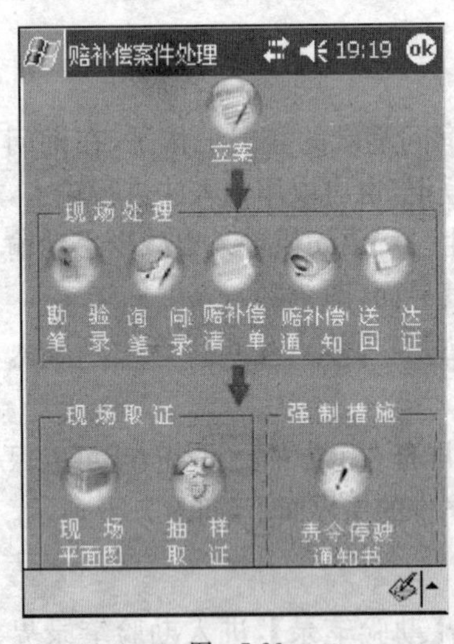

图 7-26

图 7-27

➢【打印】:打印勘验笔录。点击打印按钮 即可打印。

✓【修改】:修改勘验笔录的内容。点击修改按钮,进入如下界面:(见图 7-28)

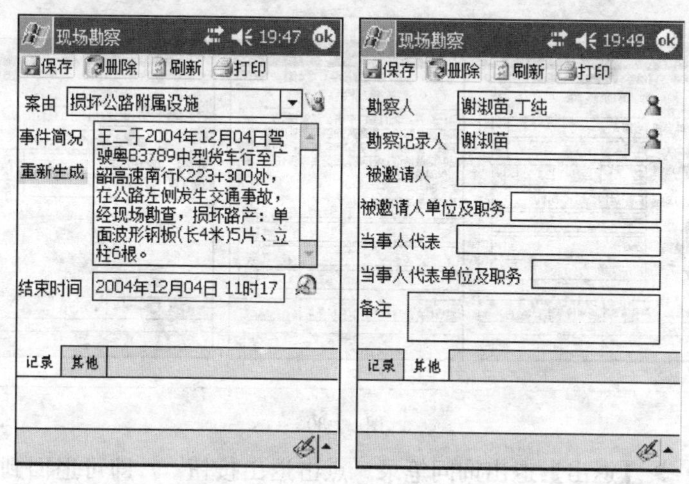

图　7-28

➢【退出】:退出勘验笔录。点击退出按钮 ,即可退回到赔补偿案件主界面。

✓ 操作说明:

在修改勘验笔录中,可进行修改、保存、删除、刷新、打印的操作。

3. 询问笔录

在赔补偿案件主界面中,点击【询问笔录】,进入询问笔录界面,系统已根据前面的巡查记录自动生成了询问笔录文书,并模拟显示在屏幕上,如图 7-29 所示。

图　7-29

➢【打印】:打印询问笔录。点击打

印按钮 即可打印。

➢【修改】:修改询问笔录的内容。点击修改按钮，进入如下界面,如图 7-30 所示。

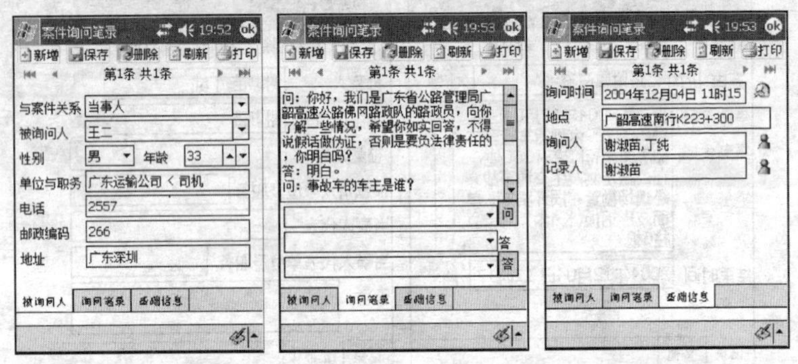

图 7-30

➢【退出】:退出询问笔录。点击退出按钮，即可退回到赔补偿案件主界面。

✓ 操作说明:

在修改勘验笔录中,可进行新增、修改、保存、删除、刷新、打印的操作。

4. 赔补偿清单

在赔补偿案件主界面中,点击【赔补偿清单】,进入赔补偿清单界面,系统已根据前面的巡查记录自动生成了赔补偿清单文书,并模拟显示在屏幕上,如图 7-31 所示。

➢【打印】:打印赔补偿清单。点击打印按钮 即可打印。

➢【修改】:修改赔补偿清单的内容。点击修改按钮，进入如图 7-32 所示界面。

➢【退出】:退出赔补偿清单。点击退出按钮，即可退回到

图　7-31

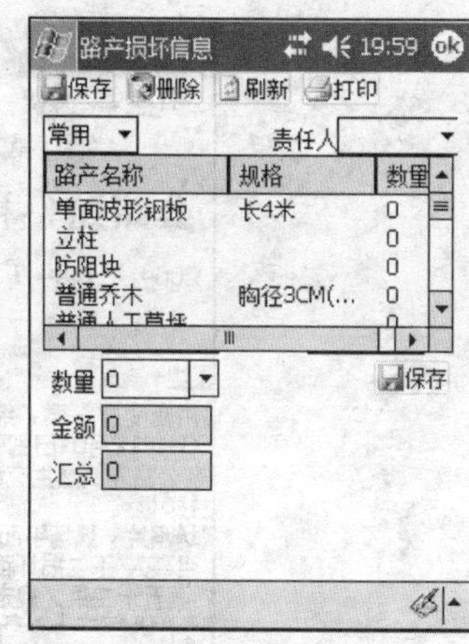

图　7-32

赔补偿案件主界面。

✓ 操作说明：

在修改赔补偿清单中，可进行保存、删除、刷新、打印的操作。

5. 赔补偿通知

在赔补偿案件主界面中，点击【赔补偿通知】，进入赔补偿通知界面，系统已根据前面的巡查记录自动生成了赔补偿通知文书，并模拟显示在屏幕上，如图 7-33 所示。

➢ 【打印】：打印赔补偿通知。点击打印按钮即可打印。

➢ 【修改】：修改赔补偿通知的内容。点击修改按钮，进入如图 7-34 所示界面。

➢ 【退出】：退出赔补偿通知。点击退出按钮，即可退回到赔补偿案件主界面。

✓ 操作说明：

在修改赔补偿通知中，可进行新增、修改、保存、删除、刷新、打印的操作。

图 7-33

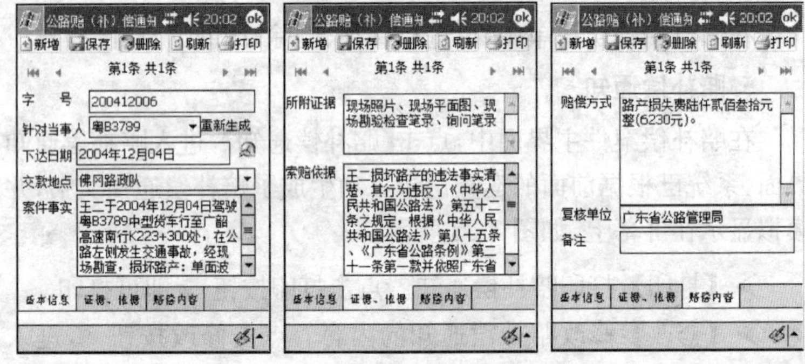

图 7-34

6. 送达回证

在赔补偿案件主界面中，点击【送达回证】，进入送达回证界面，系统已根据前面的巡查记录自动生成了送达回证文书，并模拟显示在屏幕上，如图 7-35 所示。

➢【打印】:打印送达回证。点击打印按钮 即可打印。

➢【修改】:修改送达回证的内容。点击修改按钮,进入如图 7-36 所示界面。

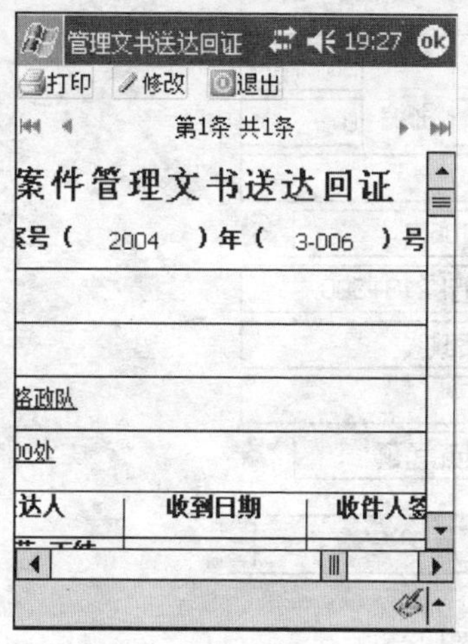

图 7-35

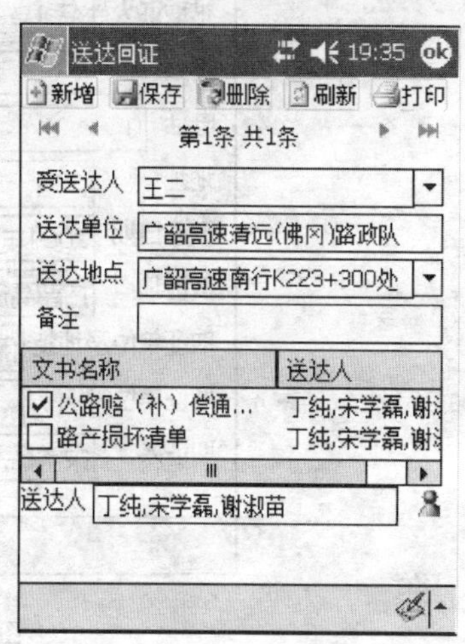

图 7-36

➢【退出】:退出送达回证。点击退出按钮,即可退回到赔补偿案件主界面。

✓ 操作说明:

在修改送达回证中,可进行录入、修改、保存、删除、刷新、打印的操作。

文书的录入方法为:点击文书名称左边的□,系统自动打上“√”,显示为“☑”时为选中,显示为“□”时为未选中。

7. 抽样取证

在赔偿补偿案件主界面中,立案或选择已经立案的案件后,点击【抽样取证】,进入抽样取证界面,如图 7-37 所示。

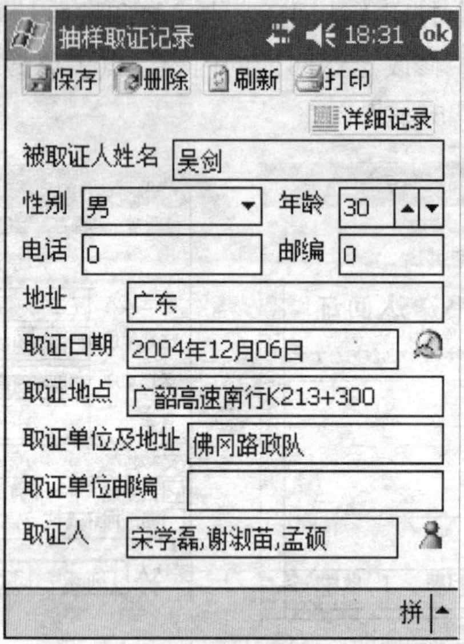

抽样取证记录 18:31 ok
保存 删除 刷新 打印
详细记录
被取证人姓名 吴剑
性别 男 年龄 30
电话 0 邮编 0
地址 广东
取证日期 2004年12月06日
取证地点 广韶高速南行K213+300
取证单位及地址 佛冈路政队
取证单位邮编
取证人 宋学磊,谢淑苗,孟硕
拼

图 7-37

✓ 操作说明：

在抽样取证中，已经根据勘验情况自动导入了一些基本信息，只需根据情况做些修改和输入没有登记的信息即可，在这个界面里可进行录入、修改、保存、删除、刷新、打印的操作。

(1)抽样取证主信息的操作说明。

①录入抽样取证：在抽样取证主信息中录入相关信息，点击【详细记录】，进入抽样取证明细编辑页面，录入相关的明细信息，录完后退出明细编辑页面，点击【保存】即可。

②修改抽样取证：直接在需修改处修改，修改完后，点击【保存】即可。

③删除抽样取证：点击删除按钮，可删除抽样取证。

④刷新抽样取证：录入抽样取证后，点击【刷新】按钮，可清空

页面中未保存的内容。

⑤打印抽样取证：点击【打印】按钮，可打印抽样取证。

(2)抽样取证明细操作说明如图 7-38 所示。

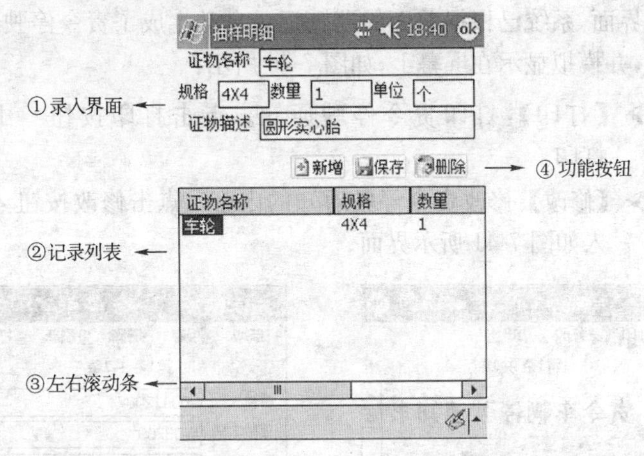

图 7-38

➢【新增】：新增抽样取证的详细记录。点击新增按钮，在窗口上面的录入界面中录入相关的详细记录。新增的详细记录保存后会显示在该窗口下面的列表中。

➢【删除】：删除抽样取证的详细记录。在窗口下面的列表中，点击需删除的详细记录，该记录会显示在上面录入界面中，点击删除按钮，弹出是否删除的提示窗口，如图 7-39：可将该记录删除。

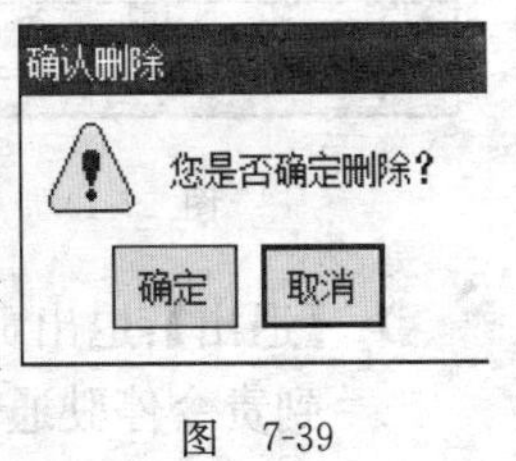

图 7-39

在此提示窗口中，点击“确定”，删除记录；点击“取消”，不删除记录。

➢【保存】：保存抽样明细中记录的信息。点击保存按钮，可保存新增或修改的信息。

8. 责令停驶通知

在赔补偿案件主界面中，点击【责令停驶通知】，进入责令停驶通知界面，系统已根据前面的巡查记录自动生成了责令停驶通知文书，并模拟显示在屏幕上，如图 7-40 所示：

➢ 【打印】：打印责令停驶通知。点击打印按钮 即可打印。

➢ 【修改】：修改责令停驶通知的内容。点击修改按钮，进入如图 7-41 所示界面。

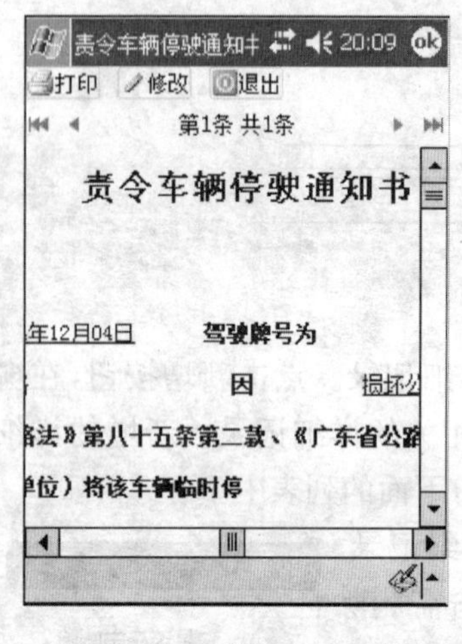

图 7-40

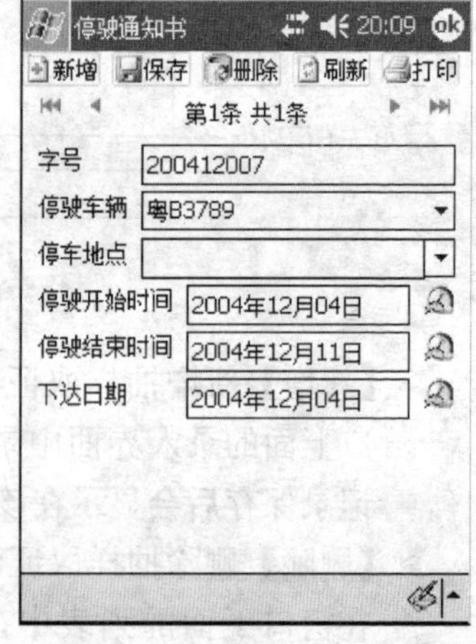

图 7-41

➢ 【退出】：退出责令停驶通知。点击退出按钮，即可退回到责令停驶通知主界面。

✓ 操作说明：

在修改责令停驶通知中，可进行新增、修改、保存、删除、刷新、打印的操作。

七、行政处罚案件

在系统主界面中，点击【行政处罚】，进入行政处罚的主界面（图 7-42）。

行政处罚案件中主要有以下几部分：立案、勘验笔录、询问笔录、现场平面图、抽样取证、当场处理决定书、责令停驶通知。除当场处理决定书外，其他的操作说明均与赔补偿案件中相应部分类似，请参照赔补偿案件中相应的操作说明。在此只对当场处理决定书作说明。

当场处理决定书：

在行政处罚案件主界面中，立案或选择已经立案的案件后，点击【当场处理决定书】，进入当场处理决定书界面（见图 7-43）：

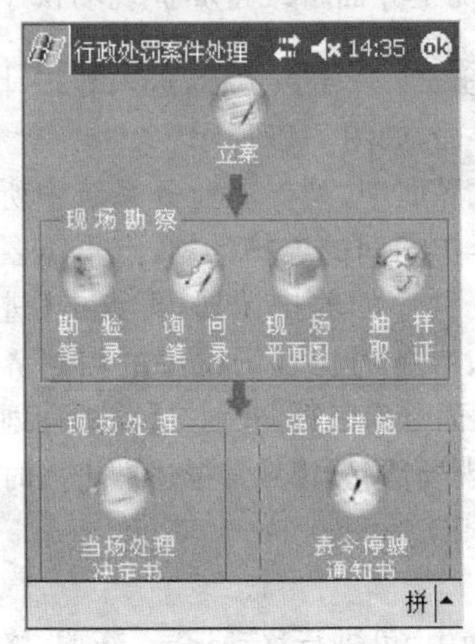

图　7-42

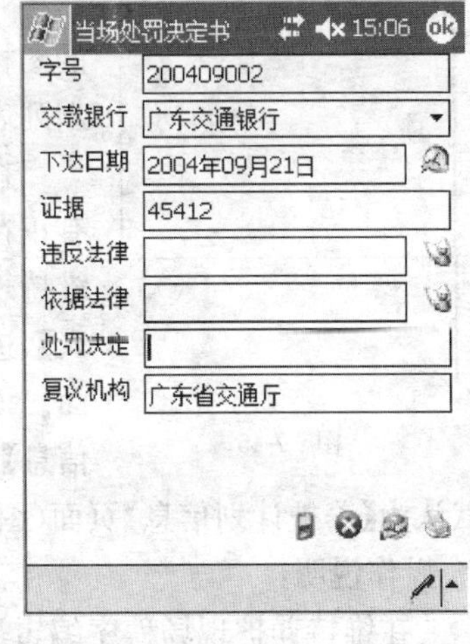

图　7-43

✓ 操作说明：

在当场处理决定书中，可进行录入、修改、保存、删除、刷新、打印的操作。

八、维持养护现场秩序

“正在养护期间”的意思是当天刚好在养护计划的开始时间与结束时间之间。业务系统中如果有正在养护期间的养护计划，在移动与业务系统同步时，正在养护期间的养护计划的信息会同步到移动系统的维持养护现场秩序进行维持。

移动系统中不需要维持养护现场秩序时，在系统主界面中维持养护现场秩序的图标是，点击该图标会弹出提示(图 7-44)。

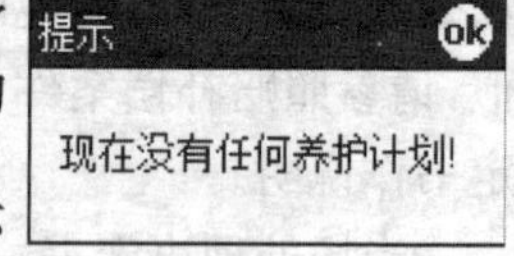

图 7-44

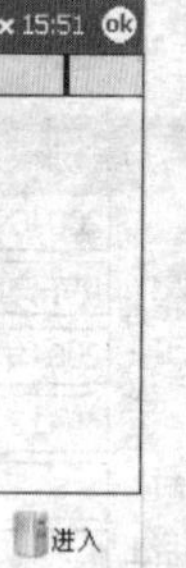

图 7-45

移动系统中需要维持养护现场秩序时，在系统主界面中维持养护现场秩序的图标是，点击该图标，进入养护计划列表界面，如图 7-45 所示。

在此界面中，列出了业务系统中所有正在养护期间的养护计划，点击需要维持现场秩序的养护计划，再点击【进入】，进入维持养护现场秩序的编辑界面。该界面分为三页，分别是【养护计划信息】、【现场情况】、【异常描述】，进入时默认为【养护计划信息】页面(图 7-46)。

✓ 操作说明：

在维持养护现场秩序编辑界面中，可进行移动记录、新增、修改、保存、删除、刷新、打印的操作。具体操作说明请参照基础操作介绍中的询问笔录界面中的说明。

其中：养护计划信息页面的信息都是从业务系统同步过来的，在此只供查看，不需要编辑。现场情况页面中，列出了几种现

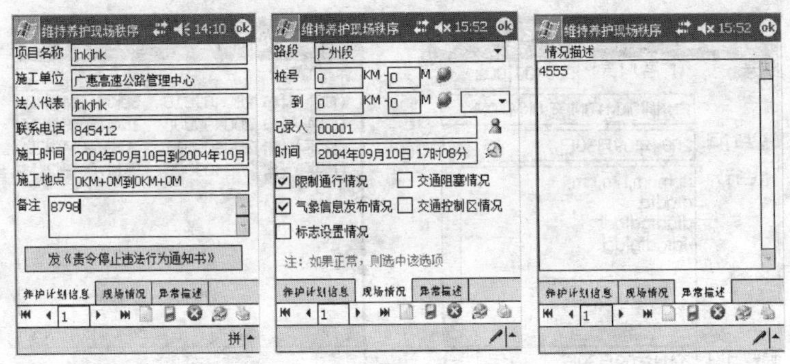

图 7-46

场情况，如果正常，则选中该选项。异常情况中，录入异常情况的描述。

在维持养护现场秩序时，如果发现有施工单位发生违法行为时，可在【养护计划信息】页中，点击【发《责令停止违法行为通知书》】，进入责令停止违法行为通知书界面，见图 7-47：

在责令停止违法行为通知书编辑界面中，可进行移动记录、新增、修改、保存、删除、刷新、打印的操作。

九、许可申请现场勘察

业务系统中如果有待勘察的许可时，所有待勘察的许可都会同步到移动系统中进行现场勘察。

移动系统中如果有待勘察的许可时，在系统主界面中许可申请现场勘察的图标是，点击该图标，进入待勘察的许可的选择界面，如图 7-48：

在此界面中，列出了业务系统中所有待勘察的许可，点击需要勘察的许可，再点击【进入】，进入许可现场勘察的编辑界面。该界面分为三页，分别是【许可信息】、【申请内容】、【现场情况】，进入时默认为【许可信息】页面，如图 7-49 所示。

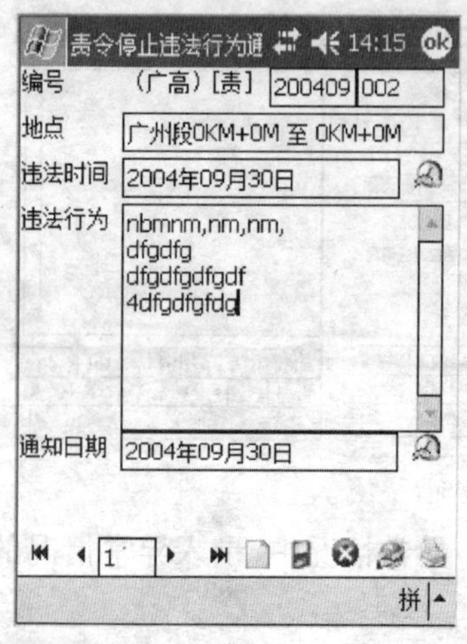

图 7-47

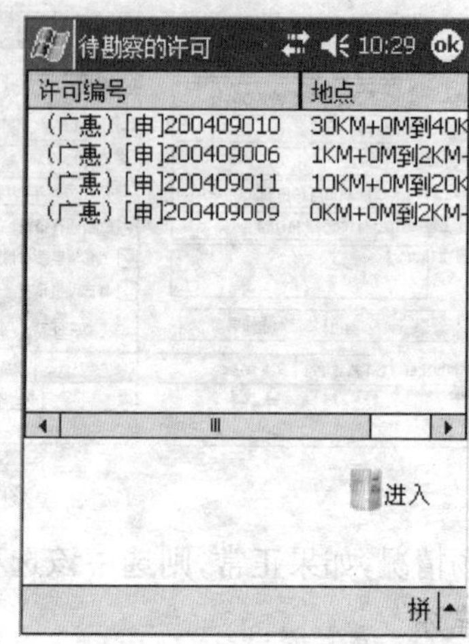

图 7-48

图 7-49

✓ 操作说明：

在许可勘察编辑界面中，可进行许可的编辑、修改、保存、刷新；现场勘察现目的新增、保存、删除的操作。

其中：许可信息页面所有的信息和申请内容页面中的申请事由和申请内容，都是从业务系统同步过来的，在此只供查看，不需要编辑；申请内容页面中勘察人是用户登录时选择的巡查人员，勘察日期是默认为当天的日期，可以修改。保存现场勘察信息：编辑完现场勘察信息后，点击保存，可保存现场勘察信息。

➢ 刷新信息：点击刷新按钮时，可清空现场勘察信息中尚未保存的信息。

十、路政监督检查

路政监督检查，是对公路上发生的一些违法行为进行监督检查，主要有两种情况：一种是对没有许可的、比较轻微的、还没有构成行政处罚案件的违法行为进行监督检查；一种是对有效期间的许可进行监督检查。“有效期间内”的意思是当前时间在许可申请表中的开始时间和结束时间范围内。

业务系统中如果有需要监督检查许可时，所有待监督检查的许可都会同步到移动系统中进行监督检查。

移动系统中没有待监督检查的许可时，在系统主界面中路政监督检查的图标是　，点击该图标，进入路政监管界面，如图：路政监管界面。此时该界面中许可列表中，没有许可。可以对没有许可的、比较轻微的、还没有构成行政处罚案件的违法行为进行监督检查。点击【发出《路政管理文书》】，可进入路政管理文书界面。

移动系统中如果有待监督检查的许可时，在系统主界面中路政监督检查的图标是　，点击该图标，进入路政监管界面，如图 7-50：

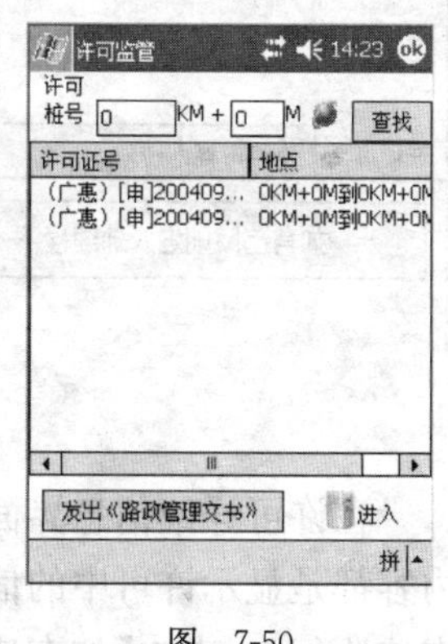

图　7-50

在路政监管界面中，可以对没有许

可的违法行为进行监督检查，也可以对有许可的违法行为进行监督检查。对没有许可的违法行为进行监督检查时，直接点击【发出《路政管理文书》】，可进入路政管理文书界面。对有许可的违法行为进行监督检查时，选择许可后再进行监督检查。

在路政监管界面中，许可列表中列出了所有待监督检查的许可，选择许可的方法有两种：一种是直接在许可列表中，点击需要监督检查的许可；另一种是，当许可列表中的许可比较多时，可在许可列表上面的许可桩号中，直接输入桩号或通过 GPS 自动定位桩号，再点击【查找】。选择了需要监督检查的许可后，再点击【进入】，进入许可详细信息界面。该界面分为二页，分别是【许可信息】和【申请内容】，进入时默认为【许可信息】页面，如图 7-51 所示：

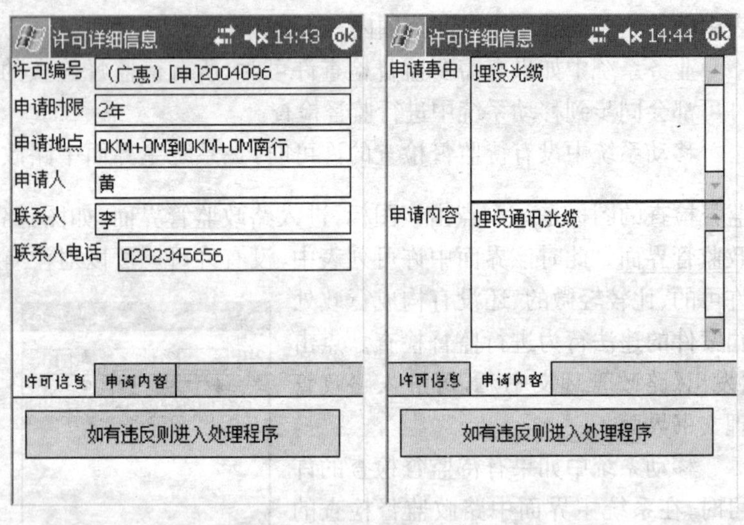

图 7-51

在许可详细信息界面中，【许可信息】和【申请内容】页面中的内容都是显示许可中的信息，在此只供查看，不能编辑。如该许可有违法行为，点击【如有违反则进入处理程序】，进入路政管理文书的编辑界面，如图7-52所示。

在路政管理文书编辑界面中，可进行移动记录、新增、修改、保存、删除、刷新、打印的操作。

十一、道路动态信息

在系统主界面中，点击【道路动态信息】，进入道路动态信息界面，如图7-53：

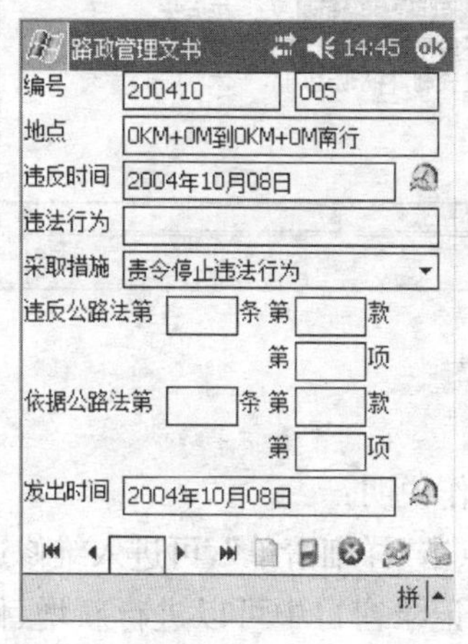

图 7-52

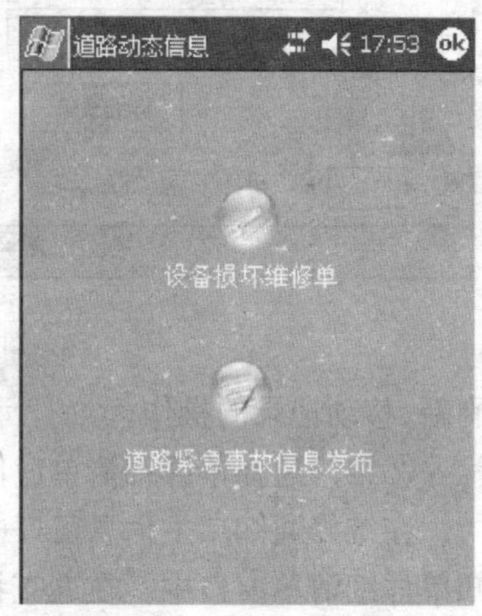

图 7-53

道路动态信息界面中，分为设备损坏维修单和道路紧急事故信息发布。

1. 设备损坏维修单

在道路动态信息界面中，点击【设备损坏维修单】，进入设备损坏维修单界面，如图7-54：

✓ 操作说明：

①维修通知单主信息窗口操作说明：

在维修通知单主信息窗口中可以进行新增、修改、保存、删除、

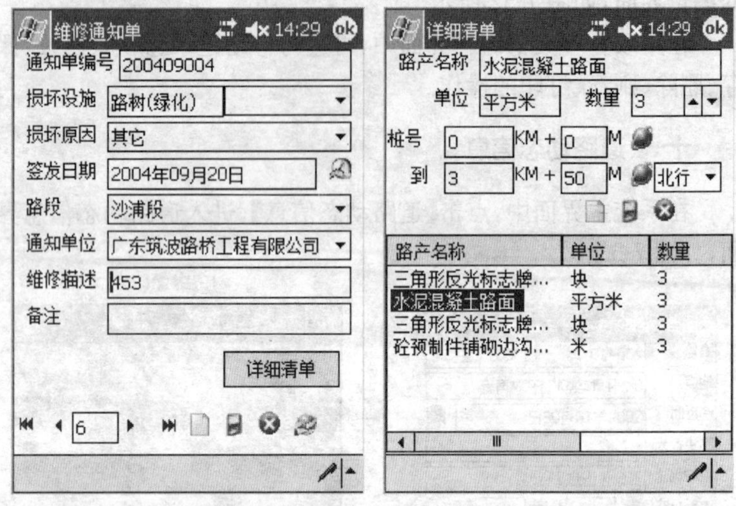

图 7-54

刷新、移动记录的操作。

②维修通知单详细清单窗口操作说明：

在维修通知单主信息窗口中，点击“详细清单”，可进入维修通知单详细清单窗口中。在巡查详细记录窗口中可以进行新增、修改、保存、删除的操作。

2. 道路信息发布

十二、资料库

在系统主界面中，点击【资料库】，进入资料库界面。资料库界面中，分为法律法规查询和道路信息发布。

1. 法律法规查询

在道路动态信息界面中，点击【设备损坏维修单】，进入设备损坏维修单界面，如图 7-55：

法律法规查询中，所查询的法律法规是从广东路政业务系统中同步过来的，在业务系统中进行维护，在移动系统中提供查询功能。

✓ 操作说明：

点击法律法规右边的下拉按钮▾，选择需要查询的法律法规，选择完后，左边会显示该法律法规的条目，右边会显示选中条目的具体内容。

还可以通过查找，在查找左边的输入框中输入需要查询的关键字，即可查询到需要的条目。如想在《中华人民共和国公路法》中查询关于与“超限”相关的条目，可在法律法规中选择《中华人民共和国公路法》，再在查找输入框中输入“超限”，点击“查找”，即可查询到与超限相关的所有条目。

2. 赔补偿标准查询

在资料库界面中，点击【赔补偿标准查询】，进入赔补偿标准查询界面，如图 7-56 所示：

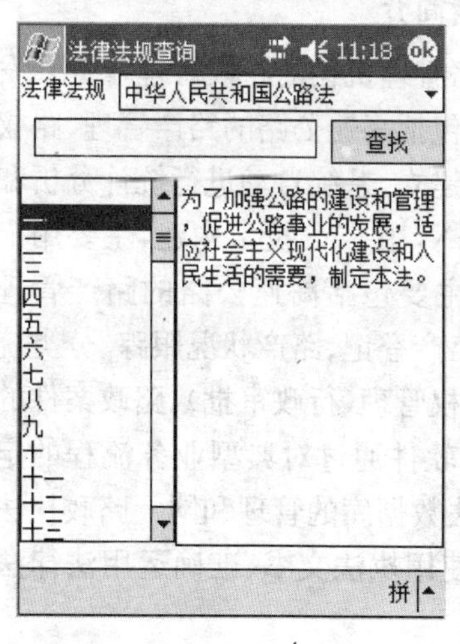

图　7-55

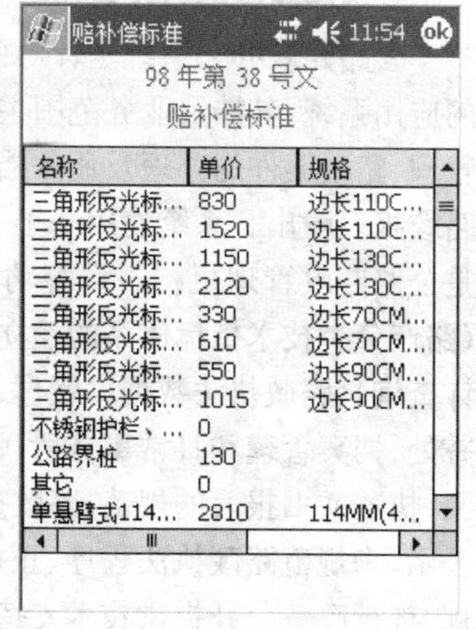

名称	单价	规格
三角形反光标...	830	边长110C...
三角形反光标...	1520	边长110C...
三角形反光标...	1150	边长130C...
三角形反光标...	2120	边长130C...
三角形反光标...	330	边长70CM...
三角形反光标...	610	边长70CM...
三角形反光标...	550	边长90CM...
三角形反光标...	1015	边长90CM...
不锈钢护栏，...	0	
公路界桩	130	
其它	0	
单悬臂式114...	2810	114MM(4...

图　7-56

赔补偿标准查询中,所查询的赔补偿标准是从广东路政业务系统中同步过来的,在业务系统中进行维护,在移动系统中提供查询功能。

第三节 公路路政业务办公系统

一、概述

1. 公路路政业务办公系统定位

本系统是路政管理网络集成系统的业务基石,接受路政移动办公系统的现场数据,负责具体路政业务工作的信息化办公和信息的维护更新,并自动生成向路政管理网的上传信息,和路政移动办公系统及省级路政管理网的信息交换通过数据同步组件实现。

2. 公路路政业务办公系统功能简介

公路路政办公系统是针对公路管理机构的路政管理业务开发的应用系统,其涉及业务范围主要包括高速公路的路产管理、路权管理、路政案件的办理及业务档案建立,系统自动进行统计分析和路政报表输出。系统使用基于 LAN,用 C/S 技术构建,主要用户是公路路政管理机构。系统功能主要包括高速公路的路产管理(路产分类技术指标体系的建立、路产登记、路产状况跟踪、分类统计查询)、路政执法数据库管理、路权管理(行政审批)、路政案件的查处、档案管理和日常事务管理。软件通过对典型业务流程的定义、执法文书报表的规范、路政执法数据库的管理和网上路政执法公示,为规范路政执法程序、正确使用执法文书、准确运用法律法规、推行政务公开提供技术支持。

3. 公路路政业务办公系统功能结构(图 7-57)

路政业务系统
- 系统
  - 用户权限
  - 系统设置
  - 备份数据
  - 操作日志
  - 重新登录
- 设施管理
  - 公路设施管理
  - 非公路设施管理
- 路政案件
  - 赔补偿案件
  - 行政处罚案件
- 路权管理
  - 路政许可
  - 内部施工审批
- 日常工作
  - 巡查记录
  - 维修通知
  - 值班日志
  - 预警信息
  - 待处理工作
  - 道路动态信息管理
  - 建筑控制区内违章物登记
- 统计报表
  - 公路设施统计分析
  - 非公路设施统计分析
  - 设施维修统计分析
  - 案件统计分析
  - 公路设施分类统计表
  - 交通事故按原因分类统计表
  - 交通事故分析统计月报表
  - 交通事故按性质分类统计表
  - 省公路局路政管理半月报
  - 省公路局路政管理半年报
  - 省公路局路政管理年报
  - 公路及两侧建筑控制区管理月报表
- 数字公路
  - 横断面
  - 多媒体信息
  - 红线图查询
  - GIS 综合查询
  - 视频管理
  - 多发事故分析
  - 更新地图
  - 保存地图
- 法规管理
  - 法律法规
  - 法律匹配
  - 路产赔偿标准

图 7-57

二、系统运行环境

1. 单机环境的配置

软件环境要求	
操作系统	Windows2000/xp
支持软件	Frmework
支持软件	Mapx4.5
数据库软件	SQL2000(企业版/标准版)[只在业务系统数据服务器安装]
硬件基本配置要求	
产品明称	性能指标
CPU	P4-1.6G 以上
主板	支持 P4 的(集成/不集成)的主板
内存	256M 或以上
硬盘	20G 以上(40G)
显示器	17'纯平/液晶 15"
光驱	52X
软驱	1.44M
机箱/电源	P4 专用机箱 300W 电源
键盘/鼠标	光电鼠标/键盘一套
网卡	100 兆
其他可选设备	
音箱	
打印机	激光打印机/喷墨打印机
刻录机	
UPS 稳压电源	
U 盘 32M 或以上	
调制解调器(Moder)	
……	

2. 局域网环境设置

(1)保证中队与大队之间局域网络正常;

(2)保证大队部署"业务系统"服务器能够上 Internet;

(3)保证管理中心部署"营运网"服务器能够上 Internet。

3. 运行环境设置

(1)桌面业务系统能够访问大队数据服务器;

(2)大队服务器要与管理中心服务器做数据双向同步;

(3)管理中心服务器要与答对服务器做数据双向同步。

三、安装与配置

(一)MAPX4.5 的安装过程

本系统中有一些地图,在使用之前应先安装 MAPX4.5 软件。

1. 安装过程

(1)放入安装光盘,打开后您会看到三个文件夹:MAPX4.5、RoadManage 和 setup。打开 MAPX4.5 文件夹后,双击 Setup.exe 进行地图安装。双击 Setup.exe 后,进入安装界面,如图 7-58:

(2)按照提示连续在两个提示画面中点击 Next 按钮,进入如图 7-59 所示画面:

图 7-58

图 7-59

接着点击分别点击 4 次 Next 按钮，进入安装画面，如图7-60：

a)

b)

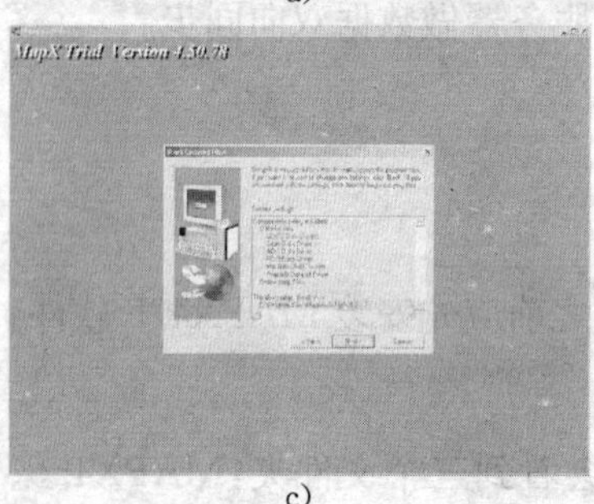

c)

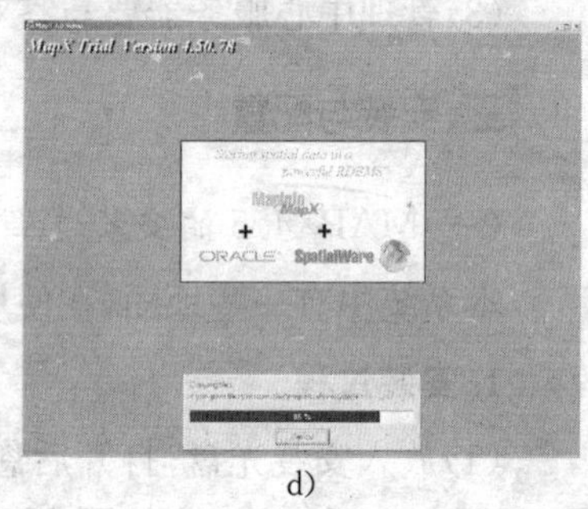

d)

图 7-60

进入上面图 7-60d)的安装界面后，大概十几秒后，会弹出另外一个窗口，如图 7-61：

点击 Next 按钮，进入如图 7-62 所示画面：

图 7-61

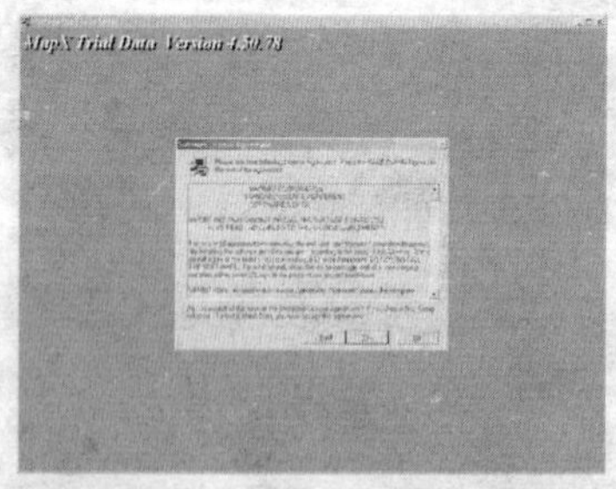

图 7-62

同样，依次点击 Yes、Next、Next、Next 按钮，就会进入以下安装界面，如图 7-63 所示：

最后，点击 Finish 按钮完成地图控件的安装，如图 7-64 所示：

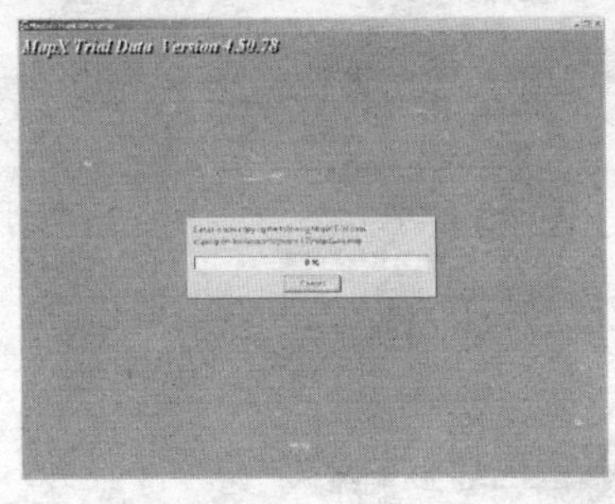

图 7-63

图 7-64

2. 解密方法

安装成功后，必须进行解密才能正能使用，解密方法如下：

打开安装光盘中的 MAPX4.5 文件夹，点击 mapx45crk.exe，弹出提示窗口，选择路径 C:\Program Files\Common Files\MapInfo Shared\MapX Common，点击 MAPX40.OCX，再点击【确定】即可成功解密。

(二)路政业务系统的安装过程

在安装光盘中，进入 setup 文件夹。双击 Setup.exe 进行系统安装。执行后屏幕会有一系列提示说明，照说明执行，即可完成 WZYW 的安装过程，如图 7-65 所示：

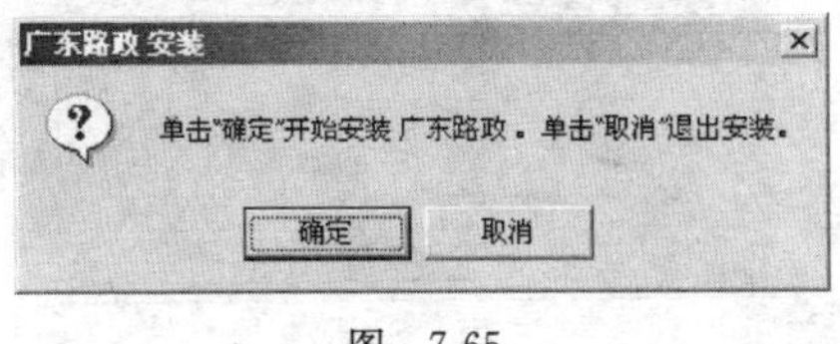

图 7-65

点击确定按钮，然后根据提示，分别点击三次“下一步”按钮，如图 7-66 所示：

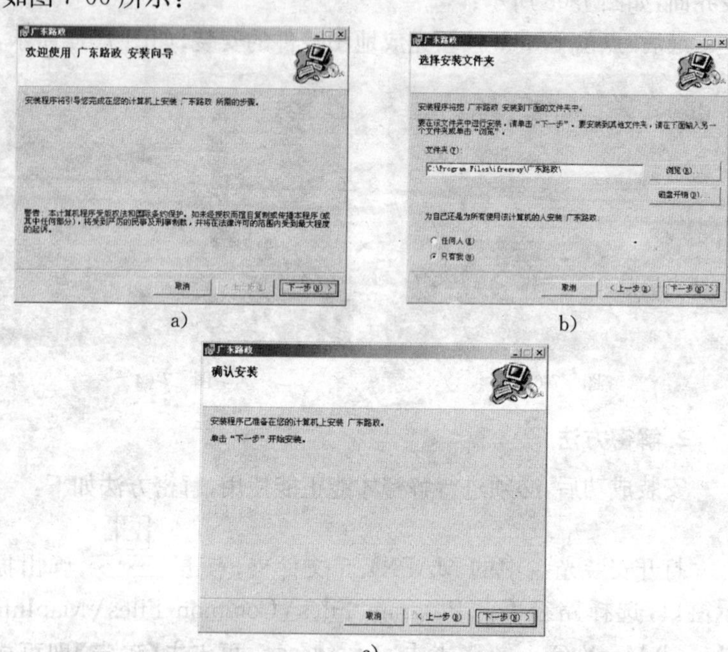

a) b) c)

图 7-66

此时进入安装界面，如图 7-67 所示：

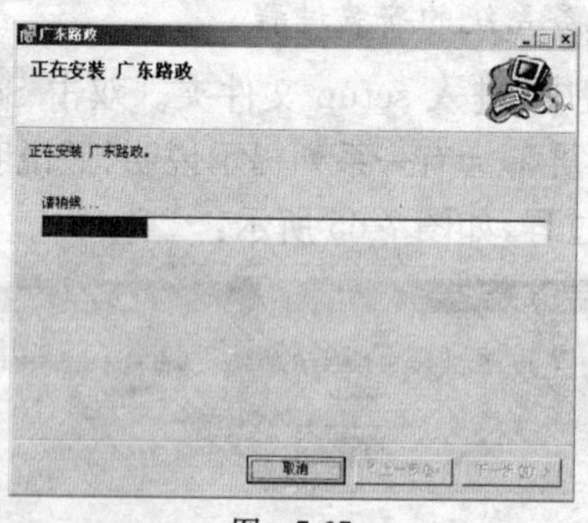

图 7-67

最后点击关闭按钮完成安装。

SETUP 执行完后，您的程序菜单会有【程序】—【路政】，如图 7-68 所示：

图　7-68

双击【路政】即可执行系统。

同时，桌面上会有【路政】的快捷方式图标，双击此图标可以立即执行系统。

最后，将安装光盘中的文件夹 RoadManage 复制到本机上。记住路径，如 E:\Roadmanage。

（三）SQL Server2000 的安装

（1）SQL Server2000 只需要在存放数据的电脑（服务器）上安装即可（局域网中客户机不需安装）。

（2）安装 SQL Server2000 的服务器，为了和【路政移动系统】与【路政营运网】进行数据同步的需要，同时还要求操作系统必须是 Windows Server 版的。

（3）安装 SQL 2000 时，在安装盘中找到 setup. exe 或 autorun. exe 程序，执行后屏幕会有一系列提示，按提示执行，即可完成 SQL Server 的安装过程。

①单机版：适用于操作系统为 WIN98（IE5. 0 以上）或 WIN2000 Professional。

把安装光碟放入 CD-ROM，会自动运行 autorun. exe 或用鼠标激活安装光盘上 autorun. exe：出现如图 7-69 所示。

选择【安装 SQL Server2000 组件（C）】—【安装数据库服务器（S）】，然后按提示执行【下一步】，选择【⊙本地计算机（L）】，如图 7-70 所示：

图 7-69

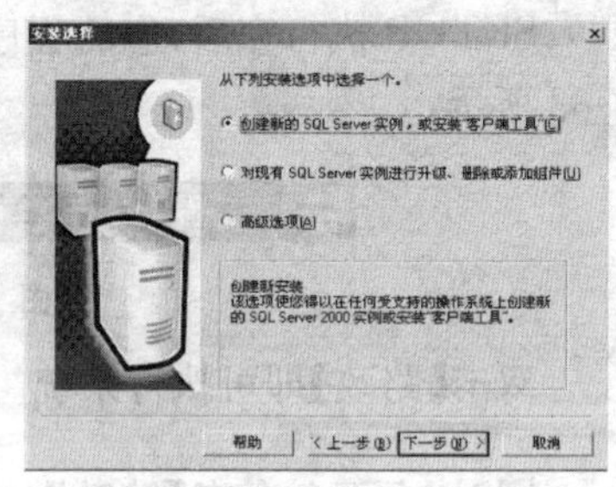

图 7-70

按【下一步】，选择如图 7-71 所示。

按【下一步】，输入用户信息(姓名、公司)，按缺省提示继续安装，“软件许可协议”选择【是】，安装定义选择如图 7-72 所示：

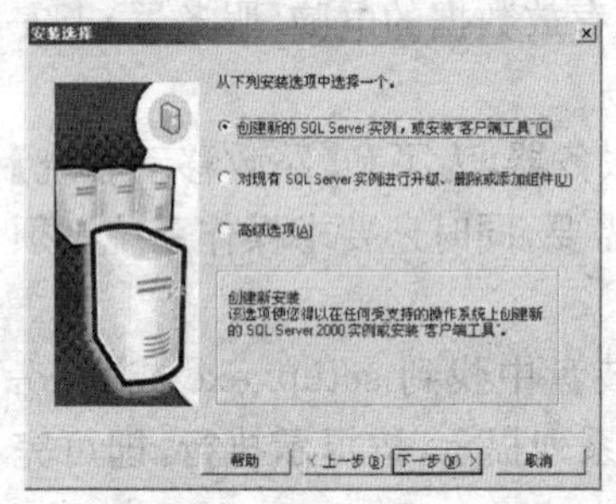

图 7-71

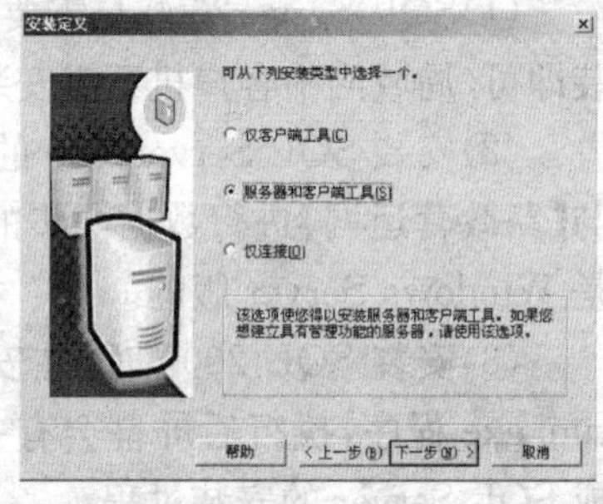

图 7-72

按【下一步】，实例名选择【默认】，如图 7-73：

按【下一步】，安装类型选择【典型(T)】，如图 7-74：

按【下一步】，选择服务账户如图 7-75：

按【下一步】，身份验证模式选择【混合模式】：若输入密码，务必记牢，密码可以为空(在空密码处打勾)如图 7-76 所示：

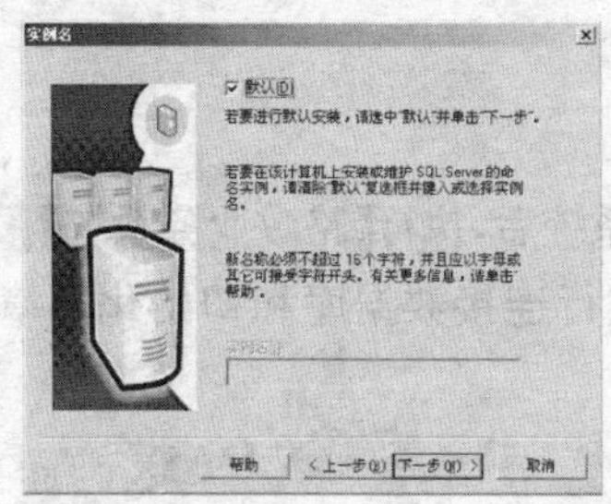

图 7-73

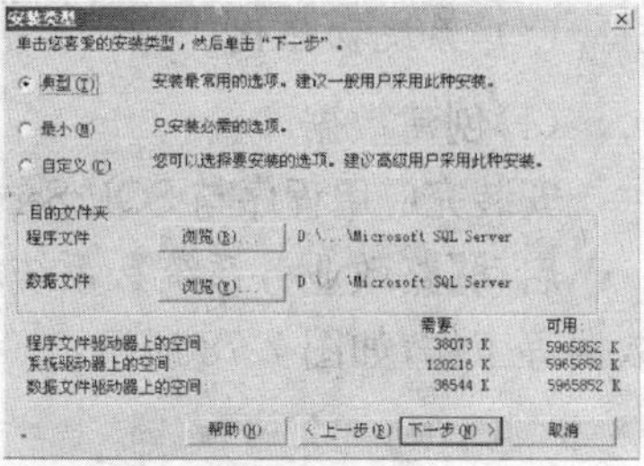

图 7-74

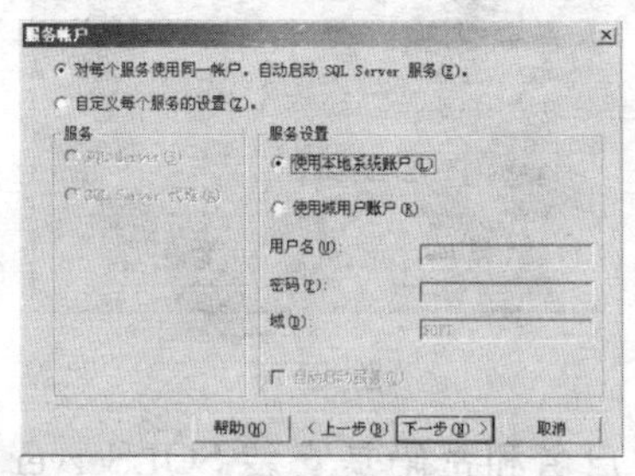

图 7-75

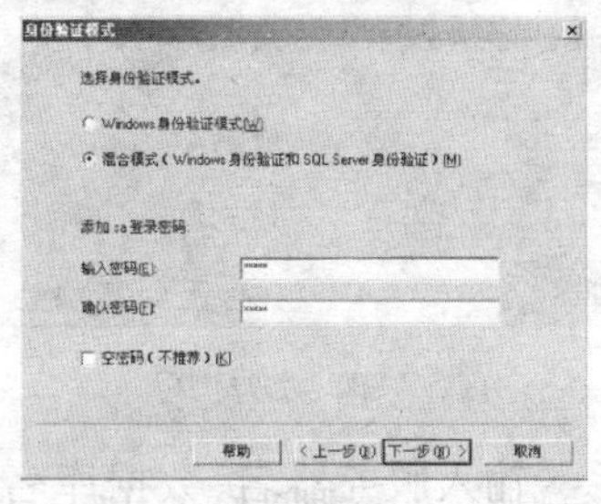

图 7-76

按【下一步】开始复制文件。安装成功将提示。

②网络版:在服务器上安装。适用于操作系统为 WINNT(IE5.0 以上)或 WIN2000Sever。

把安装光碟放入 CD-ROM,会自动运行 autorun.exe 或用鼠标激活安装光盘上 autorun.exe,运行安装程序:选择【安装 SQL Server2000 组件(C)】—【安装数据库服务器(S)】—【⊙本地计算机(L)】—【⊙创建新的 SQL Server 实例,或安装"客户端工具"(C)】—输入用户信息(姓名、公司)—"软件许可协议"选择【是】,然后要求输入 25 位 cdkey,如图 7-77 所示:

输入后执行【下一步】,按提示继续安装,其设置与"单机版"相同,请参照"单机版"安装说明。安装成功后会给出提示。

（四）系统初始化

(1)创建数据库：

安装完应用程序与 SQL Server 系统后，执行【路政业务系统】。

启动【路政业务系统】，系统将进行连接数据库和初始化环境数据等工作，如图 7-78 所示：

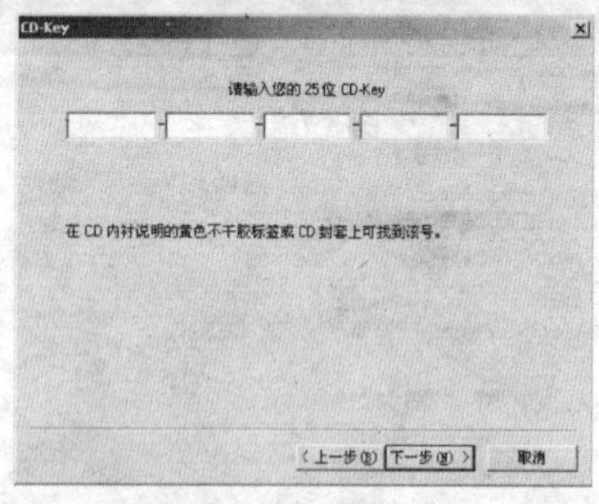

图 7-77

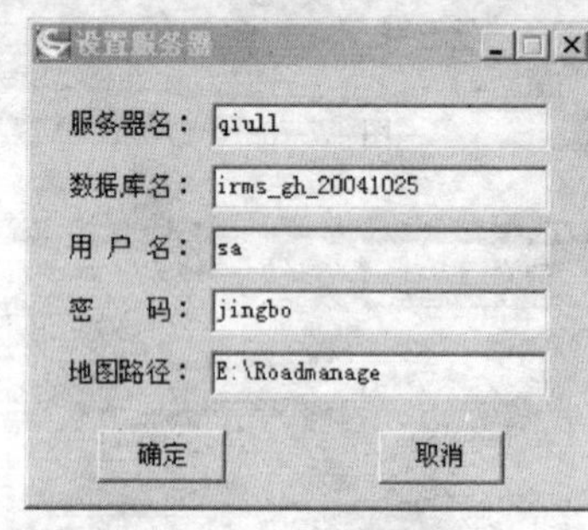

图 7-78

输入服务器名、数据库名、用户名和密码是安装 SQLServer 时使用的用户名和密码，地图路径中输入 Roadmanage 中路径。点击【确定】后会提示，如图 7-79 所示：

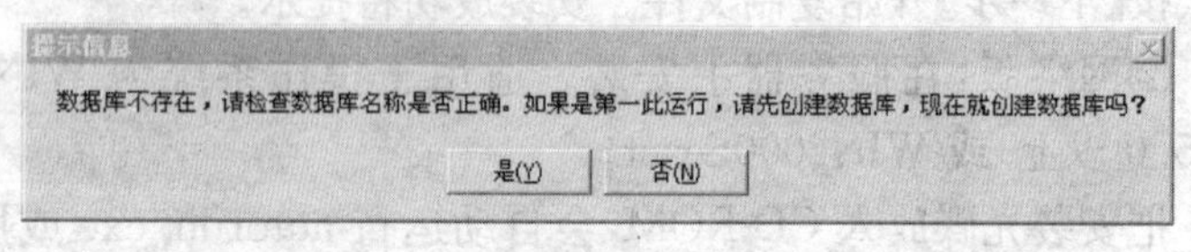

图 7-79

点击"是"后，会自动在数据库中创建一个路政的数据库。

创建了数据库后，会弹出输入序列号的窗口。使用者可以通过电话、传真、电子邮件等方式将该窗口中显示的序列号告诉软件开发公司，以便获得的正确的序列号后输入软件开发公司提供的序列号后，点击确定，即可正常使用系统。

(2)首次进入系统的设置：

①首次登陆如图 7-80：

图　7-80

用户代码:Admin,不区分大小写。

用户口令:空。

第一次登录必须用 Admin 登录,进入后,在操作员管理中设置其他用户。Admin 拥有系统的【用户权限】中的所有权限,一般为系统管理员使用。

②机构信息

进入:【系统】→【用户权限】→【机构信息】

③用户管理

进入:【系统】→【用户权限】→【用户管理】

④权限管理

进入:【系统】→【用户权限】→【权限管理】

⑤预警设置

进入:【系统】→【系统设置】→【预警设置】

⑥备选项维护

进入:【系统】→【系统设置】→【备选项维护】

⑦巡查类型维护

进入:【系统】→【系统设置】→【巡查类型维护】

⑧法律法规

进入:【法规管理】→【法律法规】

⑨法律匹配

进入:【法规管理】→【法律匹配】

⑩路产赔补偿标准

进入:【法规管理】→【路产赔补偿标准】

四、系统启动与退出

1. 启动系统

点击 Windows 操作系统下面的【开始】→【程序】→【路政业务系统】或桌面上的快捷图标可进入系统的登录窗口,如图 7-81:

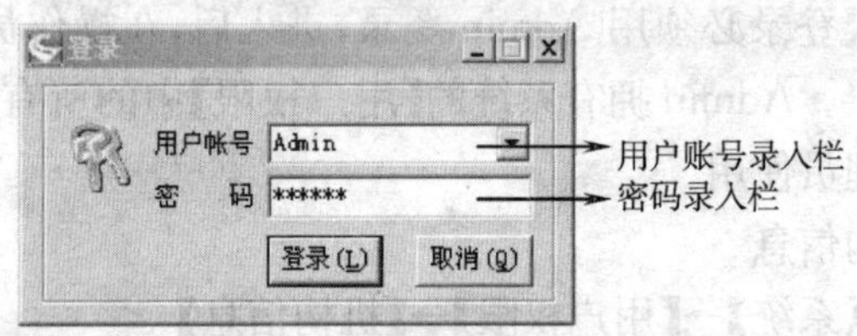

图 7-81

在登录窗口的用户账号中录入栏中输入或通过下拉选择用户账号,在密码栏录入密码,点击"登录",弹出系统装载的界面,如图 7-82:

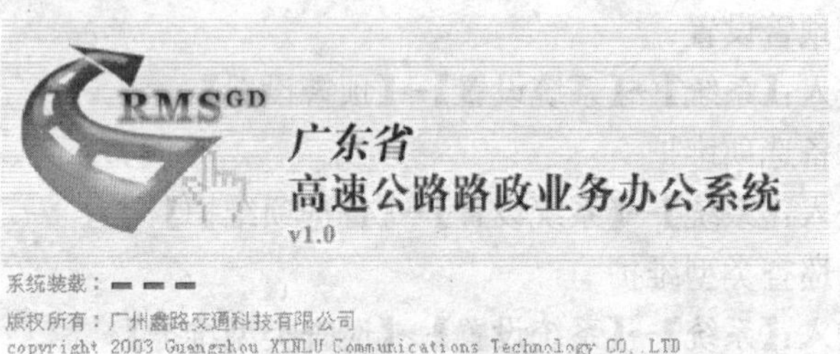

图 7-82

装载完毕,进入系统主要功能简介窗口,如图 7-83。

在此窗口中,左边是系统主要功能,右边是功能介绍。当鼠标停留在左边系统功能上,不点击时,右边会显示该功能的介绍。点击一项系统功能后，即可进入该功能的操作界面。

注意：第一次进入系统时，只能用系统管理员账号和密码进入系统，进入后，根据业务需要设置相应的用户组和用户。

2. 退出系统

退出系统的方法有三种：

(1)光标移至操作菜单【系统】→【退出系统】。

(2)点击系统右上角的☒。

(3)同时点击键盘 Alt 和 F，再同时点击 Ctrl 和 C。

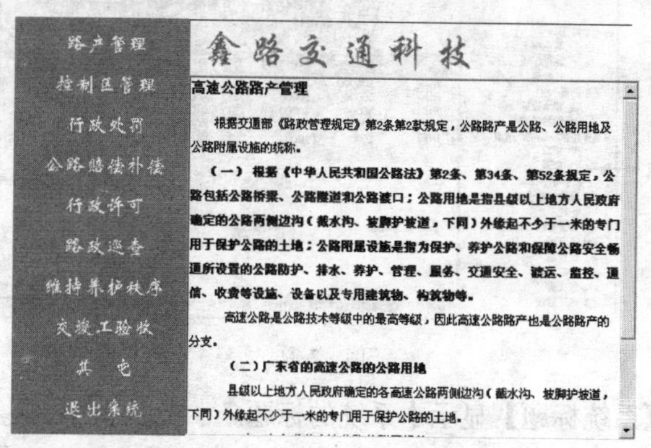

图　7-83

五、基础操作介绍

1. 灵活性

(1)同时支持鼠标和键盘的使用，可使用鼠标或键盘在输入框和功能按钮之间移动光标。

(2)操作方式保持一致，如数据编辑，报表打印等。

2. 帮助

点击操作菜单【帮助】→【帮助内容】可获得整个系统的帮助，

在行政处罚、赔补偿案件、许可流程中，每一类流程都有相应的工作指导，以供查询。

3. 常用界面说明

(1)路产管理界面，如图 7-84 所示：

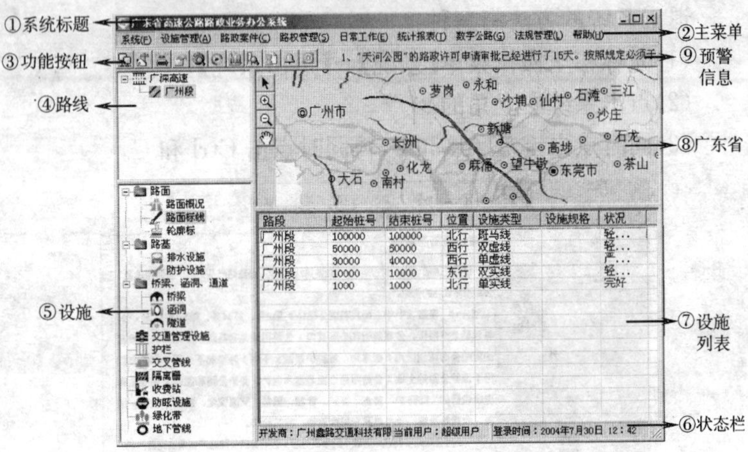

图 7-84

①【系统标题】：显示本系统的标题。

②【主菜单】：系统主菜单，主菜单有二级菜单和三级菜单。选择菜单的方法有：

ⓐ将光标移至主菜单的菜单项，单击该菜单项即可进入相应的操作界面。

ⓑ将光标移至主菜单，然后用光标移动键[←、↑、→、↓]把光标移至子菜单，按[Enter]进入相应的操作界面。

ⓒ每项菜单右边都有一个大写的英文字母。同时点击键盘 Alt 和字母键可选择对应的主菜单；同时点击 Ctrl 和字母键可选择对应的二级菜单；同时点击 Shift 和字母键可选择对应的三级菜单。如想进入【系统(F)】→【用户权限(U)】→【机构信息(O)】

窗口，可同时点击键盘 Alt＋F→Ctrl＋U→Shift＋O。

③【功能按钮】：快捷功能按钮，点击可进入相应的功能。

④【路线路段】：显示路线路段，可对路线路段进行编辑。

⑤【设施分类】：显示所有的设施的分类。

⑥【状态栏】：显示系统的状态。

⑦【设施列表】：显示选中路段中指定设施的所有设施列表。

⑧【地图】：显示广东省地图。

⑨【预警消息】：显示预警消息。

(2)停驶通知书界面。

在案件类型中选择一种类型，在案件列表中选中需处理停驶通知书的案件，再点击流程图中的责令停驶通知，进入停驶通知书的窗口，如图 7-85 所示：

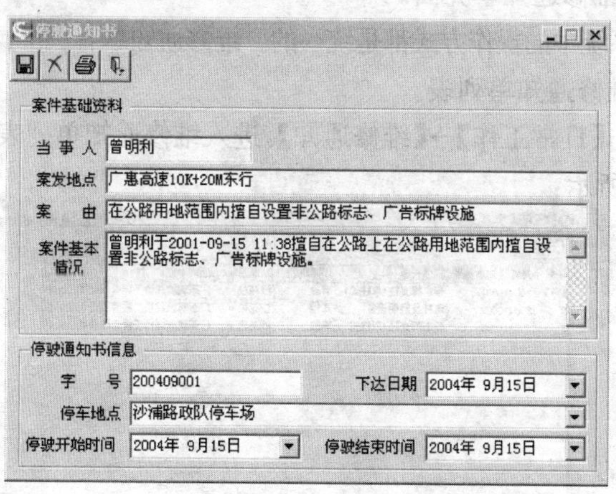

图　7-85

本系统中操作界面类似停驶通知书界面的，其说明均可参照以下说明：

✓ 界面说明：

窗口分为案件基础资料和停驶通知书信息两部分。

➢ 案件基础资料：是从现场勘验中自动默认显示出来的，只能查看，不能编辑。

➢ 停驶通知书信息：是需要编辑的，可通过功能按钮进行操作。

✓ 操作说明：

在停驶通知书窗口中可进行编辑、保存、删除、打印的操作。

➢【编辑】：编辑停驶通知书信息，编辑完后点击保存按钮。其中：停车地点的选择是可在系统备选项维护中进行维护的。

➢【保存】：保存编辑的停驶通知书信息。

➢【删除】：删除当前的停驶通知书信息。

➢【打印】：打印停驶通知书信息。

➢【退出】：退出当前窗口。

(3)维修通知单界面。

本系统中的操作方式都是统一的。维修通知单有三个操作界面：

①维修通知单列表。

点击【日常工作】→【维修通知】，进入维修通知单列表窗口，如图 7-86 所示：

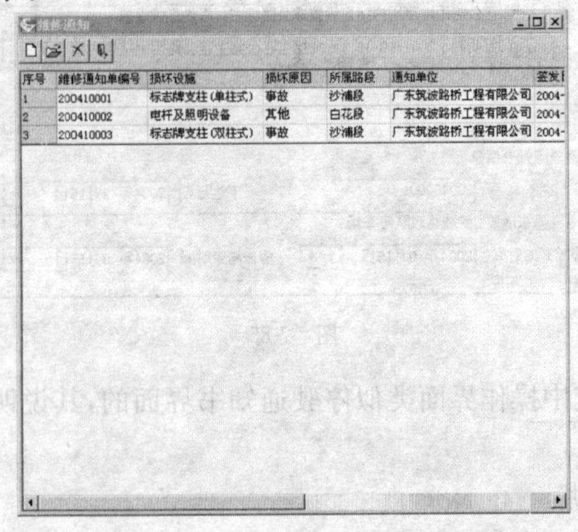

序号	维修通知单编号	损坏设施	损坏原因	所属路段	通知单位	签发
1	200410001	标志牌支柱(单柱式)	事故	沙浦段	广东筑波路桥工程有限公司	2004-
2	200410002	电杆及照明设备	其他	白花段	广东筑波路桥工程有限公司	2004-
3	200410003	标志牌支柱(双柱式)	事故	沙浦段	广东筑波路桥工程有限公司	2004-

图 7-86

✓ 操作说明：

在此窗口中可进行新增、编辑、删除、退出的操作。

➢【新增记录】：新增维修通知单。点击维修通知单列表中的新增记录按钮，进入维修通知单编辑窗口，如图 7-87 所示。

➢【编辑记录】：编辑维修通知单。在维修通知单列表中，选中需编辑的记录，点击编辑记录按钮（或双击要编辑的记录），进入维修通知单编辑窗口。

➢【删除记录】：删除维修通知单。删除时可以一次删除一条记录，也可以一次删除多条记录，具体操作为：在维修通知单列表中选中要删除的记录后，单击删除记录按钮，即可删除所选记录（删除后数据很难找回，请谨慎使用）。

➢【退出】：退出当前界面。每个界面中都有"退出"按钮，点击后就可退出当前界面。

②维修通知单编辑窗口。

在维修通知单列表中，点击新增或编辑或按钮，可进入维修通知单编辑窗口，如图 7-87 所示，新增时该窗口是空白的。

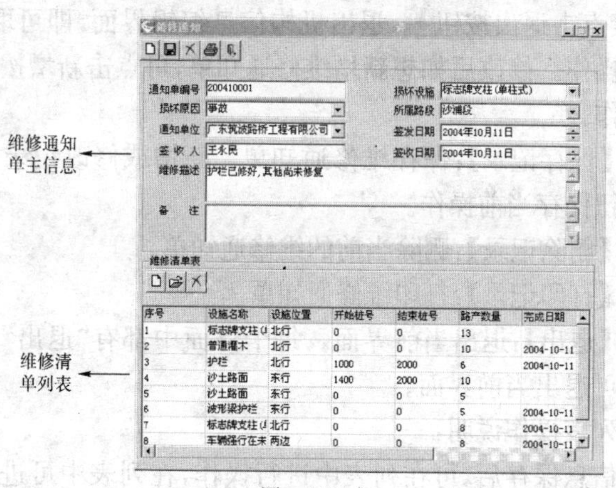

图　7-87

✓ 操作说明：

在此窗口分为二部分，上面是维修通知单的主信息，下面是维修清单列表。此窗口的操作方式是：一定要在主信息中输入信息并保存后，才能对列表进行操作。否则，列表中的功能均不可使用（这种操作方式在此系统的类型窗口中都是一样的）。

ⓐ主信息操作说明：

在主信息中可进行新增、编辑、保存、删除、打印、退出的操作。

➢【新增记录】：新增维修通知单。输入维修通知单的详细信息，输入完毕点击保存按钮，保存当前操作。输完一条记录后，如想继续新增时，可直接点击新增按钮，可在保存当前记录的基础上继续新增记录。最后再点击保存按钮。输入主信息时需注意：通知单位是在机构信息中录入的类型为“养护工程部”的机构。

➢【编辑记录】：编辑维修通知单。在维修通知单列表中，以编辑状态下进入维修通知单编辑窗口，该窗口显示当前记录的信息。此时可修改维修通知单的信息。修改后单击保存记录按扭，保存当前操作；如想取消所作的修改，不要点击保存记录按扭，直接点击退出按钮，退出机构信息编辑界面，即可取消所作的修改操作。修改后如想新增维修通知单，可点击新增按钮，进行新增操作。

➢【保存记录】：保存维修通知单。新增或修改记录后，点击保存按钮保存当前操作。

➢【删除记录】：删除当前的维修通知单。

➢【打印记录】：打印维修通知单。

➢【退出】：退出当前界面。每个界面中都有“退出”按扭，点击后就可退出当前界面。

ⓑ列表操作说明：

主信息保存后，可在列表中进行操作，在列表中可进行新增、编辑、删除的操作。

➢【新增记录】:新增维修清单。点击维修清单列表中的新增记录按扭，进入维修清单编辑窗口(见图)，具体操作说明可参考维修清单编辑窗口的操作说明。

➢【编辑记录】:编辑维修通知单。在维修通知单列表中，选中需编辑的记录，点击编辑记录按扭（或双击要编辑的记录），进入维修通知单编辑窗口，具体操作说明可参可维修清单编辑窗口的操作说明。

➢【删除记录】:删除维修清单。删除时可以一次删除一条记录，也可以一次删除多条记录，具体操作为:在维修清单列表中选中要删除的记录后，单击删除记录按扭，即可删除所选记录(删除后数据很难找回，请谨慎使用)。

③维修清单编辑窗口:

在维修清单列表中，点击新增或编辑按钮，进入维修清单编辑窗口，如图 7-88 所示:

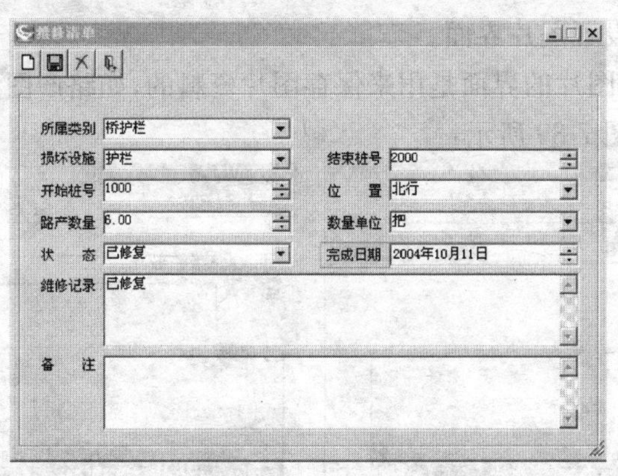

图　7-88

✔ 操作说明:

在此界面中，可以进行新增、编辑、保存、删除、退出的操作。

➢【新增】:新增维修清单。输入维修清单的详细信息，输入完毕点击保存按钮，保存当前操作。输完一条记录后，如想继续新增时，可直接点击新增按钮，可在保存当前记录的基础上继续新增记录。最后再点击保存按钮。录入维修清单信息时，应注意以下几点：

ⓐ输入损坏设施时，先在所属类别中选择一项大类，这时，损坏设施的下拉选择框中会显示该大类中的小类，如果不在所属类别中选择大类，在损坏设施中会显示所有的设施名称。

ⓑ当状态为“未修复”时，是不需要输入完成日期的。当状态为“已修复”或“已报废”时，需输入完成日期。输入方法为：点击“完成日期”几个字，可将完成日期的输入栏激活，变成可写。这时可直接输入完成日期。

➢【保存】：保存当前记录。新增或修改记录后，点击保存按钮保存当前操作。

➢【删除】：删除当前记录。

(4)设置图片界面。

设置图片的界面是用来保存图片资料的，如路产图片、案件图片等，如图 7-89 所示：

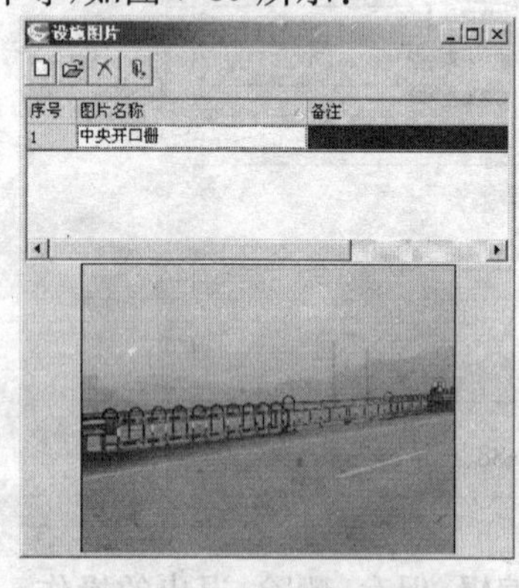

a)

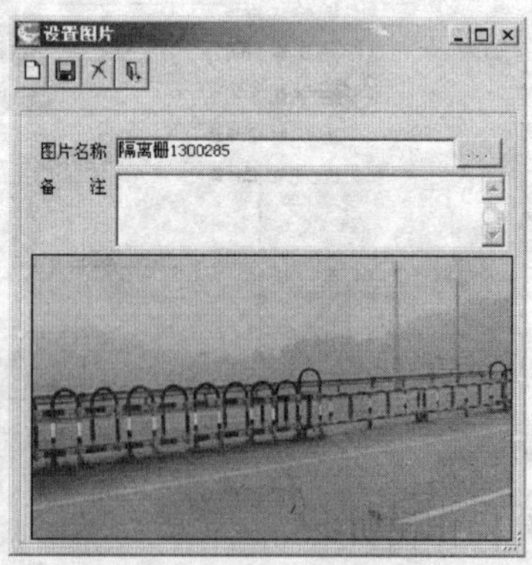

b)

图　7-89

ⓐ在设置图片界面中可进行图片的新增、编辑、删除操作。

➤【新增】:点击新增按钮,可进入编辑图片界面,进行新增图片的操作。

➤【删除】:删除选中的图片。

ⓑ在编辑图片界面中可进行图片的新增、保存、删除操作。

➤【新增】:点击进入对图片的添加窗口,具体操作见图7-90:

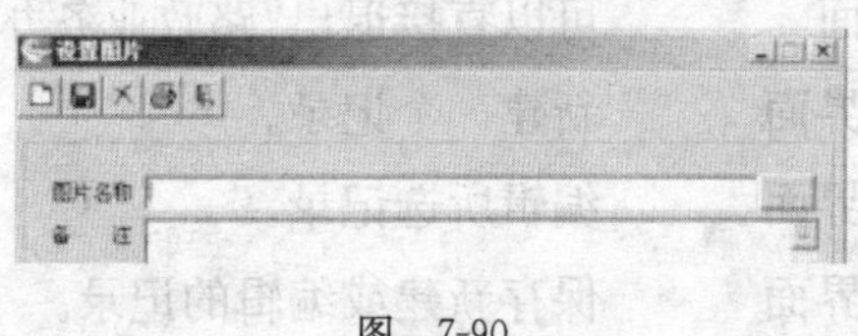

图 7-90

点击图片名称输入栏右边的,弹出类似于OFFICE的打开窗口,选择需新增的图片后,点击“打开”,即可完成上传图片。如果需新增多张图片,可在上传图片保存退出后,再点击新增按钮进行操作。

➤【保存】:保存当前图片。

➤【删除】:删除当前图片。

注意:上传图片时,图片的文件大小不得超过2MB(2000KB),500×500像素,否则不能上传。

4. 常用按钮说明

图片	位置	简　介
	主界面	可以直接切换到“路产管理”界面。
	主界面	可以直接切换到“控制区管理”界面。
	主界面	可以直接切换到“行政处罚”界面。
	主界面	可以直接切换到“赔偿补偿”界面。
	主界面	可以直接切换到“行政许可”界面。

主界面	可以直接切换到“路政巡查”界面。
主界面	可以直接切换到“养护秩序”界面。
主界面	可以直接切换到“强制措施”界面。
主界面	可以直接切换到“数字公路”界面。
主界面	可以直接切换到“工作预警”界面。
主界面	可以直接切换到“统计报表”界面。
主界面	可以直接退出“路政业务办公系统”。
常用界面	新建一个记录。
常用界面	编辑所选记录。
常用界面	保存新建或编辑的记录。
常用界面	删除所选记录。
常用界面	接切到“图片”界面。
常用界面	打印当前记录。
常用界面	登记控制区内违章建筑
常用界面	退出当前界面。
常用界面	增加或减少数字。
常用界面	点击时弹出下拉列表。
常用界面	点击时会出现或取消“√”表示已选择或不选此项。
常用界面	接切到选项的可编辑界面。
用户信息界面	启用所选择的用户。
用户信息界面	禁用所选择的用户，但并不是删除。
GIS 地图界面	选中地图中某一项(直接对地图操作)。
GIS 地图界面	放大地图(直接对地图操作)。
GIS 地图界面	缩小地图(直接对地图操作)。

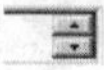

GIS 地图界面	平移地图(直接对地图操作)。
报表界面	查找所录条件的相应数据。
报表界面	显示所有数据。
报表界面	将当前报表中的数据输出到 Excel 文件中。
权限管理界面	切换到"设置权限"界面。

5. 标签提示

系统中的功能按钮都带有标签提示,如不清楚某一功按钮的功能时,可将光标移至该按钮,但不要点击,这时会出现该按钮对应的功能提示,如图 7-91:

图 7-91

6. 信息编辑

(1)资料录入。

资料录入的方法有几种,如图 7-92:

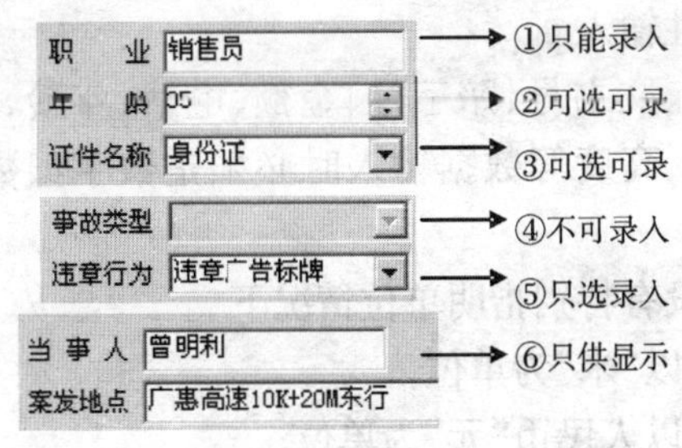

图 7-92

①只能录入:只能通过手工录入。

②可选可录:可手工录入也可选择录入。选择录入时,右边向上的按钮表示数字递增,向下表示递减。

③可选可录:可手工录入也可选择录入。手工录入时,录入的内容可自动保存到数据库中,下次录入时相同内容时可选择录入。

④不可录入:不能录入的。

⑤只选录入:只能通过选择录入。

⑥只供显示:只能显示信息,不能编辑信息。

在文本资料录入中可分为:多行录入,如现场勘验的当事人中的"职业";单行输入,如案件询问笔录中的"询问笔录"。在单行输入中,可按[Tab]键和[Enter]键跳到下一编辑框;在多行输入中,按[Enter]表示折行,不会跳到下一编辑框,必须按[Tab]键或使用鼠标才能跳到下一编辑框。

(2)编号的录入。

系统中有很多的编号,如案件编号、许可编号、文书编号、建筑控制区内建筑物等,其录入规则为,年+月+流水号,200409001。其中,年月是根据当天的年月自动录入的,流水号是自动生成的并且随着文书的增加自动递增。如本次新增的许可编号为200409005,则下次新增许可时,编号自动默认为200409006。

注意:文书编号自动录入后还可以手动修改,但不能重复。

(3)有效性输入。

对于桩号、文书号、赔字号、金额、电话、年龄、邮编、数量、单价、长度、宽度、高度等数据输入时必须是数字型数据,否则输入无效。

说明:在没有特别指明单位情况下

①"桩号"以"米"为单位;

②"金额"以人民币"元"为单位;

③"质量"在没有特别指明单位情况下以"千克"为单位;

④"长、宽、高"等以"厘米"为单位。

注意:对于录入的起始桩号和结束桩号,路段须在路线的起始桩号和结束桩号范围内,其他须在路段的起始桩号和结束桩号范围内。

(4)日历。

在所有日历输入框中都带有日历,如:起始时间 2004-09-15 11:14,日历输入既可直接用键盘录入日期,又可点击下拉按钮,在弹出的日历中点击所需日期,如图 7-93:

2004年9月						
星期日	星期一	星期二	星期三	星期四	星期五	星期六
29	30	31	1	2	3	4
5	6	7	8	9	10	11
12	13	14	15	16	17	18
19	20	21	22	23	24	25
26	27	28	29	30	1	2
3	4	5	6	7	8	9
今天: 2004-9-17						

图 7-93

在此日历中,红色的圈表示当天的日期,黑色的圈表示选中的日期。

日历的选择方法为:

①年份的选择:

点击日历中的年数,会变成如:2004,此时可在年数中直接录入所需年数;也可通过年数右边向上和向下的按钮进行选择,向上表示下一年,向下表示上一年。

②月份的选择:

可点击◀和▶选择所需月数,◀表示上一月,▶表示下一月;也可点击月数,如“9”,弹出月份的选择框,直接选择所需月份,如图 7-94 所示。

③日期的选择:

选择了年月后,直接在日历中选择所需日期。如需选择当天时,可以在日历中点标鼠标右键,弹出按钮 转到今天(G),点击此按钮即可转到当天的日期。

图 7-94

(5)右键菜单。

在路线路段、路产管理列表、建筑控制区管理列表中有鼠标右键菜单的功能,以路线路段为例说明,选中路线,点击鼠标右键,弹出右键菜单,如图 7-95:

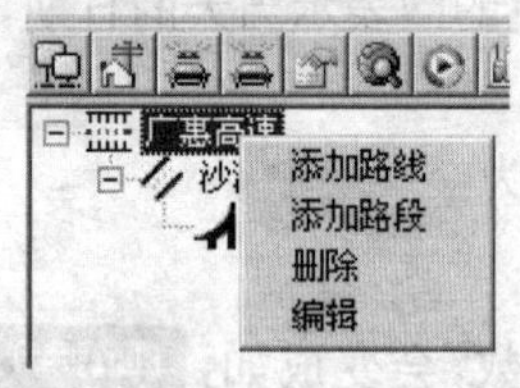

图 7-95

右键菜单功能说明:

➢【添加路线】:新增路线,进入路线信息编辑界面,编辑相关的路线信息。

➢【添加路段】:新增路段,进入路段信息编辑界面,编辑相关的路段信息。

➢【删除】:删除选中的路线信息。

➢【编辑】:编辑选中的路线信息。

7. 排序功能

业务系统中每个列表都有分类排序功能,如图 7-96 所示。

用户信息清单

序号	姓名	性别	出生日期	用户帐号	是否禁用	所属机构	交通执法证编号	职务
1	王磊	男	1976-08-0	SP001	启用	沙浦路政中队	052201	沙浦中队队长
2	安凡	男	1978-08-0	SP002	启用	沙浦路政中队	4451863	沙浦中队副中
4	复明远	男	1969-12-0	SP004	启用	沙浦路政中队	4451815	沙浦中队副队
6	程功	男	1966-11-0	GHD02	启用	广惠高速	448418152	综合办经理
8	欧阳天麟	男	1973-09-1	GHD04	启用	广惠高速	45645616	广惠高速大队
9	刘林	男	1965-08-3	GHD05	启用	广惠高速	4156416515	案件主管
3	朱景丽	女	1980-05-0	SP003	启用	沙浦路政中队	1154415	沙浦中队书记
5	宋莲心	女	1969-02-2	GHD01	启用	广惠高速	15748	路权主管
7	黃秀昱	女	1972-06-3	GHD03	启用	广惠高速	5435432543	综合办副经理
10	binbin	女	1983-05-0	bella	启用	广惠高速	666666	666666

图　7-96

✓ 操作说明：

每个列表都分有类别(例：姓名、性别、出生日期等)点击类别时列表中数据会按升序或降升排列(点击时类别栏会出现一个三角形，▲向上表示升序，▼向下表示降序)，例图中点击“性别”所有数据会按性别排序；点击“出生日期”时所有数据会按最大(小)年龄排序。

8. 打印功能

打印分为直接打印和导出打印两种。

(1)直接打印：

系统中的界面中，若出现打印按钮时，用鼠标点击此按钮可进入打印预览界面。预览的作用是所见即所得，当前屏幕显示的内容及其形状即打印出的效果，如图 7-97 所示。

✓ 功能按钮说明：

①【 】：转到第一页。

②【 】：转到上一页。

③【 】：转到下一页。

④【 】：转到最后一页。

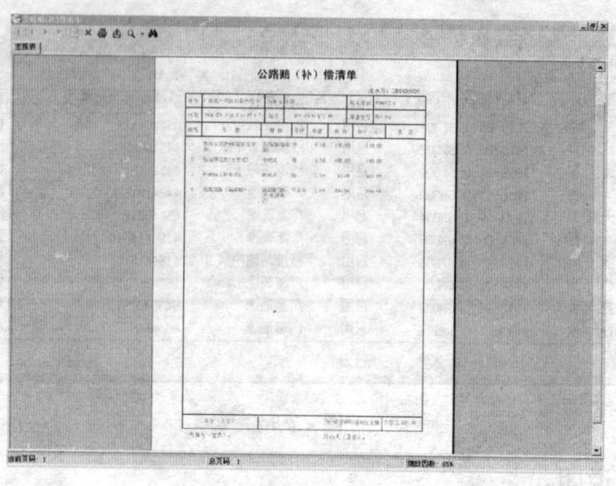

图 7-97

⑤【】:点击此按钮可弹出页码录入框,录入所需页码后,右直接跳向该页。

⑥【×】:关闭当前视窗。

⑦【】:打印报表。

⑧【】:点击此按钮可输出报表,输出格式有 *.pdf、*.xls、*.doc、*.rtf 几种。

⑨【】:点击此按钮可缩放报表,但只是缩放显示效果,不影响打印效果。

⑩【】:点击此按钮可搜索文本,弹出文本录入框,录入需搜索的文本后,即可搜索到所需文本。

(2)导出 Excel 打印:

有些报表是导出到 Excel 中的,这时可在 Excel 中进行打印。

六、系统

系统菜单包括以下功能:

◆ 用户权限

◆ 系统设置

◆ 备份数据

◆ 操作日志

◆ 重新登录

◆ 退出系统

1. 用户权限

用户权限包括以下功能：

◆ 机构信息

◆ 用户管理

◆ 权限管理

◆ 修改密码

1)机构信息。

点击菜单栏中的【系统】→【用户权限】→【机构信息】，进入机构信息列表(见图 7-98)。

机构信息

序号	机构编号	机构简称	是否禁用	机构类型	所属机构	联系电话
2	0001	广惠高速	启用	路政管理机		020-83936338
5	0002	公路局	启用	管理局		85562255
0	0003	广州路政中队	启用	路政管理机		88565533
7	0004	筑波公司	启用	养护工程部		86643254
8	0005	交通银行	启用	银行		89695512
9	0006	法院	启用	法律机构		83562258
1	1001	沙浦路政中队	启用	养护工程部	广惠高速	83936889
3	1002	白花路政中队	启用	养护工程部	广惠高速	83956111
4	1003	沙河路政中队	启用	路政管理机	广惠高速	88695532

图　7-98

✓ 功能说明：

➢ 对机构信息进行的维护包括新增、编辑、启用、禁用、删除。

➢ 在机构信息中录入的机构，可以在相关窗口的所属机构中通过下拉进行选择。

✓ 操作说明：

(1)机构信息主界面操作说明：

➢【新增】:新增机构信息。单击机构信息主界面中的新增记录按扭，进入机构信息表编辑界面，输入相关的机构信息。

➢【编辑】:编辑机构信息。在机构信息主界面中，选中需编辑的记录，点击“机构信息”主界面中的“编辑记录”按扭(或双击要编辑的记录)，进入“机构信息”编辑界面，即可直接修改数据，修改后单击“保存记录”按扭，完成操作；如不想修改数据，不要点击“保存记录”按扭，直接点击“退出”按钮，退出机构信息编辑界面，即可取消所作的修改操作。

➢【删除】:删除机构信息。删除时可以一次删除一条记录，也可以一次删除多条记录，在“机构信息”主界面中选中要删除的记录后，单击“删除记录”按扭，即可删除所选记录(删除后数据很难找回，请谨慎使用)。

➢【启用】:启用机构信息。选中需启用的记录，单击“机构信息”主界面中钥匙状的“启用”按扭。在新增机构信息时，自动默认该机构为启用。

➢【禁用】:禁用机构信息。选中需禁用的记录，单击“机构信息”主界面中锁状“禁用”按扭，完成操作；机构被禁用后“是否禁用”状态栏会显示“禁用”，它的作用是:禁用的机构信息在相关界面的下拉选择框中不会显示出来。

➢【退出】:退出当前界面。每个界面中都有“退出”按扭，单击后就可退出当前界面。

(2)机构信息表编辑界面操作说明(图 7-99)：

在此界面中，可以进行新增、保存、删除的操作。

➢【新增】:新增机构信息。新增完一条记录后，点击新增按钮，可以在保存当前记录的基础上，继续新增下一条记录。录入机构的详细信息时，应注意以下几点：

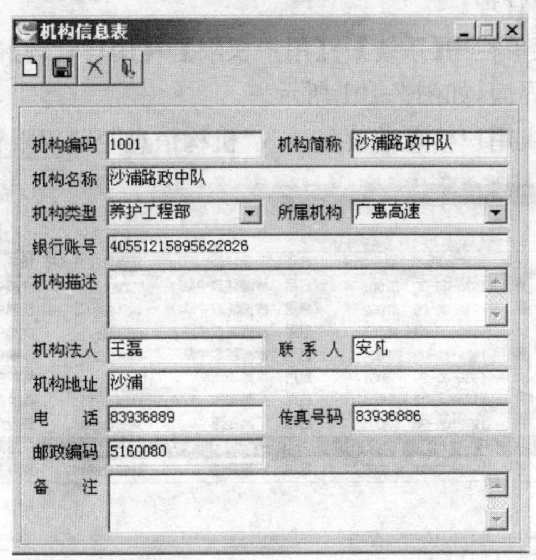

图　7-99

①机构编码、机构简称、机构名称、机构类型是必填项。

②机构类型有几种，选择不同的类型，在相关窗口中需要通过下拉选择机构时，会根据不同的机构类型自动筛选。

ⓐ如选择“路政管理机构”，则该机构显示在与路政管理相关的下拉列表中，如行政处罚的现场勘验案件信息中的所属机构。

ⓑ如选择“养护工程部”，则该机构显示在与养护相关的下拉列表中，如维修通知单中的“通知单位”。

③所属机构是指该机构的直接上级机构。可以反映机构与机构之间上下级之间的级别关系。

➢【保存】：保存当前记录。保存时，系统会进行相关指标的校验，并给出提示或错误信息。如机构编码为空时提示（图 7-100）：

警告
机构编码不能为空！
确定

图　7-100

➢【删除】：删除当前记录。

2)用户管理。

点击菜单栏中【系统】→【用户权限】→【用户管理】,进入“用户信息清单”界面,如图 7-101 所示。

注:录入用户信息前要先录入“机构信息”及“权限管理”。

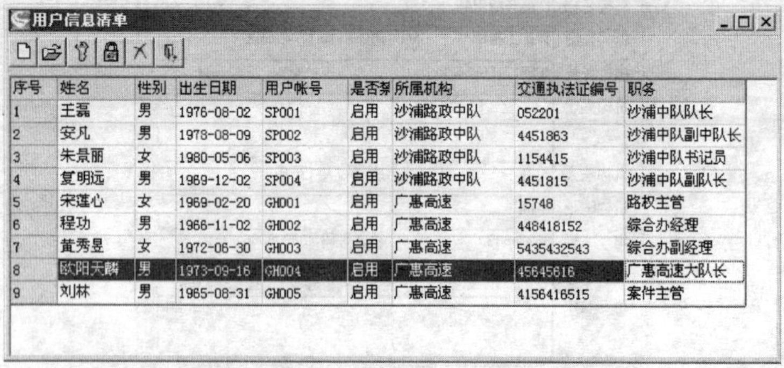

用户信息清单

序号	姓名	性别	出生日期	用户帐号	是否禁	所属机构	交通执法证编号	职务
1	王磊	男	1976-08-02	SP001	启用	沙浦路政中队	052201	沙浦中队队长
2	安凡	男	1978-08-09	SP002	启用	沙浦路政中队	4451863	沙浦中队副中队长
3	朱景丽	女	1980-05-06	SP003	启用	沙浦路政中队	1154415	沙浦中队书记员
4	复明远	男	1969-12-02	SP004	启用	沙浦路政中队	4451815	沙浦中队副队长
5	宋莲心	女	1969-02-20	GHD01	启用	广惠高速	15748	路权主管
6	程功	男	1966-11-02	GHD02	启用	广惠高速	448418152	综合办经理
7	黄秀昱	女	1972-06-30	GHD03	启用	广惠高速	5435432543	综合办副经理
8	欧阳天麟	男	1973-09-16	GHD04	启用	广惠高速	45645616	广惠高速大队长
9	刘林	男	1965-08-31	GHD05	启用	广惠高速	4156416515	案件主管

图 7-101

✓ 功能说明:

➢ 对用户信息进行维护,包括新增、编辑、启用、禁用、删除。

➢ 在用户信息中录入的用户,可以在相关窗口中通过下拉进行选择。

✓ 操作说明:

(1)用户信息清单操作说明。

用户信息清单中的操作方法与机构信息主界面的方法相似。

具体操作时,需要注意:

①用户信息清单中有一个隐藏的系统管理员(账号为 admin)用户,该用户是系统设定的,不能对其进行操作。

②禁用用户信息时,当用户被禁用后,该用户不但不能在相关窗口中通过下拉进行选择,而且不能登录系统;需由有权限的人员将该用户启用后才可登录。

(2)用户/员工信息表操作说明如图 7-102:

图　7-102

在用户/员工信息表中,可以进行新增、保存、删除的操作。其操作方法与机构信息表编辑界面操作说明相同。

具体操作时,需要注意:

①用户账号:登录系统时需录入的账号。一般多为“字母”和“数字”,为“字母”时不区分大小写。

②密码和验证密码:一般多为“字母”和“数字”,为“字母”时不区分大小写。新增用户信息时,密码和验证密码必须相同。编辑用户时,密码和验证密码为灰色的不可修改,如需要修改或忘记密码时,需由系统管理员才能在修改。修改方法为:点击密码左边的选择框,让密码和验证密码变为可输入栏,然后输入新的密码和验证密码。

③所在组:因系统中的权限是以组为单元设置的,所在组中录入组名后,该用户的权限也就对应着其所在组中的权限。

3)权限管理。

单击菜单栏中【系统】→【用户权限】→【权限管理】,进入“用户组信息”界面，如图 7-103：

用户组信息

序号	组编号	组名称	所属机构
1	GZ-001	营运中心	广惠高速
2	003	综合办	广惠高速
3	004	路权	广惠高速
4	005	案件	广惠高速
5	006	内业	广惠高速
6	007	设施	广惠高速
7	001	路政大队	广惠高速
8	002	路政中队	沙浦路政中队

图 7-103

✓ 功能说明：

➢ 对用户组信息进行维护，包括新增、编辑、删除、权限设置。

➢ 在用户组信息中录入的用户组，可以在用户管理的<u>用户/员工信息表</u>中的所在组中通过下拉进行选择。

✓ 操作说明：

①用户组信息列表操作说明：

➢【新增】：新增用户组信息。单击用户组信息列表中的新增记录按扭▫，进入用户组信息编辑界面，录入用户组相关信息。

➢【编辑】：编辑选中的用户组信息。

➢【删除】：删除选中的用户组信息。

②用户组信息编辑界面操作说明：（图 7-104）

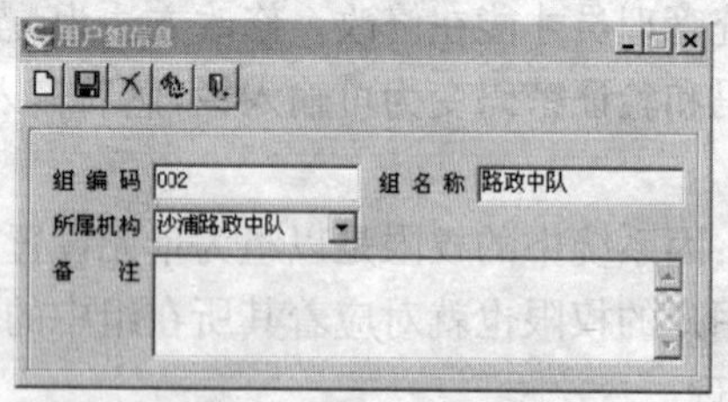

图 7-104

➢【新增】:新增用户组信息,录入用户组相关信息。

➢【保存】:新增或修改用户信息后,保存当前操作。

➢【删除】:删除当前的用户组信息。

➢【权限设置】:设置当前用户组的权限。

③设置权限操作说明:(图 7-105)

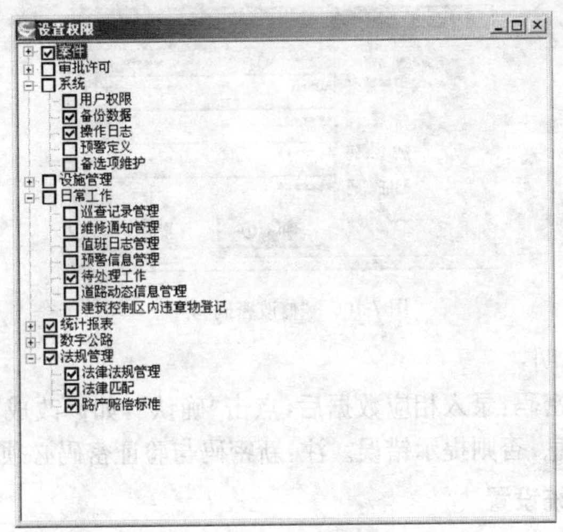

图 7-105

设置权限:单击“用户组信息”编辑界面点击 进入“设置权限”编辑界面(如图 7-105)。

授权:单击选项前的多选栏,多选栏中出现“√”表示已授权。

权限设置分八大类(案件、审批许可、系统、设施管理、日常工作、统计报表、数字公路、法规管理);每大类下有多个选项。

当已将大类授权给用户时,大类下的所有小类也同时授权于用户(如下图中“法规管理”);如只想授权给用户单个选项,单击大类前的“+”会变成“-”,出现单个选项后,即可授权(如下图中“系统”和“日常工作”)。

权限设置好后退出“设置权限”界面，进入“用户组信息”信息界面，点击保存，完成操作。

4)修改密码。

单击菜单栏中系统→用户权限→修改密码，进入“修改密码”界面，如图 7-106：

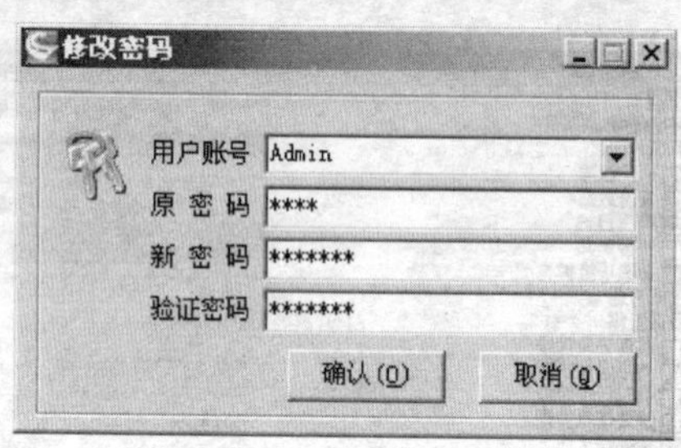

图 7-106 “修改密码”界面

✓ 操作说明：

修改密码：录入相应数据后，点击“确认”，如修改成功则不提示任何信息；否则提示错误。注：新密码与验证密码必须一致。

2. 系统设置

系统设置包括以下功能：

◆ 预警设置

◆ 备选项维护

◆ 服务器设置

◆巡查类型维护

(1)预警设置。

单击菜单栏中系统→系统设置→预警设置，进入“预警信息设置”界面，如图 7-107：

操作说明：

录入所需预警的相关性信息，单击保存，完成设置操作。

(2)备选项维护。

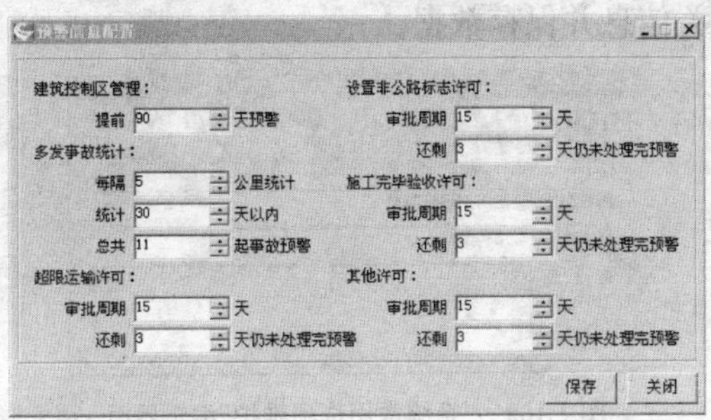

图 7-107　“预警信息设置”界面

单击菜单栏中系统→系统设置→备选项维护，进入“系统常用选项维护”主界面，如图 7-108：

系统常用选项维护

选择类型

序号	类型	可选内容
1	位置	南行
2	位置	北行
3	位置	东行
4	位置	西行
5	位置	左侧
6	位置	右侧
7	位置	上方
8	位置	中间
9	位置	两边
10	天气	晴
11	天气	多云
12	天气	小雨
13	天气	大雨
14	天气	小雪
15	天气	大雪
16	天气	阴
17	公路等级	汽车超-20级
18	公路等级	汽车超-20级
19	公路等级	汽车－20级

图 7-108　“系统常用选项维护”主界面

“系统常用选项维护”界面中的数据是提供给一些功能中的下拉列表所使用。

✓ 操作说明：

新增记录：单击“系统常用选项维护”主界面中的“新增记录”按扭，进入如图 7-109“系统常用选项维护”编辑界面，录入“可选内容”的相关信息并保存数据。

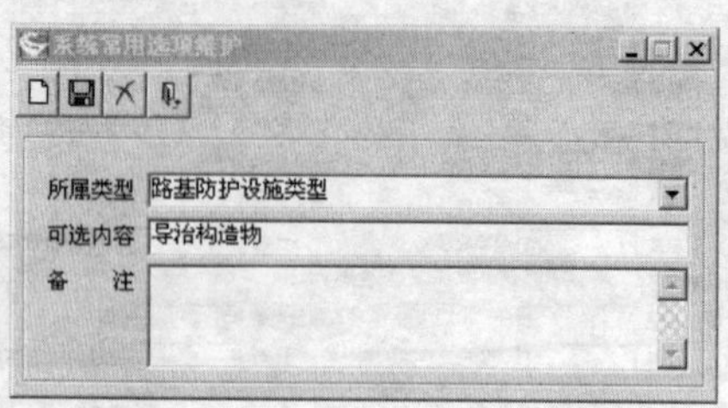

图 7-109 “系统常用选项维护”编辑界面

编辑记录：双击要编辑的选项，进入可编辑界面，对记录进行编辑。

有目的编辑：如是有目的的对某种类型进行编辑(例：所属类型为路面概况类型)，可在“系统常用选项维护”主界面中“选择类型”下拉列表中选择“路面概况类型”主界面会显示该选项的所有数据。

(3)服务器设置。

点击菜单栏中的【系统】→【系统设置】→【服务器设置】，进入服务器设置窗口，如图 7-110：

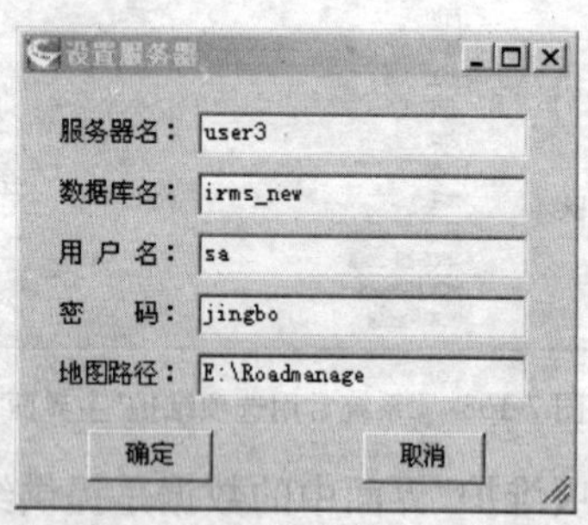

图 7-110

在此窗口中可对服务器的相关项目进行设置。

(4)巡查类型维护。

点击菜单栏中的【系统】→【系统设置】→【巡查类型维护】，进入巡查类型维护列表窗口，如图 7-111：

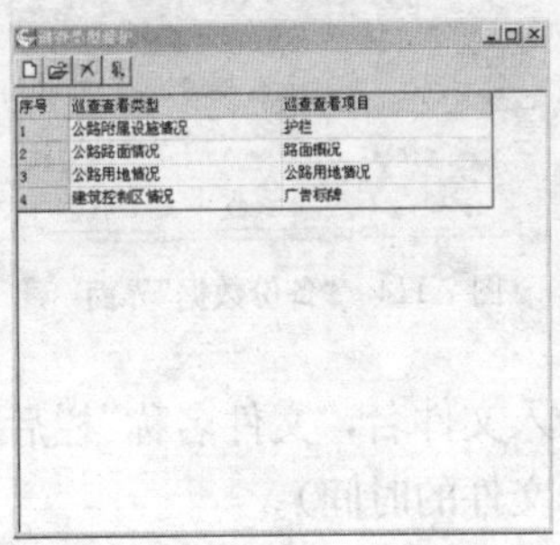

a)

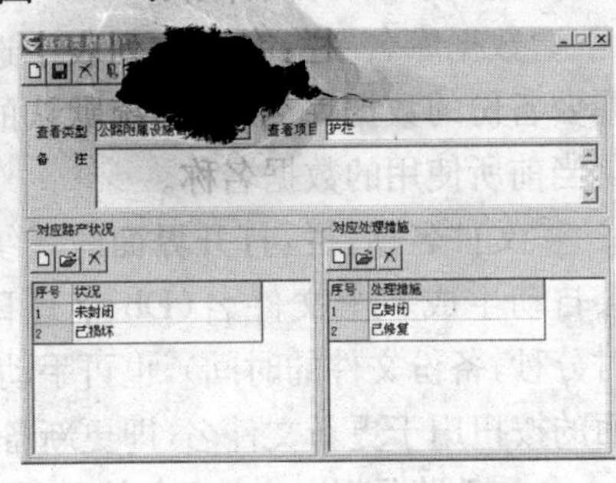

b)

图 7-111 “巡查类型维护”编辑界面

点击“巡查类型维护”编辑界面中“对应路产状况”栏中的“新增记录”按扭，进入“路产状况”界面，录入相应数据并保存，如图 7-112。

点击“巡查类型维护”编辑界面中“对应处理措施”栏中的“新增记录”按扭，进入“处理措施”界面，录入相应数据并保存，见图 7-113。

图 7-112 “路产状况”界面

图 7-113 “处理措施”界面

注：录入“巡查类型维护”编辑界面中“巡查类型”并保存录入的数据后，才可对“对应路产状况”和“对应处理措施”进行编辑。

3. 备份数据

单击菜单栏中系统→备份数据，进入“备份数据”界面，如图 7-114 所示。

注：备份数据时，必须在数据库所在的机器上进行，否则无法备份成功。

“备份数据”界面详解：

“数据库名”栏：在[illegible]列表中选择要备份的数据库名[illegible]统默认的是当前所使用的数据名称。

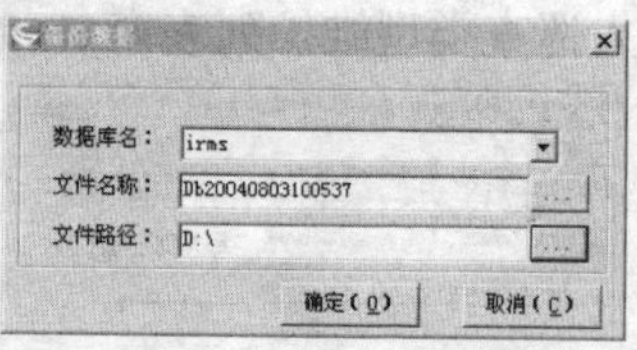

图 7-114 “备份数据”界面

“文件名称”栏：打开界面时系统会自动生成一个文件名(Db 年月日时分秒，备份文件的时间)，也可手动录入文件名，“文件名称”栏后面的按扭用于更新文件名(即更新备份文件的时间)。

“文件路径”栏：单击“文件路径”栏后面的按扭，弹出“浏览文件夹”界面(图 7-115)，在“浏览文件夹”界面中选择路径后，点击确定，回“备份”界面。

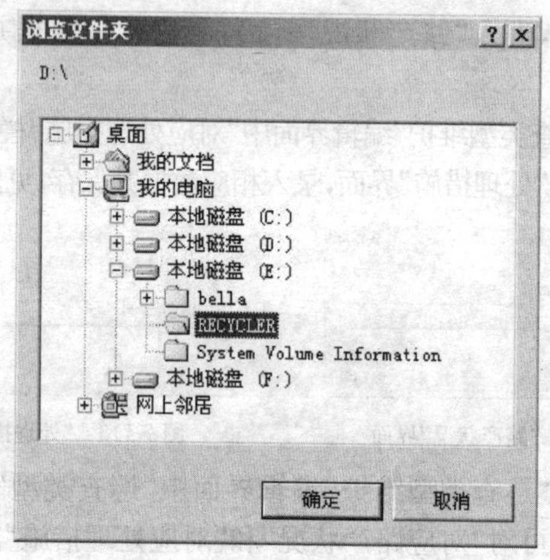

图 7-115 “浏览文件夹”界面

✓ 操作说明：

备份文件：填入备份文件的相关数据，单击“备份数据”界面中的“确定”按扭，弹出提示“数据库备份成功”(图 7-116)，单击“确定”，完成此次备份。

4. 还原数据(图 7-117)

5. 操作日志

单击菜单栏中操作日志系统,进入“操作日志”界面(图 7-118)。

图 7-116　备份成功　　　图 7-117　还原数据

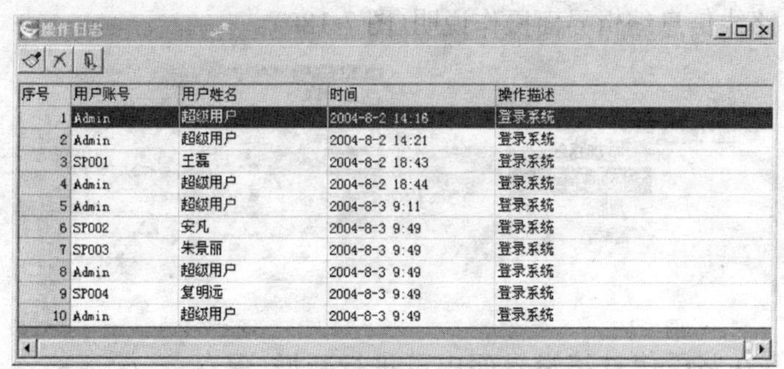

序号	用户账号	用户姓名	时间	操作描述
1	Admin	超级用户	2004-8-2 14:16	登录系统
2	Admin	超级用户	2004-8-2 14:21	登录系统
3	SP001	王磊	2004-8-2 18:43	登录系统
4	Admin	超级用户	2004-8-2 18:44	登录系统
5	Admin	超级用户	2004-8-3 9:11	登录系统
6	SP002	安凡	2004-8-3 9:49	登录系统
7	SP003	朱景丽	2004-8-3 9:49	登录系统
8	Admin	超级用户	2004-8-3 9:49	登录系统
9	SP004	复明远	2004-8-3 9:49	登录系统
10	Admin	超级用户	2004-8-3 9:49	登录系统

图 7-118　“操作日志”界面

“操作日志”界面用于记录所有用户登录系统的情况及对一些系统信息的维护动作。

✓ 操作说明:

刷新:刷新记录,显示打开“操作日志”界面后登录的用户(相当于重新打开“操作日志”界面)。

6. 重新登录

✓ 操作说明:

单击菜单栏中系统➡重新登录,退回“登录”界面(功能等同于 windows 系统中的注销)。

七、路产管理

点击菜单栏中的【路产管理】，进入路产管理界面。

1. 路线路段的管理

在路产管理界面左边路线路段的树形中，可通过鼠标右键菜单对路线路段进行管理，如新增、删除、编辑(图 7-119)。

路线、路段和路段组的操作方式是相似的，现以路线为例说明：

✓ 右键菜单功能说明：

具体的右键菜单功能说明请参照基础操作介绍中的右键菜单功能说明。

✓ 路线信息编辑界面操作说明(图 7-120)：

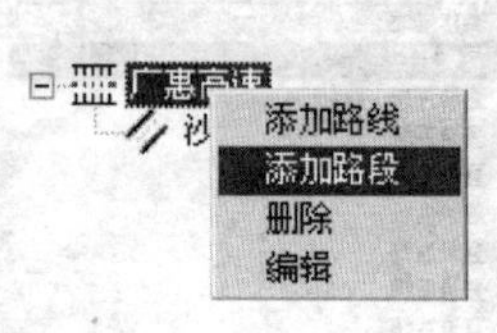

图 7-119

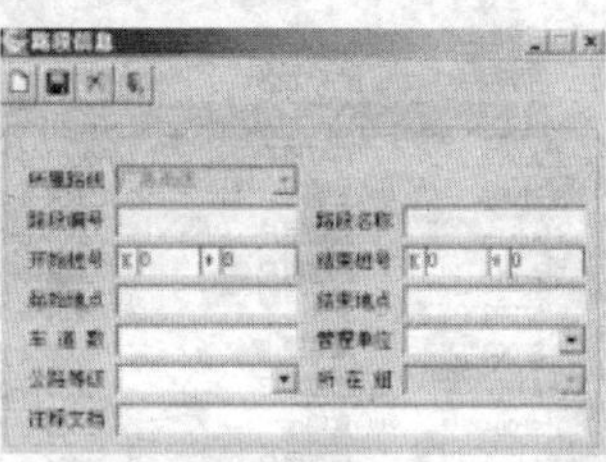

图 7-120

在路段信息编辑界面中可进行新增、保存、删除的操作。其操作方法与机构信息表编辑界面操作说明相同，具体的操作说明请参照机构信息表编辑界面操作说明。

2. 路产管理

路产管理分为公路、公路用地、附属设施三大类。

公路大类下面有：路面概况、路面标线、轮廓标、桥梁、涵洞、隧道几种。

公路用地：排水设施、防护设施、交通管理设施、护栏、交叉管线、隔离栅、收费站、防眩设施、绿化带、地下管线几种。具体的结构(图 7-121)：

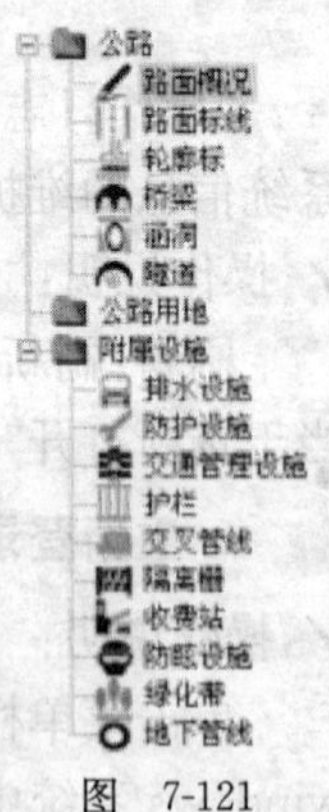

图 7-121

对路产的管理操作步骤如下：

a. ⇨选取路线⇨选取路段⇨左键点击选取路产类别（如标线标志）

b. 如需要具体添加某路产的信息，拿路面概况来说明：

点击选择【路面概况】，则有对应的表格出现，在表格的空白处右键单击，弹出快捷菜单（图 7-122）：

进行添加信息的操作。要针对某条信息进行修改，则双击这条记录就可以进入该界面了。记录完后点保存，就存储了该条信息。

3. 如需查看记录

选中想查看的路产类别，在右侧的记录里双击就可以看到具体的信息了。

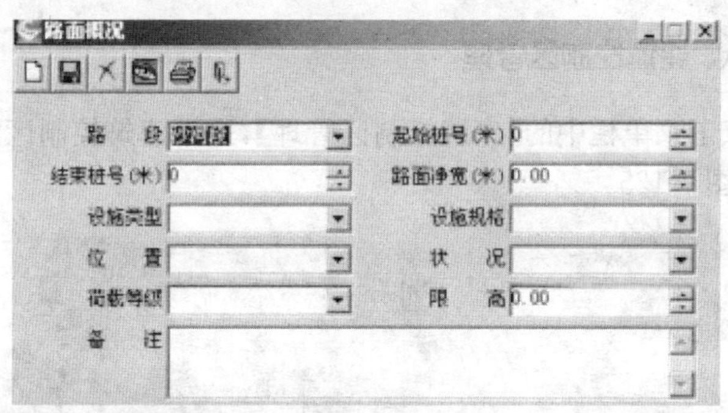

图 7-122

现以交通管理设施为例说明：

先在路线路段中选中路段，在设施中选中交通管理设施，在右边列表中会显示所有的交通管理设施列表，如图 7-123 所示：

路段	起始桩号	结束桩号	位置	设施类型	设施规格	状况
沙河段	41400	41400	左侧	交通标志	规格	完好
沙河段	41400	41400	右侧	交通标志	规格	完好
沙河段	41420	41420	右侧	交通标志	规格	完好
沙河段	41600	41600	左侧	交通标志	规格	完好

图 7-123

对其中选中的那条双击，如图 7-124 所示。

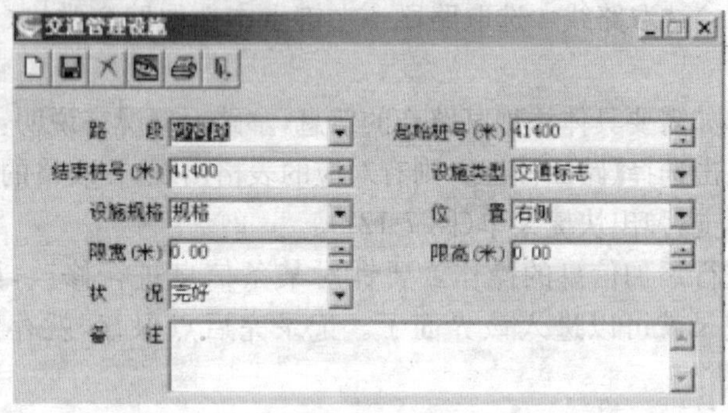

图　7-124

这里可以进行一般的新增、保存、删除、设置图片、打印的操作。通过这个模块的功能完成对路政路产的资料的采集和管理。

八、建筑控制区管理

点击菜单栏中的【建筑控制区管理】，进入建筑控制区管理界面，如图 7-125：

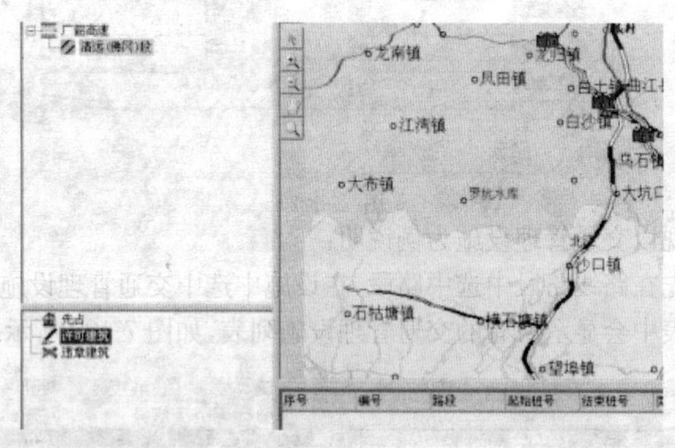

图　7-125

建筑控制区管理中分为先占、许可建筑、违章建筑三种。在建筑控制区管理界面中的操作与路产管理中的操作相似，在左侧的树型结构中选择好待处理的类型后，在右边的列表处就可以进行点击右键的添加工作和双击某项的编辑动作了，如图 7-126：

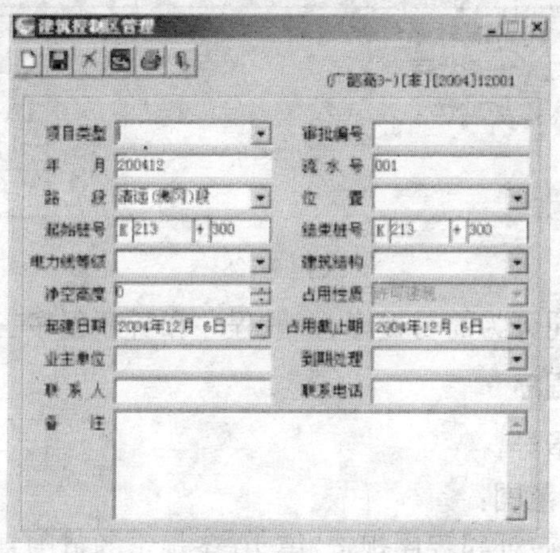

图　7-126

对于违章建筑的管理界面，如图 7-127 所示：

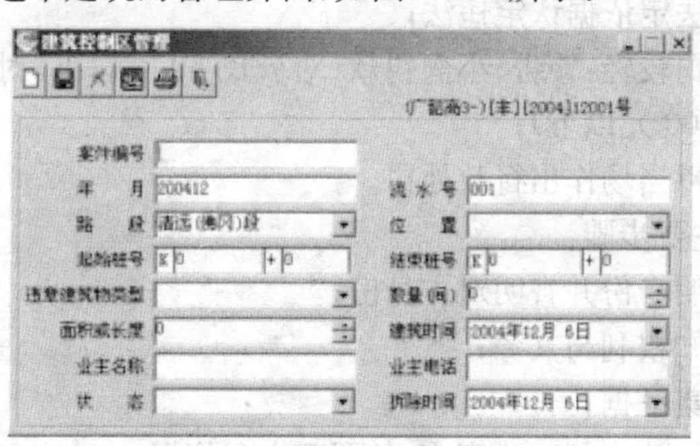

图　7-127

九、行政处罚

点击主菜单中行政处罚，进入“行政处罚”界面，如图 7-128 所示。

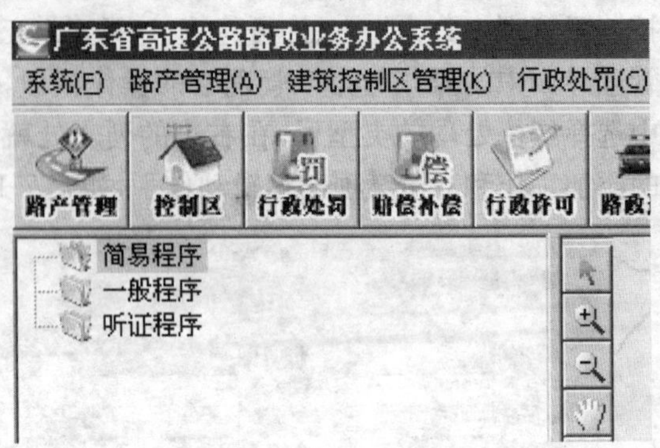

图 7-128

行政处罚分为简易提序、一般程序和听证程序三类。

1. 简易程序

1)工作指导：

(1)适用范围：

《交通行政处罚程序规定》第 10 条规定的范围是：

①违法事实确凿；

②有法定依据认定违法；

③处罚较轻：警告、小额罚款(对公民 50 元以下，对法人或其他组织 1000 元以下)；

④可以当场作出行政处罚。

(2)主要步骤：

①表明身份并查明对方身份；

②告知权利与义务；

③收集证据；

④告知认定的违法事实、处罚理由和依据；

⑤听取当事人的陈述和申辩并进行复核；

⑥制作《交通行政(当场)处罚决定书》并交付当事人；

⑦有限度的执行；当场收缴罚款的三种情况：依法给予 20 元

以下的罚款；不当场收缴事后难以执行的；边远、水上、交通不便地区，当事人向指定银行缴纳罚款确有困难，经当事人书面提出，可当场收缴罚款。

⑧报告备案(5 日内交回副本)并交回罚款(2 日内交单位，单位 2 日内交银行)。

(3)特点：简单案件、简单步骤；执法人员、决定人员、执行人员三位一体；可当场执行。

2)信息登记流程图，如图 7-129：

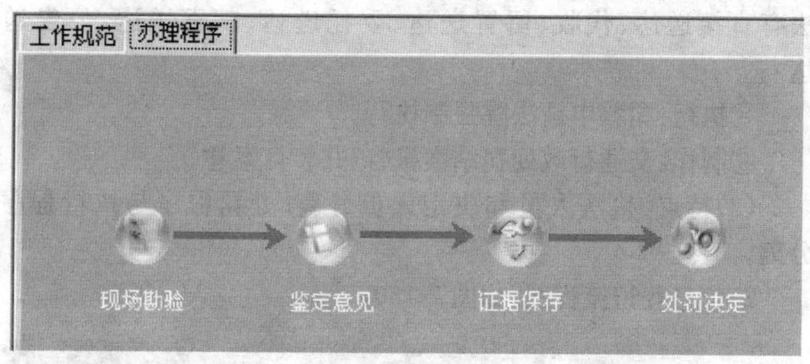

图　7-129

3)具体操作说明：

简易程序中需要操作的流程有现场勘验、鉴定意见、证据保存、当场处理决定书。

2. 一般程序

1)工作指导：

(1)适用范围：

除简易和听证程序之外的处罚案件。

(2)主要步骤：

①立案；

②收集证据开展初步调查，要求：表明身份并查明对方身份；

原则：全面、客观、公正、回避。

采用六种取证规定和方法。

③制作《交通违法行为调查报告》报领导审查；

④领导审查：继续调查或结束调查；

⑤制作《交通违法行为通知书》并送达当事人；

⑥听取当事人陈述和申辩并进行审核。调查完毕的几种处理方法。

⑦制作《交通行政处罚决定书》并宣读交付当事人（交付方法有直接送达、代收、留置送达、委托送达、邮寄送达、公告送达）；

⑧执行：罚款申请法院强制执行。

⑨制作《交通行政处罚结案报告》并装订案卷。

(3)特点：执法人员和决定人员分离；处罚程序与执行程序分离。

2)信息登记流程图，如图 7-130：

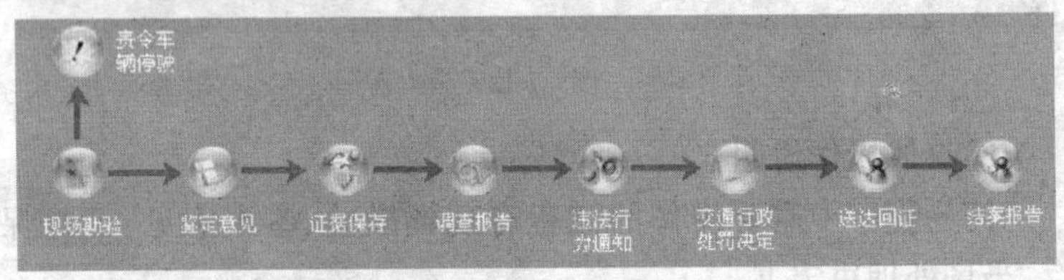

图 7-130

3)具体操作说明：

一般程序中需要处理的流程有现场勘验、责令停驶、鉴定意见、证据保存、调查报告、违法行为通知、交通行政处罚决定、送达回证、结案说明。

3. 听证程序

1)工作指导：

(1)适用范围：

责令停产停业；吊销证照；较大数额罚款(路政执行地方标准)。

(2)主要步骤：

①立案；

②收集证据开展初步调查，

③制作《交通违法行为调查报告》报领导审查；

④领导审查：继续调查或结束调查；

⑤制作《交通违法行为通知书》并送达当事人；

⑥举行听证会；

⑦制作《交通行政处罚决定书》并宣读交付当事人(交付方法有直接送达、代收、留置送达、委托送达、邮寄送达、公告送达)；

⑧执行：罚款申请法院强制执行。

⑨制作《交通行政处罚结案报告》并装订案卷。

2)信息登记流程，如图 7-131 所示：

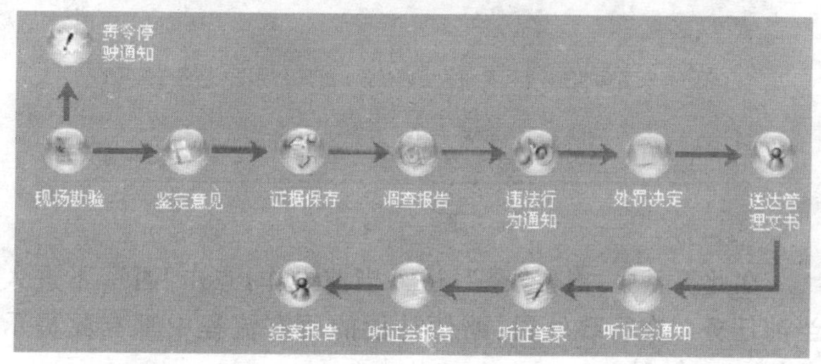

图　7-131

3)具体操作说明：

听证程序中需要处理的有现场勘验、责令停驶、鉴定意见、证据保存、调查报告、违法行为通知、交通行政处罚决定、送达管理文书、听证会通知、听证笔录、听证会报告、结案说明。下面对具体的操作进行详细的说明。

新增案件的方法为：在程序类型中选择一种类型，在案件列表中选中“新增案件”，再点击流程图中的“现场勘验”，进行案件的新增操作。

编辑案件的方法为：在程序类型中选择一种类型，在案件列表中选中需编辑的案件号，在流程中会显示该案件的处理状态，点击流程图中需要处理的任务。流程图中显示红色的“√”表示该任务已处理完毕；绿色的“√”表示该任务正在处理中；没有“√”表示该任务尚未处理。案件的状态同时也会显示在左边案件列表的状态列中。

注意：在案件中，已完成的案件还可进行编辑。

在操作流程中，一般情况下是按流程顺序操作，如果跳过中间的任务，去执行下一任务时，会有相应的提示。如现场勘验后，不处理鉴定意见，直接处理证据保存时，会提示如图 7-132 所示：

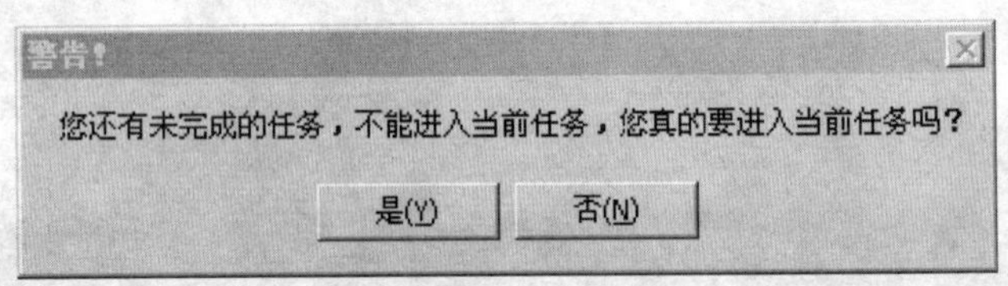

图 7-132

在此提示中，点击“是”，进入当前操作，点击“否”，不进入当前任务。在行政处罚、赔偿补偿的所有流程中都有此提示功能。

(1)现场勘验：

现场勘验是对与案件有关的物品或者现场进行勘察检验。

现场勘验需要处理的有案件信息、当事人、勘验检查笔录、询问笔录、抽样凭证、现场图片、现场草图。

①案件信息：(图 7-133)

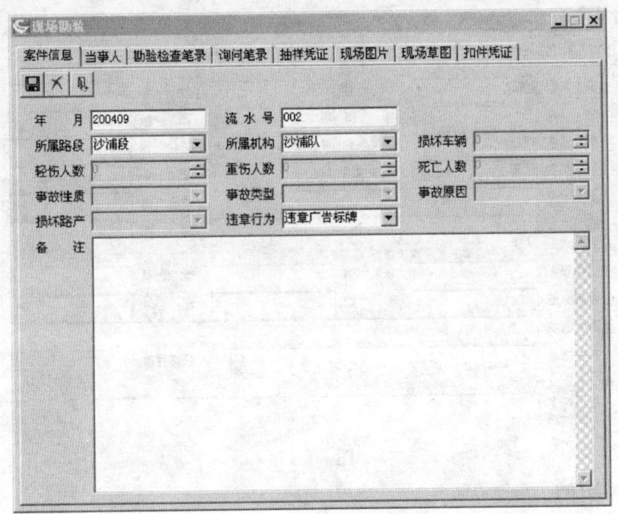

图 7-133

✓ 功能说明:

➢ 录入案件的基本信息。新增案件时,必须先录入并保存案件信息,才能对其他任务进行操作,否则不能对其他任务进行操作。

➢ 对案件信息进行维护,包括编辑、保存、删除。

✓ 操作说明:

➢【编辑】:编辑案件信息,直接在相关信息的录入栏中录入案件基本。

➢【保存】:保存新增或修改的案件信息。

➢【删除】:删除案件信息。

注意:删除案件信息时,并不是只删除当前窗口中的信息,而是将整个案件的信息都删除了。

②当事人:(图 7-134)

当事人窗口中录入有关当事人的详细信息,操作方法与案件

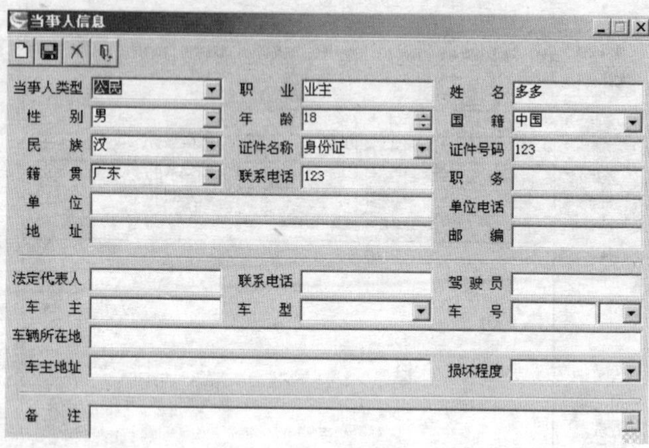

图 7-134

信息中相似。

③勘验检查笔录:(图 7-135)

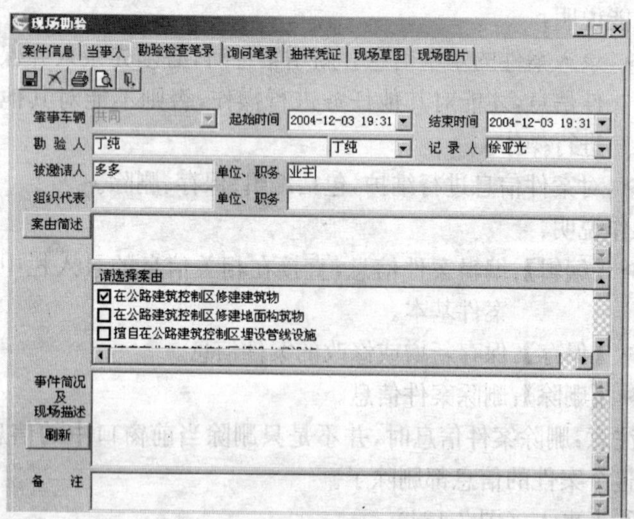

图 7-135

在勘验检查笔录编辑界面中可进行编辑、保存、删除、打印、登记建筑控制区内违章建筑的操作。首先在请选择案由里选择打勾,然后点击左边的【案由简述】,则添加到上面的空白区域里了。下面的空白区域用来做现场的描述使用。

④询问笔录:(图 7-136)

图 7-136

a)询问笔录列表中的操作说明:

询问笔录列表中可进行新增、编辑、删除的操作。

注意:询问笔录可以有多份,每一份询问笔录对应一条记录。

b)询问笔录编辑窗口操作说明:(图 7-137)

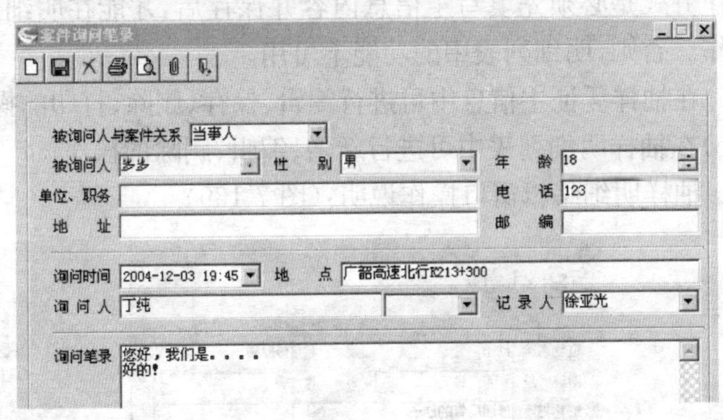

图 7-137

在询问笔录编辑窗口中可进行新增、保存、删除、打印的操作。

⑤抽样凭证:

抽样凭证是在现场勘察过程中,需要抽样取证时,才需填写抽样凭证如图 7-138 所示:

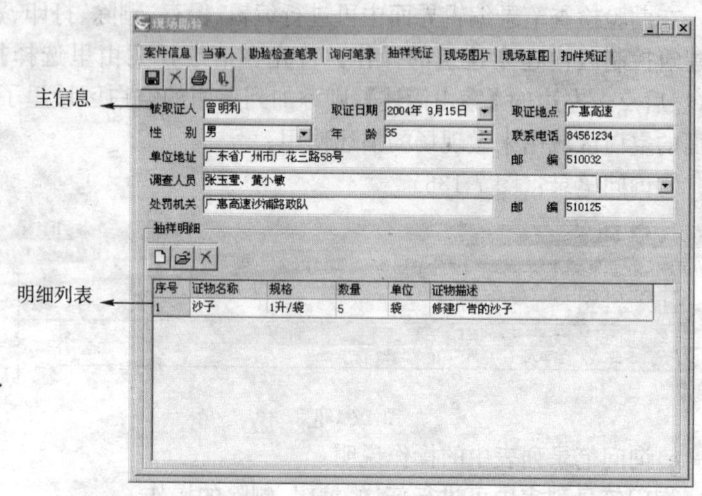

图 7-138

抽样凭证窗口分成两部分，上面是主信息，下面是明细列表。其操作方式是必须先填写主信息内容并保存后，才能在明细列表中操作。否则，明细列表中的功能不可用。

a)在抽样凭证主信息中可进行编辑、保存、删除、打印的操作。

b)在抽样明细列表中可进行新增、编辑、删除的操作。

c)抽样明细编辑窗口操作说明：(图 7-139)

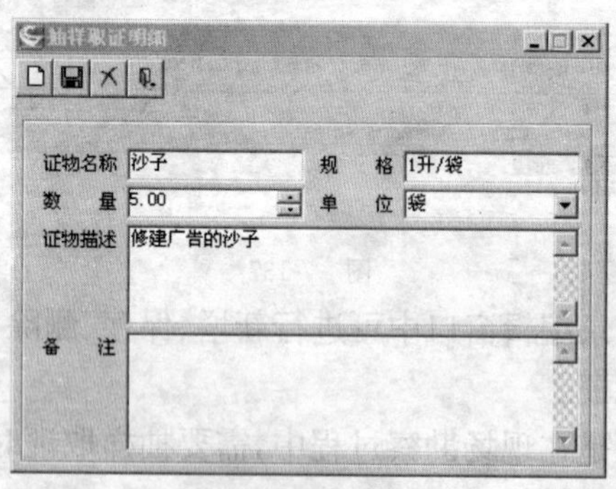

图 7-139

在抽样明细编辑窗口中可进行新增、保存、删除的操作。

⑥现场图片：

现场图片是用来保存图片资料的。

⑦现场草图：

现场草图是用来对案件现场进行绘制平面图。

(2)责令停驶通知：

对公路及附属设施造成较大损害，当场不能处理完毕的车辆，进行责令停驶时，需要填写停驶通知书。

(3)鉴定意见书：

鉴定意见书是在案件处理中，需要请专家鉴定时，才需要填写，如图 7-140 所示：

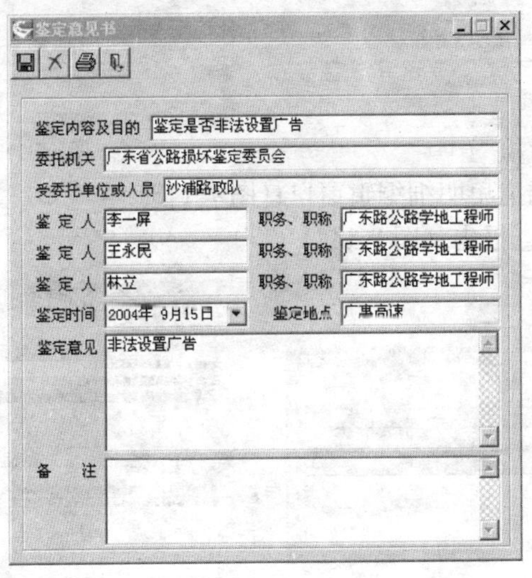

图 7-140

在鉴定意见书窗口中可进行编辑、保存、删除、打印的操作。

(4)证据保存：

在证据可能以后灭失或者难以取得的情况下，可以先行登记保存，制作证据保存清单。

证据保存的操作窗口也分为三个，分别是证据保存清单列表、证据清单编辑窗口、证据清单明细编辑窗口。

①证据保存清单列表：(图 7-141)

②证据清单编辑窗口：(图 7-142)

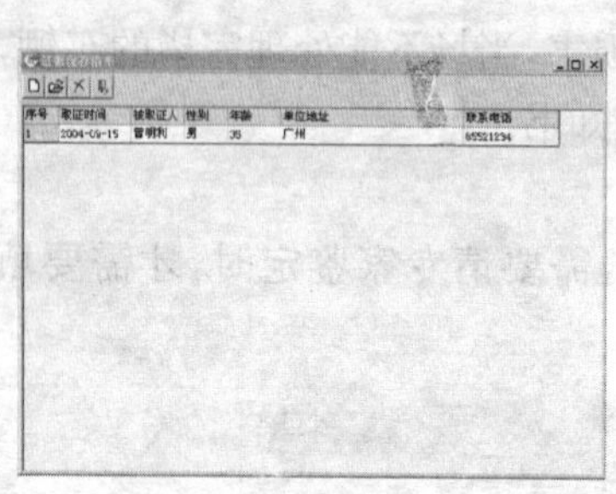

图 7-141

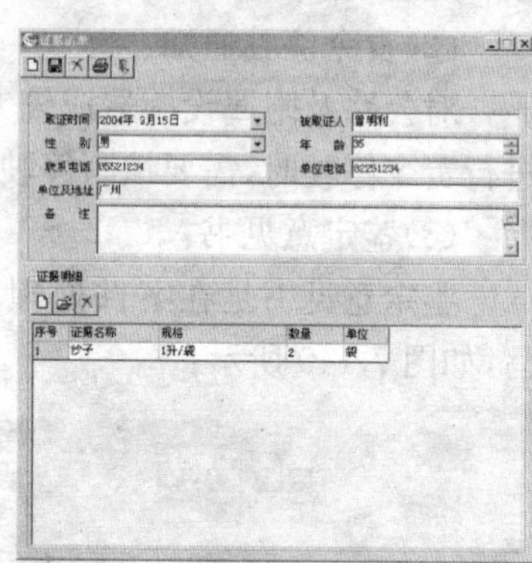

图 7-142

③证据清单明细编辑窗口：(图 7-143)

(5)调查报告：(图 7-144)

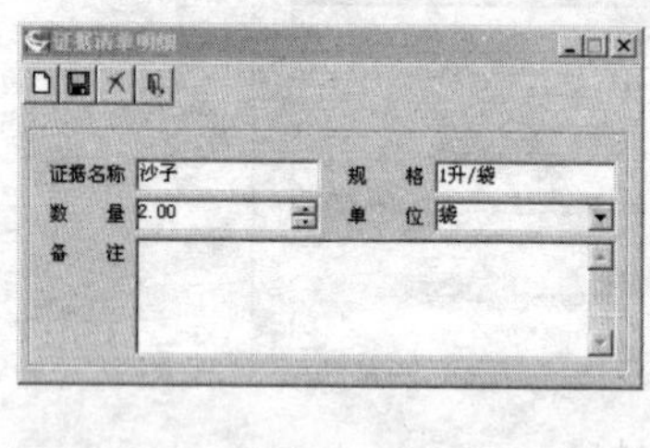

图 7-143

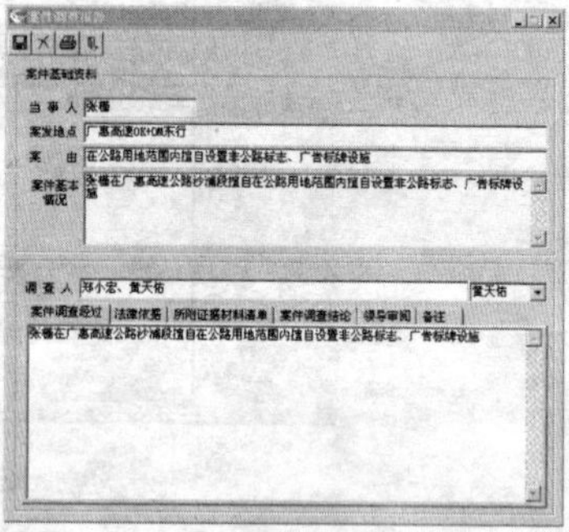

图 7-144

案件经过调查后，需填写调查报告。

案件调查报告也和责令停驶类似，分为案件基础资料和调查信息两部分。案件基础资料是从现场勘验中自动默认出来的,只能查看,不能修改。调查信息是需要编辑的。

在案件调查报告窗口中可进行编辑、保存、删除、打印的操作。

其中:调查信息由多个页面窗口组成,分别为案件调查经过、法律依据、所附证据材料清单、案件调查结论、领导审阅、备注。

①案件调查经过:

案件调查经过(图见案件调查报告),是填写案件调查的经过的信息,系统会自动根据现场勘验的信息自动默认出来,用户也可以根据实际情况进行修改。

②法律依据:(图 7-145)

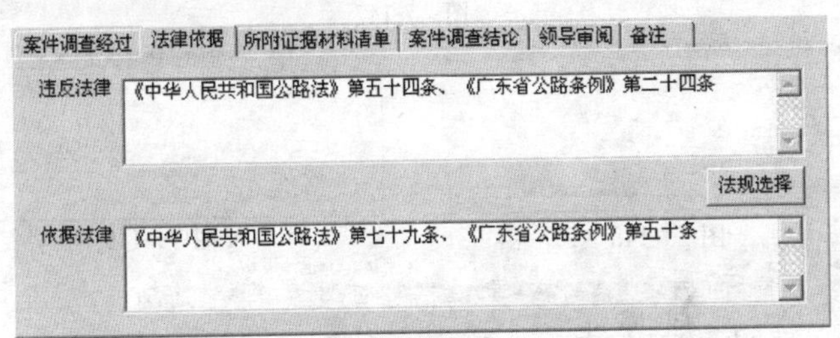

图 7-145

法律依据中,系统会根据现场勘验的案由自动匹配违反法律和依据法律,用户也可以根据实际情况通过“法规选择器”进行修改,可直接从输入栏中输入。

所附证据材料清单:

所附证据材料清单是输入调查报告中需附的证据材料清单,分为清单列表和清单编辑窗口,如图 7-146:

③案件调查结论:(图 7-147)

④领导审阅:(图 7-148)

⑤备注:(图 7-149)

(6)违法行为通知书:(图 7-150)

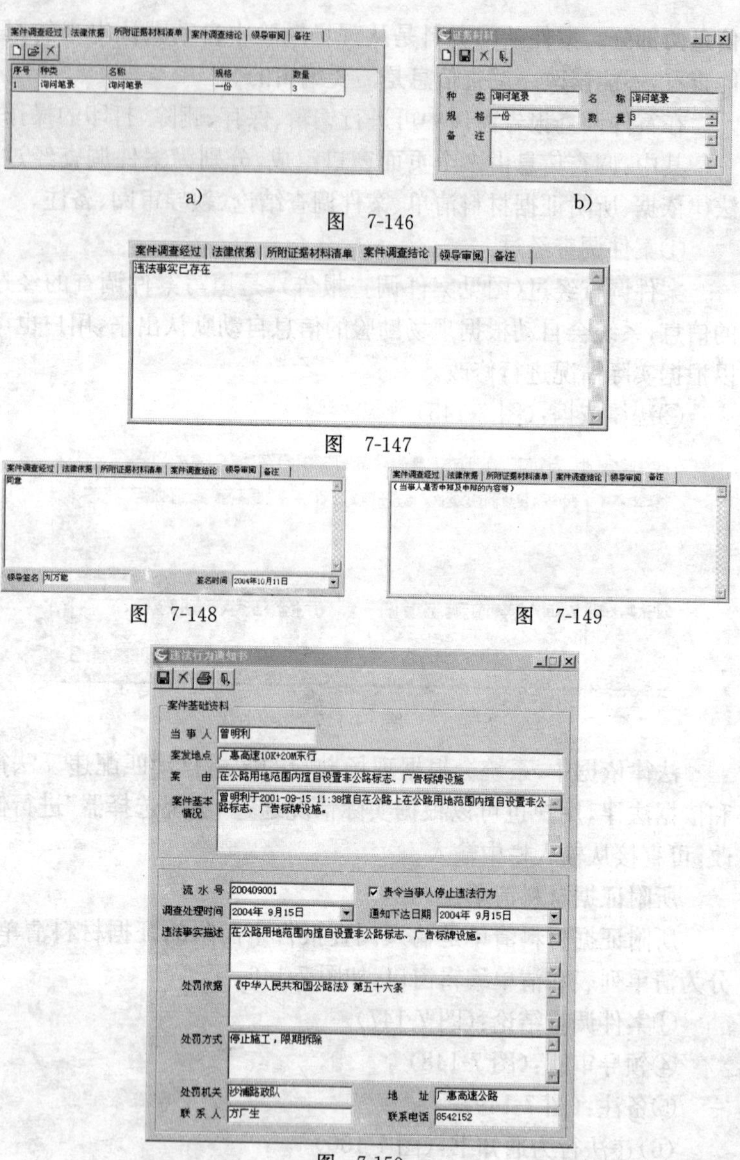

a) b)

图 7-146

图 7-147

图 7-148

图 7-149

图 7-150

(7)交通行政处罚决定书:(图 7-151)

处罚决定书

案件基础资料

当 事 人　张槿

案发地点　广惠高速0K+0M东行

案　　由　在公路用地范围内擅自设置非公路标志、广告标牌设施

案件基本情况　张槿在广惠高速公路沙浦段擅自在公路用地范围内擅自设置非公路标志、广告标牌设施

流 水 号　200410001

处罚金额　300.00　　交款银行　广东交通银行

下达日期　2004年10月11日　　复议机关　广东省交通厅

证　　据　张槿在广惠高速公路沙浦段擅自在公路用地范围内擅自设置非公路标志、广告标牌设施以为证。

违反法律　《中华人民共和国公路法》第五十四条、《广东省公路条例》第二十四条

法规选择

依据法律　《中华人民共和国公路法》第七十九条、《广东省公路条例》第五十条

处罚决定　处罚300元

图　7-151

(8)送达回证:(图 7-152)

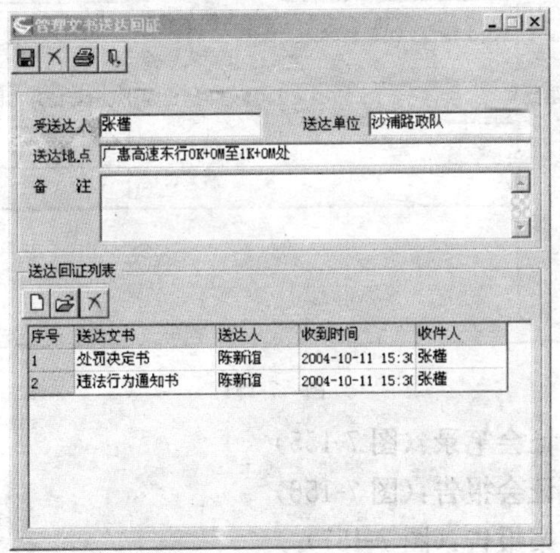
管理文书送达回证

受送达人　张槿　　送达单位　沙浦路政队

送达地点　广惠高速东行0K+0M至1K+0M处

备　　注

送达回证列表

序号	送达文书	送达人	收到时间	收件人
1	处罚决定书	陈新谊	2004-10-11 15:3(	张槿
2	违法行为通知书	陈新谊	2004-10-11 15:3(	张槿

图　7-152

送达回证窗口中，分为主信息和清单列表两部分，其操作说明与维修通知单编辑窗口的操作说明相似。（图 7-153）

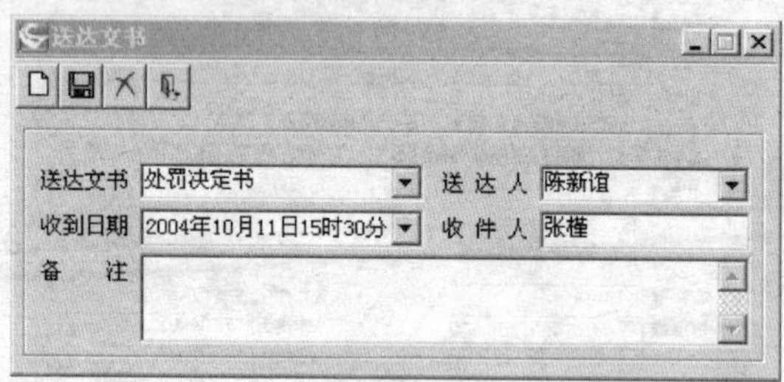

图 7-153

（9）听证会通知：（图 7-154）

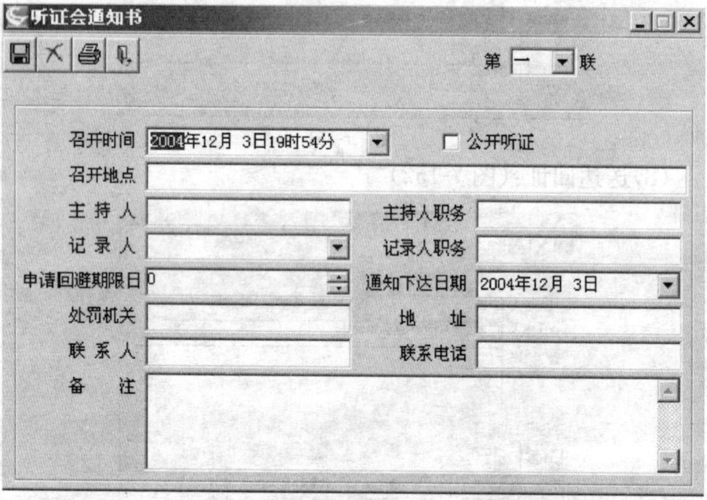

图 7-154

（10）听证会笔录：（图 7-155）

（11）听证会报告：（图 7-156）

（12）结案报告：（图 7-157）

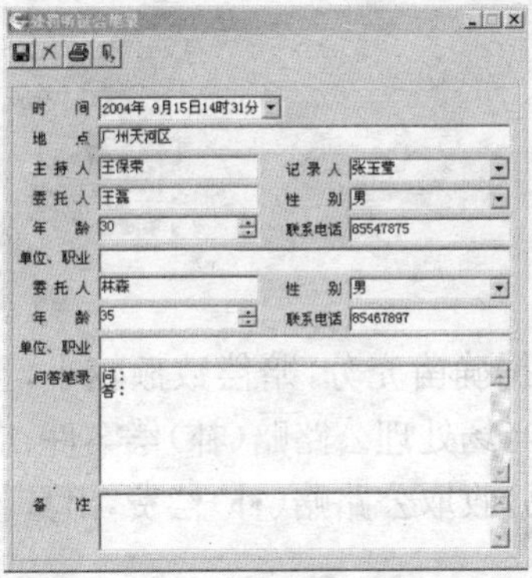

图 7-155

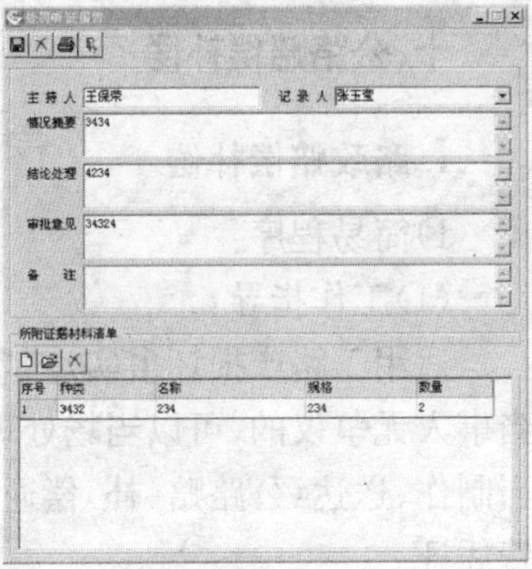

图 7-156

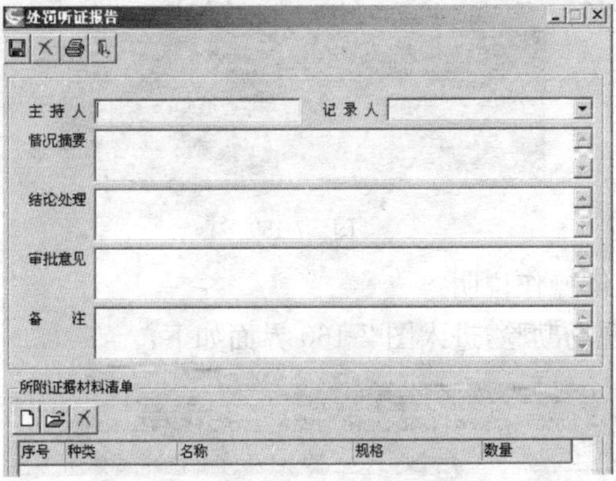

图 7-157

操作要求是按照流程来执行操作，做完了一步再接着做，在上一个环节还没有完成就要进入下一步的，系统会出现如图 7-158 的提示：

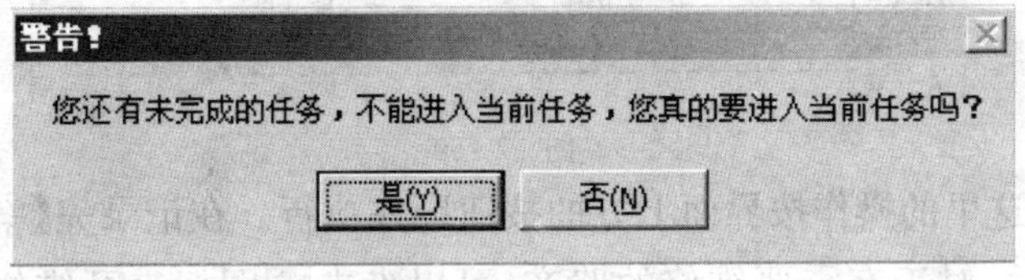

图 7-158

十、公路赔偿补偿

1. 路政赔偿补偿

1)简易程序：

(1)工作指导：

适用于路产损坏事实清楚，证据确凿充分，赔偿数额较小，且当事人无争议的，可以当场处理。当场处理公路赔(补)偿案件，应当制作、送达《公路赔(补)偿通知书》收取公路赔(补)偿费，出具收费凭证。

(2)信息登记流程图(图 7-159)：

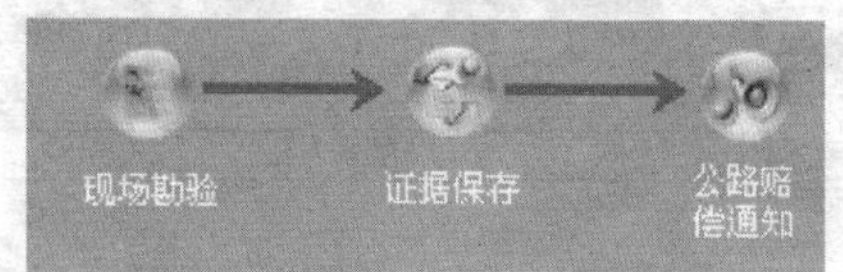

图 7-159

(3)具体操作说明

点击现场勘验，进入图 7-160 界面如下：

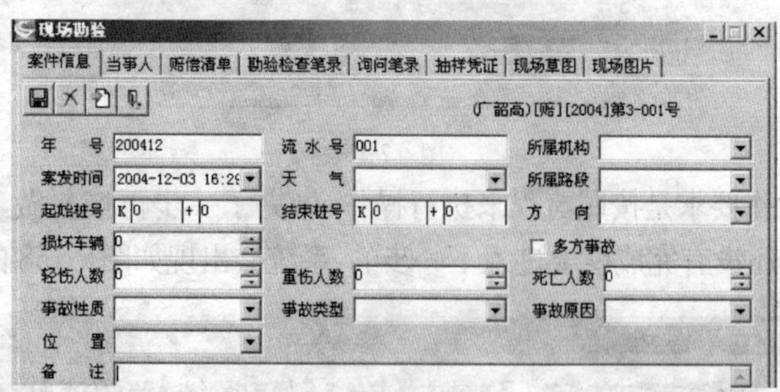

图 7-160

这里的操作按界面上方的按钮顺序执行。在记录完【案件信息】后，对于有需要维修的路产，可以点击图标来开维修通知单，具体界面如图 7-161。

这里的维修通知单可以在填写完整保存后当场打印然后送给相应的维修部门。对于需要进行维护的维修通知，可以在【维修通知】下面部分的维修清单表中双击该条进行维护。

这里的赔偿清单明细中如果有多项赔付的时候，如图7-162：

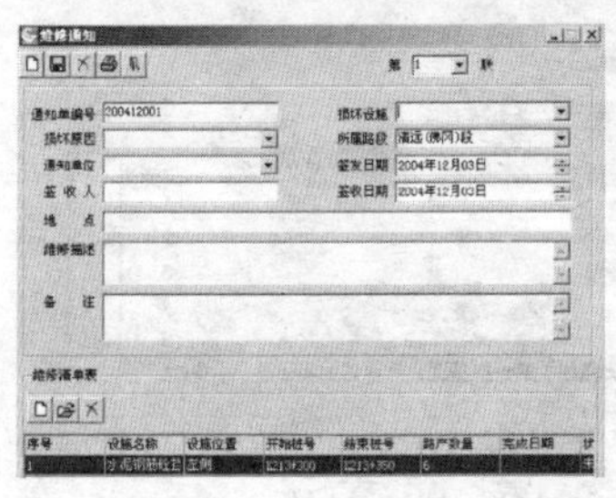

图　7-161

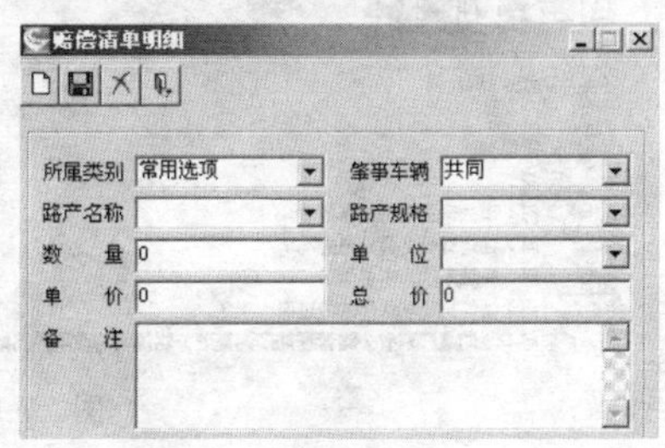

图　7-162

每写完一项需要赔偿的路产保存后点击 来进行添加。整个添加完成后，一项详细的明细赔偿清单就完成了，这里保存后就可以直接打印输出了。然后是记录勘验检查笔录。现在该记录【案件询问笔录】，如图 7-163：

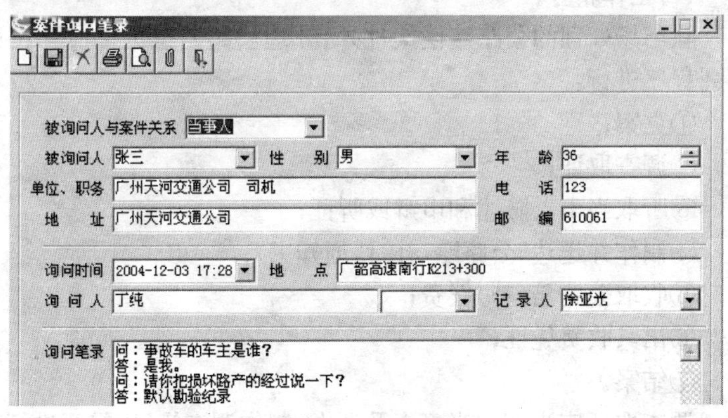

图　7-163

这里在界面下方的问答里设置了一些常用的问题与回答模板，可以减轻输入的复杂程度，用户也可以根据自己的需要自己进行添加设置，点击图标就可以进入到：询问笔录常用语设置了，具体的界面如图 7-164 所示：

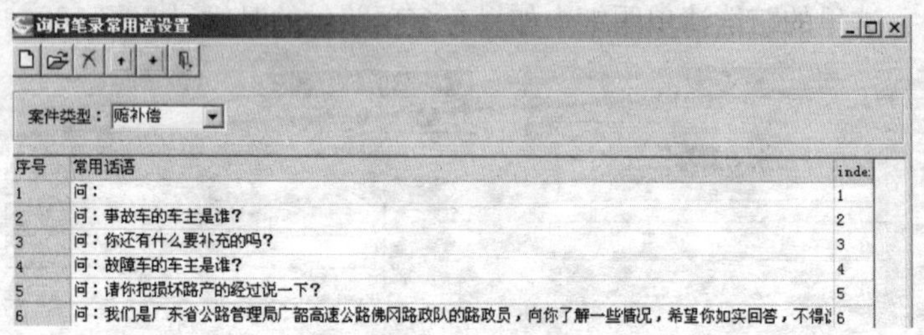

图 7-164

双击问题，可以设置对应的问题和它的一般对答。

如果还有现场图片的话，可以在【现场图片】里进行存储，这样一个简单的流程就完成了，保存退出。然后按一般的流程，保存证据，发出公路赔补偿通知。

2)一般程序：

(1)工作指导：

除当场处理的公路赔偿案件外，处理公路赔偿案件应当按照下列程序进行：

①立案；

②调查取证；

③听取当事人陈述和申辩或听证；

④制作并送达《公路赔(补)偿通知书》；

⑤收取公路赔(补)偿费；

⑥出具收费凭证；

⑦结案。

调查取证应当询问当事人及证人，制作调查笔录；需要进行现场勘验或者鉴定的，还应当制作现场勘验报告或者鉴定报告。当事人对《公路赔偿通知书》认定的事实和赔偿费数额有疑义的,可以向公路管理机构申请复核。公路管理机构应当自收到公路赔(补)偿复核申请之日起 15 日内完成复核,并将复核结果书面通知当事人。公路赔偿费应当用于受损公路的修复,不得挪作他用。

(2)信息登记流程如图 7-165:

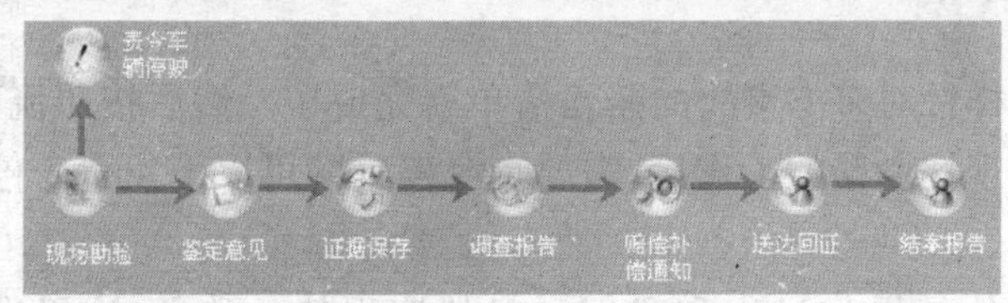

图 7-165

(3)具体操作说明:

现场勘验的具体操作流程和上面的简易程序相同,这里就不重复了,详细请看上节内容。但是这里需要提到注意的一点就是在针对多方事故的处理上。针对多方事故,在进行案件的信息录入的时候,在界面里可以看到一个☑多方事故的图标,在前面的选择框里点勾后是记录多方事故的标志。对于多方事故的处理最具体的表现在【赔偿清单】里,点击 可以看到弹出了如图 7-166 所示的界面。

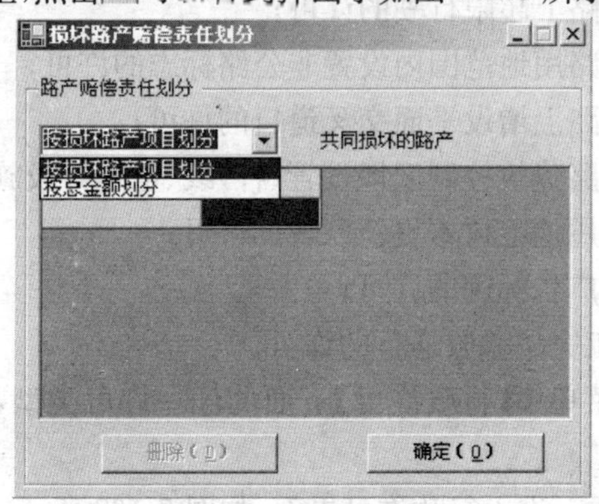

图 7-166

如果是选择了按损坏路产项目划分，则下面的列表会把共同承担责任的路产显示出来，默认的分配比例是1：1，各负一半的责任，但是具体的数据是可以手工录入的。

如果是选择了按总金额划分，则把总金额摆在了上面，而每个人所需要承担的份额手工录入，系统自动运算出对应的金额大小。

这样针对多方事故的赔偿清单就完成了。然后按照流程，在进行了现场勘验的工作后，需要责令停驶的可以下发责令停驶通知书。

其他的操作过程和我们一般的流程就一致了，这里也不重复了。

十一、行政许可

行政许可有十类，分别是：

(1)占用、挖掘公路或者使公路改线的许可；

(2)跨越、穿越公路或者占用公路用地的许可；

(3)可能损害路面的机具在公路上行驶的许可；

(4)在公路上超限行驶的许可；

(5)在公路用地范围内设置非公路标志的许可；

(6)在公路上增设平面交叉道口的许可；

(7)在公路建筑控制区埋设管(杆)线、电缆等设施的许可；

(8)公路用地上树木更新砍伐的许可；

(9)设置广告标牌的许可；

(10)施工完毕验收通行的许可。

点击主菜单中【行政许可】下面的任一许可类型，或点击快捷功能按钮（行政许可），进入行政许可界面，如图7-167所示：

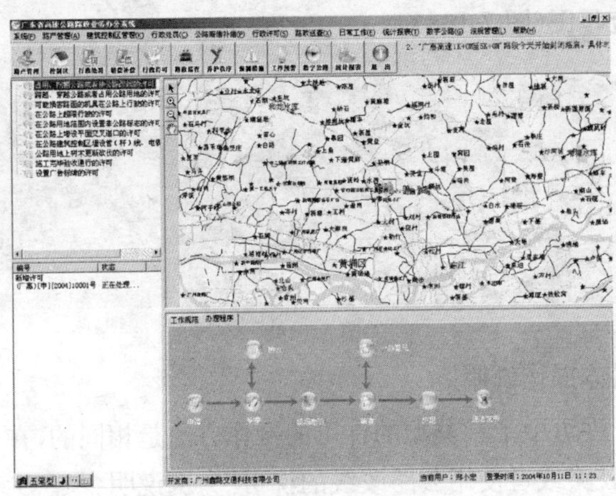

图　7-167

1. 工作规范

基本步骤(申请→受理→审查→决定→送达):

1)申请(公路局)。

2)受理(公路局)。

(1)不受理;

(2)不受理、告知向其他部门申请;

(3)当场改正(申请书或材料不规范,要求当场改正);

(4)五日内改正(申请书或材料不规范,要求五日内改正);

(5)受理(发出受理决定书)。

3)审查(大队)。

审查必须在20个工作日内完成。

4)决定(公路局)。

公路局才有决定权。

5)送达(大队)。

有大队送达文书。

2. 流程图(图 7-168)

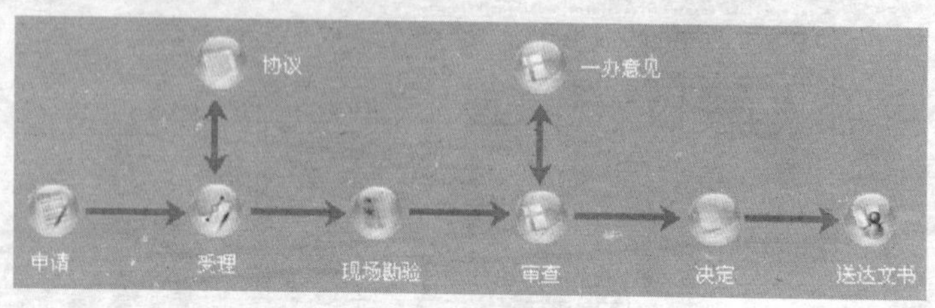

图 7-168

3. 具体操作说明

由于许可中十种类型的许可的操作方法是相同的，在此以“占用、挖掘公路或者使用公路改线的许可”为例说明：

1)许可流程图操作说明：

需要操作的有申请、协议、受理、审查、一办意见、决定、送达文书。

新增许可的方法为：在许可类型中选择一种类型，在许可列表中选中“新增许可”，再点击流程图中的“申请”，进行许可的新增操作。

继续处理许可的方法为：在程序类型中选择一种类型，在案件列表中选中需继续处理的许可号，在流程中会显示该许可的处理状态，点击流程图中需要处理的任务。

流程图中显示红色的“√”表示该任务已处理完毕；绿色的“√”表示该任务正在处理中；没有“√”表示该任务尚未处理。许可的状态同时也会显示在左边许可列表的状态列中。

在许可流程中，已完成的任务不能修改，只能查看，点击已完成的任务图标时会弹出如图 7-169 所示的提示：

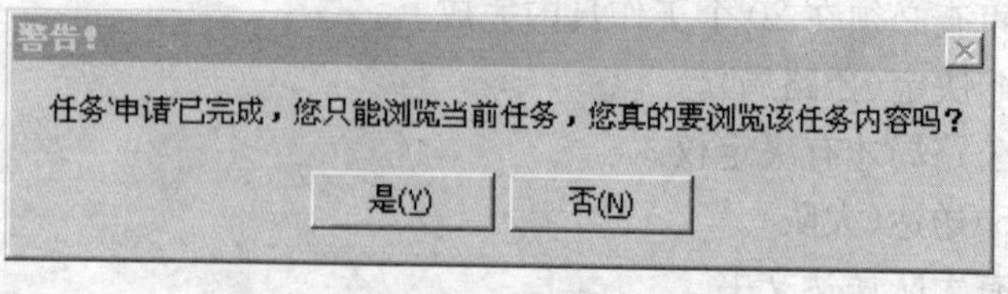

图 7-169

在此提示中，如果选择“是”，进入查看窗口，可以浏览和打印，不能进行编辑。如果选择“否”，不进入查看窗口。

在许可流程中，如果当前任务未完成，就点击流程中后面的任务时，会弹出如图 7-170 所示提示：

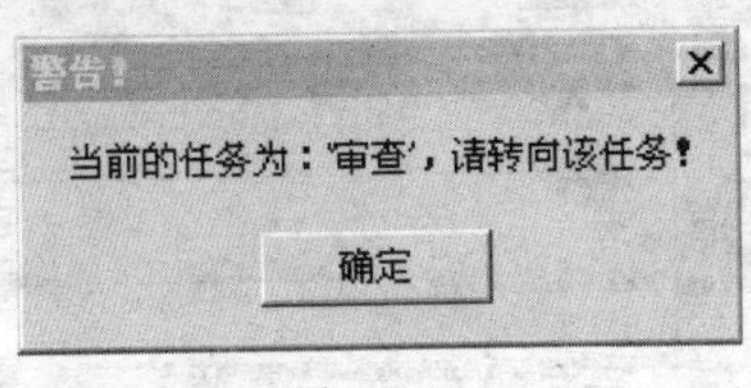

图 7-170

在此提示中，点击“确定”后，不能处理后面的任务。处理许可时，必须按流程处理，处理了当前任务后，退出当前操作窗口时，会弹出选择下一任务的窗口。

✓ 窗口说明：

- “请选择下一任务”：选择需处理的下一任务，下一任务是流程图中当前任务的下一任务，如“受理”的下一任务是“现场勘验”。
- “请选择下一任务责任人”：下拉选择列表中，显示所有有权限处理下一任务的人员列表，可选择一位下一任务责任人。
- “回退到上一任务”，表示上一任务处理不完整可需修改，将任务回退到上一任务进行处理。
- “结束当前项目”，表示该流程已处理完毕。

2)许可具体任务操作说明：

(1)申请。

在许可类型中选择一种类型，在许可列表中选中“新增许可”，再点击流程图中的“申请”，进入申请窗口，如图 7-171：

在此窗口中可进行编辑、保存、删除、打印、退出的操作。

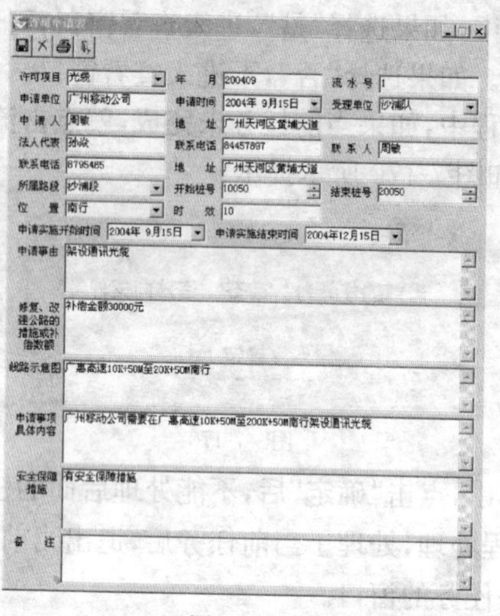

图 7-171

✓ 操作说明：

- 【编辑】：编辑许可详细信息，直接在相关信息的录入栏中录入许可信息，其中，线路示意图是可以根据路线、桩号和位置的内容自动默认显示出来的，可以修改。编辑完后点击保存按钮。
- 【保存】：保存新增或修改的许可信息。
- 【删除】：删除当前的许可信息。
- 【打印】：打印许可申请表。
- 【退出】：退出当前窗口。

注意：申请完成后，退出申请窗口时，在选择下一任务的提示窗口中，选择了“受理”后，流程图中会同时在“受理”和“协议”的图标中打上绿色的“√”。两项任务均可处理。

(2)受理。

在许可类型中选择一种类型，在许可列表中选中需受理的许可，再点击流程图中的受理，进入受理窗口，如图 7-172：

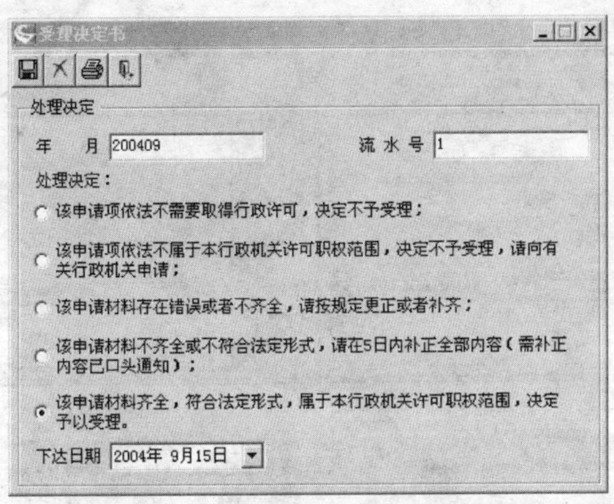

图 7-172

在此窗口中可进行编辑、保存、删除、打印、退出的操作。

✓ 操作说明：

- 【编辑】：编辑受理决定书信息，直接点击处理决定，输入下达日期。编辑完后点击保存按钮。
- 【保存】：保存编辑的受理决定书信息。
- 【删除】：删除当前的受理决定书信息。
- 【打印】：打印受理决定书信息。
- 【退出】：退出当前窗口。

注意：处理受理的过程中，如果决定不予受理时，可直接结束当前项目，具体操作为：退出受理窗口时，在选择下一任务的提示窗口中，点击“结束当前项目”，再点击【确定】，即可结束当前项目。

(3)协议。

在许可类型中选择一种类型，在许可列表中选中需处理协议的许可，再点击流程图中的协议，进入协议窗口。协议窗口分为“路产部门意见”、“技术部门意见”、“公司意见”、“协议内容”和“文档备份”几部分，进入时默认显示为“路产部门意见”内容，如图7-173所示：

a)

b)

协议书
路产部门意见 | 技术部门意见 | 公司意见 | 协议内容 | 文档备份
序号 图片名称 备注
1 羊城通申亚卡
Guangzhou 2010
2004年7月1日 中国广州申办2010年亚运会成功纪念

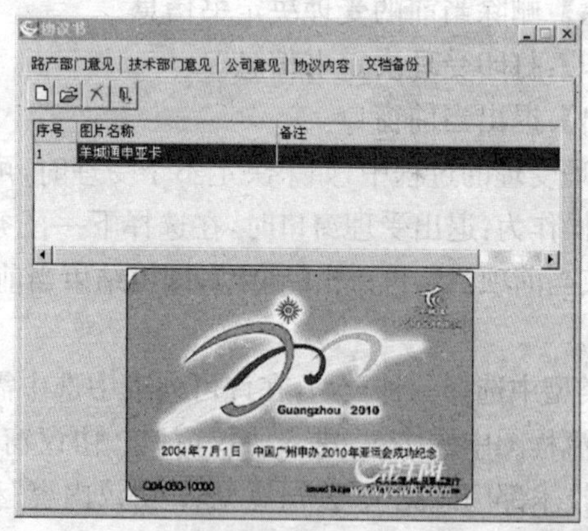

c)

图 7-173

在协议任务中，“路产部门意见”、“技术部门意见”、“公司意见”、“协议内容”是由营运网处理的，营运网相关人员处理后，在本系统中可查看内容，但不能修改。

“文档备份”是在本系统处理的，其具体操作说明请参照基础操作介绍中的设置图片界面中的操作说明。

注意：文档备份任务完成后，可结束当前项目，结束当前项目，跟许可流程图主线中的其他任务没有影响，跟营运网中的许可流程也没有影响。

(4)现场勘验。

在许可类型中选择一种类型，在许可列表中选中需勘验的许可，再点击流程图中的现场勘验，进入现场勘验窗口，现场勘验窗口分为勘验明细和现场勘验图片两部分，进入时默认勘验明细内容，如图 7-174 所示：

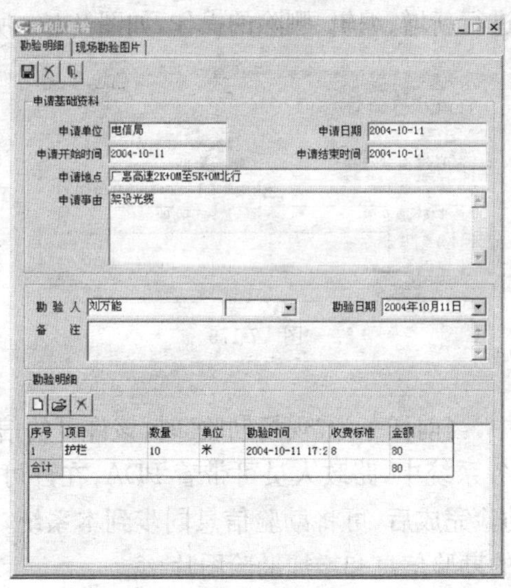

图 7-174

勘验明细窗口分为申请基础资料、勘验主信息和勘验明细列表三部分。

◆ 申请基础资料：

申请基础资料的显示许可申请的基础资料，不能编辑，只供显示查看。

◆ 勘验主信息：

勘验主信息中可进行编辑、保存、删除、打印、退出的操作。

✓ 操作说明：

➢【编辑】：编辑勘验信息，编辑完后点击保存按钮。

➢【保存】：保存勘验信息。

➢【删除】：删除勘验信息。

➢【退出】：退出当前窗口。

◆ 勘验明细列表：

勘验主信息保存后，才可对勘验明细列表进行操作。勘验明细列表中可进行新增、编辑、删除的操作，如图 7-175 所示：

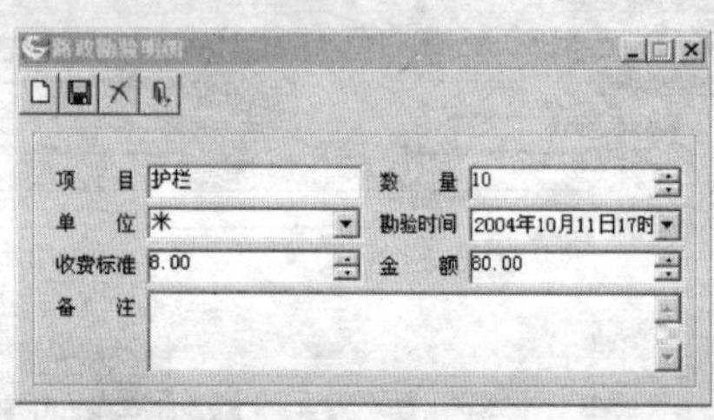

图　7-175

注意：

①许可中，当前任务为“现场勘验”时，该许可的信息会同时同步到移动业务系统中，路政人员可带着 PDA，在许可现场进行勘验，在现场勘验完成后，可将勘验信息同步到本系统，在本系统中可修改同步的勘验信息和增加勘验图片。

②现场勘验完成后，退出窗口时，在选择下一任务的提示窗口中，选择了“审查”后，流程图中会同时在“审查”和“协议”的图标中打上绿色的“√”。两项任务均可处理，

(5)审查。

在许可类型中选择一种类型，在许可列表中选中需审查的许可，再点击流程图中的审查，进入审查窗口，如图 7-176：

在此窗口中可进行编辑、保存、删除、打印、退出的操作。

(6)省公路局第一办公室意见(简称一办)。

在许可类型中选择一种类型，在许可列表中选中需一办处理意见的许可，再点击流程图中的一办意见，进入一办意见窗口，该窗口分为一办意见和文档备份两部分，进入时默认为省公路局办公室意见部分，如图 7-177 所示：

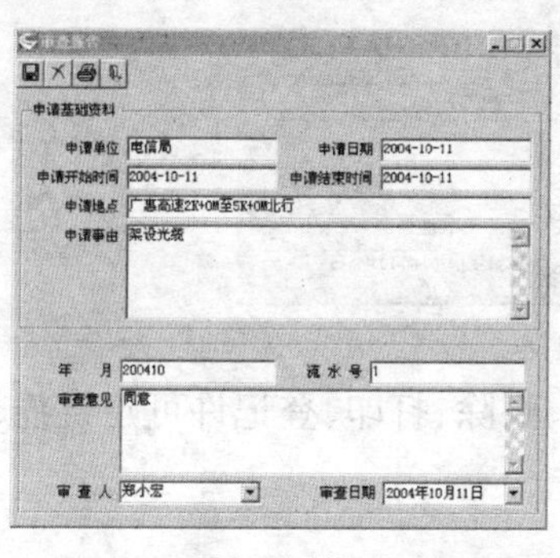

图 7-176

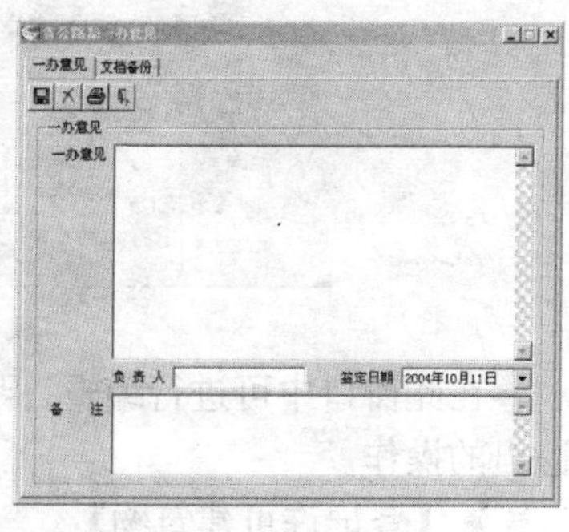

图 7-177

✓ 操作说明：

①在一办意见窗口中可进行编辑、保存、删除、打印的操作。

➢【编辑】：编辑一办意见信息，编辑完后点击保存按钮。

➢【保存】：保存编辑的一办意见信息。

➢【删除】：删除当前的一办意见信息。

➢【打印】：打印一办意见信息。

➢【退出】：退出当前窗口。

②一办意见任务完成后，可结束当前项目，结束当前项目，跟许可流程图主线中的其他任务没有影响。

(7)决定。

在许可类型中选择一种类型，在许可列表中选中需处理决定的许可，再点击流程图中的决定，进入决定窗口，如图 7-178 所示：

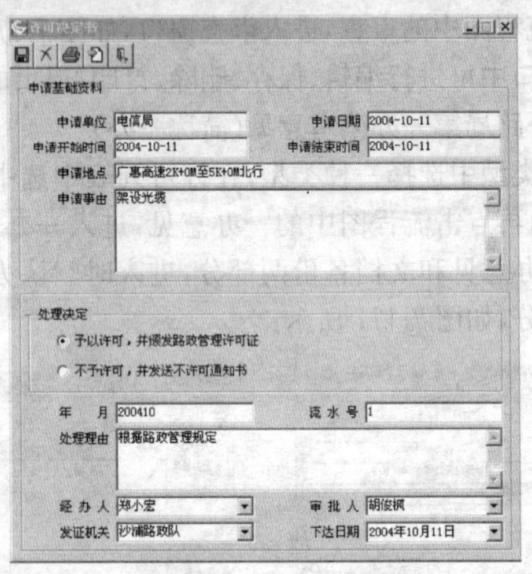

图 7-178

在此窗口中可进行编辑、保存、删除、打印、登记许可建筑物、退出的操作。

➢【登记许可建筑物】：

①处理决定中，如果选第一项时，功能按钮中会增加一项登记许可建筑物的功能按钮，点击此按钮，可转入建筑控制区管理中的许可建筑编辑窗口。在该窗口中，可将许可的相关信息自动默认显示在相关信息栏中。

②处理决定中，如果选第二项时，功能按钮中没有登记许可建筑物的功能按钮。

注意：打印时，会根据处理决定，打印不同的许可决定书，处理决定中，选第一项时，打印许可决定书；选第二项时，打印不许可决定书。

(8)送达文书。

在许可类型中选择一种类型，在许可列表中选中需处理送达文书的许可，再点击流程图中的送达文书，进入送达文书窗口，如图 7-179 所示：

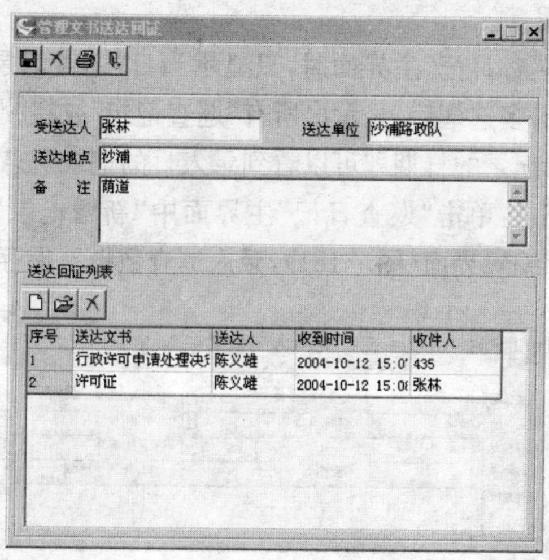

图　7-179

十二、路政巡查

点击主菜单中日常工作➡巡查记录，进入“巡查日记”主界面，如图 7-180 所示：

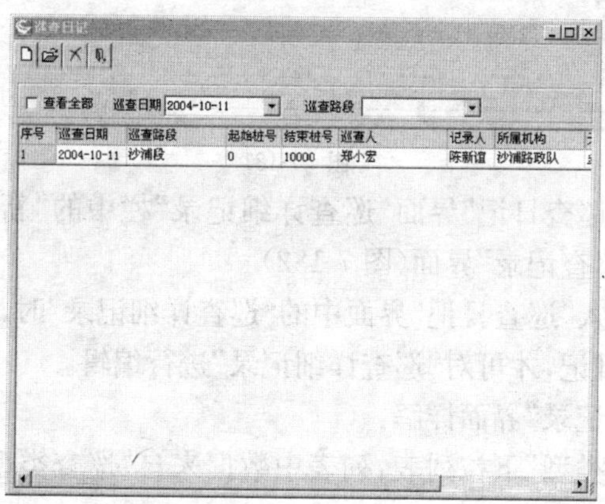

图 7-180　“巡查日记”主界面

✓ 操作说明：

打开“巡查日记”主界面时，只显示当日“巡查记录”，点击“全部显示”前的多选框后，显示出所有“巡查记录”或在“巡查日期”中录入要查看记录的日期即可以看到录入日的记录信息。

新增记录：单击“巡查日记”主界面中“新增记录”按扭，进入“巡查日记”编辑界面(图 7-181)，录入巡查数据并保存。

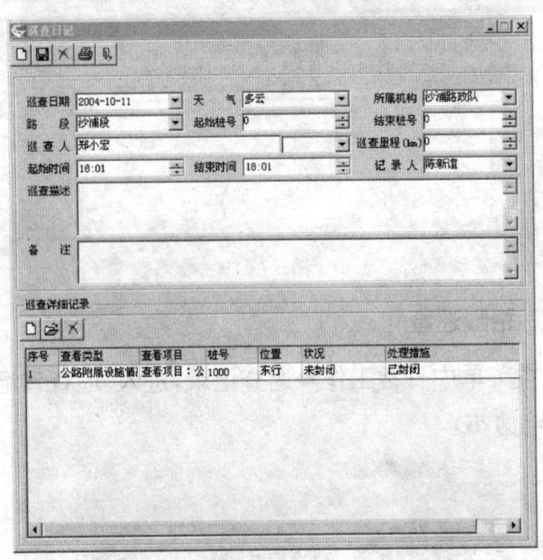

图 7-181

点击“巡查日记”界面“巡查详细记录”栏中的“新增记录” 按扭，进入“巡查记录”界面(图 7-182)

注：录入“巡查日记”界面中的“巡查详细记录”时，要先保存新建的巡查日记，才可对“巡查详细记录”进行编辑。

“巡查记录”界面详解：

“查看类型”下拉列表：列表中数据来自“巡查类型维护”编辑界面。

“状况” 下拉列表：列表中数据来自“路产状况”界面。

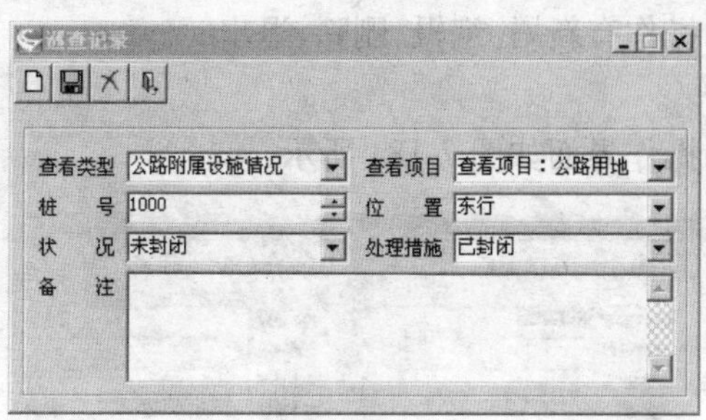

图 7-182

“处理措施”下拉列表:列表中数据来自“处理措施”界面。

十三、日常工作

日常工作包括以下功能:

- ◆ 维修通知
- ◆ 值班日志
- ◆ 路政监管
- ◆ 养护计划
- ◆ 维持养护秩序
- ◆ 预警信息
- ◆ 待处理工作
- ◆ 道路动态信息管理

1. 维修通知

进入维修通知后,可以看到待维修的项目列表,如图 7-183 所示:

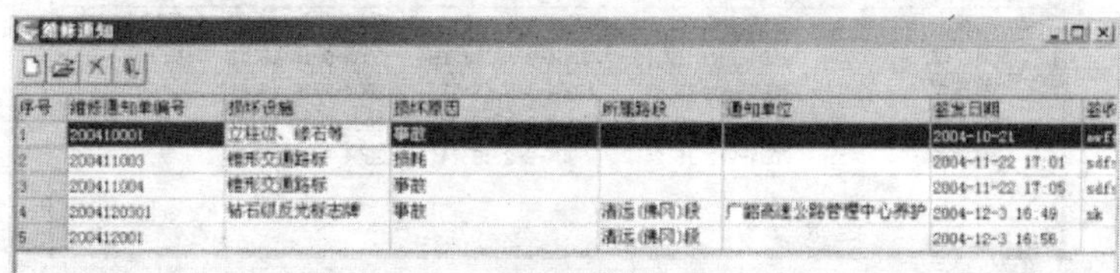

序号	维修通知单编号	损坏设施	损坏原因	所属路段	通知单位	签发日期
1	200410001	立柱边、缘石等	事故			2004-10-21
2	200411003	锥形交通路标	损耗			2004-11-22 17:01
3	200411004	锥形交通路标	事故			2004-11-22 17:05
4	2004120301	钻石级反光标志牌	事故	清远(佛冈)段	广韶高速公路管理中心养护	2004-12-3 16:49
5	200412001			清远(佛冈)段		2004-12-3 16:56

图 7-183

可做的操作有新增、编辑、删除、退出。

1)新增。

新增的操作界面如图 7-184 所示：

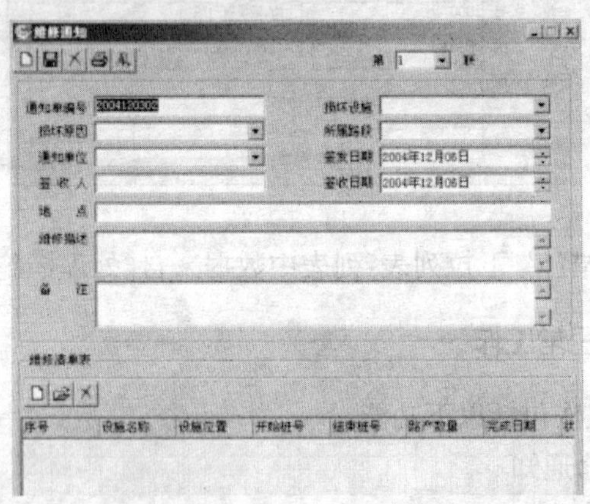

图 7-184

那要求录入完毕保存后则出现在下方的维修清单列表中了。

2)我们也可以双击列表中的某一条对需要维修的清单的内容进行维护，保证信息的准确。

2. 值班日志

点击主菜单中日常工作➡值班日志，进入“值班日志”界面，如图 7-185 所示：

值班日志

序号	值班人	值班时间	接班时间	替班时间	替班人
1	黄小敏	2004-9-16 12:19	2004-9-16 12:15	2004-9-16 15:19	张玉莹
2	张玉莹	2004-9-9 15:23	2004-9-9 15:23	2004-9-16 15:23	
3	张玉莹	2004-9-3 15:25	2004-9-3 15:25	2004-9-16 15:25	
4	林萌萌	2004-9-2 15:24	2004-9-2 15:24	2004-9-16 15:24	

图 7-185

操作说明：

新增记录：单击“值班日志”界面中“新增记录”按扭，进入“值班日志信息”界面如图 7-186，录入巡查数据并保存。

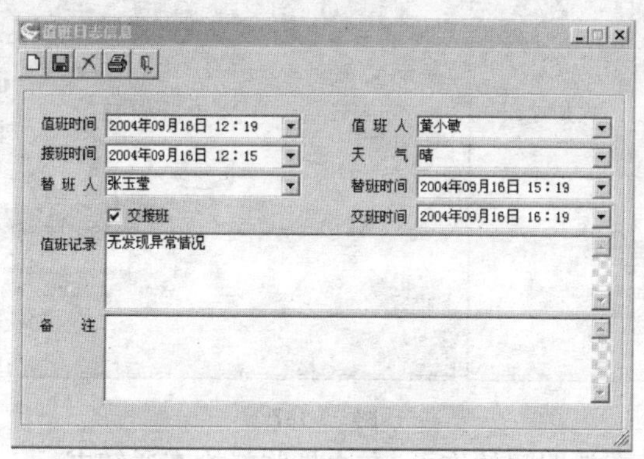

图 7-186

3. 路政监管

路政监督检查，是对高速公路上发生的一些违法行为进行监督检查，主要有两种情况：一种是对没有许可的、比较轻微的、还没有构成行政处罚案件的违法行为进行监督检查；一种是对有效期间的许可进行监督检查。“有效期间内”的意思是当前时间在许可申请表中的开始时间和结束时间范围内。

1)监督检查通知书(许可)。

对有效期间的许可进行检查监督检查时，发现有违法行为时，在【监督检查通知书(许可)】中进行操作。

点击菜单栏中的【日常工作】➡【路政监管】➡【监督检查通知书(许可)】，进入有许可的监督检查通知书列表窗口，如图 7-187 所示。

监督检查通知书(许可)列表说明：

✓ 窗口说明：

监督检查通知书(许可)列表窗口分为三部分：上面是功能按

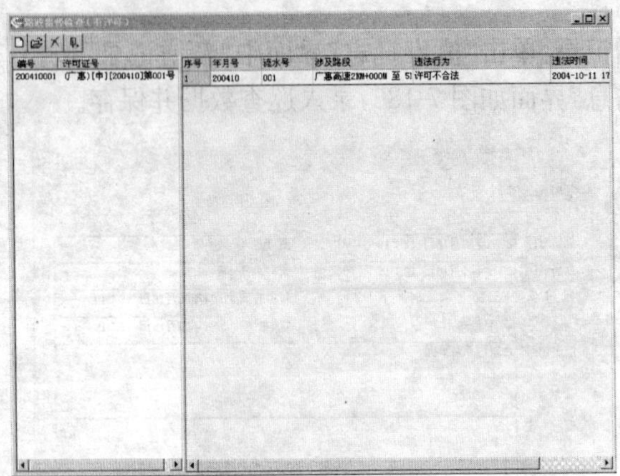

图 7-187

钮，左边是有效期间的许可，右边是监督检查通知书。

✓ 操作说明：

在监督检查通知书(许可)列表窗口中，可进行新增、编辑、删除、退出的操作。

新增许可时，在左边选中一项许可，点击新增按钮，进入监督检查通知书的编辑窗口，如图 7-188 所示：

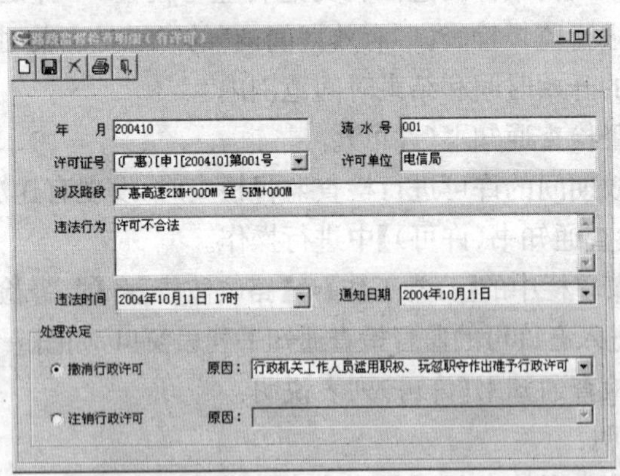

图 7-188

2)监督检查通知书(无许可)。

在路政监督检查时,发现了没有许可的、比较轻微的、还没有构成行政处罚案件的违法行为时,在【监督检查通知书(无许可)】中进行操作。

点击菜单栏中的【日常工作】➡【路政监管】➡【监督检查通知书(无许可)】,进入无许可的监督检查通知书窗口,如图7-189:

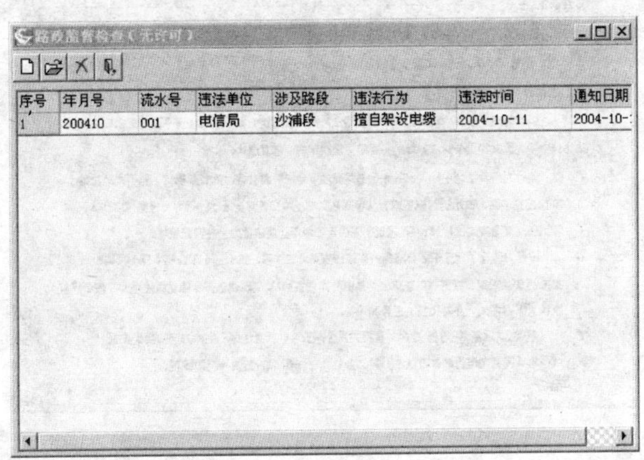

图 7-189

✓ 操作说明:

(1)监督检查通知书(无许可)列表窗口操作说明:

在监督检查通知书(无许可)列表窗口中,可进行新增、编辑、删除、退出的操作。

具体操作说明请参照基础操作介绍中维修通知单列表窗口的操作说明。

(2)监督检查通知书(无许可)编辑窗口操作说明:

在监督检查通知书(无许可)列表窗口中,点击新增或编辑时,进入监督检查通知书(无许可)编辑窗口,如图7-190所示:

路政监督检查明细（无许可）

年　月 200410　　流水号 001

违法单位 电信局

涉及路段 沙浦段

违法行为 擅自架设电缆

违法时间 2004年10月11日　　通知日期 2004年10月11日

处理决定

1、该行为违反了《中华人民共和国公路法》第　条第　款第　项规定，根据《中华人民共和国公路法》第　条第　款第　项规定，现决定责令停止违法行为。

2、该行为违反了《中华人民共和国公路法》第55条规定，属于擅自增设平面交叉道口，根据《中华人民共和国公路法》第80条规定，现决定责令恢复原状。

3、该行为违反了《中华人民共和国道路交通安全法》第31条、第32条规定，属于未经批准，擅自挖掘道路、占用道路施工或者从事其他影响道路交通安全活动的行为，根据《中华人民共和国道路交通安全法》第104条规定，现决定责令停止违法行为，并恢复原状。

4、该行为违反了《广东省公路条例》第19条第（二）项、第（三）项、第（四）项、第（五）项规定，根据《广东省公路条例》第48条第2款，现决定责令停止违法行为、责令恢复原状，赔偿损失，并暂扣施工工具和设备。

5、该设施、设备存在安全隐患，直接关系公共安全、人身健康、生命财产安全，根据《中华人民共和国行政许可法法》第68条第2款规定，现决定责令立即改正。

图　7-190

在此窗口中，可进行新增、编辑、删除、打印、退出的操作。其中：新增或编辑时，处理决定的操作方法为：

①如果选择第一项，点击第一项决定，激活输入框，使输入框变成可写，直接在输入框中输入《中华人民共和国公路法》的条款；

②如果选择第二至五项中的其中一项是，只是点击该项即可。

4. 维持养护秩序

如果有正在养护期间的养护计划，表明有养护单位在高速公路中进行养护施工，路政人员就需要对施工现场维持养护秩序。“正在养护期间”的意思是当天刚好在养护计划的开始时间与结束时间之间。

点击菜单栏中的【日常工作】→【维持养护秩序】,进入维持养护现场秩序窗口,如图 7-191:

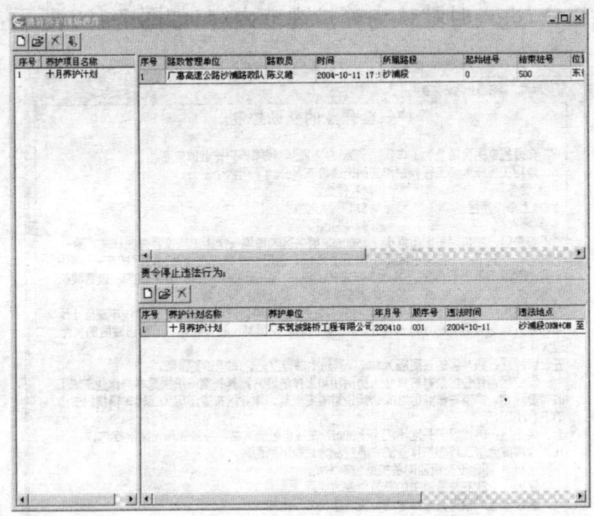

图 7-191

✓ 窗口说明:

维持养护现场秩序窗口分为四部分,上面是维持养护现场信息列表的功能按钮,左边是正在养护期间的养护计划列表,右边上半部分是维持养护现场信息列表,右边下半部分是责令停止违法行为列表。

✓ 操作说明:

(1)维持养护现场信息列表操作说明:

在维持养护现场信息列表中,可进行新增、编辑、删除、退出的操作。

其中:新增维持养护现场信息时,必须先在左边的养护计划列表中,点击选中需维持养护现场秩序的养护计划,再点击新增按钮。

(2)维持养护现场信息编辑窗口操作说明:

在维持养护现场信息列表中，点击新增或编辑按钮时，进入维持养护现场信息编辑窗口，该窗口分为养护规范和维持养护现场信息两部分，进入时默认为养护规范内容，如图 7-192 所示：

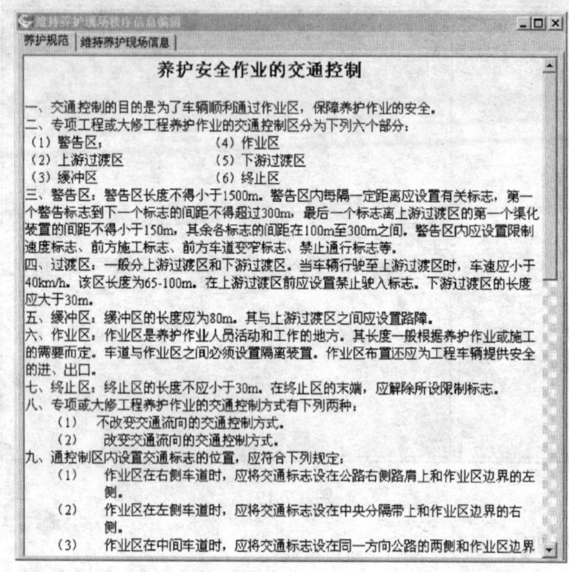

养护安全作业的交通控制

一、交通控制的目的是为了车辆顺利通过作业区，保障养护作业的安全。
二、专项工程或大修工程养护作业的交通控制区分为下列六个部分：
（1）警告区；（4）作业区
（2）上游过渡区（5）下游过渡区
（3）缓冲区（6）终止区
三、警告区：警告区长度不得小于1500m。警告区内每隔一定距离应设置有关标志，第一个警告标志到下一个标志的间距不得超过300m，最后一个标志离上游过渡区的第一个渠化装置的间距不得小于150m，其余各标志的间距在100m至300m之间。警告区内应设置限制速度标志、前方施工标志、前方车道变窄标志、禁止通行标志等。
四、过渡区：一般分上游过渡区和下游过渡区。当车辆行驶至上游过渡区时，车速应小于40km/h。该区长度为65-100m。在上游过渡区前应设置禁止驶入标志。下游过渡区的长度应大于30m。
五、缓冲区：缓冲区的长度应为80m。其与上游过渡区之间应设置路障。
六、作业区：作业区是养护作业人员活动和工作的地方。其长度一般根据养护作业或施工的需要而定。车道与作业区之间必须设置隔离装置。作业区布置还应为工程车辆提供安全的进、出口。
七、终止区：终止区的长度不应小于30m。在终止区的末端，应解除所设限制标志。
八、专项或大修工程养护作业的交通控制方式有下列两种：
（1）不改变交通流向的交通控制方式。
（2）改变交通流向的交通控制方式。
九、通控制区内设置交通标志的位置，应符合下列规定：
（1）作业区在右侧车道时，应将交通标志设在公路右侧路肩上和作业区边界的左侧。
（2）作业区在左侧车道时，应将交通标志设在中央分隔带上和作业区边界的右侧。
（3）作业区在中间车道时，应将交通标志设在同一方向公路的两侧和作业区边界

图 7-192

养护规范窗口中，显示养护规范详细内容，养护规范的内容只供查看，不能编辑。

点击【维持养护现场信息】，进入维持养护现场信息具体的编辑窗口，如图 7-193 所示。

在此窗口中，可进行新增、编辑、删除、打印、退出的操作。

其中：新增或编辑时，养护现场情况的操作方法为：养护现场情况有五种情况，点击正常的养护现场情况，点击后该项情况左边的方框中会打"√"，方框中有"√"表示该情况正常，没"√"表示该情况不正常。

(3)责令停止违法行为列表操作说明：

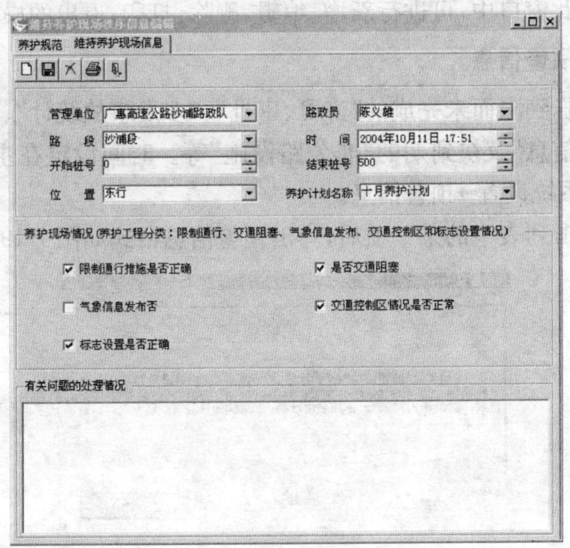

图 7-193

在责令停止违法行为列表中，可进行新增、编辑、删除的操作。责令停止违法行为信息编辑窗口操作说明：在责令停止违法行为列表中，点击新增或编辑时，进入责令停止违法行为信息编辑窗口，如图 7-194 所示：

责令停止违法行为信息

年 月 200410
流 水 号 001
养护计划名称 十月养护计划
养护单位 广东拱波路桥工程有限公司
违法时间 2004年 9月29日
违法地点 沙浦段0KM+0M 至 1KM+000M
违法行为 标置设置不正确
通知日期 2004年10月11日

图 7-194

在此窗口中,可进行新增、编辑、删除、打印、退出的操作。

5. 预警信息

预告到限而未完成的“许可、审批”、“多发事故统计”、当前“道路动态信息”及快到期的“非公路设施”等。时间设定在主菜单中系统➡系统设置➡预警信息。

双击列表中的某一项后,弹出预警信息格式如图 7-195:

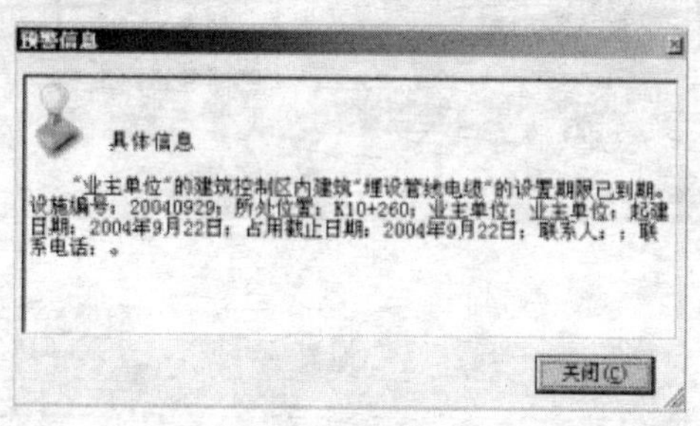

图 7-195

6. 待处理工作

数据来自主菜单中路权管理➡路政许可、内部施工审批;如下图,图中绿色“√”表示许可正在进行的任务,也是当前用户所负责的任务。而红色的勾则表示这个步骤已经完成了,如图 7-196。

7. 道路动态信息管理

道路动态信息管理:记录道路的临时封闭的信息,如图 7-197 所示。

十四、统计报表

报表是信息化管理以后对所有信息处理的最集中的反映。它可以很直观的表现出各类事件的状态比例关系。根据工作中不同的需求,这里提供了很常用的一些报表的查询和统计。

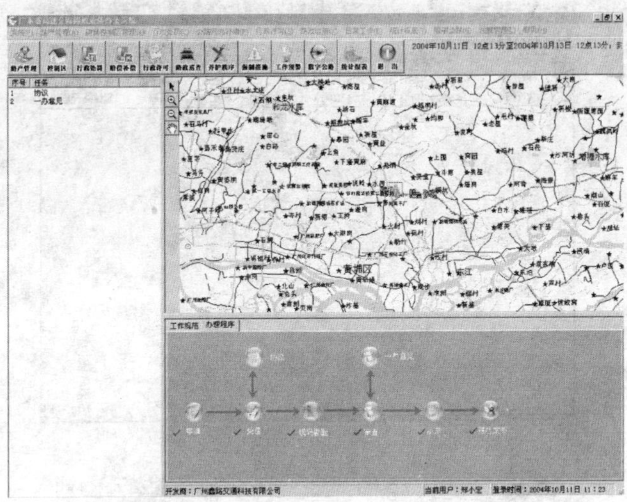

图　7-196

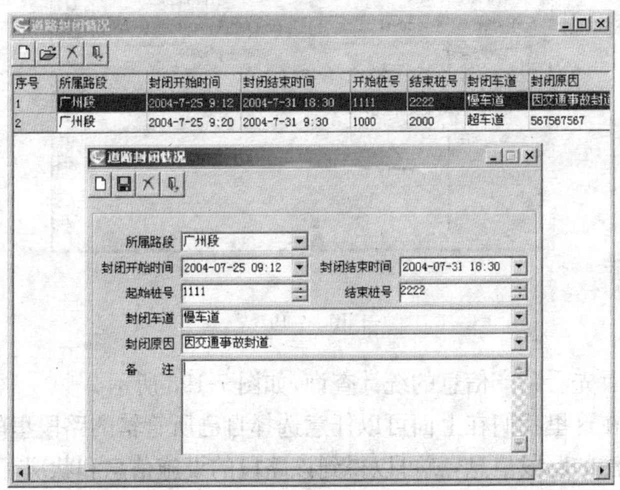

a)

图　7-197

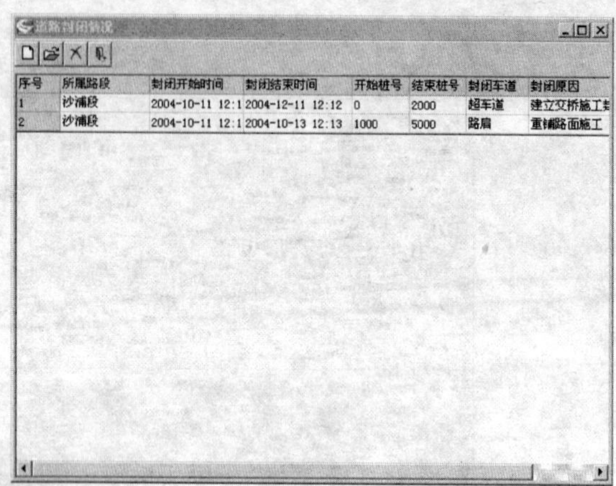

序号	所属路段	封闭开始时间	封闭结束时间	开始桩号	结束桩号	封闭车道	封闭原因
1	沙浦段	2004-10-11 12:1	2004-12-11 12:12	0	2000	超车道	建立交桥施工封
2	沙浦段	2004-10-11 12:1	2004-10-13 12:13	1000	5000	路肩	重铺路面施工

b)

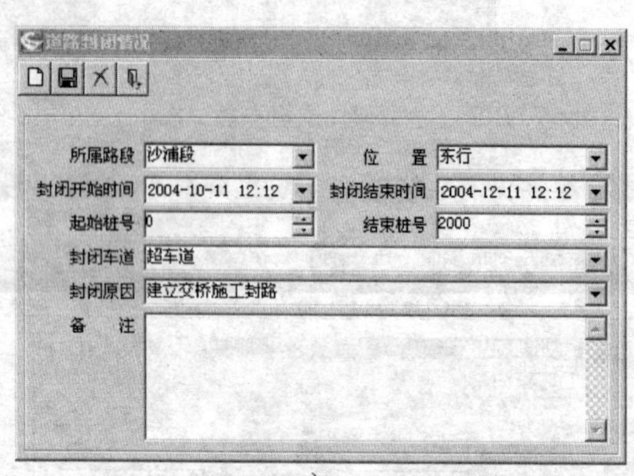

c)

图 7-197

首先看路产信息的统计查询，如图 7-198 所示。

在这里我们在上面可以任意选择自己所管辖的路段里的某些特关注的路段信息，就可以得到该路段的设施信息和状况了。

而剩下的几类查询：控制区建筑统计查询、设施维修统计查询和下面的案件信息统计查询，它们在操作上都是按统一的标准来设计的，一脉相承，如图 7-199 所示：

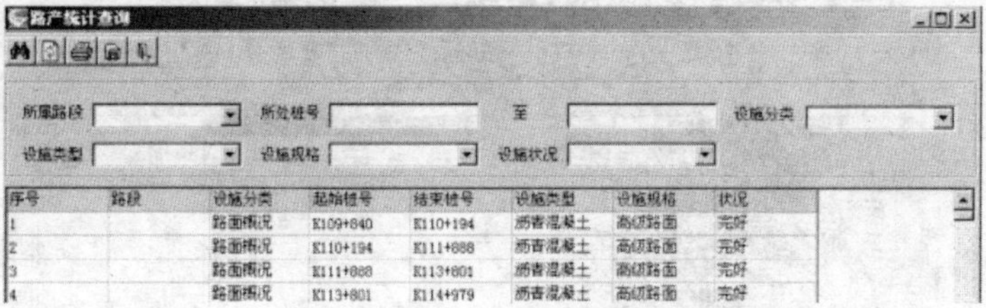

图 7-198

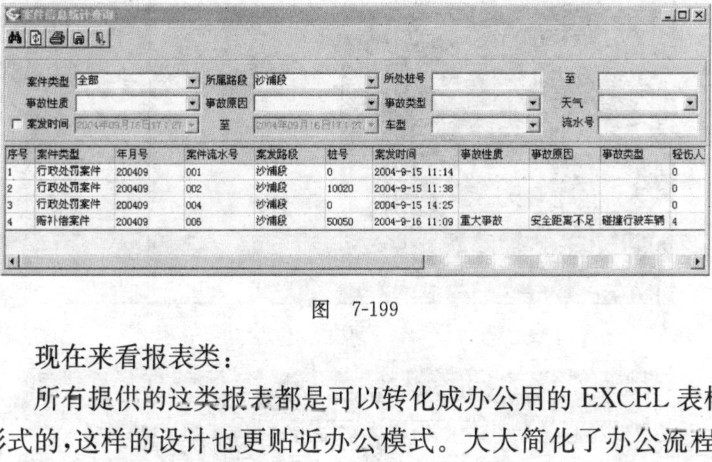

图 7-199

现在来看报表类：

所有提供的这类报表都是可以转化成办公用的 EXCEL 表格形式的，这样的设计也更贴近办公模式。大大简化了办公流程。如图 7-200 所示。

点击主菜单中统计报表→(相应报表)或单击按钮栏中的相应按钮，进入界面后选择或输入相应的报表条件，系统将自动生成报表(或统计表)，如图 7-201 所示。

报表类型：公路设施统计分析、非公路设施统计分析、设施维修统计分析、案件统计分析、公路设施分类统计表、交通事故按原因分类统计表、交通事故分布统计有报表、交通事故按性质分类统计表、省公路局路政管理月报、省公路局路政管理半年报、省公路局路政管理年报、公路及两侧建筑控制区管理月报表。

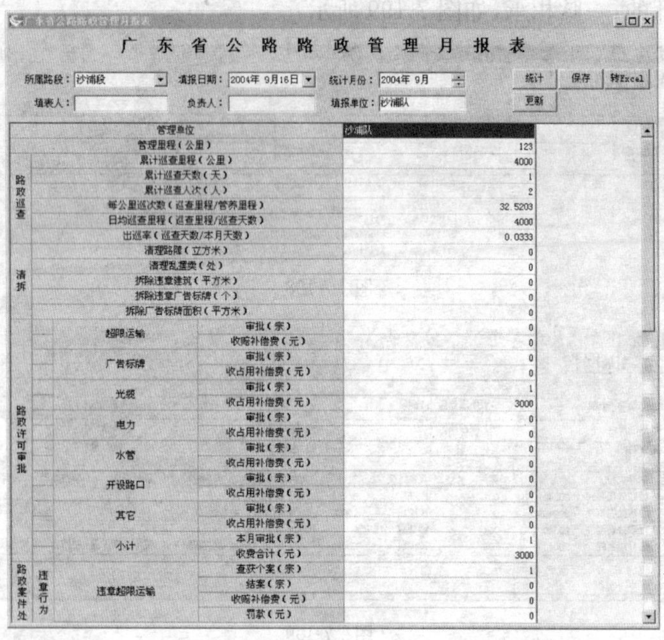

a)

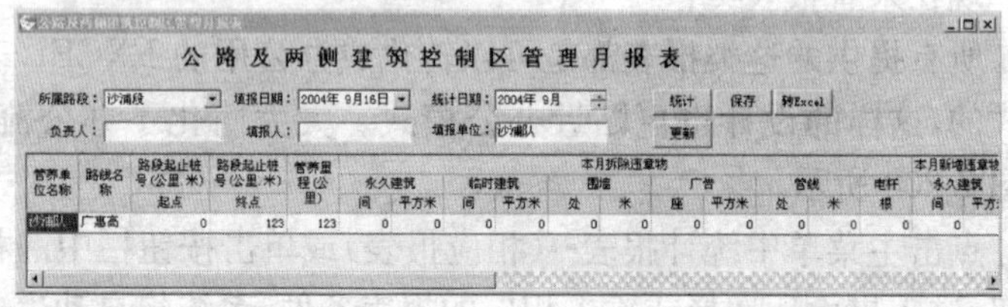

b)

图 7-200

✓ 操作说明：

修改数据：一些(有以下按钮的)报表中的数据可以在系统中直接进行修改(只能填写数字)。

报表中的按钮如下：

统计：录入要统计的相应条件后，点击统计，报表会进入根据相应条件统计后的数据。

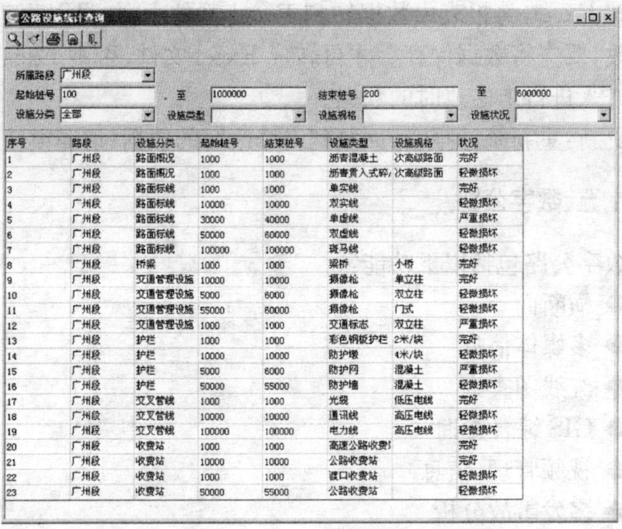

序号	路段	设施分类	起始桩号	结束桩号	设施类型	设施规格	状况
1	广州段	路面概况	1000	1000	沥青混凝土	次高级路面	完好
2	广州段	路面概况	1000	1000	沥青贯入式碎	次高级路面	轻微损坏
3	广州段	路面标线	1000	1000	单实线		完好
4	广州段	路面标线	10000	10000	双实线		轻微损坏
5	广州段	路面标线	30000	40000	单虚线		严重损坏
6	广州段	路面标线	50000	60000	双虚线		轻微损坏
7	广州段	路面标线	100000	100000	斑马线		轻微损坏
8	广州段	桥梁	1000	1000	梁桥	小桥	完好
9	广州段	交通管理设施	10000	10000	摄像枪	单立柱	完好
10	广州段	交通管理设施	5000	6000	摄像枪	双立柱	轻微损坏
11	广州段	交通管理设施	55000	60000	摄像枪	门式	轻微损坏
12	广州段	交通管理设施	1000	1000	交通标志	双立柱	严重损坏
13	广州段	护栏	1000	1000	彩色钢板护栏	2米/块	完好
14	广州段	护栏	10000	10000	防护墩	4米/块	轻微损坏
15	广州段	护栏	5000	6000	防护网	混凝土	严重损坏
16	广州段	护栏	50000	55000	防护墙	混凝土	轻微损坏
17	广州段	交叉管线	1000	1000	光缆	低压电线	完好
18	广州段	交叉管线	10000	10000	通讯线	高压电线	轻微损坏
19	广州段	交叉管线	100000	100000	电力线	高压电线	轻微损坏
20	广州段	收费站	1000	1000	高速公路收费		完好
21	广州段	收费站	10000	10000	公路收费站		完好
22	广州段	收费站	1000	1000	渡口收费站		轻微损坏
23	广州段	收费站	50000	55000	公路收费站		轻微损坏

a)

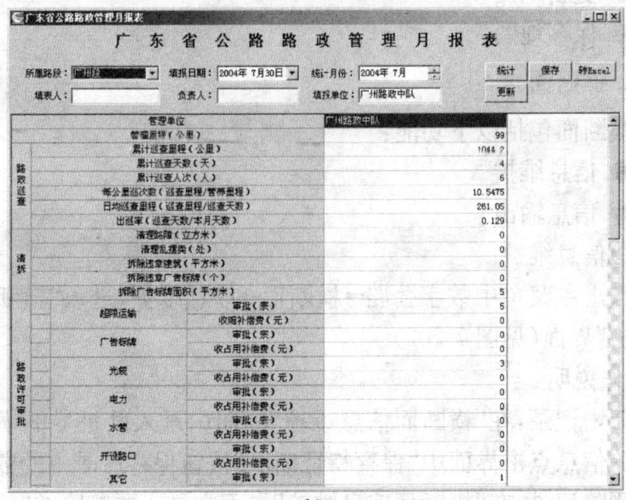

		管理单位	广州路政中队
		管辖里程（公里）	99
路政巡查		累计巡查里程（公里）	1044.2
		累计巡查天数（天）	4
		累计巡查人次（人）	6
		每公里巡次数（巡查里程/管辖里程）	10.5475
		日均巡查里程（巡查里程/巡查天数）	261.05
		出巡率（巡查天数/本月天数）	0.129
清拆		清理路障（立方米）	0
		清理乱摆卖（处）	0
		拆除违章建筑（平方米）	0
		拆除违章广告标牌（个）	0
		拆除广告标牌面积（平方米）	5
路政许可审批	超限运输	审批（宗）	5
		收赔补偿费（元）	0
	广告标牌	审批（宗）	0
		收占用补偿费（元）	0
	光缆	审批（宗）	3
		收占用补偿费（元）	0
	电力	审批（宗）	0
		收占用补偿费（元）	0
	水管	审批（宗）	0
		收占用补偿费（元）	0
	开设路口	审批（宗）	0
		收占用补偿费（元）	0
	其它	审批（宗）	1

b)

图　7-201

保存:保存修改后的数据。

转 Excel:将报表中数据转到 Excel 文件中,如果对报表进行过修改,要先将数据保存后才再转成 Excel 文件,否则 Excel 文件中会进入进行未修改时的数据。

更新:重新统计报表,回复到未修改时的数据(请谨慎使用)。

十五、数字公路

数字公路包括以下功能:

◆ 横断面
◆ 多媒体信息
◆ 红线图查询
◆ GIS 综合查询
◆ 视频管理(信息)
◆ 多发事故分析
◆ 更新地图
◆ 保存地图

1. 横断面

横断面包括以下功能:

◆ 信息维护
◆ 信息输出

1)信息维护:

点击主菜单中数字公路→横断面→信息维护,进入"横断面信息维护"界面(见图 7-202)。

✓ 操作说明:

新增记录:在"横断面信息维护"界面中录入某桩号的横断面的相关信息点击界面中"保存特征断面"按钮保存所录入的数据。

删除记录:在"横断面信息维护"界面中录入要删除的"特征横断面桩号",点击"删除特征断面"按钮删除数据。

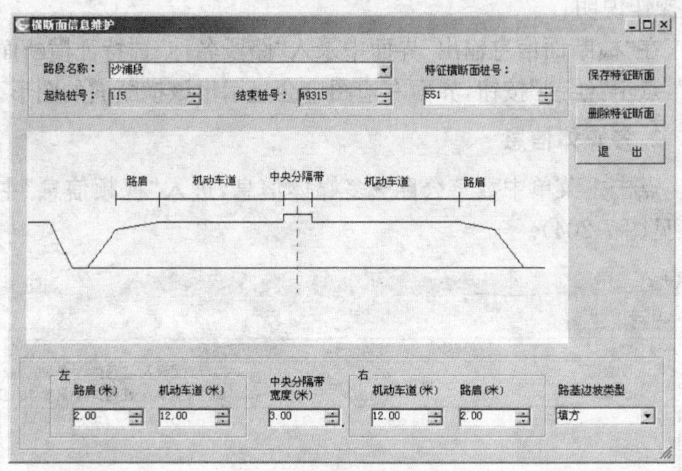

图 7-202 “横断面信息维护”界面

2)信息输出：

点击主菜单中数字公路→横断面→信息输出，进入“横断面信息输出”界面，如图 7-203 所示：

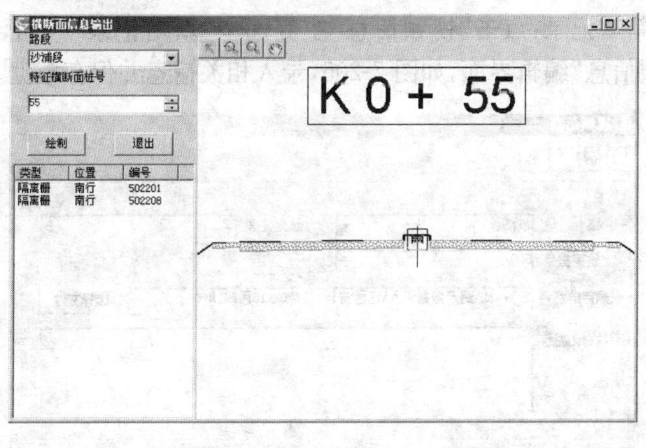

图 7-203

✓ 操作说明：

在"横断面信息输出"界面中录入"路段名称"、"特征横断面桩号"，点击"绘制"按钮，界面右边图中会显示出该横断面的图形。

2. 多媒体信息

点击主菜单中数字公路→多媒体信息，进入"视频信息"主界面(见图 7-204)。

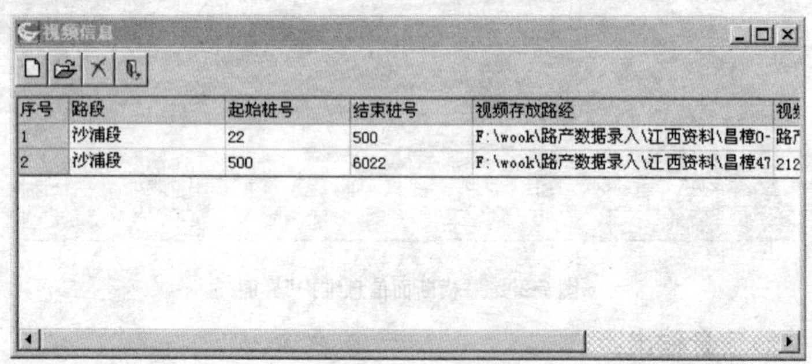

图 7-204

✓ 操作说明：

新增记录：点击"视频信息"主界面中"新增记录"按钮，进入"视频信息"编辑界面，如图 7-205，录入相关信息并保存数据。

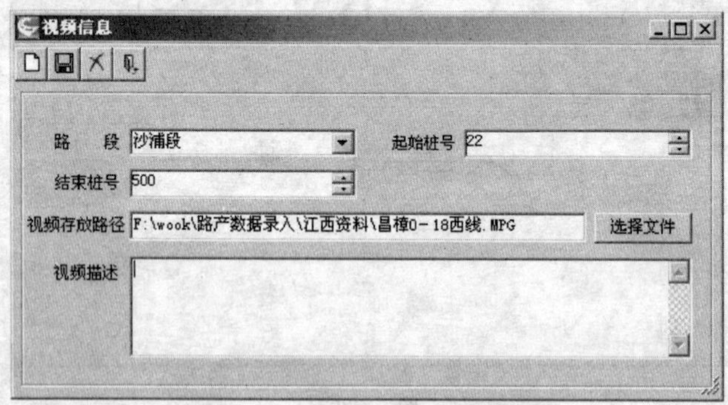

图 7-205 "视频信息"编辑界面

3. 红线图查询

点击主菜单中数字公路→红线图查询，进入“红线图查询”界面，如图 7-206 所示：

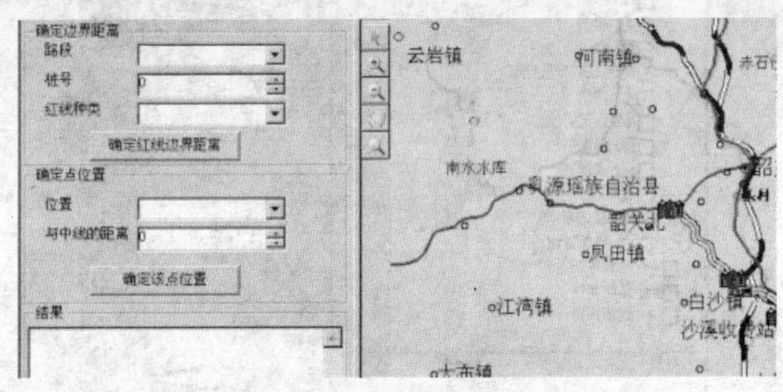

图 7-206

✓ 操作说明：

这里是通过确定边界距离和笃定点位置来定方位的。

4. GIS 综合查询

点击主菜单中数字公路→ GIS 综合查询栏中的，进入“GIS 综合查询”界面，如图 7-207 所示。

✓ 操作说明：

新增记录：在“GIS 综合查询”界面中点击要查询设施类型前多选栏，地图中会显示出该设施类型的所有信息。

选中（单击）界面左下方“详细列表”中某条路据，地图中会显示出该设施在路段中的位置，如图 7-207 中红色图标。

双击地图中图标（或详细列表中某条数据）弹出设施的详细信息界面（不可编辑）。

5. 视频管理（信息）

点击主菜单中数字公路→视频管理（或单击按钮栏中的“视频信息”按钮），进入“视频管理”界面，如图 7-208：

公路设施
路面概况
路面标线
轮廓标
排水设施
防护设施
桥梁
通涵
隧道
交通管理设施
护栏
交叉管线
隔离栅
收费站
防眩设施
绿化带
地下管线
建筑控制区
路政案件
路政许可
云岩镇
南水水库
江湾镇
大布镇
石牯塘镇

图 7-207

广东省高速公路路政业务办公系统
系统(F) 设施管理(A) 路政案件(C) 路权管理(S) 日常工作(E) 统计报表(T) 数字公路(G) 法规管理(L) 帮助(H)
广惠高速
沙埔段
路产
212000
新造
长洲
石楼
太龙
东涌
黄阁
大岗
新塘
中堂
洪梅
道滘
厚街
沙田
虎门
仙村
石滩
桩号
505
步距
播放
暂停
快照
横断面
开发商：广州鑫
当前用户：超级用户
登录时间：2004年8月9日 10：17

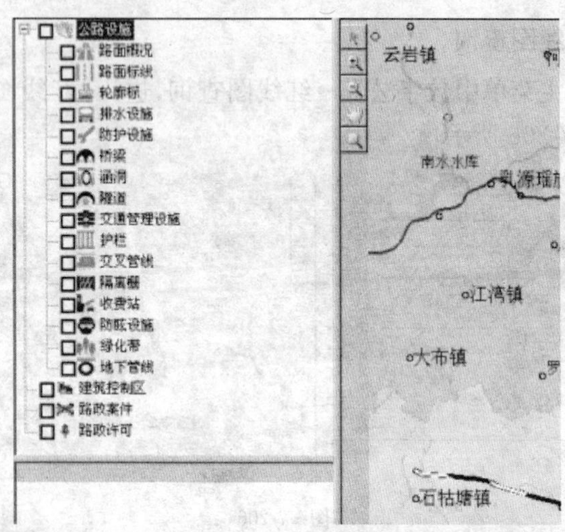

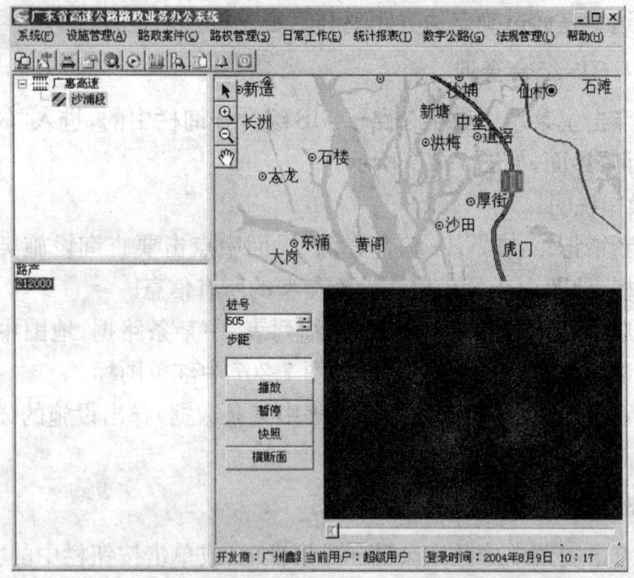

图 7-208

✓ 操作说明：

播放记录：在“视频管理”界面中选中“路段”及文件点击右下方“视频栏”中“播放”按钮。

只想查看某桩号的情况，选中文件并在右下方“视频栏”中录入“桩号”，点击播放时，即可直接播放该桩号的情况。

查看横断面：查看某桩号的横断面时，最好先暂停播放的资料（单击“暂停”按钮即可），点击“横断面”按钮，在弹出“横断面输出信息”界面会显示该桩号的横断面的信息。

6. 多发事故统计分析

单击按钮栏中“多发事故统计分析”按钮，进入“多发事故统计分析”界面，如图 7-209：

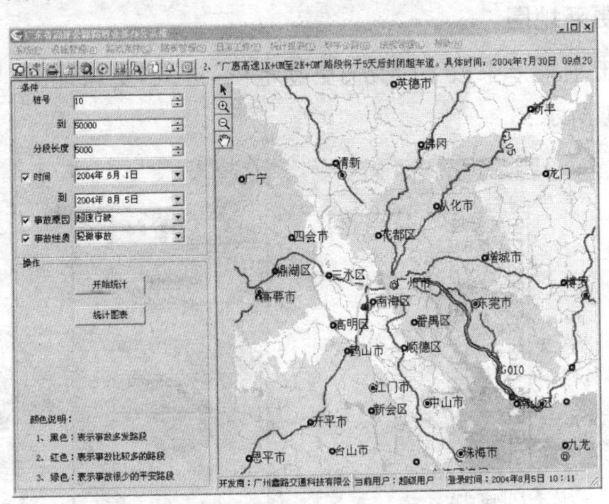

图 7-209

✓ 操作说明：

新增记录：在“多发事故统计分析”界面中录入要统计的相应条件后，点击“开始统计”按钮，再点击“统计图表”按钮弹出“统计结果”界面，如图 7-210 所示，“统计结果”界面中用三种方式来显示所统计出的结果，分别为：曲线图、柱状图、饼图。

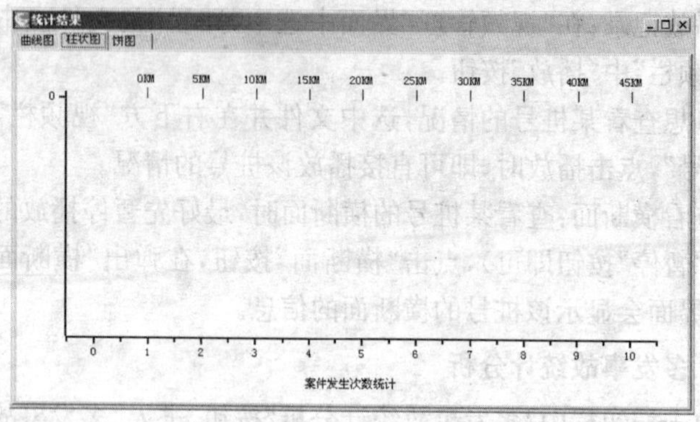

图 7-210 “统计结果”界面

7. 更新地图

点击主菜单中数字公路→更新地图，进入“更新地图”界面，如图 7-211 所示：

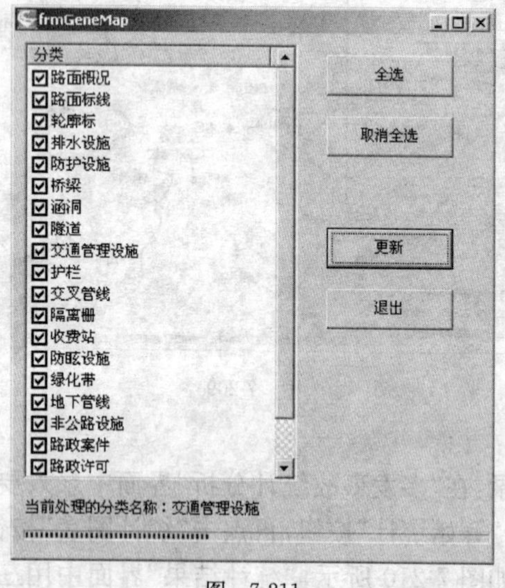

图 7-211

✓ 操作说明：

在公路设施及非公路设施的数据发生变化(例如，添加、修改、删除数据等)时，地图还是保持原有数据，用“GIS 综合查询”时，编辑过的设施在地图中的位置还是进行编辑前的位置，所以要对地图进行更新。

选中编辑过的设施，单击“更新”按钮，如编辑的数据过多(或不记得编辑过的设施信息)，可单击“全选”按钮，即将全部信息更新一次。

进行更新时界面下方的状态条会显示更新了多少及当前更新的设施，完成后会弹出提示“地图更新成功”点击“确定”按钮，完成操作。

8. 保存地图

✓ 操作说明：

通常第一次进入系统后会对地图进行一定的修改(例如放大、缩小，调整位置等)，想保存修改后的地图时点击主菜单中数字公路→保存地图，保存地图，下次进入系统时出现的地图是修改后的地图。

十六、法规管理

法规管理包括以下功能：

◆ 法律法规

◆ 法律匹配

◆ 路产赔偿标准

1. 法律法规

点击主菜单中法规管理→法律法规，进入“法律法规”主界面，如图 7-212 所示：

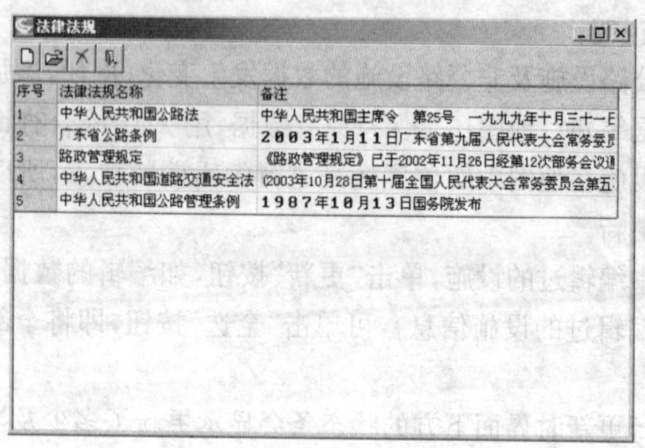

序号	法律法规名称	备注
1	中华人民共和国公路法	中华人民共和国主席令 第25号 一九九九年十月三十一日
2	广东省公路条例	2003年1月11日广东省第九届人民代表大会常务委员
3	路政管理规定	《路政管理规定》已于2002年11月26日经第12次部务会议通
4	中华人民共和国道路交通安全法	(2003年10月28日第十届全国人民代表大会常务委员会第五
5	中华人民共和国公路管理条例	1987年10月13日国务院发布

图 7-212

✓ 操作说明：

新增记录：单击“法律法规”主界面中的“新增记录”按钮，进入“法律法规”编辑界面，如图 7-213 所示，录入法律名称及其他信息并保存数据。

在“法律法规”编辑界面，单击“法律条文”中的“新增记录”按钮，进入“法律条文”编辑界面，如图 7-214 所示，录入法律条项及法律内容并保存数据。

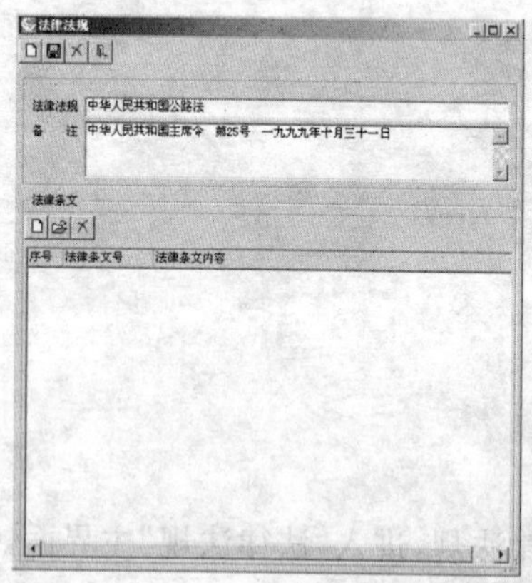

图 7-213

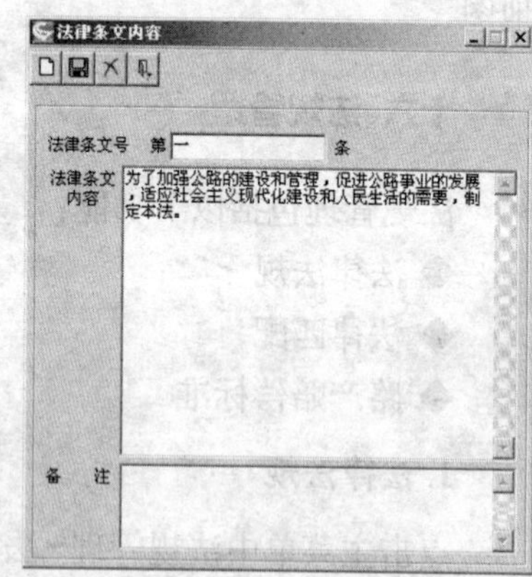

图 7-214

注:要先录入法律名称并保存后才可对“法律条文”进行操作。

2. 法律匹配

点击主菜单中法规管理→法律匹配,进入“法律法规匹配”主界面,如图 7-215 所示。

法律法规匹配

序号	案件类型	具体违法行为	文书类型
1	行政处罚案件	擅自挖掘公路	处罚决定书
2	行政处罚案件	擅自占用公路	违法行为通知书
3	行政处罚案件	擅自修建跨越公路	处罚决定书
4	行政处罚案件	擅自占用公路	处罚决定书
5	行政处罚案件	擅自挖掘公路	违法行为通知书
6	行政处罚案件	擅自修建跨越公路	违法行为通知书
7	行政处罚案件	擅自修建穿越公路	处罚决定书
8	行政处罚案件	擅自修建穿越公路	违法行为通知书
9	行政处罚案件	擅自修建穿越公路	处罚决定书
10	行政处罚案件	擅自修建穿越公路	违法行为通知书
11	行政处罚案件	擅自修建穿越公路	处罚决定书
12	行政处罚案件	堵塞公路排水系	违法行为通知书
13	行政处罚案件	擅自修建穿越公路	违法行为通知书
14	行政处罚案件	擅自修建穿越公路	处罚决定书
15	行政处罚案件	堵塞公路排水系	处罚决定书
16	行政处罚案件	擅自修建穿越公路	违法行为通知书
17	行政处罚案件	擅自利用桥梁、涵	违法行为通知书
18	行政处罚案件	擅自利用桥梁、涵	处罚决定书
19	行政处罚案件	擅自修建穿越公路	处罚决定书
20	行政处罚案件	擅自利用桥梁、涵	处罚决定书

图 7-215 “法律法规匹配”主界面

✓ 操作说明:

新增记录:单击“法律法规匹配”主界面中的“新增记录”按钮,进入“案件法律匹配”界面如图 7-216,“案件类别、具体违法、文书类型”可由下拉列表中选择;而“违反法律”及“依据法律”在点击“法规选择”后进行编辑。

“具体违法”下拉列表中数据来自“具体违法”栏后面的按钮中,单击按钮后进入“具体违法行为”界面如图 7-217,单击“具体违法行为”界面中“新增记录”按钮,弹出“违法行为”编辑界面如图 7-218,可对具体的违法行为进行编辑。

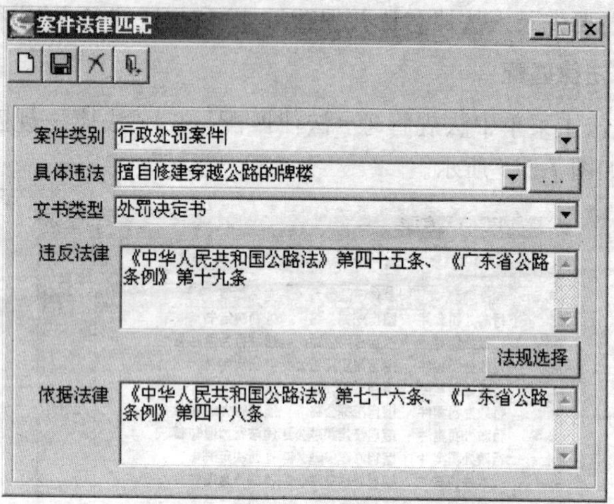

案件法律匹配
案件类别 行政处罚案件
具体违法 擅自修建穿越公路的牌楼
文书类型 处罚决定书
违反法律 《中华人民共和国公路法》第四十五条、《广东省公路条例》第十九条
法规选择
依据法律 《中华人民共和国公路法》第七十六条、《广东省公路条例》第四十八条

具体违法行为
序号 违法行为描述 备注
1 擅自占用公路
2 擅自挖掘公路
3 擅自修建跨越公路的桥梁
4 擅自修建穿越公路的渡槽
5 擅自修建穿越公路的牌楼
6 擅自修建穿越公路的涵洞
7 擅自修建穿越公路的隧道
8 擅自修建穿越公路的管线
9 擅自架设、埋设管线设施
10 擅自架设电缆设施
11 擅自埋设电缆设施
12 在公路上及公路用地范围内摆摊
13 进行其他损坏、污染公路和影响
14 在大中型公路桥梁和渡口周围二
15 在大中型公路桥梁和渡口周围二
16 在大中型公路桥梁和渡口周围二
17 其他危及公路、公路桥梁、公路
18 履带车擅自在公路上行驶
19 铁轮车擅自在公路上行驶

图 7-216

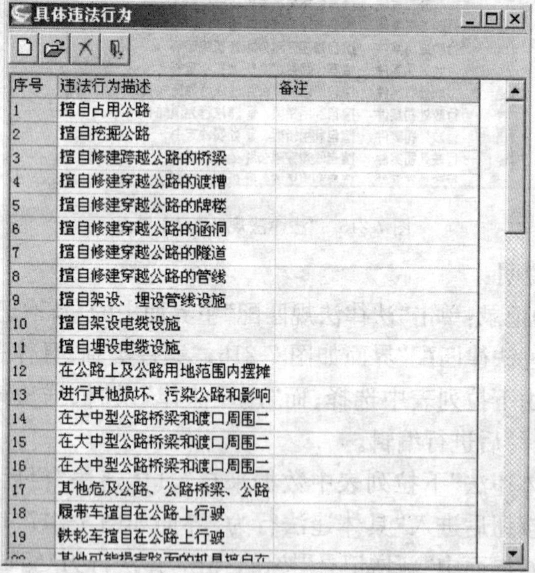

图 7-217

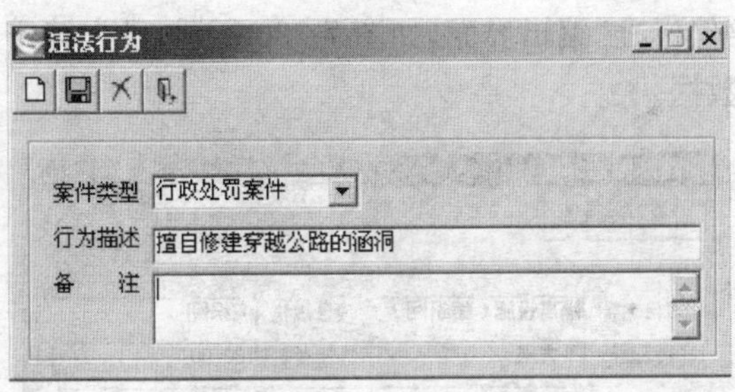

图　7-218

3. 路产赔偿标准

点击主菜单中法规管理➡路产赔偿标准，进入“路产赔偿标准”主界面，如图 7-219 所示：

路产赔偿标准

序号	项目名称	项目规格	计量单位	赔偿单价
1	三角形反光标志牌130CM(高强级)	边长130CM(高强	块	2120.00
2	三角形反光标志牌130CM(工程级)	边长130CM(工程	块	1150.00
3	三角形反光标志牌110CM(高强级)	边长110CM(高强	块	1520.00
4	三角形反光标志牌110CM(工程级)	边长110CM(工程	块	830.00
5	三角形反光标志牌90CM(高强级)	边长90CM(高强级	块	1015.00
6	三角形反光标志牌90CM(工程级)	边长90CM(工程级	块	550.00
7	三角形反光标志牌70CM(高强级)	边长70CM(高强级	块	610.00
8	三角形反光标志牌70CM(工程级)	边长70CM(工程级	块	330.00
9	圆形反光标志牌120CM(高强级)	直径120CM(高强	块	2090.00
10	圆形反光标志牌120CM(工程级)	直径120CM(工程	块	1140.00
11	圆形反光标志牌100CM(高强级)	直径100CM(高强	块	1450.00
12	圆形反光标志牌100CM(工程级)	直径100CM(工程	块	790.00
13	圆形反光标志牌80CM(高强级)	直径80CM(高强级	块	930.00
14	圆形反光标志牌80CM(工程级)	直径80CM(工程级	块	505.00
15	圆形反光标志牌60CM(高强级)	直径60CM(高强级	块	520.00
16	圆形反光标志牌60CM(工程级)	直径60CM(工程级	块	280.00
17	正(长)方形氢光标志牌(高强级)	高强级	平方米	1450.00
18	正(长)方形氢光标志牌(工程级)	工程级	平方米	790.00
19	正(长)方形不反光标志牌(铝板)	铝板	平方米	550.00
20	正(长)方形不反光标志牌(铁板)	铁板	平方米	300.00

图　7-219

✓ 操作说明：

新增记录：单击“路产赔偿标准”主界面中“新增记录”按钮，进入“路产赔偿标准”编辑界面，如图 7-220 所示，录入路产的赔偿标准并保存数据。

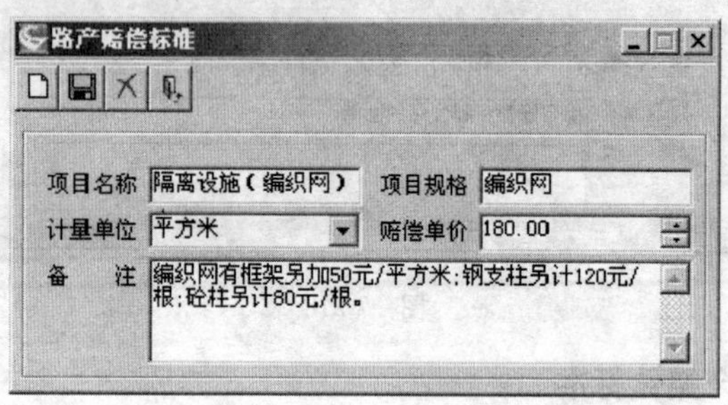

图 7-220

第八章 交通行政执法案例评析

第一节 交通肇事案例

一、王某交通肇事案

1. 案情

被告人:王某

2000 年 10 月 12 日凌晨 1 时许,被告人王某驾驶牌号为沪 B－N3042的 2000 型桑塔纳出租汽车,沿某市祁连山路由北向南行驶至某市南大路时与一辆同向行驶的人力三轮车相撞并逃离现场,致使人力三轮车骑车人罗某受伤倒后地未及时抢救,被随后驶来的沪 A－46889 大货车再次撞倒并当场死亡。

庭审中,被告人王某对公诉机关指挥的犯罪事实供认不讳;辩护人对公诉机关指控的事实和定性无异议,但提出造成被害人死亡的原因是沪 A－46889 大货车的撞击,大货车驾驶员对被害人的死亡应负主要责任,被告人王某逃逸的行为与被害人的死亡无必然的、直接的因果关系。

某市宝山区人民法院经公开审理查明:2000 年 10 月 12 日凌晨 1 时许,被告人王某驾驶牌号为沪 B—N3042 的 2000 型桑塔纳出租汽车,沿本市祁连山路由北向南行驶至本市南大路时,与一辆同向行驶的人力三轮车相撞,致使三轮车上的骑车人罗某被撞倒在机动车道上,被告人王某未作任何停顿,即驾车逃离现场。二三分钟后,已经苏醒并正在爬起来的被害人罗某被高某驾驶的沪 A—46889大货车再次撞倒并当场死亡。

上述事实有下列证据证明:

(1)被告人王某关于其驾驶出租汽车与被害人罗某所骑人力三轮相撞后即逃逸及其去某修车铺修车的事实经过所作的供述。

(2)证人高某关于其驾驶的沪 A—46889 大货车不慎将躺在机动车道上的被害人罗某再次撞倒,并致其死亡的事实经过所作的证言。

(3)证人张某关于其目睹事故发生的经过所作的证言。

(4)证人肖某关于被告人王某至其修车铺修车的事实经过所作的证言。

(5)证人高某关于其在肖某的修车铺发现被告人王某修车的情况及其向车队汇报的事实经过所作的证言。

(6)证人陆某关于其在接王某班时发现车已被修理过的事实经过所作的证言。

(7)某市公安局宝山分局交警支队出具的《道路交通事故现场勘察笔录》。

(8)某市公安局刑事科学技术研究所出具的《尸体检验鉴定书》。

(9)某市公安局宝山分局交警支队出具的两份《道路交通事故责任认定书》。

(10)反映被告人王某驾驶的牌号为沪 B-N3042 的 2000 型桑

塔纳出租汽车修复情况的照片。

2. 审判

(1)一审情况。

某市宝山区人民法院根据上述事实和依据认为:被告人王某在交通事故发生后逃逸,造成被害人罗某因得不到及时抢救,而被随后驶至的其他车辆撞击并当场死亡的后果,其行为违反了《某市道路交通管理条例》第五十八条及《某市道路交通管理实施办法》第五十七条的规定,对事故应负主要责任,其行为已构成交通肇事罪,应依法予以处罚。鉴于王某对被害人家属已作了经济补偿,可酌情从宽处罚。

某市宝山区人民法院依照《中华人民共和国刑法》第一百三十三条作出如下判决:

被告人王某犯交通肇事罪,判处有期徒刑七年。

原审被告王某对原审认定的事实没有异议,但上诉提出:造成被害人死亡的直接原因是大卡车的撞击,原审对其量刑过重。辩护人认为被告人王某逃逸的行为并没有产生罗某因得不到抢救而自然死亡的结果,而是因为高某的行为才发生了罗某死亡的结果。王某的行为与被害人死亡结果有联系,但不是原因,只有高某的行为才与最后结果产生了必然的因果关系。原审对王某适用“因逃逸致人死亡”的法律条文不当,导致量刑畸重。辩护人还提出被告人王某有自首情节。

检察机关认为原判决认定被告人王某犯罪的事实清楚,证据确实、充分,被害人的死亡是由于被告人交通肇事后逃逸所致,原审适用法律正确、诉讼程序合法有效。至于辩护人提出的被告人有自首情节,建议合议庭核实后,依法予以量刑。

(2)二审情况。

某市第二中级人民法院经公开审理查明:2000 年 10 月 12 日凌晨 1 时许,被告人王某驾驶牌号为沪 B—N3042 的 2000 型桑塔纳出租汽车，沿本市祁连山由北向南行驶至本市南大路时，撞击了一辆同向行驶的人力三轮车，致使三轮车上的骑车人罗某被撞倒在机动车道上，被告人王某即驾车逃离现场。二三分钟后，已经苏醒并正在爬起来的罗某被高某驾驶的沪 A—46889 大货车再次撞倒并当场死亡。

上述事实除一审查明的证据外还有下列证据说明：

(1)现场目击证人张某、徐某的证词证明，被告人王某驾驶出租汽车在本市南大路上撞上同向行驶的一辆人力三轮车尾处，致骑三轮车的罗某倒地受伤，王某不积极抢救伤员，而立即驾车逃逸。二三分钟后，驾驶大货车的高某将正在爬起来的罗某撞死。

(2)某市公安刑事科学技术研究所出具的《尸体检验鉴定书》、某市公安局宝山分局交警支队出具的《道路交通事故现场勘察笔录》证明，死者罗某系因交通事故造成颅脑损伤而死亡。根据死者的损伤特点及程序，符合右侧头面部遭受巨大外力直接作用(如交通事故中车辆撞击)所形成。

(3)某市公安局宝山分局交警支队出具的两份《道路交通事故责任认定书》认定，此交通事故分为两段，前段即王某将被害人撞伤后逃逸，被害人与被告人负同等责任。后段即大货车驾驶员高某将被害人撞死，王某负主责，高某负次责。

某市第二中级人民法院根据上述事实和证据认为：被告人交通肇事虽未造成被害人重伤、死亡的后果，但由于王的逃逸，导致被害人又被其他车辆撞死，被害人的死亡与被告人的行为有联系。但是，被告人王某撞击被害人的人力三轮车致被害人倒地后，被害人已经在慢慢爬起，这说明被告人的逃逸行为并未造成被害人因得不到求助而自然死亡的结果，而是在负有过错责任的高某的介入下，才产生了被害人被撞死的结果。所以，被告人的逃逸仅是被害人死亡的条件，其行为与被害人死亡之间只是一种间接的因果关系。最高人民法院《关于审理交通肇事刑事案件具体应用法律若干问题的解释》第五条规定，“因逃逸致人死亡”是指行为人在交通肇事后为逃避法律追究而逃跑，致使被害人无法得到救助而死亡的情形。本案被害人系被高某驾车撞死，不属于无法得到救助而死亡的情形，故被告人不应承担“因逃逸致人死亡”的刑事责任，而应承担交通肇事后逃逸的刑事责任。对此，被告人王某的上诉理由及辩护人的辩护意见可予采纳。案发后，公安机关虽掌握了被告人王某的犯罪事实，但尚未对王某采取强制措施，王在接到单位电话通知后，自动到单位向公安人员交代了犯罪事实，符合最高人民法院《关于处理自首和立功具体应用法律若干问题的解释》第一条第(一)项的规定，应认定为自首。对此，辩护人及检察院的意见正确，应予采纳。

上诉人王某违反交通运输管理法规，在交通肇事后逃逸，其行为已构成交通肇事罪，依法应予处罚。原审法院根据被告人王某犯罪的事实、情节、后果及对社会的危害程度，对王某以交通肇事罪定性并无不当，但适用《刑法》第一百三十三条中因逃逸致人死亡款项不当，应适用《刑法》第一百三十三条中交通运输肇事后逃逸的款项。王某犯罪后有自首情节，依法应予从轻处罚。

某市第二中级人民法院依照《中华人民共和国刑法》第一百三十三条、第六十七条第一款、最高人民法院《关于审理交通肇事刑事案件具体应用法律若干问题的解释》、最高人民法院《关于处理自首和立功具体应用法律若干问题的解释》第一条第(一)项及《中华人民共和国刑事诉讼法》第一百八十九条第(二)项之规定，判决如下：

(1)撤销某市宝山区人民法院(2001)宝刑初字第41号刑事判决，即被告人王某犯交通肇事罪，判处有期徒刑七年.

(2)被告人王某犯交通肇事罪，判处有期徒刑四年。

3. 评析

本案中，王某的行为构成交通肇事罪无疑，关键问题在于其行为是否构成交通肇事罪中的“因逃逸致人死亡”。审理过程中此有两种意见：

一种意见认为：王某撞倒被害人的行为在客观上为高某将被害人撞死创造了条件，属于被害人死亡的间接原因，而导致被害人死亡的直接原因在于高某违章驾车。王某驾车撞人的行为与被害人死亡的后果之间的因果关系因高某行为的介入而中断，因此无法认定被告人的行为与被害人死亡结果之间存在刑法意义上的因果关系。另据最高人民法院《关于审理交通肇事刑事案件具体应用法律若干问题的解释》第五条的解释，“因逃逸致人死亡”是指行为人在交通肇事后为逃避法律追究而逃跑，致使被害人无法得到救助而死亡的情形。这里的“因逃逸致人死亡”仅指直接因果关系，具体讲是指行为人在交通肇事后逃逸，被害人未得到及时救治而自然死亡的情况。本案中被害人是因他人行为介入而死亡，不属于最高人民法院司法解释中的“因逃逸致人死亡”的情形。综上，本案中王某驾车将被害人撞倒，其非但不予救助反而驾车逃逸，在客观上为被害人之死创造了条件，属于交通肇事后逃逸，情节恶劣的情形，不应当适用交通肇事罪中“因逃逸致人死亡”的款项。

第二种意见认为：首先，根据某市公安局宝山分局交警支队出具的《道路交通事故责任认定书》，此交通事故分为两段，前段即王某将被害人撞伤后逃逸，被害人与王某负同等责任。后段即大货车驾驶员高某将被害人撞死，王某负主责，高某负次责。所谓的“主责”、“次责”当然是针对整个事件而言，否则主次之分没有意义。由此得出结论：对于被害人死亡的结果王某应当承担主要责任。虽然罗某系被高某直接撞死，但是如果没有王某的先前行为，将被害人置于极其危险的境地，不可能产生后面的后果，因此从因果关系的重要性上衡量，应当认为王某的行为是被害人死亡的原因而不仅仅是条件。其次，“因逃逸致人死亡”是交通肇事罪的结果加重犯，从理论上讲构成结果加重犯要求被告人对加重结果至少有过失。本案中，王某将被害人撞倒于车辆较多的交通道路上，并且是在视线十分模糊的夜晚，其应当意识到被害人被撞后有被其他车撞死的可能，因此王某对被害人死亡的后果有刑法意义上的过失。再次，根据最高人民法院《关于审理交通肇事刑事案件具体应用法律若干问题的解释》第五条规定，“因逃逸致人死亡”是指行为人在交通肇事后为逃避法律追究而逃跑，致使被害人无法得到救助而死亡的情形。其中使用的是“救助”而不是“抢救”，“救助”从字面上理解就包含了抢救和帮助，本案中被害人就是在被王某撞倒后因未得到王某的及时帮助而被第二辆车撞死，符合最高人民法院司法解释的精神。综上，认为王某的行为构成交通肇事罪中“因逃逸致人死亡”的刑事责任。

应当说，两种意见都有道理，但是从目前法律规定的角度考虑，我们认为第一种意见相对来说更为妥当。

根据现场目击证人的证词，王某驾驶出租汽车撞上被害人驾驶的人力三轮车尾处，致骑三轮车的被害人罗某倒地受伤，王某不积极抢救伤员，而立即驾车逃逸。二三分钟后，驾驶大货车的高某将正在爬起来的罗某撞死。某市公安局刑事科学技术研究所出具的《尸体检验鉴定书》、某市公安局宝山分局交警支队出具的《道路交通事故现场勘察笔录》，证实死者罗某系因交通事故造成颅脑损伤而死亡。死者的损伤特点及程度，符合右侧头面部遭受巨大外力直接作用（如交通事故中车辆撞击）所形成。某市公安局宝山分局交警支队出具的《道路交通事故责任认定书》将此次交通事故分为两段：前段即王某将被害人撞伤后逃逸，被害人与王某负同等责任；后段即大货车驾驶员高某将被害人撞死，王某负主责，高某负次责。上述证据证明，王某交通肇事仅造成被害人受伤的后果，王逃逸后，被害人又被其他车辆撞死。可见本案中存在两个因果关系：第一，王某开车将被害人罗某撞倒；第二，高某违章驾车将正在爬起的被害人撞死。被害人的死亡是王某与高某两个行为连续作用的结果，否认王某的行为与被害人死亡结果存在客观因果关系是不正确的。

按照辩证唯物主义的观点，世界是普遍联系的，但是我们在审理案件时必须对普遍联系的原因和结果进行分析、鉴别，筛选对案件具有实质意义的原因和结果，这就是刑法因果关系理论中的"人为孤立"原理。在确定什么是对案件有实质意义的因果关系时，只能以刑法规定为依据，只有认定具有刑法意义上的因果关系才能成为行为承担刑事责任的基础。根据最高人民法院《关于审理交通肇事刑事案件具体应用法律若干问题的解释》第二条的规定，"交通肇事具有下列情形之一的，处三年以下有期徒刑或者拘役：(一)死亡一人或者重伤三人以上，负事故全部或者主要责任的；(二)死亡三人以上，负事故同等责任的……"其中所谓的"主要责任"、"同等责任"系就交通肇事人同被害人之间而言的，而本案中《道路交通事故责任认定书》认定在第二段事故中王某负主责，高某负次责，是王某同高某之间责任的区分，并不能直接得出王某对被害人的死亡负主要责任的结论。因此根据目前证据衡量本案中两个因果关系，我们认为王某驾车撞倒被害人仅是被害人死亡的条件而不是刑法意义上的原因，这是本案据以定罪量刑的事实依据。第二种意见将王某同高某之间的责任区分等同于王某同被害人之间的责任区分是不恰当的。

根据最高人民法院《关于审理交通肇事刑事案件具体应用法律若干问题的解释》第五条，"因逃逸致人死亡"是指行为人在交通肇事后为逃避法律追究而逃跑，致使被害人无法得到救助而死亡的情形。所谓"因逃逸致人死亡"根据一般理解系指因逃逸导致被害人得不到及时救助而自然死亡的情形。根据刑法谦抑原则，在没有明确司法解释予以确认的情况下，扩大认定其中包含被害人在交通肇事人逃逸后因其他外力作用而死亡的情形是不合适的，这是本案据以定罪量刑的法律依据。

综上，根据案件事实和刑法规定，我们认为在本案中，不能认定王某的行为与被害人罗某死亡存在刑法意义上的因果关系，因此对王某不能适用交通肇事罪中的“因逃逸致人死亡”。虽然王某交通肇事行为没有直接造成被害人的死亡，但是其撞人和逃逸的行为毕竟为被害人的死亡创造了条件，死亡结果可以作为本案的量刑情节予以考虑，属于交通肇事后逃逸，情节恶劣的情形，二审法院的认定无疑是正确的。

二、张某驾车冒险通过漫水桥造成交通事故案

1. 案情

被告人：张某。

1995 年 8 月 24 日 7 时许，被告人张某驾驶本公司的川 L-07105号乐山牌大客车，从 A 县城载客 14 人（含驾驶员、售票员）驶往 B 县，途中又上乘客 6 人。当日 12 时许，当车行至国道 213 线 1340km＋500m 处，遇洪水猛涨，已将全长 34.4m、宽 6.7m 的桥面淹没近 0.5m 深。张某即停车等候，后见有两辆东风牌大货车顺利通过，在未仔细查明水情的情况下，就冒险驾车过桥，致使车驶出桥外，坠入桥下 8.5 米深的洪水中，造成谢某等 11 人溺水窒息死亡、左某等 3 人受轻伤的特大交通事故。

事故发生后，张某从河里爬上岸，搭乘一辆小型客车前往C县交警大队投案。在驶离出事地点约 1km 处时，与迎面而来的某县交警大队前来处理事故的警车相遇，张某即向交警坦白交代了事故发生的经过。随后，在 C 县交警大队的主持下，B 县汽车运输公司与 11 名死者的亲属和 3 名受伤者达成了赔偿协议，共计赔偿 255413.95 元。

2. 审判

C县人民法院经公开审理认为，被告人张某违反交通运输管理制度，造成特大交通事故的行为构成了交通肇事罪，且属情节特别恶劣。张某犯罪后投案自首，可以从轻处罚。该院依照《中华人民共和国刑法》第一百一十三条第一款、第六十三条的规定，于1995年12月4日作出刑事判决如下：

被告人张某犯交通肇事罪，判处有期徒刑五年。

宣判后，被告人张某没有提出上诉。

3. 评析

(1)关于罪过。

被告人张某驾驶大型客车行至三洞桥时，见洪水已经淹没桥面，即停车等候，说明他已经预见到如果驾车过桥可能发生车翻人亡的危害后果，因而采取停车措施防止这种危害后果发生。但发他看到有两辆东风牌大货车顺利通过桥面时，认为自己也能够安全通过，便启动客车上桥。由于桥面只有6.7m宽，又无防护栏，且洪已淹没桥面约0.5m深，无法辨认路面，导致客车翻入洪水中，造成11人死亡、3人受轻伤的严重后果。

从张某的主观方面来看，正如他在庭审中陈述的那样："当时应该清楚货车与客车不一样"。意思是说，货车没载人，可以冒翻车的风险；而客车载有乘客，不能像货车那样去冒险。正是由于张某轻信可以避免，才造成车翻人亡的严重后果。这种已经预见到自己的行为可能发生危害社会的结果而轻信能够避免，以致发生这种结果的，在刑法理论上叫做过于自信的过失。张某的行为属于过失犯罪。

张某作为已有十年驾龄的驾驶员，本应认真执行交通法规，但他在此次行车中却违反了《中华人民共和国道路交通管理条例》的有关规定。该《条例》第四十六条规定："车辆行经漫水路或漫水桥时，必须停车察明水情，确认安全后，低速通过”。张某驾车遇到浸水桥时，没有察明水情便冒险通过，造成车翻人亡的特大交通事故，C县法院依照刑法第一百一十三条的规定，认定他犯交通肇事罪是正确的。

(2)关于自首。

张某肇事后，从河里爬上岸，搭乘一辆小型客车前往C县交警大队投案，途中遇上迎面而来的C县交警大队前来处理事故的警车，张某即下车向交警坦白交代了事故发生的经过，接受处理。根据最高人民法院、最高人民检察院、公安部《关于当前处理自首和有关问题具体应用法律的解答》的解释：“经查实犯罪分子确已准备去投案，或者正在投案途中，被公安机关捕获的，都应视为自动投案”。张某主动投案，如实交代罪行，接受审判，C县法院认定他具有自首情节也是正确的。

(3)关于量刑。

根据最高人民法院、最高人民检察院《关于严格依法处理道路交通肇事案件的通知》规定，犯交通肇事罪“造成2人以上死亡的”，可视为“情节特别恶劣”，“处三年以上七年以下有期徒刑”。该《通知》还规定：“对犯交通肇事罪后自首的，可酌情从轻或者减轻处罚”。本案被告人张某违反交通管理法规，造成11人死亡，属于情节特别恶劣，鉴于他在犯罪后投案自首，认罪态度较好，其所在单位又对被害人及其家属作了适当赔偿，C县法院依法判处其有期徒刑五年，是适当的。

三、周某交通肇事案

1. 案情

被告人：周某

某市海淀区人民检察院以被告人周某犯交通肇事罪向海淀区人民法院提起公诉。

海淀区人民法院经公开审理查明：

被告人周某于2000年10月24日19时许，驾驶“太脱拉”大货车为本单位某工地清运渣土。当其驾车行过本市海淀区阜石路阜永路口，在由南向东右转弯时，刮倒了骑自行车的鲁某，右后侧车轮碾轧鲁某的身体，致鲁某当场死亡。周某当时虽已感觉车身颠了一下，但其没有停车，而是驾车离开事故地点，继续到工地拉渣土。当其返回再次经过该事故的地点时，见有交通民警正在勘察现场，即向单位领导报告自己可能撞了人了，并于当日向公安交通管理部门投案。经某市公安交通管理局海淀交通支队认定，周某对此次事故负全部责任。本案的经济赔偿问题已经解决。

2. 审判

海淀区人民法院认为，被告人周某驾驶大型货车，在行驶过程中发现情况不及时，处理不当，造成1人死亡的重大交通事故，并在发生交通事故后没有立即停车保护现场，而是肇事逃逸，其行为已构成交通肇事罪，考虑周某案发后能主动投案自首，积极赔偿被害人亲属的经济损失，可予减轻处罚。依照《中华人民共和国刑法》第一百三十三条、第六十条第一款的规定，于2001年6月22日判决：被告人周某犯交通肇事罪，判处有期徒刑一年零六个月。

一审宣判后，在法定期限内，被告人未上诉，检察机关也未提出抗诉，判决已发生法律效力。

3. 评析

(1)主要问题

如何认定交通肇事后逃逸？

(2)裁判理由

1991年国务院颁布的《道路交通事故处理办法》第七条规定：“发生交通事故的车辆必须立即停车，当事人必须保护现场，抢救伤者和财产(必须移动时应当标明位置)，并迅速报告公安机关或者执勤的交通警察，听候处理。”该条明确规定了交通肇事人在肇事后负有立即停车、迅速报案、抢救伤者和公私财产、保护现场、不得逃逸的法定义务。根据刑法第一百三十三条：“违反交通运输管理法规，因而发生重大事故，致人重伤，死亡或者使公私财产遭受重大损失的，处三年以下有期徒刑或者拘役；交通肇事后逃逸或者有其他特别恶劣情节的，处三年以上七年以下有期徒刑”的规定，交通肇事后逃逸和没有逃逸的相比，在适用法定刑幅度上是不同的。因此，准备认定交通肇事后逃逸的具有重要意义。

最高人民法院 2000 年 11 月通过的《关于审理交通肇事刑事案件具体应用法律若干问题的解释》(以下简称《解释》)第三条规定：“交通运输肇事后逃逸”，是指行为人具有本解释第二条第一款规定和第二条第二款第(一)至第(五)项规定的情形之一，在发生交通事故后，为逃避法律追究而逃跑的行为。据此，成立“交通肇事后逃逸”必须同时具备以下条件：

(1)行为人的交通肇事行为具有《解释》第二条第一款规定和第二条第二款第(一)至第(五)项规定的情形之一，也即是行为人的交通肇事行为首先必须已构成交通肇事罪的基本犯。交通肇事后逃逸作为交通肇事罪的法定加重量刑情形之一，是相对于交通肇事的基本犯而言的。也就是认定肇事人属“交通肇事后逃逸”适用三至七年的法定刑幅度，其前提必须是肇事人的先前行为已然构成了交通肇事罪的基本犯，如果其事前的肇事行为因不具备交通肇事罪基本犯的某项构成条件而达不到犯罪的程度，则认定属“交通肇事后逃逸”并以此适用相应的法定刑，就无从谈起。《解释》第二条第一款规定和第二条第二款第(一)至第(五)项规定了应当成立交通肇事罪基本犯的 9 类情形，是认定交通肇事罪基本犯的法律依据。如果行为人的先前行为没有违反交通运输管理法规，或者虽有交通违规行为与结果没有因果关系，或者行为人在交通事故中仅负同等责任或次要责任，或者肇事行为所造成的结果尚未达到交通肇事罪基本犯的入罪标准的；或者在负事故全责或主责的情况下仅致1人重伤，但又不具备酒后驾车、无执照驾车、无牌照驾车等《解释》规定的情形之一的，即便行为人事后有逃逸的行为，也不能认定并适用“交通肇事后逃逸”这一法定量刑情形。有一种观点认为，在行为人对事故负全责或主责的情况下仅致1人重伤，有逃逸情节的，应当认定构成交通肇事罪的基本犯，同时也应当认定并适用“交通肇事后逃逸”这一法定量刑情形。我们认为这种观点是错误的，违反了《解释》的规定。《解释》第二条第二款第（六）项规定，交通肇事致1人以上重伤，负事故全责或主责，并具有“为逃避法律追究逃离事故现场”情形的，以交通肇事罪定罪处罚，即此种情况，应当成立交通肇事罪的基本犯。但在第三条专门解释属于法定加重量刑情形之一的“交通肇事后逃逸”时，又明确排除《解释》第二条第二款第（六）项规定的情形。也就是说“交通肇事后逃逸”这一个行为，不能同时既作为定罪的考虑的情节，又作为法定加重量刑的情形，否则将有违刑法禁止对一行为作重复评价的原理。

（2）行为人必须是基于为逃避法律追究的目的而逃跑。所谓逃逸，客观上表现为逃离事故现场、畏罪潜逃的行为。从理论上讲，逃逸行为一经实施，即告成立。即便肇事人逃离事故现场不远或不久，即被交警追获或者被其他人拦截、扭送，均不影响“交通肇事后逃逸”的认定，因而不存在“逃逸未遂”的问题。不过，我们也应同时注意到，实践中，交通肇事人在肇事后离开现场的原因和目的是多种多样的，如有的是为了逃避法律追究，有的是因为害怕被害人亲属的殴打报复而临时躲避，有的可能是正在去投案或者抢救伤者的途中等等。之所以强调逃逸是为逃避法律追究这一主观目的，就是要把上述情形区分开来。实践中，交通事故发生后，被害人的亲属等由于一时悲愤情绪的冲动难抑，有可能出现对肇事人实施殴打报复等情形。在这种情况可能或即将发生的状态下，肇事人的临时躲避行为和肇事后的逃逸行为在性质是截然不同的。尽管二者在客观上都表现为逃离事故现场的行为,但二者是有本质区别的。区别就在于二者的主观目的不同:前者肇事人逃离事故现场只是基于被害人亲属现实加害急迫情形或现实加害的高度可能而采取的临时不得已的紧急或预防性避难措施,目的在于临时躲避。事后再亲自去或委托他人投案,并无逃避法律追究的目的;而肇事人在肇事后逃逸的,则是为了逃避法律追究,畏罪潜逃,主观上根本就不想投案。因此,在司法实践中,对肇事后已离开事故现场还没有来得及投案即被抓获或是扭送的肇事人,应当根据客观情形准确判断他们的主观目的,既不能把没有逃避法律追究目的的人认定为逃逸,也不能把确有逃避法律追究目的的人错误判断为不是逃逸。认定行为人是否具有逃避法律追究的目的,对某些案件有时可能是相当复杂的。比如肇事后运送伤者去医院抢救,在未来得及及时报案前就在途中或医院被抓获的,一般应认定为无逃避法律追究目的。但若是在将伤者送到医院后又偷偷离开的,有报案条件和可能而不予报案事后被抓获的,就应当认定为具有逃避法律追究的目的。同样,在基于临时躲避被害人亲属加害的情况下,如确无条件和可能及时报案即被抓获的,应认定为不具有逃避法律追究的目的,不属于肇事后逃逸;反之,在临时躲避情形消失后,在有报案条件及可能的情况下,仍不予报案而继续逃避的,其性质又转化为肇事后逃逸,同样应当认定为具有逃避法律追究的目的。

除上面已论及的在认定行为人有无逃避法律追究目的时,应充分考虑区分不同情况,把握有无报案条件和可能的因素以外,在有些交通肇事案件中,还应注意把握行为人对其肇事行为的认识情况以及逃逸后又自首的情形,例如,本案就存在这样的问题。纵观本案案情,其一,被告人周某在其所驾车辆肇事时,根据其专业驾驶员的经验和已感知到车身一颠的情况判断,理应当知道可能撞着行人了，但尚不能作出周某已明确知道其车辆已肇事的结论。此后，周某没有停车，而是驾车离开事故地点，继续到工地拉渣土。此时，对周某的行为能否定为交通肇事后逃逸，这是本案的第一个问题。其二，当周某拉土返回事故地点时，见有交警在现场勘察，即向单位领导报告自己可能撞了人了，并随后于当日向公安交通管理部门主动投案。这种情况下是认定为交通肇事逃逸后自首（先认定为交通肇事逃逸，再认定为自首，同时成立）还是作为“逃避中止”不以交通肇事后逃逸论。以上两个问题无论是从理论上还是在司法实践中均有探讨的价值。就第一个问题，尽管从理论上说，逃逸行为一经实施，即告完成，不论行为人逃离多远或逃逸的时间有多久，也不论行为人逃逸后干了什么，均不影响对其逃逸行为性质的认定。但是，从本案现有情况看，周某在离开事故现场当时，并不确知其已肇事，如按一审法院的认定，也只是在发现警察勘察现场，才认为自己可能撞人了。就此，无法肯定或排他地推断出周某离开事故现场的行为就一定是以逃避法律追究为目的。本着在存疑的情况下，应有利于被告人的一般规则，本案不宜认定被告人的行为属于“交通肇事后逃逸”。至于第二个问题，笔者认为，如果行为人确已构成交通肇事后逃逸，那么，即便行为人在逃逸过程中或是在逃逸状态持续过程中，能及时放弃其逃避法律追究的目的，主动投案，如实供述，听候处理，且也不论其中止逃逸是基于个人良心发现还是害怕罪责加重等何种缘故，该事后“中止逃逸”的行为均不得推翻对其先前逃逸行为的认定，而仅认定其事后的行为为自首，即分开认定，而不宜相互冲抵，理由如下：

①刑法第二十四条规定的犯罪中止，是指在犯罪过程中，自动放弃犯罪或者自动有效地防止犯罪结果的发生。交通肇事罪是过失犯、结果犯，不可能存在犯罪中止的情形。交通肇事后逃逸仅是交通肇事罪中的法定加重量刑情形之一，对中止逃逸的行为，不能与犯罪中止相类比，更不能混为一谈；

②所谓"逃逸中止"实质上是行为人主动结束逃逸继续状态，与犯罪人事后主动退赃并无本质差异，该事后行为在能成立自首的情况下，应当认定为自首，在不符合自身的情况下，也可以作为对其酌情从轻判处的情节，但不影响对其先前行为性质的认定；

③在发生因肇事人逃逸而致受伤人由于得不到及时救助而死亡的情况下，所谓的"中止逃逸"行为不影响"逃逸致人死亡"的认定，同理，也不影响"交通肇事后逃逸"行为的认定。

综上，本案的判决结果，在定性上是正确的，量刑上也是适当的，但判决认定被告人周某系肇事后逃逸值得商榷。

四、邵某交通肇事案

1. 案情

被告人：邵某

1997 年 10 月 2 日凌晨 3 时许，河南省确山县任店镇黄庄村农民袁某某驾驶无号牌小四轮拖拉机拖挂木制马车，载袁某、李秀某、张某、袁某、袁某法、李某，沿 107 国道右侧由南向北驶往确山县人民医院为袁某治病。4 时行，当拖拉机行至 922km＋800m 处吋，被告人邵某驾驶晋 M－10438 号东风牌加长汽车追尾撞上袁某某驾驶的小四轮拖拉机拖挂的木制马车。在这紧急情况下，被告人邵某因疲劳打瞌睡，未能采取制动措施，汽车将拖拉机及其拖挂的木制马车撞倒后又向左前方推出 30 多米，致使乘坐在马车上的袁某、李秀某、张某当场死亡，袁某、袁某法受伤后被送到医院经抢救无效死亡，拖拉机驾驶员袁某某和坐在拖拉机上的李某受轻伤。案发后，被告人邵某被确山县公安局巡警抓获。

河南省驻马店地区公安交通警察支队对此事故作出责任认定：邵某驾驶车辆追尾撞上同向行驶的拖拉机，违反了《中华人民共和国道路交通管理条例》第三十七条"同车道行驶的机动车，后车必须根据行驶速度、天气和路面情况，同前车保持必要的安全距离”的规定，应当负此事故的主要责任；袁某某驾驶无号牌拖拉机违章载人，违反了《中华人民共和国道路交通管理条例》第十七条“车辆必须经过车辆管理机关检验合格，领取号牌、行车证，方准行驶”和第三十三条第（三）项“拖拉机挂车……不准载人”的规定，应当负此事故的次要责任。

2. 审判

确山县人民检察院以被告人邵某犯交通肇事罪向确山县人民法院提起公诉。被告人邵某对起诉书指控的事实无异议。

确山县人民法院经公开审理认为，被告人邵某驾驶车辆违反交通运输管理法规，因而发生五人死亡二人受伤的特大交通事故，其行为已构成交通肇事罪，情节特别恶劣，应予刑罚处罚。公安机关作出的事故责任认定不当。袁某驾驶拖拉机靠道路右侧行驶，并无违章事实，其驾驶无号牌车辆违章载人员属违法行为，但与此次交通事故的发生无因果关系，因而不应负此次交通事故的责任。被告人邵某疲劳驾驶打瞌睡，未与前车保持必要的安全距离，当其驾驶的汽车撞上拖拉机时又未能采取制动措施，则是发生此次交通事故的直接原因，邵某应负此次事故的全部责任。据此，该院依照《中华人民共和国刑法》第一百三十一条的规定，于1998年4月6日作出如下判决。

被告人邵某犯交通肇事罪，判处有期徒刑七年。

宣判后，被告人邵某没有提出上诉，人民检察院也未提出抗诉。

3. 评析

本案被告人邵某驾驶机动车辆未与前车保持必要的安全距离，违反了交通运输管理法规，因而发生特大交通事故，其行为构成交通肇事罪。根据最高人民法院、最高人民检察院《关于严格依法处理道路交通肇事案件的通知》第一条第（二）项第1目的规定，犯交通肇事罪造成二人以上死亡的，可视为情节特别恶劣，处三年以上七年以下有期徒刑。本案被告人邵某的交通肇事行为造成五人死亡、二人受伤，又负事故的全部责任，因而法院对其依法从重判处有期徒刑七年是正确的。

审判交通肇事案件应当注意两个问题：其一，并非驾驶人员有违章行为就要负交通事故的责任；其二，公安机关对交通事故作出的责任认定错误的，不予采纳，以法院审理认定的事实为准。《道路交通事故处理办法》第十七条第二款规定："当事人有违章行为，其违章行为与交通事故有因果关系的，应当负交通事故责任。当事人没有违章行为或者虽有违章行为，但违章行为与交通事故无因果关系的，不负交通事故责任"，即违章行为人是否应负交通事故的责任，要看违章行为与交通事故的发生有无法律上的因果关系。所谓因果关系，是指事物之间的一种必然的引起和被引起的关系，这种因果关系在法律上表现为当事人的一定行为直接导致了一定法律事件的后果发生，否则就没有因果关系，当事人也就对此后果不承担责任。

本案中，袁某的违章行为是驾驶无号牌车辆和违章载人。被告人邵某的违章行为是驾驶车辆未与前车保持必要的安全距离和在疲劳驾驶中打瞌睡，紧急情况下又未采取制动措施。从本案交通事故发生的过程来看，袁某驾车行驶的行为并没有违章，其驾驶无号牌车辆和违章载人的违章行为虽然应当受到行政处罚，但并非导致交通事故的必然原因；而被告人邵某驾驶车辆未与前车保持必要的安全距离，又在疲劳中打瞌睡，与交通事故之间则是必然的引起和被引起关系，直接导致了这起交通事故的发生。换句话说，袁某的违章行为与发生交通事故无法律上的因果关系，因而袁某不应负此交通事故的责任；被告人邵某的违章行为与事故的发生有法律上的因果关系，因而邵某应负此事故的全部责任。公安机关认为袁某、邵某均有违章行为，据此作出双方均应承担责任的认定是错误的。最高人民法院、公安部《关于处理道路交通事故案件有关问题的通知》第四条规定：人民法院审理交通肇事刑事案件时，经审查认为公安机关所作出的责任认定确属不当，则不予采信，以人民法院审理认定的案件事实作为定案的依据。确山县人民法院在审理本案时，没有采纳公安机关所作的事故责任认定，而是以审理认定的事实定案，也是正确的。

五、徐某为抢救病人违章行车交通肇事案

1. 案情

被告：徐某

2000 年 10 月 16 日上午，被告人徐某驾驶鄂 EA5583 号柳州产五菱牌双排小货车载客从兴山县高阳镇驶向水月寺镇。10 时许当车行至水月寺镇雷溪口村时，该村村民委员会主任高某、妇女主任王某等人以抢救该村服毒的五保户黄某为由，强行将徐某的车拦停，再三请求搭载。徐某先不同意，后又同意搭载并超载 5 人，然后超速行驶。当车行至宜秭线 96.675km 弯道处，因下雨柏油路面打滑，加之高某催促快开车抢救病人，徐某在车速 35km/h 的情况下，没有采取减速措施，仅踩制动器并扭转方向盘，致使车辆侧翻于公路坎下，造成重大交通事故。高某、王某受伤，经抢救无效死亡；乘客胡某负轻伤，另有多人受轻微伤。经公安机关认定，徐某违反了《中华人民共和国道路交通管理条例》第七条第二款、第三十六条第一款、第三十六条第二款的规定，应承担此次事故的全部责任。事故发生后，为救治伤员，徐某将车卖掉，得款 5000 元，赔偿受害人。

2. 审判

2000 年 11 月 18 日，兴山县人民检察院以被告人徐某犯交通肇事罪，向兴山县人民法院提起公诉。

被告人徐某及其辩护人辩称：徐某违章交通肇事属实，但违章是为了抢救危重病人，事故发生后，被告人积极抢救受害人，且有自首情节。辩护人并向法庭提供了证人直某、胡某的证言，证实被告人超载超速违章驾驶是为了抢救病人。

兴山县人民法院经公开审理认为，被告人徐某违反交通运输管理法规，造成二人死亡、一人轻伤的重大交通事故，并对此次事故负全部责任，其行为已构成交通肇事罪，且情节特别恶劣。被告人及其辩护人提出具有自首情节，没有证据证实，不予采信。鉴于被告人违章并造成事故是出于抢救他人生命之目的，可酌情从轻处罚。该院依照《中华人民共和国刑法》第一百三十三条的规定，于 2000 年 12 月 19 日判决如下：

被告人徐某犯交通肇事罪，判处有期徒刑三年。

宣判后，被告人徐某没有提出上诉，人民检察院也未提出抗诉。

3. 评析

(1)被告人徐某为抢救病人而发生交通事故，是否构成犯罪。

本案在审理过程中，对于徐某为了抢救病人而发生交通事故是否构成犯罪产生不同意见。一种意见认为，徐某违章行车，目的是抢救病人，符合社会道德规范，其超载、超速是在紧急情况下迫不得已的行为，对因此而发生的交通事故可按一般交通事故处理，不构成交通肇事罪；另一种意见认为，交通肇事罪是一种过失犯罪，是否构成犯罪主要是看行为人主观上是否有过失，客观上是否造成了危害社会的后果。本案被告人徐某本应预见到超载超速行车会发生交通事故，但他急于救治病人，因疏忽大意而未能预见，以致发生了乘客二死一伤的严重后果，其行为触犯了刑法第一百三十三条的规定，构成交通肇事罪。

笔者同意第二种意见，即以交通肇事罪对徐某定罪量刑。本案中，村干部为抢救病人强行拦截徐某的车要求搭载，又催促徐某快开车，是造成此次交通事故的一个客观因素。作为驾驶员，徐某应该知道超载超速在下雨的柏油路面上行驶，转弯又不减速会造成什么样的后果，这种后果并不是不能预见和不可抗拒的。徐某的救人行为是值得倡导和鼓励的，但不能因为是救人就可以违章驾驶。徐某主观上存在着疏忽大意的过失，客观上又造成了乘客二死一伤的严重后果，其行为完全符合交通肇事罪的构成要件。因此徐某的行为已构成交通肇事罪。至于其违章的主观动机和肇事的客观原因只能作为量刑的情节予以考虑。

(2)被告人徐某的行为是否属于"其他特别恶劣情节"。

本案中，徐某出于抢救他人生命的目的，又在被人强迫和干扰的情况下，违章超载超速行车，造成二死一伤的重大交通事故，在量刑上是按一般交通肇事罪处理，还是按"其他特别恶劣情节"处理，也有不同意见。一种意见认为，徐某出于抢救他人的目的，又是在村干部的要求下才违章超载超速行驶的。事故发生后，徐某为救治伤员又将车变卖，并积极赔偿被害人的损失，如果认为其行为属于情节特别恶劣，于情于理都说不通，只应按一般交通肇事罪处罚；另一种意见认为，根据有关的司法解释，交通肇事死亡二人以上就属于特别恶劣情节，因此对徐某的行为应按"有其他特别恶劣情节"的量刑档次酌情处罚。笔者同意第二种观点。

徐某超载超速行车出于无奈，又是为了抢救病人，发生交通肇事后，如果认定其情节特别恶劣，好像于情理不通。但是感情不能代替法律。刑法第一百三十三条规定："交通运输肇事后逃逸或者有其他特别恶劣情节的，处三年以上七年以下有期徒刑"。最高人民法院在 2000 年 11 月 15 日公布了《关于审理交通肇事刑事案件具体应用法律若干问题的解释》，其中第四条第(一)项明确规定，死亡二人以上，负事故全部或者主要责任的，属于"有其他特别恶劣情节"。依照这一解释，尽管徐某出于救人的目的，但由于其行为已经造成死亡二人的严重后果，又负事故的全部责任，也只能按

“有其他特别恶劣情节”论处，对其出于救人的目的可作为从轻情节在量刑时予以考虑。据此，兴山县人民法院在认定徐某的犯罪情节特别恶劣的基础上，考虑到其超载超速是为了救人，只对他判处法定最低刑有期徒刑三年是正确的。

另有观点认为：此案不宜认定“情节特别恶劣”。有关的司法解释是就一般情况而言的，适用时应当具体问题具体分析，不能机械地套用。本案被告人的行为违章是事实，但它是在为抢救人的特别条件下所为，定交通肇事罪已属勉强，再认定情节特别恶劣就更加不妥，社会影响也不好。

第二节　运政执法案例

一、谢某不服联合执法申请复议案

1. 当事人简介

申请人：谢某

被申请人一：某市交通局

被申请人二：某市公安局

被申请人三：某市工商局

2. 案情简介

谢某2000年9月下岗，为维持生计，于2001年4月经有关部门批准在城区某街道租用一间门面，又向外搭建了一个临时建筑物作为汽车维修门市部，对外承修车辆。2002年6月，某市开展“整顿市容市貌，清除马路经济”的联合执法活动。2002年6月4日，市交通局向谢某送达了一份“行政处罚决定书”，上面盖有市交通部、市公安局、市工商局的公章。该处罚决定书认定谢某的行为违反了交通部、国家经委、国家工商行政管理局联合发布的《汽车维修行业管理暂行办法》第10条的规定，其维修门市部利用街道和公共场地停车和进行作业，不具备与其经营范围、生产规模相逢应的维修厂房和停车场地，决定对谢某“停业整顿、拆除建筑、恢复路面”。

6月12日，联合执法队发现，谢某既没有停业整顿又没有拆除建筑、恢复路面。6月13日，在市里组织的联合执法统一行动中，在公安人员的戒备下，市交通局工作人员用推土机铲除了谢某搭建的修车棚。

谢某不服联合执法队的共同行政行为，以市公安局、市工商局超越职权及市交通局违法采取强制措施造成其经济损失为由，向市人民政府申请行政复议，要求复议机关撤销上述行政处罚决定，并赔偿经济损失2 450元。

3. 案件复议情况

市政府复议机关受理谢某的复议申请后，经审查作出如上复议决定：(1)撤销三被申请人于2002年6月4日作出的“行政处罚决定书”；(2)责令市交通局重新作出具体行政行为；(3)责令市交通局赔偿申请人经济损失2 450元。

4. 本案评析

本案涉及对两个或两个以上行政机关以共同的名义“联合执法”活动中的具体行政行为不服，如何申请行政复议的问题。本案中，交通部门是否超出了自己的职权范围，交通部门是否对谢某的违章建筑具有强制拆除的权力。

共同行政行为是指两个或两个以上的行政机关以共同的名义作出的具体行政行为，其基本特点为，具体行政行为的主体是两个或两个以上。如何判断某一具体行政行为是不是共同行政行为，关键要看该具体行政行为是不是以两个或两个以上的行政机关的共同名义作出的。实践中，存在多种形式的几个行政机关执法或联合大检查，而后作出某一具体行政行为，如果该具体行政行为的作出有两个以上的机关参与讨论，但却以其中一个机关的名义作出，那也不应看成是共同行政行为。反之，即使没有经过几个行政机关共同讨论决定，只要是以几个机关的名义共同作出的，几个行政机关都在具体行政行为上署名盖章了，那也是共同行政行为。

从实践来看，共同行政行为主要有三种情形：一是同一政府所属的两个或两个以上的工作部门以共同的名义作出的具体行政行为；二是不同级别的政府所属的两个或两个以上工作部门以共同的名义作出的具体行政行为；三是两个或两个以上的地方人民政府以共同的名义作出的具体行政行为。按照复议管辖的一般原则，同时照顾到共同行政行为的特殊情况，因共同行政行为引起的复议案件，应由共同作出行政行为的行政机关的共同上一级机关管辖。行政复议法规定：对两个或者两个以上行政行为以共同名义作出的具体行政行为不服的，由其共同上一级行政机关申请行政复议。

在“联合执法”中，各工作部门应在自己的职权范围内行使职权，对违章建筑的行政处罚只能由城市规划行政主管部门作出，行政强制措施只能由法律、法规明确授权的行政机关依照法定程序和条件予以实施，行政机关采取的强制措施必须符合法律规定的执行权限，限于法律规定的范围之内。实际上，交通法律、法规及《汽车维修行业管理暂行办法》并没有授予交通行政管理部门对汽车维修行业的行政强制执行权。在当事人逾期既不申请复议，也不向人民法院起诉，又不履行处罚决定的情况下，市交通局应申请人民法院强制执行。

综上所述，就本案而言，由于“联合执法”的形式和内容都不规范，市政府作出如上复议决定无疑是正确的。对“联合执法”中两个或两个以上行政机关以共同的名义作出的具体行政行为不服。申请人应向它们的共同上一级行政机关申请行政复议。

在行政管理活动中，作为行使国家职能的行政机关要随着不断变化的情况采取不同的管理方式，共同行政行为就不可避免。共同行政行为的最大特点是作出同一具体行政行为的主体是多元的而非单一的。所谓共同行政行为是指两个或两个以上的行政机关以共同名义作出的具体行政行为。两个或两个以上行政机关以共同名义作出是构成共同行政行为的必要条件。在实际工作中，作出共同行政行为的行政机关的具体情况，归纳起来主要有三种：第一种隶属同一级政府的两个或两个以上的工作部门共同作出的具体行政行为（如交通局、公安局、工商局）；第二种是各自属不同级政府的工作部门作出的具体行政行为（如省交通厅和县、市、区）；第三种是属于不同地区、不同级别的两个以上的人民政府或政府所属交通部门共同作出的具体行政行为（如相邻两省或两县）。对于共同行政行为，也应当遵循复议的层级原则并考虑共同行政行为的自身特点，采取由作出共同行政行为的行政机关的共同上一级行政机关复议的方式。这样，上述第一种情况引起的复议，向该县（市、区）人民政府申请行政复议。第二种情况向该省人民政府或交通部申请行政复议。第三种情况比较复杂，如果是在同一省区的地方政府或职能部门共同作出的行政行为，可以参照第一、第二种原理申请行政复议；如果涉及跨省的共同行政行为，可向国务院有关部门（如交通部）申请行政复议或申请国务院行政裁决。

5. 相关法律链接

《中华人民共和国行政复议法》

第十五条 对本法第十二条、第十三条、第十四条规定以外的其他行政机关、组织的具体行政行为不服的，遵照下列规定申请行政复议：

（一）对县级以上地方人民政府依法设立的派出机关的具体行政行为不服的，向设立该派出机关的人民政府申请行政复议；

(二)对政府工作部门依法设立的派出机构依照法律、法规或者规章规定,以自己的名义作出的具体行政行为不服的,向设立该派出机构的部门或者是该部门的本级地方人民政府申请行政复议;

(三)对法律、法规授权的组织的具体行政行为不服的,分别向直接管理该组织的地方人民政府、地方人民政府工作部门或者国务院部门申请行政复议;

(四)对两个或者两个以上行政机关以共同的名义作出的具体行政行为不服的,向其共同上一级行政机关申请行政复议;

(五)对被撤销的行政机关在撤销前所作出的具体行政行为不服的,向继续行使其职权的行政机关的上一级行政机关申请行政复议。

有前款所列情形之一的,申请人也可以向具体行政行为发生地的县级地方人民政府提出行政复议申请,由接受申请的县级地方人民政府依照本法第十八条的规定办理。

二、姜某不服运管所四次处罚提起复议案

1. 当事人简介

申请人:驾驶员姜某

被申请人:甲、乙、丙运管所

2. 案情简介

2004 年 6 月 1 日,某区交通局运管所执法人员路检中,查获从事经营性运输的东风牌货车,该车行驶证车主为姜某,而道路运输证车主为某公司,同时,该车道路运输证中车辆技术等级评定栏二级维护有效期到 2004 年 3 月 31 日止。进一步调查得知,姜某购买此车后变更了该车行驶证,但未重新申请办理道路运输证。

据此,甲运管所依据道路运输行政处罚规定第 8 条第 9 款第

1项，对姜某处以500元的罚款(罚单一)，姜某接受此处罚；但当姜某到原办道路运输证的乙运管所提取车辆维修档案时，乙运管所依据道路运输行政处罚规定第13条第1款第2项“未按规定进行车辆技术等级评定”欲处姜某罚款300元，姜某不愿接受此处罚；姜某又找到甲运管所运政执法人员处要求对“未按规定进行车辆技术等级评定”减轻处罚，甲运管所运政执法人员遂以“未按规定进行车辆技术等级评定”为由处姜某罚款100元(罚单二)。

当姜某拿着100元的罚款单再次到乙运管所提取车辆维修档案时，乙运管所认为甲运管所运政执法人员以“未按期进行车辆技术等级评定”为由处姜某罚款100元未罚到位(不够300元)。乙运管所坚持要处罚，姜某气极却又无可奈何，只好再交100元罚款，乙运管所遂以违反道路运输行政处罚规定第8条第10款第2项为由，处姜某罚款100元(罚单三)。

当姜某拿着车辆维修档案到丙运管所办理营运车辆入户手续时，丙运管所发现该车辆维修档案中无2003年3月以来的二级维护合格证，即该车已连续两次未做车辆二级维护，于是丙运管所欲依道路运输行政处罚规定第13条第1款“累计两次(含两次)以上未做车辆二级维护的，从第二次起，每次处以2 000元以上3 000元以下的罚款”处姜某罚款2 000元；姜某根本不能接受此处罚，遂托人帮忙，3天后，丙运管所要求姜某立即对该车进行强制二级维护，象征性地以“未按期进行车辆二级维护”为由处姜某罚款100元(罚单四)，姜某于6月17日取得了自己的道路运输证。

姜某觉得很冤，思来想去也不明白：“买辆车转户怎么罚我4次款?”姜某遂于2004年7月5日向市人民政府复议机关提出行政复议，要求撤销第二、三、四次的行政处罚。

3. 案件复议情况

复议机关认为：表面看被申请人开出这四张罚单有明确的依据，但是，“无证经营”不应并罚。甲运管所对姜某处以500元的罚款后不应再以“未按规定进行车辆技术等级评定”为由处罚姜某，因为对姜某处以500元的罚款是由于姜某“无道路运输经营许可证擅自从事道路运输经营活动”，既然已经对“无证经营”作出了处罚，就不能再追究其是否按规定进行车辆技术等级评定。因为是否按规定进行车辆技术等级评定是针对已取得道路运输证的合法经营者，而本案中姜某是“无证经营”者，当然就不能再以“未按规定进行车辆技术等级评定”为由处罚姜某了，同时甲运管所运政执法人员对姜某处罚款500元（罚单一）和100元（罚单二）都在规定的罚款最低额500元和300元以下，因此对姜某处罚款500元（罚单一）和100元（罚单二）没有法定依据。除罚单一外，罚单二、三、四都本应针对原经营者（某公司）而不是姜某。据此，复议机关作出复议决定：撤销被申请人第二、三、四次的行政处罚，退回罚款。责令被申请人对原经营者重新作出行政处罚。

4. 本案评析

本案涉及被申请人在主要事实不清、依据不充分，且处罚对象错误的情况下，对申请人连续施四次行政处罚，最终其行政处罚行为被复议机关撤销。

行政机关作出具体行政行为必须有事实作为根据，有法定的证据能够证明，如果在事实没有查清，证据不充足的情况下就作出具体行政行为，这样的行为不能保证正确合法。对主要事实不清、证据不足的具体行政行为，如果复议机关在复议过程中仍没有查清事实就只能将其撤销。如果复议机关在复议过程中已经查清了事实，则可根据情况作出选择：第一，由复议机关作出变更决定，直接改变原具体行政行为的内容；第二，复议机关在撤销原具体行政行为的同时，责令该行政机关重新作出具体行政行为。

适用依据有错误。具体表现形式包括：应当适用甲法规却适用了乙法规；应当适用甲条款却适用了乙条款；违反规定了法律不溯及既往的原则，用刚刚生效的法律法规去衡量该法律法规生效之前的行为;适用了已被废止的法规等。适用依据有错误,必然导致作出违法的具体行政行为,复议机关应予撤销。

违反法定程序。行政复议法关于违反法定程序的规定较以前有所变动。原来行政复议条例规定的是对违反法定程序且影响复议申请人利益的具体行政行为予以撤销,而现在行政复议法的规定没有"影响复议申请人利益"的限定,即只要违反了法定程序,就可以撤销该具体行政行为。行政复议法的这一改动,使违反法定程序的规定与行政诉讼法的规定协调一致了。

本案中姜某是"无证经营者"而不是合法经营者。被申请人对处罚对象认定有错,罚单二、三、四体现的行政处罚应是无效的。至于罚单二、三、四所反映出的违法行为是原经营者(某公司)的违法行为,在道路运输行政处罚规定中只有第 8 条第 9 项"营运车辆易主未按规定办理营运过户手续,并继续从事营运的,对原经营者处以 1 000 元的罚款,对新经营者按本条第 1 项或第 3 项处罚",根据这一规定可知,对原经营者处以 1 000 元的罚款而不再追究原经营者的其他违法行为了;对新经营者只能按本条第 1 项或第 3 项处罚,而不能在第 1 或第 3 项外要求新经营者承担其他行政责任。不能因为无法实现对的经营者处以 1 000 元的罚款而将本应由原经营者承担的责任(如本案中罚单二、三、四)转嫁给新经营者,本案中甲运管所已经依道路运输行政处罚规定第 8 条第 9 款第 1 项对姜某处以 500 元的罚款(罚单一),甲,乙,丙三运管所都没有任何理由要求新经营承担其他行政责任了。

5. 相关法律链接

《中华人民共和国行政复议法》

第二十八条 行政复议机关负责法制工作的机构应当对被申请人作出的具体行政行为进行审查,提出意见,经行政复议机关的负责人同意或者集体讨论通过后,按照下列规定作出行政复议决定:

(一)具体行政行为认定事实清楚,证据确凿,适用依据正确,程序合法,内容适当的,决定维持;

(二)被申请人不履行法定职责的,决定其在一定期限内履行;

(三)具体行政行为有下列情形之一的,决定撤销、变更或者确认该具体行政行为违法;决定撤销或者确认该具体行政行为违法的,可以责令被申请人在一定期限内重新作出具体行政行为:

1.主要事实不清、证据不足的;

2.适用依据错误的;

3.违反法定程序的;

4.超越或者滥用职权的;

5.具体行政行为明显不当的。

(四)被申请人不按照本法第二十三条的规定提出书面答复、提交当初作出具体行政行为的证据、依据和其他有关材料的,视为该具体行政行为没有证据、依据,决定撤销该具体行政行为。

行政复议机关责令被申请人重新作出具体行政行为的,被申请人不得以同一的事实和理由作出与原具体行政行为相同或者是基本相同的具体行政行为。

《道路运输行政处罚规定》

第八条　对违反经营许可管理的行为,按下列规定予以处罚:

(一)无道路运输经营许可证、汽车维修技术合格证、机动车驾驶员培训许可证、车辆检测许可证擅自从事道路运输经营活动的,处以 5 000 元以上 10 000 元以下的罚款。

(二)道路运输经营者超越道路运输经营许可证、汽车维修技术合格证、机动车驾驶员培训许可证、车辆检测许可证上核定的经营范围从事经营活动的,处以 1 000 元以上 3 000 元以下的罚款。

……

(九)营运车辆易主未按规定办理营运过户手续,并继续从事营运的,对原经营者处以 1 000 元的罚款,对新经营者分别情况按本条第(一)或(三)项处罚。

(十)道路运输经营者未在规定的期限内到道路运政机构办理年度审验手续的,处以1 000元以上3 000元以下的罚款。

客、货运输经营者所持道路运输证未加盖有效年度审验章的,从年审的最后期限算起,每逾期一个月(不足一个月按一个月计),汽车每辆处以100元的罚款,其他机动车每辆处以50元的罚款,但最高不得超过10 000元。

……

第十三条 对违反车辆技术管理和汽车综合性能检测管理的行为,按下列规定处罚:

(一)营运汽车不按规定里程或时间间隔进行二级维护的,或不按规定进行技术等级评定的,处以300元的罚款。

三、中巴车主对运管处不尽职责提起复议案

1. 当事人简介

申请人:中巴车主蒋某

被申请人:市运管处

2. 案情简介

2004年7月6日,中巴车主蒋某再次来到市运管处向机关领导强烈反映黑车泛滥、欺行霸市等有关问题。蒋某的中巴客车经营短途班车客运,自2003年春运以来,不断有黑车加入短途运输并且强行揽客,威胁蒋某等其他合法经营的业户;为争抢客源多次打伤驾驶员、扎破轮胎。蒋某等中巴车主多次向运管处反映要求依法治理黑车,保护车主合法权益,运管处均未作处理,致使黑车主更加猖狂,合法车辆不断被砸,车主人身和财产权利均得不到保障。

蒋某遂于2004年8月向市交通局申请行政复议,要求市交通

局责令市运管处履行法定职责。

3. 案件复议情况

市交通局接到复议申请后立即责令市运管处、市稽查支队组成打黑专项治理小组，对客运市场进行治理，确保合法经营业户的正常经营，并要求在30日内对蒋某所反映情况依法作出处理，构成犯罪的，交由公安部门依法追究刑事责任。

4. 本案评析

本案涉及两个问题，一是行政机关不依法履行职责的，当事人能否向其上一级复议机关申请行政复议，要求上一级复议机关责令其履行职责。二是黑车治理的问题。

法定职责是指由法律、法规、规章或其他具有普遍约束力的规范性文件所设定的行政机关在行使职权过程中所承担的能够引起法律责任和后果的作为或不作为义务。构成不履行法定职责必须具备五个条件：第一，公民、法人或其他组织为实现其人身权、财产权而向负有相应行政管理职权的行政机关提出申请。第二，行政机关应当是具有相应法定职责的机关。第三，申请人具备法定的申请资格或条件。第四，没有法定的阻止事由存在。第五，行政机关对公民、法人或其他组织的申请拒绝或者不予答复。保护公民、法人或者其他组织的人身权、财产权、受教育权是许多行政机关的法定职责。如果拒不履行此职责，对受害人提出的投诉、举报不予接受或拒不交由有关部门查处，则构成没有依法履行其法定职责的行为；行政机关没有依法履行保护公民、法人人身权、财产权职责的，构成行政失职违法行为，应承担相应的法律责任。

行政机关不履行保护人身权利、财产权利、受教育权利的法定职责分为两种情况：一是拒绝履行；二是不予答复。其后果也可分为两种：一种是影响公民、法人或其他组织合法人身权利、财产权利、受教育权利的实现；另一种是给公民、法人或其他组织人身权、财产权受教育权造成实际损害。公民、法人或者其他组织对于行政机关不履行保护人身权利、财产权利、受教育权利法定职责的，有权通过行政复议要求其继续履行法定职责;对不履行职责造成实际损害的，也可以通过行政复议请求国家赔偿。

本案中，蒋某及其他合法经营的车主由于受到非法经营的黑车主的威胁，人身权利、财产权利以及合法经营的权利得不到保障，只有依法取缔了黑车的经营，才能从根本上解决上述问题，因此蒋某向交通部门提起复议，要求其上一级交通复议机关责令被申请人履行治理客运市场职责，取缔黑车的做法是正确的。

浅谈“黑车”问题

(济南市平阴县交通局　张怀锋)

运输市场中无合法经营手续的车辆从事营业性运输(俗称“黑车”)，是近年来交通运输领域整治的重点，是合法运输经营者反映最多、最强烈的问题。“黑车”是运政管理、运政稽查的重点，也是运输市场多年来屡治不愈的顽症。

一直以来“打黑”取得了一定的成效。但“黑车”依然存在，而且呈蔓延趋势。这是因为“黑车”主要集中在车站、码头以及城乡结合部等客源集散地，以小型面包车及中巴为主，自备车居多。这些“黑车”没有经过技术检测和车辆等级评定，车况一般都较差，存在相当大的安全隐患。由于没有相关的营运手续，也不能办理旅客意外伤害保险，一旦发生重大交通事故，群众的利益根本得不到保障。同时这部分“黑车”严重破坏整个运输市场秩序。偷漏税费，压价竞争，影响了合法营运车的正常营运。在查处“黑车”时，各地运管机构几乎都遇到同样的“三重难”问题，即查车难、取证难、处理难。针对这一现状，在此对人们关注的黑车问题加以探讨。

一、“黑车”打而不绝的原因

一是经济发展带来了流动人口的增加，但运力的宏观调控的不合理给“黑车”滋生提供了肥沃的土壤。同时“黑车”的供给也是随着市场空间(主要是地域空间)的产生而不断增加的，市场之间覆盖的“盲点”是“黑车”的主要生存地段，比如郊区和城乡结合部等这些效益差的区域，市民出行难以随时随地乘到公交车、出租车，“黑车”自然应运而生。

二是外来务工人员、无业人员、下岗职工和一部分农民受利益的驱动使得他们选择了“黑车运营”这样一个有效的赚钱途径。

三是“黑车”满足了人们要求“廉价、迅速、便捷”的需要。一方面黑车的价格优势非常明显。由于少了相当庞大的运营成本，“黑车”要价相对于一般运输车辆要低很多。另一方面它的灵活、便捷也是公交车和正当运营的运输车辆所无法比拟的。

四是执法难度大和成本的相对高昂，为“黑车”的存在留了活路，主要是稽查获取证据难，管理人员往往明明知道他们是“黑车”，但如果不是在金钱交付的现场查获，事后是很难做到证据确凿的。而且稽查取证的装备配备相对不足，往往定性的证据就是现场笔录，极易被当事人推翻。而且当事人一般都不会配合作现场笔录，这就造成执法人员难以掌握有力的法律依据。

五是行政处罚手段和力度不够。根据《中华人民共和国道路运输条例》规定：未取得道路运输经营许可，擅自从事道路运输经营的，由县级以上道路运输管理机构责令停止经营；有违法所得的，没收违法所得，处违法所得2倍以上10倍以下的罚款；没有违法所得或者违法所得不足2万元的，处3万元以上10万元以下的罚款；构成犯罪的，依法追究刑事责任。而现实中，3万～10万元的罚款几乎是无法处罚到位，由于部分车主关系复杂，交通部门主管领导迫于压力不得不放，没有罚款或者罚款很少，由此造成的恶劣影响是大量黑车主胆子变大，甚至严重到暴力抗法的境地。而另一方面，许多黑车在查获后(证据确凿的)，处罚一直徘徊在2 000～3 000元。这就造成黑车业主在短期内再次非法营运，并想方设法要挽回损失。

《中华人民共和国道路运输条例》之所以把非法营运的罚款额定得如此之高，就是要把黑车的处罚一次到位，使其难以再次翻身。所以，执法部门可以申请法院强制执行，只有这样才能树立运政管理的执法权威，产生震慑黑车车主的效果。

二、浅谈查处黑车案件取证的几种方法

(1)询问相对人。在查处黑车过程中，执法人员首先要向相对人表明身份，亮证检查。询问的内容应当包括以下四个方面：被询问人的基本情况，包括其年龄、职业、工作单位、住址、有效证件号码及联系方式等；询问相对人驾驶该车的本次运输情况，搞清楚运送对象是货物还是乘客，运费是怎么约定的，是现金支付，还是打入运营成本，以确定本次运输的性质，即营业性还是非营业性；查明该车行驶证登记车主与现在实际车主的情况，是否存在车辆易主未过户情形，进一步确定车辆的所有人，同时还要查清楚被询问的相对人和该车车主之间的关系。对于相对人驾驶单位公车从事营运时，还应该进一步查清楚相对人和车属单位之间是从属关系还是一般的雇佣关系，相对人有无独立的车辆支配权，全面地调查分析确定案件处罚主体；询问车主相关营运资质情况，同时查看车辆营运手续是否齐全。在制作完询问笔录后，还应该让被询问的在笔录涂改处按下其手印，在核对对过每张记录后签名。

(2)向乘客、货主、举报者等知情人收集旁证材料。乘客和货主是整个运输过程的证人，他们的证言全面、准确地反映了黑车案件的真实情况。询问证人时最好将其和相对人分开，以防止相对人威胁、引诱乘客作伪证。询问内容要涵盖以下几点：被询问人的基本情况及联系方式，被询问人于何时、何地乘坐被查车辆，乘坐被查车辆时车上人员有无喊价行为，乘坐被查车辆欲往何处，运输费用如何约定等。

(3)利用照相机、摄像机等现代化取证设备,迅速收集视听资料。在查处黑车案件中,正面取证的难度很大,有的证据往往是稍纵即逝,所以要利用现代化取证手段迅速拍下现场情况。特别是在黑车上发现的具有广告性质的名片、汽车运输补充客票、收支记账本、自制线路标志牌以及黑货车上常发现的运输凭证、结账收据等要及时拍下来。黑车上的旅客有时不愿意下车配合执法人员做询问笔录,也可以由一名执法人员询问其情况,由另一名执法人员拍摄谈话内容,作为定案证据。在采集视听证据时,应该保持所取证据的全面、连贯性,尽可能地反映查处整个案件的全过程,避免剪辑嫌疑。

(4)利用证据登记保存清单,依法保存物证材料(如自制的线路牌等)。证据登记保存有利于行政处罚的顺利实施,使行政机关在行政处罚救济过程中占据有利地位。在查处黑车时执法人员应当依据有关法律规定,对被查黑车以及随车物品等进行证据登记保存。仔细核对被保存物品的名称、数量、规格、外观等情况,并在保存清单上详细记录下来,以免相对人日后和行政机关就保存物品扯皮。开具保存清单必须经过管理部门负责人批准,开好后请当事人签名,如果当事人拒绝签名,应该在保存清单上注明情况,并邀请现场其他无利害关系人签名。保存清单的使用时效是7日,超过时效后应当将保存物品退还相对人。

5. 相关法律链接

《中华人民共和国道路运输条例》

第六十四条 违反本条例的规定,未取得道路运输经营许可,擅自从事道路运输经营的,由县级以上道路运输管理机构责令停止经营;有违法所得的,没收违法所得、处违法所得2倍以上10倍以下的罚款;没有违法所得或者违法所得不足2万元的,处3万元以上10万元以下的罚款;构成犯罪的,依法追究刑事责任。

四、陈某状告市交通局非法扣车案

1. 当事人简介

原告:T 市陈某

被告:T 市交通局

2. 案情简介

2001 年 5 月 27 日,T 市交通局所属客运稽查办公室接到举报,在 T 市长途客车站出站口处有一辆地方牌照的夏利车无客运许可手续从事营业性客运活动。根据线索,执法人员在该车接客后一直追随至 T 市铝加工厂门口,在该车行至目的地陈某收钱找零时,当场被执法人员查获。经查,该车车主为陈某,从未办理任何营运手续。为进一步查明该车存在违规经营行为的事实,客运稽查办的稽查人员即时对该车乘客王某进行了询问并作了笔录,并对该夏利车采取了证据登记保存措施予以暂扣,同时对该车车主陈某作出《交通行政案件违法行为通知书》,告知当事人违法事实,交通部门实施行政处罚的依据及当事人享有的权利。

5 月 30 日,T 市交通局客运稽查办对该车作出交运罚字[2001]19 号《交通行政处罚决定》,依据交通部《道路运输行政处罚规定》第 8 条,给予陈某罚款 5 000 元的行政处罚。

陈某不服该处罚决定,于 5 月 31 日以交通局客运稽查办无权查扣其车辆为由,向 T 市某区人民法院提起行政诉讼,要求撤销处罚决定,并赔偿经济损失 430 元。因客运稽查办不是执法主体,法院追加市交通局为本案被告。

3. 案件审理情况

庭审中,原告称其并没有从事客运经营。5 月 27 日,在汽车站门口将乘客王某误认为是熟人顺路带客,没有收钱的意思,交通局客运稽查办据此作了行政处罚,并非法扣押其车辆,属违法行为,要求法院对客运稽查办5月30日作出的通交运罚字[2001]19号《交通行政处罚决定》予以撤销并赔偿其损失430元。

被告辩称:对原告的行政处罚是在客运稽查办追随原告到达乘客目的地,在原告对乘客王某收钱找零时,当场查获,证据确凿,并有乘客王某的证人证言,对其处以5 000元罚款则是依据《道路运输行政处罚规定》第8条:对违反经营许可管理的行为,按下列规定予以处罚:(一)无道路运输经营许可证擅自从事道路运输经营活动的,处以5 000元以上100 000元以下的罚款……据此对原告作出的行政处罚,适用依据正确,程序合法,请人民法院予以维持。

原告又对客运稽查办采用"证据保存清单"扣押其车辆的行为产生质疑:客运稽查办以"证据登记保存"形式变相扣留车辆,属非法行为,要求"立即撤销其决定并赔偿损失"。

被告对此辩称:根据《中华人民共和国行政处罚法》规定:行政机关在收集证据时,可以采取抽样取证的方法。在证据可能灭失或者难以取得的情况下,经行政机关负责人批准,可以先行登记保存,并应当在7日内及时作出处理决定。交通部《交通行政处罚程序规定》规定:证据可能灭失或者难以取得的情况下,经交通管理部门负责人批准,可以先行登记保存,制作《证据登记保存清单》,并应当在7日内作出处理决定。在此期间,当事人或者有关人员不得销毁或者转移证据。依据这一规定,证据登记保存就是指在行政处罚过程中,对可能被隐匿、转移、销毁或者灭失的证据,经行政机关负责人批准后,由行政机关采取登记造册、固定存放等方法,不许任何人动用、转移、隐匿或毁损,以保证证据的客观性、真实性,以利于对违章行为的依法查处。

市交通局已于2001年6月1日,根据最高人民法院《关于执行〈中华人民共和国行政诉讼法〉若干问题的解释》第92条的规定,申请人民法院将该被扣车辆采取财产保全。

法院审理认为:原告陈某辩解其顺路带客,没有收钱的意思,无证据证实;被告交通局处罚决定的事实有乘客的证词证实,且适用法律正确,处罚程序合法,应予以维持。被告作出合法的具体行政行为后,因原告不配合而发生的有关费用,原告要求赔偿没有法律依据。为支持行政机关依法行政,维护客运市场秩序,法院遂依法作出一审判决:

(1)维持 T 市交通局 1999 年 5 月 30 日作出的交运罚字[1999]19 号行政处罚决定书;

(2)驳回原告诉讼请求。

4. 本案评析

本案涉及交通主管部门是否对非法营运车辆具有扣车权的问题。本案中,违章车辆在非法营运途中被现场查获,理应立即责令停止行驶。在违章车辆被责令停止行驶后,就要按程序进行依法处理。首先就要进行取证。《中华人民共和国行政处罚法》第 37 条第 2 款规定,行政机关在收集证据时,可以采取抽样取证的方法。在证据可能灭失或者难以取得的情况下,经行政机关负责人批准,可以先行登记保存,并应当在 7 日内及时作出处理决定。在此期间,当事人或者有关人员不得销毁或者转移证据。依据这一规定,证据登记保存就是指行政处罚过程中,对可能被隐匿、转移、销毁或者灭失证据,经行政机关负责人批准后,由行政机关采取登记造册、固定存放等方法,不许任何人运用、转移、隐匿或毁损,以保证证据的客观性、真实性,以利于对违章行为的依法查处。违章车辆本身就是主要证据之一,而车辆的流动性极大,并且这一流动性的证据是极易灭失和事后难以取得。因此,县交通客运稽查办将违章车辆作登记保存,为查处其违法行为提供强有力的证据,是合法的,它与"乱扣车"有本质区别。

本案中客运稽查办属市交通局委托执法部门。受委托的组织行使一定的行政职能是基于行政机关的委托,而不是基于法律、法规的授权，因此，其行使职能时只能以委托行政机关的名义，而不能以自己的名义进行，所产生的法律责任也要由委托的行政机关承担。受委托的组织只能根据行政机关的委托行使特定的行政职能，而不是行使一般的行政职能。所谓“特定的行政职能”，是指职能仅限于为行政机关委托其行使，并且依据法理，是行政机关可以委托其他组织行使的某种行政职能。行政机关的某些职能只能由行政机关自己行使，而不得委托他人行使，如限制人身自由的行政处罚等。受委托组织基于行政机关的委托，而非基于法律、法规的授权行使行政职能。因此，受委托组织以行政机关的名义行使行政职能，其对外行使行政职能的法律后果由委托的机关承担。如行政处罚法规定：委托行政机关对受委托的组织实施行政处罚的行为应当负责监督，并对该行为的后果承担法律责任。受委托组织在委托范围内以委托行政机关的名义实施行政处罚；受委托组织不得再委托其他组织或者个人实施行政处罚。在本案中，T 市交通局所属客运稽查办公室即属于受委托行使客运稽查特定行政职能。因此，客运稽查办不是执法主体，法院追加市交通局为本案被告。

由于受“车辆费税改革”舆论影响，近年来，一些思想素质不高的道路运输业户偷、漏、逃缴公路养路费等交通规费的现象十分严重，致使国家规费蒙受巨大损失。2002 年国家交通部和财政部发出通知，要求各省、市、自治区继续做好养路费征稽工作，在“费改税”方案正式出台前，各地要确保养路费足额征缴。

在本案中，交通局客运稽查办根据《中华人民共和国行政处罚法》、《交通行政处罚程序规定》、最高人民法院《关于执行〈中华人民共和国行政诉讼法〉若干问题的解释》，申请人民法院采取财产保全措施，奠定了合法扣留违章车辆的依据。

2004 年 7 月 1 日实施的《中华人民共和国道路运输条例》明确了交通部门的扣车权。由于暂扣车辆直接涉及车主、旅客或货主的切身利益，是一种行政强制措施，因此，道路运输机构必须慎用和正确使用。道路运输管理机构在应当行使这一职权时，应当严格按照条例规定的职权范围和适用条件进行，不得失职，不得扩大适用对象，也不得滥用。

道路运输管理机构在实施道路运输市场监督检查时，只有在以下两种情况下可以暂扣车辆：一是被暂扣的车辆必须是道路运输管理机构的工作人员在实施道路运输监督检查中发现的；二是被暂扣的车辆必须是没有车辆营运证，又无法当场提供其他有效证明的。没有车辆营运证，是指车辆没有按照条例的规定取得车辆营运证以及没有随车携带车辆营运证。使用超过有效期限，或者使用通过非法转让、租借、伪造、变造等不正当手段获得的车辆营运证，应当视为没有车辆营运证。无法当场提供其他有效证明，是指道路运输车辆的使用者不能在道路运输管理机构的工作人员实施道路运输监督检查的现场提供能够证明该车辆是经依法批准从事道路运输经营活动的证明。除此之外，道路运输管理机构不得暂扣车辆。

道路运输管理机构在实施暂扣车辆的强制措施时，应当向当事人签发由省交通行政管理部门统一印制的《道路运输车辆暂扣凭证》，必须告知当事人暂扣车辆决定的事实、理由及依据，暂扣车辆的期限，并告知当事人依法享有陈述和申辩的权利，如有不服，可申请行政复议或向人民法院起诉。签发《道路运输车辆暂扣凭证》送达回证时必须两人签字。填写时，要求内容齐全，字迹工整清晰、无涂改、不得延期和续签，并做好现场询问笔录等相关文书。

5. 相关法律链接

《中华人民共和国行政处罚法》

第三十七条 行政机关在调查或者进行检查时，执法人员不得少于两人，并应当向当事人或者有关人员出示证件。当事人或者有关人员应当如实回答询问,并协助调查或者检查,不得阻挠。询问或者检查应当制作笔录。

行政机关在收集证据时,可以采取抽样取证的方法;在证据可能灭失或者以后难以取得的情况下,经行政机关负责人批准,可以先行登记保存,并应当在七日内及时作出处理决定,在此期间,当事人或者有关人员不得销毁或者转移证据。

执法人员与当事人有直接利害关系的,应当回避。

《交通行政程序规定》

第十六条 案件调查人员调查、收集证据,应当遵守下列规定:

(一)不得少于两人;

(二)询问证人和当事人,应当个别进行并告知其作伪证的法律责任;制作《询问笔录》须经被询问人阅核后,由询问人和被询问人签名或者盖章,被询问人拒绝签名或者盖章,由询问人在询问笔录上注明情况;

(三)对与案件有关的物品或者现场进行勘验检查的,应当通知当事人到场,制作《勘验检查笔录》,当事人拒不到场的,可以请在场的其他人员见证;

(四)对需要采取抽样调查的,应当制作(抽样取证凭证),需要妥善保管的应当妥善保管,需要退回的应当退回;

(五)对涉及专门性问题的,应当指派或者聘请有专业知识和技术能力的部门和人员进行鉴定,并制作《鉴定意见书》;

(六)证据可能灭失或者以后难以取得的情况下,经交通管理部门负责人批准,可以先行登记保存,制作《证据登记保存清单》,并应当在七日内作出处理决定。

最高人民法院《关于执行〈中华人民共和国行政诉讼法〉若干问题的解释》

第九十二条 行政机关或者具体行政行为确定的权利人申请

人民法院强制执行前，有充分理由认为被执行人可能逃避执行的，可以申请人民法院采取财产保全措施。后者申请强制执行的，应当提供相应的财产担保。

《中华人民共和国道路运输条例》

第六十三条 道路运输管理机构的工作人员在实施道路运输监督检查过程中，对没有车辆营运证又无法当场提供其他有效证明的车辆予以暂扣的，应当妥善保管，不得使用，不得收取或者变相收取保管费用。

五、联运队状告交通局行政侵权赔偿案

1. 当事人简介

原告：A 市联运车队

被告：A 市交通局

2. 案情简介

1992 年 8 月 14 日，A 市交通局根据《A 市公路客车营运证牌有偿使用办法》，对试点的 A 市至 B 市客运线路首次实行公开竞投。参加竞投的 40 多家经营业户，在司法部门的监督下，在规定的起价和限价范围内，通过激烈竞争，有 28 名经营业户以每副营运证和线路牌 1.62 万元的有偿使用金中标，当场签订了为期一年的有偿使用合同，并同时办理公证手续。随后，运管部门及时下发了中止落标车辆继续经营 A 市至 B 市有偿使用线路的通知，并对落标车辆进行了妥善安排。A 市私营联运车队经营 A 市至 B 市客运线路的四辆客车，在实行有偿使用后，又持已经废止的原有证牌强行经营 A 市至 B 市有偿线路。A 市公路运输管理所为了维护试点路线新建立的有偿使用路线的制度，对其继续经营的四辆客车采取了中止运行的强制措施。该车队不服，向 A 市中级人民法院提起诉讼，状告运管部门行政侵权。

3. 案件审理情况

A市联运车队向中级人民法院提起诉讼的主要理由有三点：

一是诉客运线路实行有偿使用无法律依据；二是诉交通专业运输企业不参加有偿使用是搞歧视性竞争；三是诉运管部门采取中止运行的强制措施侵犯了其合法经营权。并要求：

(1)立即归还被扣的营运证牌和客车，恢复其从A市至B市的正常客运；

(2)赔偿因被告的侵权行为给原告带来的全部经济损失；

(3)诉讼费用及因诉讼行为带来其他费用均由被告承担。

A市交通局则认为，原告的三条理由完全歪曲了事实，经不起推敲。

其一，公路客运线路实行有偿使用，是交通行业出现的一种新生事物。改革本身就是创新，不可能有现成的法律可循。试图用没有法律依据的说法来否定改革，显然不能成立。

其二，暂不让专业运输企业参加有偿使用，是避免专业运输企业形成垄断的一种策略，对个体运输业户毫无歧视之意，相反，是为更多的其他经济成分的经营者提供了经营机会。

其三，持废止的营运证牌参运属无证经营，运管部门所采取中止运行的强制措施符合交通部颁布的《道路运输违章处罚规定(试行)》，属依法行政，根本不存在行政侵权。因此，原告的三条理由及要求应当予以驳回。

中级法院于1992年12月1日进行了公开审理。根据原告的上述理由和被告的辩词，经过紧张的法庭调查和法庭辩论，一审判决认为，交通局对公路客运线路实行有偿使用，是运用经济手段管理客运市场，合理布局运力，符合当前的改革精神。而原告联运车队在接到运管部门的A市至B市客运线路实行有偿使用的通知后，以种种理由和借口拒绝参加竞投，丧失了A市至B市线路的经营权。之后，继续强行经营该线路属无证经营。运管部门为维护中标者的合法经营权益，对原告方强行经营的两辆客车采取中止运行的强制措施，符合交通部《道路运输违章处罚规定(试行)》，是正确的，应当予以维持。

一审判决维护了交通部门的改革成果，维护了A市至B市客运线路中标者的合法经营权益。但原告不服一审判决，随后，上诉到省高级人民法院。

联运车队在向省高级人民法院阐述上诉理由时声称，A市中级人民法院一审判决认定事实、适用法律、法律程序均有失误，因此，请求撤销一审判决，并要求判决公路运输管理所赔偿全部经济损失。

运营所辩称一审判决公正、合法、正确，请求维持。

省高级人民法院在经过多方的大量调查取证后认定，A市至B市公路客运线路实行有偿使用竞投招标之前，交通局在电视台播发了公告，市公路运输管理所有关人员亦当面通知了上诉人，上诉人不参加竞争投标，应视为对自己权利的放弃。并认为，交通局对公路客运线路公开招标经营。是交通部门运用经济手段调控客运市场的新举措，属改革中出现的新生事物，应予支持。上诉人联运车队虽然在交通部门招标经营之前已取得了A市至B市客运线路的经营权，但由于竞投中标费用与其他费用性质不同，不能相互代替，因此不参加竞投就意味着其该线路原有经营权的丧失。A市中级人民法院一审判决认定事实清楚，适用法律和参照规章正确，应予维持。上诉人上诉理由不能成立，应予驳回。

省高级人民法院二审作出了驳回上诉，维持原判的判决。

4. 本案评析

本案争执的焦点在于被告的行政行为是否合法。行政行为的性质是为人民服务，故其不同于企业和其他经济组织的行为，不能以营利为目的。行政机关及其工作人员为行政相对人提供服务通常应是无偿的、不收费的。因为行政机关的运作费用和行政工作人员的工资、福利都是国家财政开支的，而国家财政是由全体纳税人(行政相对人)纳税维持的。行政机关及其工作人员在实施行政行为过程中如果再收取费用，就会使其服务性质发生变化，导致权钱交易等腐败现象的发生。当然，行政机关实施的某些行政行为不是无偿而是要收费的，如行政机关颁发自然资源开发、利用等一类许可证即要收取一定费用。但这一方面是出于管理的目的，另一方面是出于保障国家资源国人共享的目的，而非为营利的目的。从整体上说，行政行为的服务性决定了其无偿性。

行政行为是执行法律的行为，因而必须从属于法律。任何行政行为的作出必须有法律根据，依法行政是民主和法治的基本要求。行政行为不同于立法行为，立法行为是创制法律规范，行政行为是执行法律规范。行政机关虽然也可以创制行政性规范(行政立法)，但行政性规范(不论是行政规章，还是行政法规)只是从属性规范，是为执行法律规范而制定的规范。

依法行政原则除要求职权法定之外，行政行为的内容必须合法，有法律根据，即依据法律。行政机关的具体行政行为涉及公民、法人或者其他组织的基本权利、义务，所以，行政行为应当符合法律、法规的规定，要公平、合理、准确，行政机关的行为应以事实为依据，以法律为准绳，对当事人的违法行为要有证据加以证明。所以，以事实为依据，结合违法行为的性质、情节、社会危害程度，适用正确的法律条款，即依据事实和依据法律，是依法行政原则的核心内容。这里的依据法律是针对行政行为而言的，所以行政主体不仅要遵循狭义的法律，而且，根据宪法、法律的授权制定的法规、规章，当然也应是依法行政的依据。就本案而言，是由于客运线路有偿使用而引发的行政诉讼案，这是一桩带有典型意义的案例。这一案例诉讼的焦点集中到搞客运线路有偿使用有无法律依据上，也就是说是不是合法。没有现成的法律依据可不可以进行探索、试验，这是涉及法学理论的复杂问题，也是涉及改革实践的尖锐问题。经过多方面的不懈努力，最终在改革的认识上取得了一致意见。虽然这起案件A市交通局的行政行为得到了维持，但从中也给予我们不少的提示和经验。

5. 相关法律链接

《中华人民共和国行政诉讼法》

第四条 人民法院审理行政案件，以事实为根据，以法律为准绳。

第五十二条 人民法院审理行政案件，以法律和行政法规、地方性法规为依据。地方性法规适用于本行政区域内发生的行政案件。

……

第五十三条 人民法院审理进行案件，参照国务院部、委根据法律和国务院的行政法规、决定、命令制定、发布的规章以及省、自治区、直辖市和省、自治区的人民政府所在地的市和经国务院批准的较大的市的人民政府根据法律和国务院的行政法规制定、发布的规章。

……

《中华人民共和国行政许可法》

第八条 公民、法人或者其他组织依法取得的行政许可受法律保护，行政机关不得擅自改变已经生效的行政许可。

……

第五十三条

……

行政机关通过招标、拍卖等方式作出行政许可决定的具体程序，依照有关法律、行政法规的规定。

……

第三节 路政管理案例

一、路树砸死驾驶员赔偿案

1. 当事人简介

原告:死者家属

被告:县公路局

2. 案情简介

2004 年 8 月,一位农民姜某驾驶拖拉机在某段公路上运送砂石,途中被公路旁一棵由于刮风突然从根部折断倒下的大树砸伤,经抢救无效死亡。死者家属以县公路局疏于管理为由,向法院提起民事诉讼,要求公路局承担赔偿责任,其法律依据是民法通则第 126 条规定,即"建筑物或者其他设施以及建筑物上的搁置物、悬挂物发生倒塌、脱落、坠落造成他人损害的,它的所有人或者管理人应当承担民事责任,但能够证明自己没有过错的除外"。

3. 案件审理情况

原告认为:根据公路法规定,"交通公路部门负责公路用地范围内的公路绿化管理工作",由于县交通公路部门疏于对该路段树木的管理,对危险情况没有及时采取补救措施是造成姜某死亡的主要原因,因此,交通公路部门有过错责任,应对姜某死亡给予相应赔偿。

县公路局辩称:姜某被折断倒下的大树砸伤致死,是由于事故发生当时的风力在 4～6 级,树木被刮倒是不可避免的自然灾害现象,属于不可抗力,被刮倒的那棵树是根部腐烂,从外观上看不出来,不存在疏于管理,因此,被告没有过错,不应承担赔偿责任。并向法庭出具了事故当日的天气情况证明。

一审法院经过审理认为：当时的风力作用下除肇事树外，相邻的树并未出现折断现象，被告抗辩称当时的风力属于不可抗力，并没有令人信服的证据，不能作为请求免责的事由。被告指出那棵树是根部腐烂，从外观上看不出来，也不能作为请求免责的事由。就此案的情况，所谓根部腐烂，从外观上看不出来，并不符合严格责任的要求。因为那棵树已腐烂到从根部折断并倒在公路上的程度，只要细心检查，就应该发现，并应及时采取措施排除隐患。

一审法院判决交通公路部门赔偿原告 9 万余元。县公路局不服，上诉至上级法院，最终双方庭外和解，由交通部门赔偿原告 5 万余元。

4. 本案评析

本案是一起涉及公路管理问题的民事赔偿案件。就路树砸死驾驶员，究竟该不该由交通公路部门赔偿，目前形成两种不同的观点：一种认为交通部门应该承担赔偿责任；另一种持有异议。

要对此案有一个客观分析，首先要对民法通则第 126 条有深刻的理解，搞清楚该条规定可否适用于此案。针对此案，主要涉及两个问题：一是该条规定的责任属于特殊侵权民事责任，它与一般侵权责任具有重要区别，集中表现为：构成特殊侵权不必具备一般侵权责任的几个要件，它的免责事由只能是“能够证明自己没有过错”，换言之，第 126 条规定的特殊性主要在于，它所要求管理人的责任应为严格责任。面对这样的法律规定，被告围绕不幸事故发生当时的风力，对原告的告诉进行抗辩。如果在当时的风力作用下，相邻的树并未出现折断现象，其抗辩即不会有实际意义；如果当时的风力属于不可抗力，并有令人信服的证据，则可以作为请求免责的事由。被告指出那棵树是根部腐烂，从外观上看不出来，从而认为被告没有过错。就此案的情况，所谓根部腐烂，从外观上看不出来，并不符合严格责任的要求。因为那棵树已腐烂到从根部折断并倒在公路上的程度，只要细心检查，就应该发现并应及时采取措施排除隐患。同时,应该注意到,公路两侧的树属于第 126 条规定的侵害物,也就是公路两侧的树应该包括在第 126 条规定的“建筑物或者其他设施”的范围之内,因而,应该把此案中砸伤人的那棵树,视为第 126 条规定的其他设施,并进而得出此案可以适用民法通则第 126 条规定的结论。民法通则第 126 条的立法宗旨在于,凡属可能“发生倒塌、脱落、坠落造成他人损害的”各种物体,都应该理解为该条规定的“其他设施”,这样才能使不论由于什么物体“倒塌、脱落、坠落造成他人损害的”,其受害方都能得到实际赔偿,简言之,法律对其侵害物通过“其他设施”作出外延不固定的规定,完全是为保护受害人的合法权益服务的。民法通则第 126 条的这种规定,也是由当今物质世界的特点决定的。随着物质文明,特别是科学技术的发展,在当今社会中物体的种类及名目之多,它们可能发生“倒塌、脱落、坠落”的情况之多、之复杂,已达到难以统计,无法表达穷尽的程度,在这种情况下,最有效的立法技术就应该是用“其他设施”加以概括,使之具有较大的容量,而不至于顾此失彼。

此案另有一种观点认为,此案应该属于行政诉讼,被告可以请求法院驳回原告提出的民事赔偿之诉。那么此案是否可以提起行政诉讼?被告应该面对的现实是,原告不仅选择了民事诉讼,法院也按民事诉讼立案,并已启动审理程序。在此前提下,如果此案不存在民事与行政法律关系交叉事宜,法院即无理由支持被告的请求,法院也无权把原告提起的民事诉讼,自行改为行政诉讼。此案的事实较为简单,只是基于侵权,按照民法规定请求民事赔偿,其中并不交叉阻碍民事赔偿的行政法律问题,因而没有理由否定原告对民事诉讼的选择权。我国现行的调整公路关系的法律法规以及国家赔偿法,均没有就类似此案的责任承担作出明确规定。我国现行的公路法在实质上,既是公路建设管理法、公路使用管理法,也是公路权益保护法。其中涉及经济责任之规范,只限于在公路建设、使用过程中，损害相对人利益的经济补偿以及相对人损坏公路路产的经济补偿，而没有涉及由于公路质量或管理不善，侵害相对人利益的赔偿问题。与公路法配套的法律法规，也有相同的特点。这完全是由我国公路法的行政法性质所决定的。国家赔偿法对此类问题的规定与公路法基本一致。根据国家赔偿法第2条、第3条的规定，此案原告的赔偿请求，并不属于国家赔偿范围。这些情况表明，我国现阶段法律体系的基本构成以及各个法律部门之间的分工，已经把涉及公路的侵害赔偿，划归民法调整。

5. 相关法律链接

《中华人民共和国民法通则》

第一百二十六条 建筑物或者其他设施以及建筑物上的搁置物、悬挂物发生倒塌、脱落、坠落造成他人损害的，它的所有人或者管理人应当承担民事责任，但能够证明自己没有过错的除外。

《中华人民共和国公路法》

第四十二条 公路绿化工作，由公路管理机构按照公路工程技术标准组织实施。

公路用地上的树木，不得任意砍伐，需要更新砍伐的，应当经县级以上地方人民政府交通主管部门同意后，依照《中华人民共和国森林法》的规定办理审批手续，并完成更新补种任务。

二、公路坠石意外事故赔偿案

1. 当事人简介

原告：遇难者家属

第一被告：某县交通局

第二被告：某县公路局

2. 案情简介

2002年5月5日大雨瓢泼，县运输公司一辆中巴客车载着

24 名乘客行驶在某省道公路上。当行至某段山路时，路边 20 多米高的悬岩上一块重约 20 吨的巨石突然坠落，正砸中客车的后半部分，造成 4 人受伤、7 人死亡。事故发生后，县委、县政府高度重视，迅速带领县交通局、公路局等单位的负责人以及医护人员赶往事故现场组织救援。县运输公司为此次事故的赔偿责任主体，运输公司在事故发生的第二天就按照有关标准对遇难者以及受伤者的丧葬费、医疗费、安置费等相关费用进行了一次性补偿，共计 22 万元，并与 7 个遇难者家属签订了一次性终止补偿协议。

事过 1 个月，遇难者家属由于欲索取更高数额的赔偿，于 6 月 15 日联名向市中级人民法院提起诉讼，以县交通局、县公路局分别作为第一被告和第二被告，要求“两被告共同赔偿原告因交通事故导致人身损害经济损失 63.4 万元”。

3. 案件审理情况

原告认为：“两被告均负有不作为责任，县交通局是该公路的行政主管单位，事故现场上方岩石随时可能掉落，危及过往行人安全，对此没有任何警示标识和防护措施，作为公路验收部门通过其验收并将该路段交付使用，明显是违法行为。县交通局应当对疏于交通安全隐患防范，监督检查不力承担不作为过错赔偿责任；县公路局作为该段公路的养护单位，对公路旁山体上的危石未进行清理，也未在易发生落石地段设置防护警示标志，亦负有疏于公路养护、排险不力的不作为过错赔偿责任。”故原告请求，判令两被告共同赔偿原告因交通安全事故导致人身损害经济损失 63.4 万元。

被告县交通局、县公路局认为：坠石灾害是由于天气等自然原因作用下产生的突发性崩塌坠石意外事故，属于无法预见的不可抗力的自然灾害，被告并无过错责任，因此被告不应对此赔偿。

为了从科学的角度对事故性质进行权威性鉴定，省安监局受省政府委托组成了由 6 位地质专家组成的事故鉴定组，对“5·5”岩石坠落事故进行了调查鉴定。专家组到达现场后，反复查看了灾害现场，进行了必要的勘测，经综合分析后，专家鉴定组的结论是："5·5"坠石灾害是在暴雨和特定的地质环境、历史条件下，在长期的风化、雨水和行车振动等因素作用下产生的突发性崩塌类坠石意外事故。

市中级人民法院对原、被告送交的证据进行了认真的审查，法院认为：被告县交通局、县公路局向法院提交的证据充分确凿，专家鉴定意见具有很高的科学性、真实性和权威性，而原告遇难者家属没有充分证据证明被告负有"不作为"责任。因而，市中级人民法院 2002 年 11 月 23 日下达了裁定书，结论意见是："对于这类自然灾害意外事故引发的纠纷，尚无法律明确规定。故原告提起的民事诉讼，人民法院不能受理。驳回原告起诉"。

4. 本案评析

本案争议的焦点在于自然天气等不可抗力因素造成的灾害，管理部门是否应对受害人进行赔偿。

人民法院以本案中的暴雨和地质环境构成不可抗力为由免除了被告的责任，因而，暴雨是否构成不可抗力、能否援引不可抗力免责成为各方争论的首要问题。

我国民法通则第 153 条规定："不可抗力是指不能预见、不能避免并不能克服的客观情况"；第 107 条规定："因不可抗力不能履行合同或者造成他人损害的，不承担民事责任，法律另有规定的除外。"民法通则规定了不可抗力的构成条件，但是对于不能预见、不能避免、不能克服的内涵未予界定。因此，需要运用法理对不可抗力的构成要件进行正确的解析。法院对民法通则规定的不可抗力构成要件的解析是我国学者对此的普遍理解。需要特别说明的是，所谓不能克服是指损害的后果不能克服，而不是对客观情况的发生不能克服，否则即与不能避免的含义雷同。

对于本案中的暴雨和地质环境不能预见，存有两种观点：一是该暴雨经气象部门预报，因此，具有可预见性；二是该暴雨虽经气象部门预报，但其程度之大历史罕见，即已经不同于一般的暴雨，因此不能预见。法院采纳了第二种观点。对于暴雨的不能克服性，双方当事人均无异议。因此，本案中暴雨造成的灾害是不可以避免的，暴雨构成了不可抗力。法院根据不可抗力的构成要件审核本案事实即认定暴雨构成不可抗力。被告基于对天气和特定的地质环境、历史条件等客观情况造成的损害无法避免，所以，对原告的损失不承担赔偿责任。

另外，不可抗力是否构成过错侵权责任的免责条件是一个值得探讨的问题。理论界认为，不可抗力是侵权责任的免责条件之一，于无过错责任，存在不可抗力，则当事人免责；于过错责任，若当事人对损害的发生亦有过错，则应承担相应的责任。但是过错责任下，若不可抗力是造成损害的唯一原因，则当事人对损害的发生没有过错，其行为也与损害没有因果关系，因此不承担侵权责任，而非基于不可抗力免责。若损害的产生基于当事人过错与不可抗力两个原因，当事人过错与不可抗力造成的损害是可分的，当事人对于不可抗力造成的直接损害没有过错，则对该部分损害不承担责任，不存在以不可抗力免责问题；当事人对于因其过错造成的损害，则承担过错责任，如不及时救治导致的损害后果扩大的责任等。若当事人过错与“不可抗力”造成的损害是不可分的，如：对客观情况的发生已经预见或应当预见而未采取措施避免损害发生、对不能预见的客观情况造成的损害由于过失能够避免而未予避免，则此种客观情况不构成不可抗力，当事人亦不存在以不可抗力免责的问题。

5. 相关法律链接

《中华人民共和国民法通则》

第一百五十三条 本法所称的不可抗力，是指不能预见、不能避免并不能克服的客观情况。

第一百零七条 因不可抗力不能履行合同或者造成他人损害

的，不承担民事责任，法律另有规定的除外。

三、孙某诉高管处损害赔偿案

1. 当事人简介

原告：F 市孙某

被告：F 市高速公路管理处

2. 案情简介

2001 年 11 月 20 日 19 时 10 分，孙某驾驶桑塔纳轿车，沿某机场高速公路由南向北行驶至 19km＋200m 处时，突然发现前方路中有过往车辆失落的 2m×1.2m 的防雨布一块，因避让不及，车辆撞上路东护栏，致使车壳变形、发动机损坏、轮胎脱落、后备箱钢圈撞毁。车内在前排乘坐的田某脑后被撞破，在后排乘坐的三人被抛出车外摔伤。其中，潘某经抢救无效于次日死亡；闻某经 F 市公安局法医鉴定，其胸部损伤程度为伤残九级，头面部损伤为伤残十级；王某头部有多处肿块。F 市公安局交通警察支队机场高速公路大队于 2001 年 12 月 12 日下达的道路交通事故责任认定书认定：驾驶员孙某驾车在高速公路上正常行驶，对前方道路中的障碍物无法预见，发生事故时无违章行为；乘车人潘某、闻某、王某、田某在发生事故时无违章行为，该事故为意外事故。经调解，孙某作为车主与此次事故中的被害人达成道路交通事故损害赔偿协议：由孙某给潘某的亲属赔偿抢救费、丧葬费、死亡补偿费、被扶养人生活费计 91 242 元；给伤者闻某赔偿医疗费、误工费、营养费、护理费、残疾者生活补助费、交通费计 47 328 元；给伤者田某赔偿医疗费、误工费计 5 388.30 元；给伤者王某赔偿医疗费、误工费计 1 340 元；孙某承担车辆损失费、护栏损失费、事故施救费、事故处理费计 30 620 元，以上合计 175 918.30 元。某公司为处理此次事故，共开支 231 129.25 元，后向中国平安保险公司索赔车辆损失险得款 33 260 元。

孙某查明:高速公路管理处为全民所有制事业法人,其事业法人登记证上登记的职责或服务范围包括路政管理、公路养护、规费征收和经营开发,经费来源为自收自支。受某省交通厅的委托,高速公路管理处行使路政管理和规费征收权力。据此委托,高速公路管理处可以对通过某机场高速公路的车辆征收车辆通行费和实施路政管理,可以对违反路政管理和车辆通行费征收管理规定的单位和个人作出行政处罚。

2002 年 6 月,孙某以高速公路管理处收取车辆通行费后未履行保障道路安全畅通的义务,导致自己遭受巨额财产损失为由,向该市××区人民法院起诉,要求高速公路管理处赔偿损失231 129.25元。

3. 案件审理情况

F 市××区人民法院经审理认为:高速公路管理处因收费与某公司之间形成了有偿使用公路的合同关系。高速公路管理处应当保障孙某车辆能够安全、畅通地使用该高速公路。致孙某的车辆在正常行驶中发生事故的路障,本应由高速公路管理处及时发现并清除。高速公路管理处却因疏于巡查而未能发现并清除该路障,是未履行其应尽职责与合同义务。高速公路管理处应当对这次事故给孙某造成的直接经济损失承担赔偿责任。

2002 年 7 月 14 日,F 市××区人民法院作出一审判决:高速公路管理处赔偿孙某损失费 142 658.30 元;案件受理费 4 360 元由高速公路管理处负担。

高速公路管理处对一审判决不服于 2002 年 8 月 6 日向市中级人民法院提起上诉。高速公路管理处诉称:

(1)上诉人向孙某收取车辆通行费,是实施行政管理行为,双方之间由此形成的只能是行政关系,不是合同关系。原审判决依合同关系处理本案,是适用法律不当。

(2)原审认定上诉人疏于巡查,没有证据。

(3)交警部门出具的交通事故责任认定书中,并未指出上诉人对这次事故的发生有过错,上诉人不应对这起事故负责。

(4)孙某不去起诉抛弃雨布的责任人,却起诉高速公路管理处,没有法律依据。法院应当驳回孙某的诉讼请求却未驳回,实属错判。

F市中级人民法院认为:上诉人高速公路管理处作为事业法人,根据省交通厅的委托授权和事业单位法人登记证核准的范围,不仅有在F市高速公路上代行路政管理和规费征收的行政权力,也有为解决自己经营活动所需经费向过往车辆收取车辆通行费的权利。根据权利与义务一致的原则,高速公路管理处在享有上述权利的同时,有依照《中华人民共和国公路法》第43条的规定履行保障公路完好、安全、畅通的职责和义务。孙某履行了交纳车辆通行费的义务以后,即享有使用高速公路并安全通行的权利。高速公路管理处与孙某之间因收支费用的行为而形成了有偿使用高速公路的民事合同关系。依照《中华人民共和国民法通则》第4条的规定,民事活动应当遵循公平、等价有偿的原则。高速公路管理处在收取费用后不能及时清除路上障碍物,致使孙某的车辆在通过时发生事故,既是不作为的侵权行为,也是不履行保障公路安全畅通义务的违约行为。原审以违反合同义务处理,并无不当。孙某对此次事故给自己造成的损失,要求高速公路管理处赔偿,符合《中华人民共和国民法通则》第111条的规定,高速公路管理处应当对自己的违约行为承担民事责任,原审法院据此判决高速公路管理处给孙某赔偿损失,是正确的。

综上所述,原审判决认定事实清楚,证据确实、充分,适用法律正确,判处适当,应予维持。高速公路管理处的上诉理由均不能成立,不予采纳。据此,F市中级人民法院于2002年8月24日判决:驳回上诉,维持原判。二审诉讼费4 360元,由高速公路管理处负担。

4. 本案评析

本案争执的焦点在于高速公路是否应对原告负有赔偿责任。本案中，上诉人高速公路管理处本身并非行政机关，不具有行政执法的权力，其代为行使的路政管理、规费征收和行政处罚权，必须以委托机关某省交通厅的名义实施。由高速公路管理处代为实施的行政行为，只能形成行政管理相对人与某省交通厅之间，而不是与高速公路管理处之间的行政关系。高速公路管理处可以以自己的名义对高速公路实施日常经营管理，其基于对高速公路的经营管理向过往车辆收费，只能与交费人之间形成民事权利义务关系，不是行政管理关系。况且，原国家计委已经在1997年10月31日的计价管[1997]2070号“关于公路、桥梁、隧道收取车辆通行费有关问题的复函”中指出，车辆通行费属于经营性收费，不是行政事业性收费。被上诉人某公司是以高速公路管理处收费后不尽义务给其造成损失为由，要求赔偿损失的，并非对高速公路管理处的某种行政行为有异议而起诉，此案显然是民事纠纷。高速公路管理处上诉称“收取车辆通行费，是实施行政管理行为，双方之间由此形成的只能是行政关系，不是合同关系”的理由，不能成立。

高速公路，是指经国家公路主管部门验收认定，符合高速公路工程技术标准，并设置完善的交通安全设施、管理设施和服务设施，专供机动车高速行驶的公路。行人、非机动车、拖拉机、农用运输车、电瓶车、轮式专用机械车、全挂牵引车以及设计最高时速低于70公里的机动车辆，不得进入高速公路。进入高速公路的车辆应当配备故障车警告标志牌。其驾驶员和前排乘车人必须系安全带。机动车行驶中，乘车人不准站立，不准向车外抛洒物品。货运机动车除驾驶室和车厢经核准设有的固定座位外，其他任何部位不准载人。二轮摩托车在高速公路上行驶时不准载人。

养护公路、对公路进行巡查并清除路上障碍物，是上诉人高速公路管理处应尽的职责和义务，以高速公路的现代化条件，足以保证高速公路管理处能够对路面异常情况及时发现并清除。高速公路车流大、速度快，高速公路管理处在这样的区域内只有勤勉而谨慎地巡查，才能保障公路安全通行。高速公路管理处虽然举证证明其已按路政管理制度履行了巡查义务，但不能据此证明已达到保障公路安全通行的目的。此次事故的发生，足以证明高速公路管理处疏于巡查。高速公路管理处上诉称“原审认定上诉人疏于巡查，没有证据”的理由，不能成立。交通警察对此次事故的认定，仅解决了孙某及其乘车人在此次事故中有无违章过错的问题，并未涉及高速公路管理处的原因和责任。上诉人高速公路管理处上诉称“交警部门的交通事故责任认定书中，并未指出上诉人对此次事故的发生有过错，上诉人不应对此事故负责”的理由不能成立，交通事故责任认定书不能作为其免除责任的依据。

对成为路上障碍物的防雨布是由第三人失落的，双方当事人没有异议。至于第三人对失落防雨布造成的交通事故损失应当承担的民事责任，只有在高速公路管理处追查出第三人以后才有条件解决。在第三人没有被追查出来的情况下，孙某根据合同相对性原则起诉高速公路管理处，主张由没有尽到保障公路完好、安全、畅通义务的高速公路管理处先行赔偿，是合法的。高速公路管理处先行赔偿后，有向第三人追偿的权利。高速公路管理处在第三人没有被追查出来的情况下，上诉称“被上诉人不去起诉抛弃雨布的责任人，却起诉上诉人，没有法律依据”的理由不能成立。

5. 相关法律链接

《中华人民共和国公路法》

第四十三条 各级地方人民政府应当采取措施，加强对公路的保护。县级以上地方人民政府交通主管部门应当认真履行职责，依法做好公路保护工作，并努力采用科学的管理方法和先进的技术手段，提高公路管理水平，逐步完善公路服务设施，保障公路的完好、安全和畅通。

四、路政大队诉交警大队责任认定错误案

1. 当事人简介

原告:P 市公路局

被告:P 市交警大队

2. 案情简介

2002 年 7 月 18 日早晨 6 时 10 分许,P 市公路局路政大队在 107 国道 K1284+500m 处,根据有关规定对超限运输车辆进行部分抽查,对没有按规定办理超限运输车辆通行证的车辆进行通行证检查补办。当时,他们示意停车抽查的车有两辆,两车相距 100 余米,并且两车均停放在公路路基上,未占据公路有效路面。路政执法车则停在公路路肩以外两株行道树中间,两车办证驾驶员正在路政执法车车门外办理超限运输通行证。突然,一辆新疆解放大货车在没有任何人示意停车的情况下,由南向北朝路政车及办证驾驶员冲过来,瞬间撞断了 3 根示警桩,压碎路肩石,把路政执法车和车门外办证驾驶员撞出 6 米多远,一驾驶员当场死亡,另有 2 人重伤,3 人轻伤,路政车报废,造成重大交通事故。

2002 年 8 月 6 日,交警大队在处理这起一死三伤的特大交通事故时,判定 P 市公路路政大队上路检查超限运输车辆与肇事驾驶员负同等责任。P 市交警大队以[2002]第 123 号作出《道路交通事故责任认定书》,认定新疆驾驶员周某严重违反《中华人民共和国道路交通管理条例》第 7 条第 2 款“……车辆、行人必须在确保安全的原则上通行”和第 30 条第 1 项“不准超过行驶证上核定的载重量的规定”。同时认定:P 市路政大队上路检查车辆违法,要与驾驶员周某负同等责任。依据是:P 市路政大队工作人员违反《中华人民共和国道路交通管理条例》第 68 条:除公安机关外,

其他部门不准在道路上设置检查站拦截、检查车辆……

2002年8月16日，P市路政大队向P市交警支队提交重新认定责任申请书，要求对本次事故责任进行重新认定。2002年9月12日，P市交警支队作出《道路交通事故责任重新认定书》，维持P市交警大队裁决的责任认定。

路政大队对P市交警大队作出的《道路交通事故责任认定书》不服。于2002年9月29日向P市人民法院提起行政诉讼，要求撤销P市交警大队作出的关于本次交通事故的《道路交通事故责任认定书》。

原告诉称：公路路政人员上路进行超限运输车辆检查属合法，依据是《中华人民共和国公路法》第71条。该条明确规定："公路监督检查人员依法在公路、建筑控制区、车辆停放场所、车辆所属单位等进行监督检查时，任何单位和个人不得阻挠……"

被告P市交警大队辩称：根据《中华人民共和国道路交通管理条例》第68条："除公安机关外，其他部门不准在道路上设置检查站拦截、检查车辆……"路政上路不合法。原告对此予以反驳：从法律的规定看，《中华人民共和国公路法》(以下简称公路法)第70条和第71条明确规定："交通主管部门、公路管理机构负有管理和保护公路的责任，有权检查、制止各种侵占、损坏公路、公路用地、公路附属设施及其他违反本法规定的行为"，"公路监督检查人员依法在公路、建筑控制区、车辆停放场所、车辆所属单位等进行监督检查时，任何单位和个人不得阻挠。"因此，路政大队依法有权在本区内的公路监督检查超限运输车辆，并认为：在适用法律和行政法规时，必须遵循上位法优于下位法的原则，依据是《中华人民共和国立法法》第79条第1款的规定："法律的效力高于行政法规、地方性法规、规章。"公路法是全国人大常委会通过的法律；而条例是国务院发布的行政法规，据此，当效力低的条例与效力高的公路法对同一问题的规定相抵触时，应适用效力高的公路法。

3. 案件审理情况

P市人民法院于2002年12月4日开庭审理此案。法庭上控辩双方针锋相对,争锋的焦点主要有两点。

焦点一:路政上路是否合法?

被告交警大队称:“公路法第8条就公路管理权限作了明确规定:县级以上地方人民政府交通主管部门对国道、省道的管理、监督职责,由省、自治区、直辖市人民政府确定。路政大队要在107国道进行检查,就必须得到省人民政府的批准决定。”法院认为此论点站不住脚,依据是:1999年1月22日××省人大常委会通过的《××省公路路政管理条例》第2条规定:“本条例适用于本省境内国道、省道、县道及交通部门的公路管理机构,根据国家法律、法规和规章的规定,为保护公路、公路用地和公路附属设施,维护公路秩序所进行的行政管理。”也就是说路政大队在国道、省道进行路政检查,是经过授权的。

被告又称:原告路政大队违反了“对超限运输车辆的检查一律不得在运输途中进行”的规定,因而“原告在107国道上进行超限检查是非法的”。并引用了交通部公路发[2001]第591号文件和交运安[2001]795号文件:“执法人员不得随意上路拦车检查和目测判定车辆是否超限。”法院认为原告上路检查和判定,显然不是“随意”,因为原告的行为不是个人行为,而是有组织、有计划的;认为路政大队检查的两辆解放大货车不属于交通部交公路发[2001]第591号文件的第2条的范围;认为被告在作出“认定”时“没有依据或依据不足”,而且被告在作出责任认定时也并不是依据或参照这两个规范性文件,违反了行政诉讼法第32条的规定,属“适用法规错误”。因此,法院判定被告对该事故的“责任认定”应依法予以撤销。

焦点二:原告执行公务的行为与事故的发生有没有因果关系?

被告交警大队在“责任认定书”中,认为肇事驾驶员周某只是

"措施不力,处置不当",而原告和周某均有违章行为,共同造成了交通事故。对此原告出具有两个目击证人,证明路政大队没有进行双向拦车。法院认为:周的行为违章是导致事故发生的根本原因,应负此次事故的全部责任,而"原告和周某均有违章行为,共同造成交通事故"的说法是没有事实根据的。法院还认为:被告的认定是建立在路政人员上路为"非法"的基础上的,是与法律相悖的。法院的最后结论是:路政大队上路检查超限运输车辆的行为既不违法,也不违章,对此次交通事故的发生没有因果关系,不应负任何责任。

2002年12月17日,P市人民法院作出了宣判:

(1)撤销P市公安局交通警察大队第2003(123)号道路交通事故责任认定书;

(2)责令被告交警大队在本判决生效后30日内对此事故责任重新作出责任认定决定。交警大队不服,上诉到P市中级人民法院。

2003年3月25日,××省P市中级人民法院作出[2003]行终字第2号行政判决书,就P市交警大队与公路路政大队因交通事故责任认定一案作出终审。判决:驳回上诉,维持原判。

这场从2002年7月18日起,历时273天的维护路政人员上路执法权案最后以P市公路局路政大队的胜诉而告终。

4. 本案评析

本案争议的焦点在于路政上路是否合法以及原告执行公务的行为与事故的关系。路政执法是各级人民政府的交通主管部门和公路管理机构,根据有关路政管理的法律、法规和规章,在其职权范围内为保护公路、公路用地、公路设施,维护公路合法权益,发展公路事业,对路政管理相对人作出影响其权利义务及对其履行法定义务的情况进行监督检查的行政行为。其目的是为了保障公路畅通,提高公路使用质量,促进公路的社会经济效益。由此可见,作为部门行政执法的路政执法的主体，是相关的交通主管部门或路政管理机构，其基本内容划分主要是依据法律、法规的规定及政府的职能。

《中华人民共和国公路法》规定：国务院交通主管部门主管全国公路工作。县级以上地方人民政府交通主管部门主管本行政区域内的公路工作。但是，县级以上地方人民政府交通主管部门对国道、省道的管理监督职责，由省、自治区、直辖市人民政府确定。可见，路政执法主体是县级以上各级人民政府的交通主管部门，而且由省、自治区、直辖市人民政府确定县级以上地方政府交通主管部门的路政管理职责。这些部门承担路政管理职责，并在法律设定的职权范围内行使。《中华人民共和国公路法》第 8 条第 4 款规定，县级以上地方人民政府交通主管部门可以决定由公路管理机构依照本法规定行使公路行政管理职责。这里就是县级地方各级交通主管部门把部分路政管理职责委托给公路管理机构行使。公路管理机构代表委托机关的意志，实施路政执法。

交通部《公路路政管理规定》规定，公路管理机构及专职路政管理人员行使下列职权：

(1)负责管理和保护公路路产；

(2)实施公路巡查；

(3)依照法律、法规和规章，制止、查处各种违章利用、侵占、污染、毁坏和破坏路产的行为；

(4)控制公路两侧建筑“红线”；

(5)审理从地面、公路上空或下面穿(跨)越公路的其他设施的建筑事宜；

(6)对在特殊情况下利用、占用公路和超限运输车辆通过公路进行审批，并对实施情况进行监督检查；

(7)维护公路渡口和公路养护、施工作业现场的正常秩序；

(8)为处理违反公路管理法规的行为，向有关单位和人员调查、询问、取证，查阅有关文件、档案、资料和原始凭证；

(9)对损害路产或发生侵权行为拒不接受查处的车辆，责令停止行驶；

(10)有复议职能的公路管理机构办理有关路政复议案件，参与有关路政案件的诉讼活动；

(11)法律、法规、规章规定的其他职权。

路政执法的法律依据是路政执法主体在路政执法工作中所遵循的不同层次的法律、法规等规范性文件，包括法律、行政法规、地方性法规、部门规章、地方政府规章和其他规范性文件。路政执法所依据的法律规范可分为综合性的行政法律规范和专业性的行政法律规范。综合性行政法律规范如《中华人民共和国行政处罚法》。专业性法律规范，根据制定的主体及效力层次不同，可以分为以下几种：

(1)法律：如《中华人民共和国公路法》；

(2)行政法规：如《中华人民共和国公路管理条例》；

(3)部门规章：如《中华人民共和国公路管理条例实施细则》、《公路路政管理规定》。

路政执法的法律依据虽包括法律、行政法规、部门规章、地方性法规和地方政府规章，但它们的效力并不处于同一层级。法律不能与宪法抵触；行政法规则不能与宪法和法律相抵触；地方性法规和地方政府规章必须符合法律、行政法规，不能与法律、行政法规相抵触。法律没有规定地方法规、地方规章和部门规章的效力层级。《中华人民共和国立法法》规定，地方性法规如果与部门规章发生冲突，其争议由全国人大常委会解决；地方规章如与部门规章发生冲突，其争议由国务院解决。

公路路政执法的主要内容可分为以下几方面：

(1)路产执法。

(2)公路两侧建筑控制区执法。

(3)超限运输车辆管理执法。

所谓超限运输,是指在公路上行驶的各种机动车辆装载货物,超过路政管理法规定的行为。它在外延上主要包括:货物装载高度从地面算起超过 4m,车货长度超过 18m,货物宽度超过 2.5m,每辆车货总重超过 40 000kg 以上;以及车辆轴载质量超过以下规定值:单轴(每侧单轮胎)载质量 6 000kg,单轴(每侧双轮胎)载质量 10 000kg,双联轴(每侧单轮胎)载质量 10 000kg;双联轴(每侧各一单轮胎、双轮胎)载质量 14 000kg,双联轴(每侧双轮胎)载重量 18 000kg,三联轴(每侧单轮胎)载重量 12 000kg,三联轴(每侧双轮胎)载重量 22 000kg。

超限运输车辆主要是指车货总量或轴载质量超过规定限值的机动车辆。超限运输车辆在公路上行驶,其轴载质量对路面是一种重复性的疲劳作用。另外,汽车轴载质量的大小还直接影响路面使用期的长短和交通运输安全。超限运输车辆管理执法就是为了解决这些问题的有效措施。

超限运输车辆管理执法即是公路主管部门或依法委托的公路管理机构依据有关路政管理的法律、法规和规章等规范性文件,针对超限运输车辆作出的影响路政相对人权利义务及对权利义务履行情况进行监督检查和对违法行为进行查处的行政行为。超限运输车辆管理执法是一种具体行政行为,其目的是为防止车辆超限、破坏公路,维护公路完好,保障公路安全畅通。

省级公路管理机构批准超限运输的车辆行驶公路时,应签发超限运输车辆通行证。通行证由各省级公路主管部门统一印制,其内容包括承运单位、货件总量、尺寸(长、宽、高)、所经路线、通过时间以及车辆轴重等基本情况。路政相对人必须持超限运输车辆通行证在省级公路管理机构批准的路线和时间内进行运输。

综上所述,结合本案,已经能够充分证明路政人员上路合法,因此,法院判定对该事故的“责任认定”依法予以撤销。

5. 相关法律链接

《中华人民共和国公路法》

第四十九条 在公路上行驶的车辆的轴载质量应当符合公路工程技术标准要求。

第五十条 超过公路、公路桥梁、公路隧道或者汽车渡船的限载、限高、限宽、限长标准的车辆，不得在有限定标准的公路、公路桥梁上或者公路隧道内行驶，不得使用汽车渡船。超过公路或者公路桥梁限载标准确需行驶的，必须经县级以上地方人民政府交通主管部门批准，并按要求采取有效的防护措施；影响交通安全的，还应当经同级公安机关批准；运载不可解体的超限物品的，应当按照指定的时间、路线、时速行驶，并悬挂明显标志。

运输单位不能按照前款规定采取防护措施的，由交通主管部门帮助其采取防护措施，所需费用由运输单位承担。

第七十一条 公路监督检查人员依法在公路、建筑控制区、车辆停放场所、车辆所属单位等进行监督检查时，任何单位和个人不得阻挠。

公路经营者、使用者和其他有关单位、个人，应当接受公路监督检查人员依法实施的监督检查，并为其提供方便。

公路监督检查人员执行公务，应当佩戴标志，持证上岗。

《中华人民共和国公路管理条例》

第二十八条 未经公路主管部门批准，履带车和铁轮车不得在铺有路面的公路上行驶，超过桥梁限载标准的车辆、物件不得过桥。在特殊情况下，必须通过公路、桥梁时，应当采取有效的技术保护措施。

《中华人民共和国公路管理条例实施细则》

第三十九条 超过公路和公路桥梁、隧道、渡船限载、限高、限宽、限长标准的车辆不得任意通行；必须通行的，须经公路管理机构批准，妨碍交通的，还需经公安交通管理机关批准，并由超限运输单位承担公路管理机构为此采取技术保护措施和修复损坏部分所发生的费用。

履带车、铁轮车以及类似可能损害路面的其他运输机具，不得在铺有路面的公路上行驶；必须通行的，按本条上款规定办理。

机动车辆制造、修理厂家不得擅自在公路上试车；必须试车的，应事先征得当地公路管理机构的同意、签订协议，悬挂公安交通管理机关核发的试车号牌，指定路段，设置试车标志，并明确由厂方向路方缴纳公路损坏补偿费。

《中华人民共和国道路交通管理条例》

第七条 车辆、行人必须各行其道。借道通行的车辆或行人，应当让在其本道内行驶的车辆或行人优先通行。

遇到本条例没有规定的情况，车辆、行人必须在确保安全的原则下通行。

第三十一条 非机动车载物，在大、中城市市区或交通流量大的道路上，必须遵守下列规定：

（一）自行车载物，高度从地面起不准超过 1.5m，宽度左右各不准超出车把 15cm，长度前端不准超出车轮，后端不准超出车身 30cm；

（二）三轮车、人力车载物，高度从地面起不准超过 2m，宽度左右各不准超出车身 10cm，长度前后共不准超出车身 1m；

（三）畜力车载物，高度从地面起不准超过 2.5m，宽度左右各不准超出车身 10cm，长度前端不准超出车辕，后端不准超出车身 1m。

第六十八条 除公安机关外，其他部门不准在道路上设置检查站拦截、检查车辆。有关部门确需上路进行检查时，可派人参加公安机关的检查站进行工作。没有公安检查站的地区，有关部门如需要设置检查站，必须经公安机关批准。

五、宋某状告县公路局没有尽到道路清障责任赔偿案

1. 当事人简介

原告:宋某

被告:于某

第三人:县公路局

2. 案情简介

1999年4月6日15时10分许,于某驾驶农用柴油三轮车沿公路由北向南行驶至S县某镇北侧,因避让前方顺行机动车道内的若干水泥管碎片失控,车辆翻入对行车道。对面行车道中恰有宋某驾驶大发牌汽车驶来,该车前脸撞在于某车右侧,造成宋某、于某及农用三轮车乘车人王某三人受伤,两车损坏。

1999年4月21日,S县交警大队对此次事故作出责任认定:于某驾车避让障碍措施不当滑入对行车道,应负事故全部责任,宋某无责任。于某不服此认定,提出复议申请,同年6月9日,公安交通管理局作出重新认定决定书,维持原认定意见。同年9月,宋某将于某告上法庭,要求其赔偿经济损失。在开庭前,宋某又向法院申请追加S县公路局作为案件的当事人参加本案的诉讼,并要求由公路局承担主要赔偿责任,于某承担次要赔偿责任。

3. 案件审理情况

原告宋某认为县公路局没有尽到道路清障职责,故应由县公路局承担本次事故中应承担的责任。被告于某当庭辩称:其本人对事故发生虽有一定责任,但由于被告县公路局未及时清理路障,亦应承担一定责任。

公路局辩称:根据国务院[1986]94号《国务院关于改革道路交通管理体制的通知》第2条第1款规定,“清障”不是公路局及其下属单位的职责。公路局下属的单位负责公路养护,根据《中华人

民共和国公路法》第35条的授权，交通部有权制定《公路养护技术规范》。交通部《公路养护技术规范》的解释权属交通部公路司，交通部公路司交公便字[2001]66号关于对《关于请求明确〈公路养护技术规范〉有关条款含义的紧急请示》的答复已明确："公路养护单位按照规定的频率或有关要求做到了定期清扫，即不能认为其疏于养护。"

根据公路管理局1998年养字第51号《公路小修养护管理考核办法》第2条第4项"一类保洁路段保洁周期为一天，每日清扫一次"的规定，事故发生路段公路属一类保洁路段，每日应清扫1次。县公路局的下属单位，即负责事故发生路段养护工作的下仓道班，当庭提供了清扫记录，证明"做到了定期清扫"，故公路局要求法庭应予免责。

法院认为：该事故公路，按行业规范应每日清扫一次。负责清扫该路段的工人刘某证实：1996年4月6日上午10时30分左右清扫完毕离开时，尚未发、现公路上散落水泥管碎片。审理中经长时间查找散落物车主，终无结果。

法院最终认定：被告于某驾车未确保行车安全，在避让前方障碍时措施不当，致车辆失控翻入对行车道引起事故的发生，其应负事故全部责任；县公路局虽有保障公路畅通、安全之义务，但其已按行业规范要求实际每日清扫公路一次；在其清扫之后对流动车辆散落物不易及时发现并处理，故S县公路局对此事故不应承担责任。

2002年1月9日，这起长达3年的官司终于有了结果，S县人民法院作出一审判决，判定S县公路局在这起事故中无责任。

4. 本案评析

本案争议的焦点在于公路遗洒物对当事人造成损害的，管理部门是否应对受害人赔偿；在管理部门无过错的情况下能否免责。

本案中公路养护工人对事故路段按行业规范做到了每日定期

清扫，清扫完毕离开时尚未发现公路上散落水泥管碎片，对成为路上障碍物的若干水泥管碎片为流动车辆散落，不易及时发现并处理，存在不可预见性和不能克服性。因此，法院采纳了不可预见性和不能克服性作为本案免责的依据。本案中，水泥管碎片给原告造成的损害被告没有过错责任，所以对原告的损失不承担赔偿责任。法院认定公路局是无过错方，所以按照过错原则，无过错就无责，赔偿必须有过错，判决体现了法律的公平原则。

近年来，全国发生的与此案相类似的遗洒案较多，案件的判决结果也各不相同，交通部门被判赔偿的不在少数。每个案件的具体情况不尽相同，只有严格按照行业规范进行日常养护并做好工作记录，并对相关法律法规熟悉，才能在交通部门无过错的情况下免责。否则，就有可能“有理辩不清”。

另外，不可预见和无过错是否构成过侵权责任的免责条件是一个值得探讨的问题。

不可预见和无过错是侵权责任的免责条件之一，于无过错责任存在不可抗力，则当事人免责；于过错责任，若当事人对损害的发生亦有过错，则应承担相应的责任。

六、李某不服超限治理二次申请复议案

1. 当事人简介

申请人:李某

被申请人:县公路局

被申请人:市交通局复议机关

2. 案情简介

2002 年 8 月 29 日，某县公路局超限稽查队在巡查中，发现了一部涉嫌违法超限运输的车辆。稽查人员在出示证件表明身份后，依法要求承运人接受调查处理，但承运人却一直不配合执法人

员的调查和检查工作，拒不驾驶车辆接受超限检测仪检测，且将车辆停放在一边，擅自离开现场。在此情况下，一位有驾驶证的路政人员驾驶该车辆进行检测。经检测，该车车货总重 22.18t，其中第二轴（单轴每侧双轮胎）载重 16.48t，轴载超限 6.48t，依据《福建省公路路政管理条例》第 23 条规定，对公路造成损害的车辆，在接受公路管理机构的调查、处理后方得驶离。《超限运输车辆行驶公路管理规定》第 23 条规定，违反本规定第 13 条、第 14 条规定，在公路上擅自超限运输的，县级以上交通主管部门或其授权委托的公路管理机构应当责令承运人停止违法行为，接受调查、处理，并可处以 3 万元以下的罚款。对公路造成损害的，还应按公路赔（补）偿标准给予赔（补）偿。据此，路政人员就将该车停放在指定的地点，以进一步调查处理。

事后，涉嫌超限运输的承运人李某，认为路政管理机构的行为侵犯了其合法的权益，向市交通局申请复议，李某提出：

（1）根据《省行政执法程序规定》第 24 条第 1 款第 3 项规定：现场勘验检查，应通知当事人或其代理人到场，当事人或其代理人拒不到场的，可邀请在场的其他人员 1～3 人见证。而路政所在其本人不在场，且未邀请在场的其他人员见证的情况下，擅自驾驶其车辆所做的检测结果有失公正，应认定为无效行为。

（2）该车在前方已接受了另一路政所的超限检测仪检测，检测结果为该车辆并无超限，即当事人并无从事违法超限运输行为。现在的这台超限检测仪检测结果不准确，不能作为认定超限事实的证据。

据此李某要求立即放行被扣车辆，并由超限稽查人员赔偿其误工损失费 1 600 元，货物未按时交接延误费 1 050 元，合计 2 650 元。

3. 案件复议情况

市交通局复议委员会充分听取当事人的复议意见后，对当事人提出的事实、理由和证据认真进行了复核。经复核认为:当时在检测现场,有行使交通行政管理权的行政执法人员、公路管理机构的管理人员,还有一名武警战士见证。超限检测单上除有两名执法人员外,还有见证签名作证。

李某称,其在前方已接受了另一路政所的超限检测,当时检测结果为没超限,这不能说明其现在必然也没超限。因为,一方面,李某在接受前方检测后至又被检查的途中,不排除有再加装货物从事违法超限运输的可能;另一方面,通过检测仪的车速及是否走偏直接影响着检测精度,通过检测仪的要求是:居中并以 3～5km/h 的速度匀速不停止通过。

此次用于检测的超限检测仪具有合法的出厂合格证书,并于近日经市技术监督局年检审验合格,路政员王某驾驶该车通过检测时,正常地以 4km/h 的速度匀速通过,符合检测仪检测精度要求,因此,该检测结果应为合法、有效。当事人提出的事实、理由和证据不能成立。

2002 年 9 月 17 日,市交通局复议委员会作出了维持公路局路政超限稽查队的具体行政行为的复议决定,并告知了当事人应有的诉讼权利。

李某对市交通局的行政复议决定不服,于 2002 年 10 月 8 日向省交通厅二次提起行政复议,要求撤销市交通局的复议决定和县公路局路政超限稽查队的具体行政行为,并赔偿其误工费和延误交货费共计 2 650 元。

省交通厅认为,交通行政复议案件一般采用一级复议制原则,申请人对行政复议决定不服的,不能向上一级行政复议机关申请复议,只能依法向人民法院提起行政诉讼。据此省交通厅作出不予受理决定。

4. 本案评析

本案涉及行政复议中的一级复议制原则。本案中李某对市交通局复议机关的复议决定不服能否向省交通厅复议机关提出二次复议申请?

原行政复议条例明确规定:除法律、行政法规另有规定的外,行政复议实行一级复议,行政复议法草案和修改稿也规定:行政复议实行一级复议制,法律另有规定的除外。但行政复议法对此未作明确规定。那么,什么是一级复议制呢?所谓一级复议,是指行政复议案件由作出具体行政行为的行政机关的上级复议机关一次审结;申请人对行政复议决定不服的,一般不能向上一级行政复议机关申请复议,只能依法向人民法院提起行政诉讼。

行政复议法虽未明确规定一级复议制原则,但仍基本实行一级复议制。实行一级复议制,主要考虑:行政复议一般并非终局决定,而系行政诉讼的前置程序,且一般系非必经前置程序,除了行政复议,行政相对人在司法上还有多次救济机会,如一审、二审和再次申诉引起审判监督程序,而且二审才是终审判决。在司法上存在多次救济的情况下,没有必要在行政系统内实行两级或多级复议制。这样既有利于迅速解决行政争议,恢复正常的行政秩序,使行政机关少费精力,又有利于及时保护相对人的合法权益。

行政复议虽原则上实行一级复议制,但对一些技术性、业务性很强的具体行政行为,为了更好发挥行政机关业务知识较熟的长处,有的法律、法规规定了实行两级或多级复议。例如我国海关法第46条和进出口关税条例第33、34条规定,对海关关于关税的决定不服的,可以向上一级海关申请复议;对上一级海关的复议决定不服的,可以向海关总署申请复议;对海关总署的复议决定不服的,才可以向人民法院提起行政诉讼。

原行政复议条例和行政复议法草案及修改稿都规定,国务院不接受复议申请,省、部级的具体行政行为,只能在省、部内部解决。其理由简言之,国务院是最高行政机关,本应具有复议职权,但考虑应避免国务院涉入过多的具体事务之中,故不宜将其列为复议机关。在行政复议法草案及修改稿审议及征求意见中，有人提出，随着民主法制的发展，国务院为什么不能作为复议机关呢？这里涉及的问题是，如果国务院所作的复议，老百姓不服时，就要起诉到法院，总理将会成为被告的法定代表人，总理能不能成为被告的法定代表人？这在有些国家是不成问题的，它也是民主法制发展到一定程度的标志。何况，这样做将使总理能更多地了解情况。在最后通过的行政复议法中，国务院可以成为行政复议机关，但须作为二级复议机关，且国务院的复议裁决为终局裁决。

5. 相关法律链接

《中华人民共和国公路法》

第七十条　交通主管部门、公路管理机构负有管理和保护公路的责任，有权检查、制止各种侵占、损坏公路、公路用地、公路附属设施及其他违反本法规定的行为。

第八十五条　违反本法有关规定，对公路造成损害的，应当依法承担民事责任。

对公路造成较大损害的车辆，必须立即停车，保护现场，报告公路管理机构，接受公路管理机构的调查、处理后方得驶离。

《超限运输车辆行驶公路管理规定》

第四条　超限运输车辆行驶公路的管理工作实行“统一管理、分级负责、方便运输、保障畅通”的原则。

国务院交通主管部门主管全国超限运输车辆行驶公路的管理工作。

……

《中华人民共和国行政处罚法》

第三十七条　行政机关在调查或者进行检查时，执法人员不得少于两人，并应当向当事人或者有关人员出示证件。当事人或者有关人员应当如实回答询问，并协助调查或者检查，不得阻挠……

七、杨某不服公路管理局行政处罚案

1. 当事人简介

申请人：杨某

被申请人：公路管理局

第三人：土地管理局

第三人：规划建设管理局

2. 案情简介

2003年6月，某公路管理局在某县道公路巡查时发现该道路9km+150m处左侧正在施工修建住房，公路管理局现场勘察认定：所修建的边缘距县道公路边沟（截水沟、坡脚护坡道）外缘最小间距为0.8m，住房整体位于县道公路边沟（截水沟、坡脚护坡道）外缘10m以内，路政管理所对其房主杨某作出了《违法行为告知书》，责令房主杨某立即停工，并于7日内自行拆除，恢复原状。杨某没有履行义务，并从土地管理局取得《建设用地许可证》，7月20日，杨某从镇规划建设管理局取得《村镇建设许可证》，该村镇建设许可证，批准其可建三层住房。

公路管理局于2003年8月18日在杨某修建住房第二层时，对其作出了[2003]101号《公路路政处罚决定书》，要求杨某于2003年8月25日前自行拆除违法建筑恢复公路边沟原状。并明确告知当事人如对行政处罚不服，可在60日内向市交通主管部门或市人民政府申请行政复议，或向人民法院提起诉讼。

杨某不服，于8月19日向市人民政府申请行政复议。

3. 案件复议情况

人民政府法制办公室立案后，于2003年8月26日向被申请人县公路管理局送达了行政复议申请书副本和提出答复通知书。并于9月11日举行复议听证会。

杨某认为：其建房是经土地部门和规划部门批准的，具有合法手续。如认定原告的行为违法，则须先确定土地部门与规划部门的审批行为违法，应将他们列为第三人参加复议，并由他们承担赔偿责任。请求市人民政府复议机关撤销路政所作出的罚字[2003]101 号公路路政处罚决定书。

公路管理局认为：原告修建的住房边缘距县道公路边沟（坡脚、护坡道）外缘最小间距为 0.8m，住房整体位于县道公路边沟（坡脚护坡道）外缘 10m 以内；申请人所出示的土地部门和规划部门的批件都不符合公路法和公路管理条例的有关规定。

根据公路法第 56 条规定，除公路防护、养护需要的以外，禁止在公路两侧的建筑控制区内修建建筑物和地面构筑物；需要在建筑控制区内埋设管线、电缆等设施的，应当事先经县级以上地方人民政府交通主管部门批准。公路管理条例第 31 条规定，在公路两侧永久性工程设施，其建筑物边缘与公路边沟外缘的间距为：国道不少于 20m，省道不少于 15m，县道不少于 10m，乡道不少于 5m。因此，应当给予杨某行政处罚。

第三人土地管理局、规划建设管理局认为：对杨某土地和规划建设的审批是根据杨某所提供的合法有效的土地转让证明及有关手续，按照法定程序予以审批的，杨某所建房屋并未影响道路交通原安全，也没有对公路造成损坏。因此，土地管理局、规范建设管理局均认为自己的审批无过错，请求复议机关予以维持。

市人民政府复议机关受理复议申请后，立即派员到现场实地勘察，并对双方当事人所提供材料分析。市人民政府复议机关认为：公路管理局作为公路管理行政机关，有权对违反公路法及其实施条例的相对人给予行政处罚。而申请人在县道公路 9km＋150m 左侧建筑控制区内修建建筑物和地面构筑物的事实确实存在。被申请人据此作出行政处罚，事实清楚，证据确凿，适用法律、法规正确，符合法定程序。

申请人要求向第三人土地部门和规划部门提出赔偿，因为属于另一个行政法律关系，可就拆除建筑物造成的经济损失另行起诉。

市人民政府复议机关根据《中华人民共和国行政复议法》第28条第1款第1项的规定，作出复议决定：

维持公路管理局于2003年8月18日作出的[2003]101号公路路政处罚决定书。

4. 本案评析

本案争执的焦点在于杨某在公路建筑控制区范围内修建建筑物和地面构筑物，经第三人土地部门和规划部门批准，并办理了有关证照，对此公路部门能否对其实施行政处罚责令拆除地面构筑物？第三人所作出的具体行政行为是否越权？

本案涉及行政复议中的第三人。行政复议中的第三人是指与申请复议的具体行政行为有利害关系，经复议机关批准参加复议的申请人和被申请人以外的其他公民、法人或者其他组织。

行政复议第三人具有以下特征：

(1)申请人之外的公民、法人或者其他组织。

(2)第三人与被复议的具体行政行为有利害关系，这种利害关系必须是直接的而非间接的，即具体行政行为和行政复议裁定会直接影响到第三人的权益，这一特征把第三人与参加复议但与具体行政行为无利害关系的证人、鉴定人、翻译人员、复议代理人区别开来。

(3)第三人是以自己的名义，并且是为了维护自己的合法权益而参加复议的。虽然从形式上看，他与所参加的一方当事人的利益是一致的，但实质上他并不是为了保护所参加的一方当事人的利益，而是为了维护自己的合法权益。

(4)第三人是在行政复议开始后、终结前，经过行政复议机关批准参加复议的。在行政复议尚未开始，或者复议已经结束，包括复议机关已作出裁决时,均不存在第三人参加复议的问题。

行政复议第三人可能有两个以上,并可能分别参加申请人与被申请人一方。第三人参加行政复议,依法享有一定的复议权利,并承担一定的义务。如第三人有权提出自己独立的复议主张,参加全部复议活动,对事实和处理陈述意见,依据法律、法规规定享有起诉权的第三人不服复议决定还可提起行政诉讼,同时第三人又负有遵守复议秩序、提供有关证据、受复议裁决约束等义务。

本案中的第三人土地管理局、规划建设管理局为两个行政机关,在这起复议案件中与被申请人基于同一事实,针对相同的行政管理相对人作出互相矛盾的具体行政行为,申请人对其中一个行政机关的具体行政行为申请复议,作出其余具体行政行为的行政机关可作为第三人参加复议,因为对一个具体行政行为的复议结果将会影响到其他行政机关作出的具体行政行为的效力。但需注意的是,其他行政机关参加复议不能作为共同被申请人,因为其他行政机关与作为被申请人的行政机关并不是以共同的名义作出一个具体行政行为,各个行政机关对被提起复议的具体行政行为有着不同的利害关系。

本案中的被申请人公路管理局作为公路管理行政机关,有权依据公路法的规定维护公路的路产路权,有权对违反公路法及其实施条例的相对人给予行政处罚。作为本案中第三人的土地管理局、规划建设管理局在对当事人的行政审批中虽本着程序合法的原则,但忽视了有关公路法律、法规对公路范围内用地的特别要求,必然形成超越其权限作出具体行政行为,因此复议机关维持了被申请人公路管理局的具体行政行为。

另外,行政复议中的申请人和第三人等均享有知情权,这与1994年修改后的行政复议条例相比,行政复议法新增加了以下规定:"申请人、第三人可以查阅被申请人提出的书面答复、作出具体行政行为的证据、依据和其他有关材料,除涉及国家秘密、商业秘密或者个人隐私外，行政复议机关不得拒绝。”其中所说的国家秘密是指根据国家的保密制度和法律、法规规定的其他制度应当予以保密的文件、事项和其他材料；商业秘密包括由某人提供的并且具有特许权或机密性的商业和金融情报；个人隐私一般是指纯属个人私生活的不愿为他人知晓的事情以及其他属于个人秘密的事情。因为对个人权利的保障不能损害公共利益和他人利益，所以行政机关对涉及国家秘密、商业秘密和个人隐私的材料予以保密是必要的。

除此之外的具体行政行为应做到公开透明，因为只有这样才能使人民享有知情权，从而有效地保护他们的合法权益，在行政复议中如果申请人不了解被申请人作出具体行政行为的全部证据、依据和其他有关材料，就不能了解被申请人的具体行政行为是否有合法的依据，有关事实的证据是否真实、完整，就有可能因为没有掌握有力的证据、依据等材料而在复议过程中处于不利的地位。因此，只有申请人了解了被申请人作出具体行政行业的全部证据、依据等材料，才能对被申请人是否违法作出准确的判断，并提出有效的论据、依据等来维护自己的权益。

5. 相关法律链接

《中华人民共和国公路法》

第五十六条 除公路防护、养护需要的以外，禁止在公路两侧的建筑控制区内修建建筑物和地面构筑物；需要在建筑控制区内埋设管线、电缆等设施的，应当事先经县级以上地方人民政府交通主管部门批准。

前款规定的建筑控制区的范围，由县级以上地方人民政府按照保障公路运行安全和节约用地的原则，依照国务院的规定划定。

建筑控制区范围经县级以上地方人民政府依照前款规定划定后，由县级以上地方人民政府交通主管部门设置标桩、界桩。任何单位和个人不得损坏、擅自挪动该标桩、界桩。

《中华人民共和国管理条例》

第三十一条 在公路两侧修建永久性工程设施，其建筑物边缘与公路边沟外缘的间距为：国道不少于 20m，省道不少于 15m，县道不少于 10m，乡道不少于 5m。

《中华人民共和国行政复议法》

第十条 依照本法申请行政复议的公民、法人或者其他组织是申请人。

有权申请行政复议的公民死亡的，其近亲属可以申请行政复议。有权申请行政复议的公民为无民事行为能力人或者限制民事行为能力的人，其法定代理人可以代为申请行政复议。有权申请行政复议的法人或者其他组织终止的，承受其权利的法人或者其他组织可以申请行政复议。

同申请行政复议的具体行政行为有利害关系的其他公民、法人或者其他组织，可以作为第三人参加行政复议。

公民、法人或者其他组织对行政机关的具体行政行为不服申请行政复议的，作出具体行政行为的行政机关是被申请人。

申请人、第三人可以委托代理人代为参加行政复议。

八、电信公司不服公路管理局处罚决定案

1. 当事人简介

申请人：某市电信公司

被申请人：某省公路管理局

2. 案情简介

2001 年 10 月 28 日，某市电信公司敷设光缆通信干线工程。11 月 2 日，施工单位开始挖沟敷设光缆。11 月 12 日下午，某市公路管理局路政人员在巡查时发现施工地点，要求立即停止施工。11 月 13 日，电信公司去市公路管理局、交通局协商此事，市公路

管理局要求补办审批手续，但是电信公司一直未停止施工。12月30日光缆敷设完毕。申请挖掘公路的手续未补办，市公路管理局于12月29日作出了[2001]路字第075号违单通知书，依据《中华人民共和国公路管理条例》及其实施细则的有关规定，要求电信公司于2002年1月5日前到市公路管理局接受处理。违章通知书于12月29日送达当事人，但是电信公司迟迟不接受处理。市公路管理局依据《中华人民共和国公路管理条例》第34条和《中华人民共和国公路管理条例实施细则》第55条、第58条的规定于2002年1月7日作出[2002]路政罚字第0001号违章处罚决定书。决定给予以下处罚：

(1)不得在国道边沟外缘20m范围内埋设通信光缆；

(2)赔偿损失80 500元，占用路肩损失6 900元，合计87 400元，并告知了诉权。

处罚决定作出后，电信公司对行政处罚不服，向省公路管理局申请行政复议。

3. 案件复议情况

某省公路管理局发现市公路管理局作出的处罚决定，缺少足够证据，答辩材料中缺少勘验笔录、证人证言、视听资料等证据材料。省公路管理局复议机关认为，该案涉及两地市，案情重大，经过重新勘验、调查、询问，补正了大量证据材料，于2002后3月24日作出复字[2002]第001号行政复议决定书，依据《中华人民共和国行政复议法》第28条第3项，决定变更被申请人于2002年1月7日作出的[2002]路政罚字第0001号违章处罚决定书。

依据公路法第44条、第76条第1款之规定，决定由电信公司赔偿损坏的公路及路肩、草坪、树木、公路边沟共计136 450元，并处罚款3万元。

电信公司对省公路管理局复议决定不服于4月10日向某市人民法院提起诉讼。

市人民法院经审理认为，申请人电信公司违法事实属实，省公路管理局复议决定事实清楚，证据充分，程序合法，适用法律正确，处理恰当，应予支持，并于 2002 年 6 月 12 日作出一审判决，维持省公路管理局作出的交通行政复议决定。

电信公司对人民法院作出的一审判决仍不服，于 2002 年 6 月 20 日上诉至省高级人民法院，省高级人民法院审理后作出二审(终审)判决，驳回上诉，维持原判。

4. 本案评析

本案涉及行政复议中证据的收集和提供。本案中因被申请人无法在复议答辩中提供具体行政行为的直接证据，造成行政处罚缺少足够证据，处罚决定被复议机关撤销、变更。

行政复议程序中，被申请人有责任提供作出具体行政行为时所依据的证据。《中华人民共和国行政复议法》第 23 条 1 款规定……被申请人自收到申请书副本或者申请笔录复印件之日起 10 日内，提出书面答复，并提交当初作出具体行政行为的证据、依据和其他有关材料。被申请人不提供证据的，视为被申请复议的行政行为无证据。为了保证行政机关履行提供证据的责任，行政复议法规定了不提供证据时相关责任人的法律责任，行政复议法第 36 条规定，被申请人违反本法规定，不提出书面答复或者不提交作出具体行政行为的证据、依据和其他有关材料，或者阻挠、变相阻挠公民、法人或者其他组织依法申请行政复议的，对直接负责的主管人员和其他直接责任人员依法给予警告、记过、记大过的行政处分……

被申请人提供的证据应当符合以下条件：

(1)系作出具体行政行为前收集到的证据。行政行为受“有证在先原则”的约束，该原则要求行政机关作出行政行为之前应当有充分的证据，缺乏证据支持不能作出行政行为。行政复议法第 24 条也规定，在行政复议过程中，被申请人不得自行向申请人和其他有关组织或者个人收集证据。在行政复议程序中,被申请人自行收集的证据不能被采信。受“有证在先原则”的约束,被申请人在行政行为作出以后行政复议程序提起之前收集的证据也不应当属于被申请人提供证据的范畴,该类证据也不应当用来支持原具体行政行为。

(2)证据应当是行政程序中为当事人知晓的证据。行政程序中,当事人有权知道行政机关据以作出行政行为的事实、理由和依据,行政机关应当说明作出行政行为的理由,这就要求行政机关作出行政行为所依据的证据应当是当事人知晓的,当事人不知晓的证据不能作为行政行为的依据,当然也不得在行政复议程序中提出。

(3)证据应当是记录在案的。行政程序应当确立案卷排他性原则,作为行政决定依据的应当是记录在案的证据材料,未记录在案的材料不能作为行政决定的依据。因此,被申请人在行政复议程序中提供的证据应当是记录在案的证据。

被申请人提供的证据应当符合上述三个条件,但若有例外,应当赋予被申请人在行政复议程序中有限的补充收集证据的权力,这就是,申请人或第三人在行政复议程序中提出了其在被申请人作出行政行为过程中没有提出的反驳理由或者证据的。赋予被申请人补充收集证据的权力有以下几点理由:

(1)行政复议法只禁止被申请人自行在行政复议程序中向申请人、其他组织或者个人收集证据,未禁止被申请人在获得复议机关指示或批准的情况下向申请人、其他组织或者个人收集证据。

(2)申请人在复议程序中提供了被申请人向其收集证据时没有提供的证据,在这情况下不准许被申请人收集证据,对被申请人是不公正的,也不利于鼓励申请人在行政程序中提供证据。

被申请人在行政复议程序中补充收集证据应当符合以下条件:

(1)获得行政复议机关的同意或行政复议机关补充收集的指示。

(2)行政程序中被申请人给予了申请人陈述和申辩的机会,并要求申请人提供相关证据,申请人未在行政程序中提供证据,而在行政复议程序中提供的。如果被申请人在行政程序中不给予申请人陈述和提供证据的机会,申请人在行政复议程序中提出新理由或者证据的,不应当赋予被申请人补充收集证据的机会。

复议机关在进行审查时采纳的证据通常来源于两个方面:一方面是申请人和被申请人提供的;另一方面是复议机关依职权或依申请自行收集的证据。申请人提供的证据是行政复议程序中证据的一部分。

行政复议程序中,申请人有提供证据的权利。申请人可以提供证据证明具体行政行为不恰当或不正确;也可以提供证据证明自己曾向被申请人提出过主张,而被申请人不作为;还可以提供证据证明自己因违法行政行为受到的不利益或损害的事实。《中华人民共和国行政复议法》第 11 条规定,申请人申请行政复议,可以书面申请,也可以口头申请;口头申请的,行政复议机关应当当场记录申请人的基本情况、行政复议请求、申请行政复议的主要事实、理由和时间。从此条规定可以看出,申请人在提出行政复议申请时,应当提出申请复议的主要事实、理由,当然包括证据材料。

行政复议法虽然没有规定证据的种类,但是与行政诉讼法规定的证据种类相衔接,行政复议的证据种类应包括:(1)书证;(2)物证;(3)视听资料;(4)证人证言;(5)当事人的陈述;(6)鉴定结论;(7)勘验笔录、现场笔录。

5. 相关法律链接

《中华人民共和国行政复议法》

第二十三条 行政复议机关负责法制工作的机构应当自行政复议申请受理之日起七日内,将行政复议申请书副本或者行政复议申请笔录复印件发送被申请人。被申请人应当自收到申请书副本或者申请笔录复印件之日起十日内，提出书面答复，并提交当初作出具体行政行为的证据、依据和其他有关材料。

申请人、第三人可以查阅被申请人提出的书面答复、作出具体行政行为的证据、依据和其他有关材料，除涉及国家秘密、商业秘密或者个人隐私外，行政复议机关不得拒绝。

第三十六条　被申请人违反本法规定，不提出书面答复或者不提交作出具体行政行为的证据、依据和其他有关材料，或者阻挠、变相阻挠公民、法人或者其他组织依法申请行政复议的，对直接负责的主管人员和其他直接责任人员依法给予警告、记过、记大过的行政处分；进行报复陷害的，依法给予降级、撤职、开除的行政处分；构成犯罪的，依法追究刑事责任。

《中华人民共和国公路法》

第四十四条　任何单位和个人不得擅自占用、挖掘公路。

因修建铁路、机场、电站、通信设施、水利工程和进行其他建设工程需要占用、挖掘公路或者使公路改线的，建设单位应当事先征得有关交通主管部门的同意；影响交通安全的，还须征得有关公安机关的同意。占用、挖掘公路或者使公路改线的，建设单位应当按照不低于该段公路原有的技术标准予以修复、改建或者给予相应的经济补偿。

第七十六条　有下列违法行为之一的，由交通主管部门责令停止违法行为，可以处三万元以下的罚款：

(一)违反本法第四十四条第一款规定，擅自占用、挖掘公路的；……

《中华人民共和国公路管理条例》

第三十四条　对违反本条例规定的单位和个人，公路主管部门可以分别情况，责令其返还原物、恢复原状、赔偿损失、没收非法所得并处以罚款。

《中华人民共和国公路管理条例实施细则》

第五十五条 对违反《条例》第二十四条及本《细则》第三十六条规定的单位和个人,应分别情况给予处罚。

一、对尚未造成路产损失的,责令限期移出,同时恢复原状并处以罚款。

二、对造成路产损失的,应责令限期拆除、修复路产、赔偿损失并处以罚款。

第五十八条 对违反《条例》第二十九条、第三十条、第三十一条及本《细则》第四十条、第四十一条、第四十二条规定的单位和个人,按以下规定处罚:

一、对擅自动工的,责令停工,补办手续,并酌情处以罚款。

二、对已造成公路中产损失的,责令赔偿损失并处以罚款。

三、对违反《条例》第三十一条及本《细则》第四十二条规定的,立即责令停工,限期拆除。

第四节 规费征稽案例

一、陈某不服交通局纠正车辆征费吨位案

1. 当事人简介

原告:陈某

被告:D县交通局

2. 案情简介

2000年3月4日,D县交通局工作人员在稽查中查获一辆北京产"福田牌"货车,该车在车管部门及公路管理段均按0.5t核定,车主陈某逐月按0.5t标准缴纳了养路费。D县交通局工作人员在检查中发现,该车配置的480Q柴油机及车辆质量参数与福

建产“铁武林”牌 FL2310 型货车配置的柴油机及质量参数相似，而“铁武林”牌 FL310 货车在《公路汽车征费标准计量手册》（以下简称《手册》）中核定的征费计量为 1t，据此认定陈某的车辆少征半吨养路费，依据《××省公路养路费征收管理办法》第 38 条之规定，决定采取强制措施，当天将车辆暂扣。陈某申请复议，期间市交通局向××省交通厅请示，省交通厅以交征【2000】155 号文件答复：“在实际工作中若发现《手册》中本（机）型数据与实际不符或未编入的，可根据《手册》制定的征费标准计量核定原则及有关技术参数，核定征费标准计量”，据此，市交通局维持了 D 县交通局的行政强制措施决定。

陈某不服，向 D 县人民法院提起诉讼。

原告陈某诉称，原告购买的车辆，出厂核定是 0.5t，购买 0.5t 的养路费是合理的，被告所作决定认定原告少征半吨养路费的理由不能成立。要求法院判撤销该决定，并要求被告还原告车辆，赔偿扣车给原告造成的经济损失 13000 元。原告向本院提交的证据材料有：公路养路费征缴合同，证明市交通部门核定原告的车辆为 0.5t。

被告辩称，该局所作决定证据确凿，适用法律正确，请求法院依法予以维持。

3. 案件审理情况

D 县人民法院经审理认为：原告的“福田”牌货车已按当地公路管理段核定的车辆吨位足额缴纳了养路费。被告认定原告少征 0.5t 养路费的理由不能成立，本院不予支持。被告提供的××省交通厅交征【2000】155 号文件作为认定原告少征半吨养路费的依据是错误的，因该文件是被告在作出决定后，市交通局请示××省交通厅时批复的，对原告车辆不具拘束力，本院不予采纳。被告所作的行政强制措施决定属适用法律错误，依法应予撤销。原告要求撤销被告所作决定，并要求被告返还扣押原告的车辆，赔偿扣车给原告造成的经济损失的理由成立，本院予以支持。但原告要求扣车损失 13 000 元，于法无据，其扣车损失的计算应参照××省物价局、交通厅交运【90】字 206 号文件中关于延滞费的有关规定。依照《中华人民共和国行政诉讼法》第 54 条第 2 项第 2 目、《中华人民共和国国家赔偿法》第 4 条第 2 项、第 25 条、第 28 条第 2 项、第 3 项、第 7 项之规定，该院于 2000 年 9 月 29 日作出判决如下：

(1)撤销被告 D 县交通局于 2000 年 3 月 4 日作出的行政强制措施决定书。

(2)被告返还扣押原告的北京产“福田”牌货车(已执行)。

(3)被告应在本判决生效后 5 日内赔偿扣押原告车辆的经济损失 2592 元。诉讼费 530 元，由被告 D 县交通局负担。

一审宣判后，陈某不服，向市中级人民法院提起上诉称，原判赔偿过低，一审不结合实际的判决应予纠正，请二审法院查清事实，依法改判。D 县交通局辩称：陈某提起诉讼是 2000 年 8 月 1 日，已超起诉期间；一审依据 1990 年××省物价局交通厅交运【90】字 206 号文件规定作为赔偿标准，在没有新文件下达前只能执行 1990 年文件。请求二审公正判决。

市中级人民法院经审理认为，上诉人陈某的北京产“福田牌”BJ－1028EZ 型载货车，按国家交通部和国家计委“车辆征费计量核定原则”，能够以 1t 计量征收。车辆所有人缴纳养路费数额应以车辆户籍所在地的养路规费征收机关核定额为标准，只要按法定机关核定额度交足养路费就不能认定是车主漏缴养路费。而陈某已按车辆户籍所在地养路费征收机关核定的吨位足额交纳养路费，尽管陈某的车辆比应征的吨位少征半吨，也不构成《××省公路养路费征收规定》第 38 条规定的漏交养路费的行为，同时行政机关少征的责任也不应由车主来承担。

据此，D 县交通局扣车的行政措施，认定事实有误，适用法律错误，依法应予撤销。对给人诉人造成的扣车损失应予赔偿。关于赔偿标准，在没有新规定之前，参照××省物价局、交通厅交运【90】字 206 号文中于延滞费的有关规定。一审判决认定事实清楚，证据充分，程序合法，适用法律正确。依法应予维持。依照《中华人民共和国行政诉讼法》第 61 条第 1 项规定，该院于 2001 年 2 月 15 日作出判决如下：

驳回上诉，维持原判。

二审诉讼费 530 元，由上诉人陈某承担。

4. 本案评析

本案是一并提起行政赔偿的行政案件，作为车主的陈某认为其按当地车辆管理部门和养路费征收单位核定的吨位缴纳了养路费，不属漏交养路费；而扣车单位 D 县交通局根据该车的质量参照《公共汽车征费标准计量手册》中同类型车辆认定该车应按 1t 标准缴纳养路费，陈某只按 0.5t 缴纳养路费属于漏缴；人民法院从行政机关的过错不能由相对人承担的角度判决撤销该扣车行为并判决赔偿是正确的，维持了当事人的合法权益。

行驶证核定的汽车装载吨位并非征收养路费的唯一标准。养路费征收标准应由国家养路费征收主管部门与国家物价主管部门联合制定为准。当前，全国各地汽车装载吨位的核定工作比较混乱，“大吨位低核定”（或称“大车小吨位”）现象比较普遍，严重地影响了正常的养路费征收工作，加剧了超载现象的滋生蔓延，导致了公路运输市场的不健康发展。近期的涉及“小车小吨位”现象的车辆增长极为迅速，其中有相当一部分《公路汽车征费标准计量手册》也未编入，给纠正征费吨位工作带来了一定的困难。

交通部、国家发展计划委员会联合审定批准了《公路汽车征费标准手册（第三册）》，对降低吨位汽车进行了纠正，对近年来出现的新车型核定了征费计量标准，为解决当前“大车小吨位”的重大难题提供了政策依据。

本案涉及“少征、漏缴”的界定以及承担责任主体的问题。本案中,陈某的车辆在当地交通和车管部门均核定为0.5t,其也逐月按时缴纳养路费,虽然按照该车的实际载重应该核定为1t,陈某也不属漏交养路费,而属于交通部门少征,而少征的责任不应由陈某承担。因为根据行政信赖保护原则,对于行政机关过失即使当事人得利的,行政机关在未履行相关手续之前,其也无权剥夺当事人已享有的权利,当然,当事人和行政机关故意串通的除外。陈某按当地相关部门核定的0.5t标准缴费,既是其义务,也是其权利,在未经变更该核定标准之前,其他机关无权、也不能超此标准对其征费。漏缴是当事人未按核定的吨位履行其足额按时缴费的义务,由此造成的后果理应由当事人承担,显然陈某不属漏缴。本案中,D县交通局发现陈某车辆少征的情况后,应当告知该车所在地的相关部门,只有在当地相关部门变更手续后,才能对陈某的车辆按1t征收养路费,D县交通局不能、也无权以漏交养路费为由扣押陈某的车辆,因造成少征的责任不在陈某,故法院判决撤销D县交通局的强制措施是正确的。

关于赔偿问题。由于D县交通局的扣押措施错误,人民法院应当判决其返还车辆并赔偿损失。对赔偿的标准,因国家赔偿法规定只赔偿直接损失,并且××省物价局、交通厅交运[90]字206号文件中对延滞费有具体的规定,故人民法院据此判决是正确的,虽然此赔偿可能较低,但在未有新规定之前,人民法院只能据此判决。

二、罗某不服市交通局强制扣车决定案

1. 当事人简介

原告:罗某

被告:市交通局

2. 案情简介

1998年1月5日,罗某向B市自来水公司购买东风牌柴油汽

车(户主:B市运输公司),但没有到车辆管理部门办理过户登记手续。之后,罗某在B市缴纳了该车1998年的车船使用税、工商费用及办理了营运证,同时向市交通局征稽所交纳了1998年的交通规费。1998年5月27日,该车发生交通事故,被交警大队暂扣了该车驾驶员罗某的驾驶证;1998年6月3日,罗某到市交通局征稽所申请报停。

1998年9月17日,B市交通局征稽所的稽查人员在稽查车辆时在某停车场发现罗某的东风牌汽车,该驾驶员罗某以报停为由,未能出示有关证件。市征稽所在未办理任何扣车手续的情况下,强行扣押该车。罗某对市征稽所的强制扣车决定不服,于1998年9月22日向市人民法院起诉。罗某向市法院起诉后,市征稽所才于1998年9月25日作出交通扣证扣车通知书。

原告诉称:我购买东风牌汽车后,使用该车的手续齐全,但市征稽所在没有办理任何扣车手续的情况下,强行作出扣押的具体行政行为,侵犯了我的财产权益,故我向法院起诉,请求法院撤销市征稽所作出的强行扣车行为,返还车辆,并请求法院判令市征稽所赔偿因违法行政行为造成车辆的损失,以维护我的合法权益。

被告辩称:根据我国法律规定,机动车辆的登记、过户等须经法定程序,向相关行政机关办理手续,才能取得合法的权利主体资格,依法享有合法权益。罗某私下买卖汽车的行为不符合我国现行法律、法规的规定,应追究其法律责任。所谓“事实车主”也不应受到法律的保护。因此,罗某无权对该车主张任何权利。在这起交通规费行政管理法律关系中,相关有效凭证均证明,B市运输公司才是合法的行政管理相对人,而非本案的原告。罗某提起行政诉讼的主体资格不合法,法院应驳回罗某的起诉。

3. 案件审理情况

B市人民法院认为:罗某购买该车后,办理了税务、工商、道路运输等手续,且罗某已向市征稽所缴纳1998年1～4月份的交通规费，事实上，罗某对该车享有使用权，并享有主张该车的权利。市征稽所对该车稽查交通规费时，在未办理任何扣押手续的情况下，强行扣押了该车，其扣车行为程序违法，市征稽所应按B市价格事务所的估价鉴定书所确认的损失数额8 730元赔偿给罗某。

B市人民法院根据《中华人民共和国行政处罚法》第31条、第34条，《中华人民共和国行政诉讼法》第54条第2项第3目、第67条第1款，《中华人民共和国国家赔偿法》第4条第2项规定，作出如下判决：

(1)撤销B市交通局规费征稽所1998年9月25日作出的扣车具体行政行为；

(2)B市交通局规费征稽所返还1998年9月17日所扣车辆给罗某；

(3)B市交通局规费征稽所赔偿8 730元给罗某，作为被扣车辆修理恢复原状的费用，限判决生效后10日内付清。

本案诉讼费100元、估价费100元，由市征稽所负担；其他费用1 600元，市征稽所负担1 200元，罗某负担400元。

B市征稽所不服一审判决提上诉，诉称：罗某不具有诉讼主体资格，因为车主是B市运输公司，原判认定罗某对该车有使用权、并认定其拥有诉讼权是错误的。依据该车欠费的事实和有关规定，我所有权暂扣该车，故原判认定我所扣车程序违法属于适用法律错误，故我所请求二审法院撤销原判，驳回罗某的起诉。

被上诉人罗某辩称：原审判决定已确认市征稽所违法扣车是事实，但只判令其赔偿直接经济损失8 730元，而没有判令其赔偿停业损失和丢失的两个电池、一个备胎的损失，故我请求二审法院增加判决市征稽所赔偿停业损失109 500元、电池及备用胎损失1 900元。

中级人民法院认为：罗某购买该汽车后挂原户使用，在B市各有关部门办理各种税费，已得到B市各有关部门包括市征稽所在内的确认，因此，罗某是该车事实上的拥有者、使用者和收益者。原审判决认定罗某对该车具有使用权和诉讼主体资格正确。1998年5月27日，罗某为接受事故处理已停止使用该车，同时向市征稽所申请报停。9月17日，市征稽所在未办理任何扣押手续的情况下强行扣押该车，其行为属违法的具体行政行为，在扣押和保管过程中，造成该车的损坏与零件的丢失，依法应负赔偿责任。市征稽所以罗某作为诉讼主体不合格，坚持扣车的具体行政行为合法，请求撤销原判，其理由不能成立，不予支持。

中级人民法院根据《中华人民共和国行政诉讼法》第61条第1项的规定，作出如下判决：

驳回上诉，维持B市人民法院[1999]能行初字第7号行政判决。

二审案件受理费1 700元，由市交通局负担。

4. 本案评析

罗某作为原告的诉讼主体是否合格，市征稽所的强制扣车行为是否合法以及扣车行为造成车辆损失是否赔偿，是本案争议的焦点。

(1)关于罗某作为原告的诉讼主体是否合格的问题。

我国行政诉讼法第2条规定，公民、法人或其他组织认为行政机关和行政机关工作人员的具体行政行为侵犯其合法权益，有权依照本法向人民法院提起诉讼。该法第11条第1款第8项规定，“认为行政机关侵犯其人身权、财产权的”，均属于人民法院的受理范围。何谓“合法权益”，是指公民、法人或其他组织依法享有的人身权、财产权以及其他应受法律保护的权利。这里的财产权是与财产所有权有关的权利，一般来说，与所有权有关的财产权只包括占有、使用和收益的权利，不包括处分权。

就本案而言，罗某购买的东风牌柴油汽车虽未办理过户登记手续，按照我国现行法律规定，罗某不能取得该车的所有权，但作为车辆的管理机关——工商、税务等行政管理部门本应对非法交易的车辆进行审核、查验、处理。而上述这些行政机关不仅未对罗某私下交易车辆的行为进行处理，反而在事实上允许罗某缴纳有关的税款和费用，同时交通部门还给罗某办理道路运输证，这就形成了行政机关在行为上承认罗某私下交易车辆行为的合法化，且市征稽所在 1998 年 4 月份前所收取的交通规费，也同样存在行政机关在事实上承认罗某占有、使用、收益该车的权利及其合法性。另外，该车的原所有权人市运输公司在出卖该车时，就已经放弃了对该车的一切权利，包括法律上仍设定与存在的所有权，因此，罗某已经成为该车的事实车主，应享有对该车主张占有、使用和收益的权利。同时，市征稽所作出交通扣证扣车通知书，其送达对象是罗某，说明了市征稽所的强制扣车决定是针对特定的行政管理相对人罗某作出的，属可诉的行政行为。依据上述事实及法律规定，罗某作为这起强制扣车行为的行政管理的相对人，应是本案的原告。故 B 市人民法院将罗某确认为本案行政诉讼原告的主体是正确的。

(2)关于市征稽所强制扣车行为是否合法的问题。

从市征稽所的强制扣车程序来审查，不仅 1998 年 9 月 17 日强制扣车时不留下任何法定手续(如强制扣车决定书、扣押清单)，直到 9 月 25 日才制作一份交通扣证扣车通知书，而且也未告知当事人的任何权利，其行为违反我国行政处罚法第 31 条"行政机关在作出行政处罚决定之前，应告知当事人作出行政处罚决定的事实、理由及依据，并告知当事人依法享有的权利"之规定，市征稽所作出的强制扣车行为程序不合法。故 B 市人民法院根据我国行政诉讼法第 54 条第 2 款第 3 项之规定，作出撤销市征稽所 1998 年 9 月 17日强制扣车的具体行政行为是正确的。

(3)强制扣车行为造成车辆损失是否赔偿的问题。

因市征稽所作出强制扣车的具体行政行为在执法程序上的违法，造成车辆受损的事实，这是由于市征稽所的违法行政行为所引起的，根据我国国家赔偿法第 4 条第 2 项，行政机关及其工作人员违法对财产采取查封、扣押、冻结等行政强制措施的，受害人有取得赔偿的权利之规定，市征稽所应承担车辆受损的行政赔偿责任。故 B 市人民法院参照 B 市价格事务所作出的鉴定结论为依据，判决市征稽所赔偿直接经济损失 8 730 元给罗某的处理结果并无不当。

5. 相关法律链接

《中华人民共和国行政诉讼法》

第二条 公民、法人或其他组织认为行政机关和行政机关工作人员的具体行政行为侵犯其合法权益，有权依照本法向人民法院提起诉讼。

第十一条 人民法院受理公民、法人和其他组织对下列具体行政行为不服提起的诉讼：

(一)对拘留、罚款、吊销许可证和执照、责令停产停业、没收财物等行政处罚不服的；

(二)对限制人身自由或者对财产的查封、扣押、冻结等行政强制措施不服的；

(三)认为行政机关侵犯法律规定的经营自主权的；

(四)认为符合法定条件申请行政机关颁发许可证和执照，行政机关拒绝颁发或者不予答复的；

(五)申请行政机关履行保护人身权、财产权的法定职责，行政机关拒绝履行或者不予答复的；

(六)认为行政机关没有依法发给抚恤金的；

(七)认为行政机关违法要求履行义务的；

(八)认为行政机关侵犯其他人身权、财产权的。

除前款规定外，人民法院受理法律、法规规定可以提起诉讼的其他行政案件。

《中华人民共和国行政处罚法》

第三十一条 行政机关在作出行政处罚决定之前，应告知当事人作出行政处罚决定的事实、理由及依据，并告知当事人依法享有的权利。

《中华人民共和国国家赔偿法》

第四条 行政机关及其工作人员在行使行政职权时有下列侵犯财产权情形之一的，受害人有取得赔偿的权利：

(一)违法实施罚款、吊销许可证和执照、责令停产停业、没收财物等行政处罚的；

(二)违法对财产采取查封、扣押、冻结等行政强制措施的；

(三)违反国家规定征收财物、摊派费用的；

(四)造成财产损害的其他违法行为。

三、王某状告公路局征收公路养路费行为违法案

1. 当事人简介

原告:E 县王某

被告:E 县公路局

2. 案情简介

2001 年 8 月 9 日，王某在公路上行驶时，因自己驾驶的自备桑塔纳轿车从 1999 年 4 月起一直未缴纳养路费，被 E 县公路征稽所查扣，要求其缴纳欠费 29 个月养路费及滞纳金共计 4785 元。

王某认为，他未缴养路费是因为不需要缴纳。从 1999 年 1 月起，他驾驶的自备车只限于市区街路行驶，供上下班等出入使用，从未占用公路行驶。因此，不属于公路养路费范围。而 E 公路征稽所认为，根据《公路养路费征收管理规定》有关条款，王某这种自备车不属于规定的免征车辆，应当缴纳公路养路费，何况被查扣时就在公路上。

公路征稽所作出暂扣车的具体行政行为，王某不服到 E 县人

民法院状告E县公路征稽所行政行为违法。

3. 案件审理情况

9月27日，E县人民法院对此案开庭审理，原被告双方激烈辩论的焦点在于：王某的车辆只行驶街路不行驶公路是否行得通？

原告认为，被告所列的免征车辆的大前提是在公路上行驶。原告的车辆只在街路不在公路上行驶，不属于规章征或免的范围，不具备在公路上行驶的前提条件。

被告认为，根据《××省公路养路费征收管理条例》养路费是指依法向拥有机动车辆的单位和个人征收用于公路养护、修建、技术改善和管理的政府性基金。为此，应当缴纳公路养路费。根据交通部《公路养路费征收管理规定》有关条款，像王某这种自备车不属于规定的免征车辆，应当缴纳公路养路费。王某声称自己只开街路不开公路违反常理，事实不清，何况被查扣时就在公路上。

原告认为，税是无偿的，费是有偿的。既然不使用公路，就不应当缴纳公路养路费。而被告认为，原告的车只走街路、不走公路违反常理，事实无法界定。

法院认为，由于汽车在公路上行驶是众所周知的事实，原告主张自己没有使用公路应当提供证据证明，在诉讼过程同步中，原告没有提供相关证据，故认定存在欠费事实，被告依据《××省公路养路费征收管理条例》第19条之规定，对原告车辆予以扣压，有事实根据，适用法律正确。

原告主张自己没有使用公路应当提供证据证明，在诉讼过程中，原先没有提供相关证据，故认定存在欠费事实，何况被查扣时就在公路上。

E县法院于11月9日作出一审判决：维持公路征稽所作出的暂扣车的具体行政行为，同时驳回原告其他诉讼请求。

4. 本案评析

本案争论的焦点在于原告的自备车是否属于法定的养路费缴

费车辆。根据《中华人民共和国公路管理条例》规定，拥有车辆的单位和个人必须按照国家规定，向公路养护部门缴纳养路费。《公路养路费征收管理规定实施细则》所称“公路”是指中华人民共和国境内，按照国家规定的公路工程技术标准修建，并经公路部门验收认定的城间、城乡间、乡间可供汽车行驶的公共道路。

《公路养路费征收管理规定》规定，公路养路费是国家按照“以路养路、专款专用”的原则，向有车单位和个人征收的用于公路养护、修理、技术改造、改善和管理的专项事业费。第 4 条规定：凡有车单位和个人必须按照本规定缴纳养路费。任何部门、单位和个人不得阻挠养路费征收稽查工作，也不得拒绝接受检查。除法律另有规定外，凡领有牌证（包括临时牌证、试车牌证）的各种客货汽车、特种车、专用车、牵引车、简易汽车（含农用运输车）、挂车、拖带的平板车、轮式拖拉机、摩托车（包括二轮、侧三轮），以及领有牌证，从事公路运输的畜力车，应缴纳养路费。对拖、欠、漏、逃养路费的，除责令补缴规定费额外，每逾一日，处以应缴费额的 1％的滞纳金；连续拖、欠、漏、逃养路费 3 个月以上的，并处应缴养路费额度 30％～50％罚款；连续拖、欠、漏、逃养路费 6 个月以上的，并处以应缴养路费额度 50％～100％的罚款。

本案中原告主张自己的自备车只在街路上而不在公路上行驶的理由显然不能成立，因为其车在被查获的当时正在公路上行驶，且按常理不走公路也很难说得通，且原告亦难以提供这方面的证据。故其自备车不属于免征养路费的范围。本案的一个突出特点就是举证责任的负担问题。根据最高人发法院《关于执行〈中华人民共和国行政诉讼法〉若干问题的解释》第 27 条规定的有关精神，原告对自己主张没有在公路上行驶的事实应当承担一定的举证责任，而恰恰原告没有就此提供证据，是被告向法庭提供了在公路上将其车辆查扣的证据。故法庭对被告的具体行政行为给予了支持。可见，行政诉讼中举证责任的负担并非一律由被告承担，原告在一定条件下也应当对自己所主张的事实承担必要的举证责任。

法院在审理行政案件中，对引起争议的具体行政行为是进行全面审查。行政诉讼法规定的以事实为依据、以法律为准绳的原则从法律上肯定了行政审判既是事实审，也是法律审。

第一，合法性审查虽然包含对具体行政行为所作的事实结论的审查（以及对法律的解释与适用的审查、对处理结果的审查等），但是，对事实结论的审查与对事实问题重新作出结论完全不同，而后者就是事实审。严格地说，事实审就是对事实的客观性、真实性出认定，并在此基础上对事实的性质作出判定；而对事实结论的审查是看事实结论有无主要的证据支持，事实结论的作出是否合乎理性。由此可见，事实审与对事实结论的审查是相区别的。

第二，具体行政行为虽然是行政机关根据一定的事实适用法律所作的决定，但具体行政行为是否合法，不完全取决于客观事实，客观事实对相对人不利，并不意味着具体行政行为合法。事实审会淡化对具体行政行为的合法性审查。

第三，从司法权与行政权的关系来看，一方面，司法权应当对行政权进行监督；另一方面，司法权又应当尊重行政权，不能代替行政权。具体在事实问题的判定上，应由行政机关裁量，法院只审查行政机关的事实裁定是否合理。在事实问题判定上，应由行政机关裁量，法院只审查行政机关的事实裁定是否合理。在事实问题上，行政机关更有发言权。从国外行政诉讼或司法审查的情况来看，一般只限于法律审。在国外，行政诉讼之所以采用法律审而不全面审查，主要也是考虑行政机关与法院之间的权力分工以及行政诉讼的性质。

第四，行政诉讼法虽然规定了以事实为根据，以法律为准绳的诉讼原则，但并不必然推导出行政诉讼既是事实审又是法律审。在行政诉讼中，以事实为根据、以法律为准绳的原则具有特定的含义，案件事实是证明具体行政行为所认定的事实存在的证据事实。

行政诉讼法第52条规定："人民法院审理行政案件，以法律和行政法规、地方性法规为依据。地方性法规适用于本行政区域内发生的行政案件。人民法院审理民族自治地方的行政案件，并以该民族自治地方的自治条例和单行条例为依据。"依据这一规定，人民法院审理行政案件以法律、法规为依据。在我国，行政法规、地方性法规、自治条例、单行条例统称"法规"。

5. 相关法律链接

《中华人民共和国公路管理条例》

第十八条 拥有车辆的单位和个人，必须按照国家规定，向公路养护部门缴纳养路费。

《中华人民共和国公路管理条例实施细则》

第二条 本《细则》所称"公路"是指中华人民共和国境内，按照国家规定的公路工程技术标准修建，并经公路部门验收认定的城间、城乡间、乡间可供汽车行驶的公共道路。

《公路养路费征收管理规定》

第二条 公路养路费（以下简称养路费）是国家按照"以路养路、专款专用"的原则，向有车单位和个人征收的用于公路养护、修理、改造、改善和管理的专项事业费。

第四条 凡有车单位和个人必须按照本规定缴纳养路费。任何部门、单位和个人不得阻挠养路费征收稽查工作，也不得拒绝接受检查。

第八条 除本章另有规定外，下列车辆应缴纳养路费：

（一）凡领有牌证（包括临时牌证、试车牌证）的各种客货汽车、特种车、专用车、牵引车、简易汽车（含农用运输车）、挂车、拖带的平板车、轮式拖拉机、摩托车（包括二、侧三轮），以及领有牌证，从事公路运输的畜力车……

第二十一条 对拖、欠、漏、逃养路费的，除责令补缴规定费额外，每逾一日，处以应缴费额的1%的滞纳金；连续拖、欠、漏、逃养路费三个月以上的，并处以应缴养路费额度30%～50%的罚款；连续拖、欠、漏、逃养路费六个月以上的，并处以应缴养路费额度50%～100%的罚款。

四、冯某拒不履行复议决定被执行案

1. 当事人简介

申请人：冯某

被申请人：县交通局

2. 案情简介

2002年7月，县交通局征稽所依据《公路养路费征收管理规定》第22条规定，对个体车主冯某报停后偷驶的行为下达了《交通违章行为告知书》和《交通行政处罚决定书》。责令冯某补缴养路费及其他交通规费，并处每逾一日收取应缴费额1%的滞纳金和应缴费额2倍的罚款，共3 618元。

冯某以为自己报停偷驶的违章行为从未被征稽部门查到过，拒不认错认罚，反倒向市交通局申请行政复议。

3. 案件复议情况

市交通局组织召开了复议听证会，申请人拒不承认其车辆在报停期间有偷驶行为。被申请人当庭出示了冯某车辆报停期间为当地糖酒公司和港口装卸公司，运输白糖、塑料等物资的运货交接清单及物资中转单20多份。这些单据中不仅标明货物名称、数量及承运车号，还签有申请人姓名。在这些无可辩驳的事实面前，申请人只得承认其报停期间的偷驶逃费行为。交通局复议机关认为，征稽部门对申请人冯某报停偷驶认定准确，作出的处罚决定事实清楚，证据确凿，应予维持。

据此，作出复议决定：维持被申请人处罚决定，责令申请人限期履行缴费义务。申请人冯某在法定期限内既未履行缴费义务，也未向人民法院提起诉讼，对行政复议决定置之不理，县交通局依法向人民法院申请强制执行。

4. 本案评析

本案涉及行政复议决定的效力。本案中，复议机关作出复议决定后，申请人逾期不起诉又不履行缴费义务，对行政复议决定置之不理，县交通局依法申请人民法院强制执行。

行政复议法第31条第3款规定：行政复议决定书一经送达，即发生法律效力。所谓复议决定的效力，是指复议决定具有的一定的法律约束力，具体表现为：

(1)确定力，即复议机关作出决定后，申请人和被申请人所争执的行政法上的权利、义务关系已被确认。非基于法定理由，非经法定程序，复议决定不得随意改变；

(2)拘束力，即复议决定一经生效，其决定内容无论对申请人或被申请人都具有法律上的约束力，复议案件的双方当事人都必须遵守；

(3)执行力，即复议决定生效后，如果当事人不遵守，不自觉履行，有权机关可以采取强制措施，予以执行。

对申请人逾期不起诉又不履行行政复议决定的，或者不履行终局的行政复议决定的，行政复议法第33条规定了两种处理办法：

(1)维持具体行政行为的行政复议决定，由作出具体行政行为的行政机关依法强制执行，或者申请人民法院强制执行；

(2)变更具体行政行为的行政复议决定，由行政复议机关依法强制执行，或者申请人民法院强制执行。

在下述两种情况下，行政复议决定可产生法律效力：

(1)法律规定复议决定为终局裁决的，这是指法律明确规定行政机关的复议决定为终局裁决，申请人对该终局裁决不得提起诉讼，复议决定书一经送达即发生法律效力。对终局裁决的复议决定，当事人必须履行；否则，将由有权机关依法强制执行。

(2)申请人对行政复议决定逾期不起诉的情况下，申请人的意思表示是复议决定是否发生法律效力的因素。复议决定作出后，当事人在一定期限内有诉讼请求权，一旦超越期限而没有起诉，复议决定发生法律效力，被申请人应当履行行政复议决定，行政复议决定对被申请人有当然的约束力。不履行或者无正当理由拖延履行行政复议决定的，行政复议机关或者有关上级行政机关应当责令其限期履行。

申请人不服复议决定的，可以依照法律规定提起行政诉讼，通过审判监督来纠正违法或不当的具体行政行为，以维护自己的合法权益。如果其对行政复议决定不起诉，则推定其放弃权利，就必须履行复议决定。对终局的复议决定，不得向法院提起行政诉讼，必须履行。这里的终局复议决定是指，行政机关根据国务院或者省、自治区、直辖市人民政府对行政区划的勘定、调整或者征用土地的决定，确认土地、矿藏、水流、森林、山岭、草原、荒地、滩涂、海域等的所有权或者使用权的行政复议决定为终局决定。

本案中，车辆报停后偷驶，是逃缴公路规费最常见的违章行为之一。通常，报停偷驶车辆大都是在偷驶过程中被稽查人员当场查获，而得以认定应受处罚的。本案则不同。申请人车辆报停偷驶从未被当场查获，申请人也就是以此为由，在复议中一再否认偷驶事实。征稽机构要依法对申请人实施处罚，必须取得足以证明申请人车辆在报停期间曾经上路行驶的证据。本案胜诉的关键就在于征稽所能根据获取的线索，查找到申请人参与营运并行驶公路的原始资料，在听证时举出确凿的证据。

5. 相关法律链接

《中华人民共和国行政复议法》

第三十一条　行政复议机关应当自受理申请之日起六十日内作出行政复议决定；但是法律规定的行政复议期限少于六十日的

除外。情况复杂，不能在规定期限内作出行政复议决定的，经行政复议机关的负责人批准，可以适当延长，并告知申请人和被申请人；但是延长期限最多不超过三十日。

行政复议机关作出行政复议决定，应当制作行政复议决定书，并加盖印章。

行政复议决定书一经送达，即发生法律效力。

第三十三条 申请人逾期不起诉又不履行行政复议决定的，或者不履行最终裁决的行政复议决定的，按照下列规定分别处理；

(一)维持具体行政行为的行政复议决定，由作出具体行政行为的行政机关依法强制执行，或者申请人民法院强制执行；

(二)变更具体行政行为的行政复议决定，由行政复议机关依法强制执行，或者申请人民法院强制执行。

《公路养路费征收管理规定》

第二十二条 对无牌照行驶和报停后偷驶的车辆，一律追缴全额养路费和每逾一日收取应缴费额 1% 的滞纳金，并处以不超过应缴费额 2 倍的罚款。

五、周某不服公路管理局违法扣车案

1. 当事人简介

原告：F 县个体车户周某

被告：F 县公路管理局

2. 案情简介

2001 年 4 月 30 日，F 县公路管理局征稽人员查获个体车户周某驾驶的 3t 货车未缴养路费，征稽人员按照省人民政府发布的《××省公路养路费征收实施办法》关于“交通部门的征稽、和路政人员在路检路查中，对偷、漏、欠缴、少缴各种交通规费，违反交通运输管理的机动车辆有权扣留行车证、驾驶证以及车辆，开具行车待理证，并按规定予以处罚”的规定，暂扣了该车。后来周某寻机将车偷开回家，一直从事运输却缴养路费。

2001 年 11 月 14 日，周的汽车又被征稽人员查扣，周缴了一个月养路费后，将车开走。此后，周仍一直不缴养路费，2002 年 3 月9 日，该车再次被征稽人员查获并予以扣留。由于周某屡次拖欠公路养路费，F 县公路管理局于 2002 年 3 月 15 日根据《中华人民共和国公路管理条例》和《××省公路养路费征收实施办法》的规定，向周某发出行政处理决定书，周某从 2000 年 7 月购车之日起至 2002 年 3 月 9 日(扣车期间和已缴一个月的养路费除外)应补缴养路费 4180 元，限周某接到处理决定书之日起 15 日内如数缴清。并告知如对处理决定不服，可在接到处理决定书的 60 日内向市公路管理局申请复议。

周某不服 F 县公路局处理决定，提出复议，市交通局于 2002 年 5 月 23 日作出维持 F 公路局处理决定的复议决定。周仍不服，于 2002 年 6 月 1 日向 F 县人民法院提起行政诉讼，请求:(1)撤销 F 县公路局处理决定;(2)返还所扣汽车;(3)F 县公路管理局扣押原告汽车是非法的，应赔偿原告损失。

3. 案件审理情况

在审理中，原告方认为:《中华人民共和国公路管理条例》及其实施细则，并没有赋予公路管理部门扣车扣证的权力，××省政府《公路养路费征收实施办法》是行政规章，授予公路管理部门以扣车扣证的权力，与法律、法规规定不相一致，因而不能作为执法依据。法院认为:××省政府《公路养路费征收实施办法》对扣车扣证缺乏法律依据，涉及本案不能予以参照，本案原告要求被告赔偿扣车期间的损失问题可以调解。2002 年 9 月 26 日，经市中级人民法院外调解，原、被告达成协议，原告自愿撤诉，但 F 县公路局的处理决定未能得到落实。

4. 本案评析

本案涉及的中心问题有两个：一是被告F县公路管理局的扣车扣证行是否合法，是否应承担行政赔偿责任。二是F县公路管理局的行政处理决定是否合法。

(1)人民法院拒绝适用《××省公路养路费征收实施办法》，认定F县公路管理局的扣车扣证行为缺乏法律依据，是根据《中华人民共和国行政诉讼法》的规定，人民法院审理行政案件应以法律、行政法规、地方性法规为依据，并参照国务院部门规章和地方人民政府规章。所谓参照，既不是依照也不是比照，而是有条件地援引和适用，如果人民法院认为规章与法律法规相抵触，或者认为规章无法律、法规依据，有权拒绝适用。本案中，《××省公路养路费征收管理实施办法》第2条规定的征稽人员有权扣车，扣证内容不得在《中华人民共和国公路管理条例》上和依据公路管理条例制定的部委规章《中华人民共和国公路管理条例实施细则》、《公路养路费征收管理规定》上都没有相应的规定，人民法院不予参照是可以的。

(2)原告周某向人民法院提出行政诉讼的同时，直接提出了行政赔偿。构成行政赔偿的条件是：具体行政行为违法；有损害事实存在；违法的具体行政行为与损害事实间有因果关系；行政侵权行为必须是法律规定应承担责任的行为。这4个条件必须同时具备，才引起行政赔偿问题。本案中，原告未办营运证，依法不能从事营运活动，因此也就不存在合法的经营收入问题，既然没有损害事实存在，其行政赔偿要求自然不应支持。

(3)本案中，人民法院实际上是将原告向被告提出的两个独立的诉讼请求合并进行审理。一是对F县公路管理局的扣车扣证行为的合法性(附带行政赔偿)进行审查；二是对F县公路管理局2002年3月5日作出的行政处理(罚)决定的合法性进行审查。所谓合法性审查，从审判实践来看，主要是审查被诉的具体行政行为事实是否清楚，证据是否充分，适用法律是否正确，程序是否合法，是否越权或滥用职权。

就本案来讲，关键问题是处理决定适用法律是否正确，《中华人民共和国公路管理条例》及其实施细由时确规定，征稽部门可对不按规定缴纳养路费的单位和个人应责令其补缴，并可以进行处罚。符合法律、法规规定的部分（如责令补缴进行处罚的规定），应是有法律约束力的。F县公路管理局依据《中华人民共和国公路管理条例》和《××省公路养路费征收实施办法》的规定，要求车主周某补缴养路费的行政行为是合法的。由于扣车扣证行为与行政处理措施，扣车扣证行为违法并不导致行政处理决定违法，因此，人民法院对F县公安局行政处理决定应当予以支持。

（4）人民法院对行政部偿部分进行调解是可以的，但对具体行政行为进行合法性审查时则不能进行调解，不能经调解方式结案。法律不允许行政执法部门与行政相对人相互妥协、讨价还价，行政执法部门只能依法行政，履行自己的职责，此外，诉讼并不必然导致具体行政行为的停止执行（法定情况除外）。因此，本案被告F县公路管理局在人民法院未作出中止执行裁定的情况下，既可以在诉讼中，也可以在原告自愿撤诉后依法申请法院强制执行。

（5）这一案例告诉我们在进行规费征稽执法时，征稽部门一定要注意行政规章的运用；否则，就会在行政诉讼中陷于被动。作为征稽执法部门应依法行政，虽然法律规没有赋予自己直接的行政强制权力，但仍可以通过作出行政处理决定，当相对人不履行处理决定时，再申请人民法院强制执行来实现规费行政管理的目标和任务。

5. 相关法律链接

《中华人民共和国公路管理条例》

第三十五条　不按照国家规定缴纳养路费，通行费或者违反本条例养路费使用规定的，公路主管部门可以分别情况，责令其补交或者返还费款并处以罚款。

《公路养路费征收管理规定》

第四条 凡有车单位和个人必须按照本规定缴纳养路费。任何部门、单位和个人不得阻挠养路费征收稽查工作，也不得拒绝接受检查。

第二十一条 对拖、欠、漏、逃养路费的，除责令补缴规定费额外，每逾一日，处以应缴费额的1%的滞纳金；连续拖、欠、漏、逃养路费三个月以上的，并处以应缴养路费额度30%～50%的罚款；连续拖、欠、漏、逃养路费六个月以上的，并处以应缴养路费额度50%～100%的罚款。

参考文献

[1] 王文武编著《高速公路安全管理》,人民交通出版社,2001 年.

[2] 王文武、李华编著《公路路政管理手册》,人民交通出版社,2000 年.

[3] 杜晓炎、杜心全、李英娟主编《道路交通事故现场处理教程》,中国人民公安大学出版社 2005 年版.

[4] 谷正气主编《道路交通事故技术鉴定与理赔》(第二版),人民交通出版社 2004 年版.

[5] 王文武主编《高速公路路政管理学》,花城出版社,1997 年.

[6] 王朝辉、方乐新编著《交通行政执法案例评析》,法律出版社,2005 年.